2016 年度国家法治与法学理论研究项目：我国不动产役权制度构建研究
（项目号：16SFB2031）研究成果

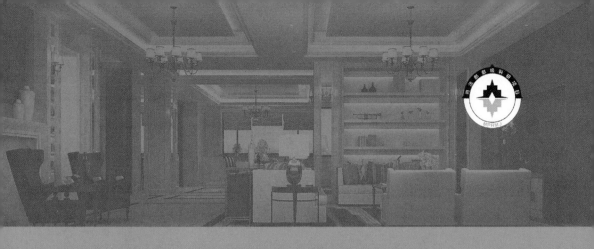

不动产役权制度
构建研究

李永军　李遐桢　辛巧巧◉著

中国政法大学出版社

2021·北京

图书在版编目（ＣＩＰ）数据

不动产役权制度构建研究/李永军，李遐桢，辛巧巧著. —北京：中国政法大学出版社，2021. 8
ISBN 978-7-5764-0078-6

Ⅰ.①不…　Ⅱ.①李…　②李…　③辛…　Ⅲ.①不动产－物权法－研究－中国
Ⅳ.①D923.24

中国版本图书馆CIP数据核字(2021)第177688号

出 版 者	中国政法大学出版社
地　　　址	北京市海淀区西土城路25号
邮寄地址	北京100088信箱8034分箱　邮编100088
网　　　址	http://www.cuplpress.com (网络实名：中国政法大学出版社)
电　　　话	010-58908289(编辑部) 58908334(邮购部)
承　　　印	北京九州迅驰传媒文化有限公司
开　　　本	720mm×960mm　1/16
印　　　张	20.5
字　　　数	325千字
版　　　次	2021年8月第1版
印　　　次	2021年8月第1次印刷
定　　　价	85.00元

序 PREFACE

作为调节不动产利用之法律制度，地役权在比较法上出现甚早，罗马法上已经有比较完备的包括地役权在内的役权制度。地役权同样为英美法系所继受，因此，可以说地役权是英美法系和大陆法系共同承认的制度。以德国和法国为代表的大陆法系国家的民法典对地役权有详细的规定，其学理对地役权研究也比较充分。在我国，尽管对于不动产役权的学理研究很早就开始了，但作为成文法上的一项重要物权制度，则是 2007 年制定《物权法》时才确定下来的，这种状况极大地限制了地役权的学术研究。我国 2020 年的《民法典》将《物权法》中的"地役权"制度进行了全盘挪移，对地役权之概念、地役权的设立、地役权的从属性与不可分性、登记对抗等制度进行了比较全面的规定。但是，对于地役权的基本概念、具体的设立规则及实践经验却十分缺乏，实践中如何设置以及权利如何保护仍然是一个问题。

从地役权之概念包含的范围来看，无论是房地分离还是房地合一的立法模式，地役权之"地"包括房屋、土地。所不同的是，房地合一的立法模式下，"地"是包括房屋的，罗马法采房地合一，冠之"地役权"，应包括房屋。在房地分离尤其是不动产之范围扩大至海域、空间之后，地役权之"地"应作"不动产"理解。所以，本书使用了"不动产役权"概念，并在此基础上研究我国不动产役权构造的具体措施。本书以役权的源头作为研究的起点，对不动产役权的历史、现状、概念界定、内容、本质、变动、类型化以及登记等进行了深入研究，我们在本书中提出了很多与我国传统观点不太一致的创新性观点。例如，提出了不动产役权之客体应扩大至海域；再如，主张不动产役权的类型化便宜地役权设立等。这些研究成果对我国《民法典》中的地役权法律制度的解释、适用具有重要的理论价值。

地役权是专门为"不动产的便利而使用他人不动产的权利",因此,必须正确地理解为:这是对他人不动产的限制,而不得对他人具体的行为进行限制。对具体人的行为进行限制,不能登记为地役权,只能是债权。这一点恰恰是我们正确理解《民法典》之地役权的关键。罗马法以来的大陆法系学理及民事立法,基本上沿着役权的基本分类——地役权与人役权展开。地役权一定是为特定的土地"增益"而设的。从这一点上看,我国《民法典》关于地役权的概念是正确地延续了这一传统。按照对地役权正确的理解,地役权是为土地而非为具体人而设的。对此,意大利学者彼德罗指出,地役权应当直接给土地而不是脱离土地给人带来功利。因此,如果两块土地不是相邻的,至少也是相近的,以便不让中介土地或者其他障碍阻止役权的行使。[1]另一位意大利学者也指出,地役权通常被定义为:为一块土地的利益而对另一块土地施加的负担。需役地的客观利益还导致需役地和供役地之间应该是相邻的,或者必须足够靠近以便于行使地役权成为可能。当然,"相邻"这个概念由联系的方式所决定:人们可以在距离自己土地较远的地方设立一项汲水地役权,而同时,在水源地和需役地之间经过的土地设立引水地役权。[2]但实际上,如果相距太远,对于土地的增值就意义不大了。因此,只有相近或者相邻土地之间设立地役权才有意义。除此之外最为重要的是,供役地之负担必须是为需役地服务,而不是为具体的人服务。正如学者所指出的,从罗马人的经验看,乡村地役权在农业生产中若能增加自身依附土地的价值是远远不够的,因为尚未考虑土地本身的社会经济功能。正是基于此,人们才可以理解,例如"采掘和烧制石灰的役权",仅当石灰本身是用于与需役地有关的劳作而不是为了生产出售的时候才能被允许;或者,放牧地役权仅当需役地用于放牧时才被允许。[3]乌尔比安写道,不得拥有他人土地上的汲水权、饮

---

〔1〕〔意〕彼德罗·彭梵得:《罗马法教科书》,黄风译,中国政法大学出版社2018年版,第206页。

〔2〕〔意〕马里奥·塔拉曼卡:《塔拉曼卡论罗马法中的地役权》,向东译,载徐国栋、方新军主编:《罗马法与现代民法》(第10卷),厦门大学出版社2019年版,第224页。

〔3〕〔意〕马里奥·塔拉曼卡:《塔拉曼卡论罗马法中的地役权》,向东译,载徐国栋、方新军主编:《罗马法与现代民法》(第10卷),厦门大学出版社2019年版,第224页。

畜权、采掘和烧制石灰役权，除非他有一块相邻的土地。特别对于采掘和烧制石灰役权，不能超过需役地本身需要的限度。[1]

法国的学理和判例认为，地役权应基于土地之利用而非人的利用。供役地所有权人是以所有权人的身份参加地役关系，需役地与供役地之间应当存在某种关系。例如，在司法实践中，就一项从供役地获得取暖的柴火的权利而言，如果其涉及需役地上的一特定房屋，其性质即被认为是地役权；如果其涉及位于某处的人的取暖，其非为地役权。如其具有永久性，则应归于无效。[2]按照法国最高法院的判决，禁止不动产取得人将其取得的不动产用于特定的用途，上诉法院作出判决认定，这样的条款因为没有确定的需役地而宣告无效。[3]法国最高法院在1992年的另一份判决中认定，在土地上行使栽种草坪的权利，并不是为了某块土地的便宜，而仅仅是为某一地段的居民带来利益，因此并不构成役权（地役权）。[4]德国学者也强调指出，"地役权"的权利人不是作为权利人本身，而是作为收益土地的所有权人享有役权。地役权是在供役地上为需役地而设定的，需役地的所有权人同时是地役权的权利人。由于地役权的权利人不是作为其自身，而是根据需役地所有权的媒介而产生，所以，地役权被称为"物权权利"，与人身权利不同。[5]"与需役地利益相关"这种限制，即使在今天也仍然是地役权设立的法定条件。德国学者举了一个例子：酿造厂B在E的土地上为自己设定了地役权，其内容是：①允许在该土地上的小餐馆里出售自己（B）的啤酒；②不允许出售其他酿造厂的啤酒。这种役权合法吗？联邦最高法院判决（BGHZ 29，244）认为，通过役权的设立的行为禁止只涉及被视为行使所有权或者行使土地使用权的实际行为，不包括那些视为一般法律行为的行为自由和处分自由的行为。因

---

[1] 参见［意］马里奥·塔拉曼卡：《塔拉曼卡论罗马法中的地役权》，向东译，载徐国栋、方新军主编：《罗马法与现代民法》（第10卷），厦门大学出版社2019年版，第224页下注1。

[2] 法国最高法院第三民事法庭1979年7月18日（B.Ⅲ.N.161）判决。转引自尹田：《法国物权法》，法律出版社2009年版，第432~433页。

[3] 参见罗结珍译：《法国民法典》（上册），法律出版社2005年版，第545页。

[4] 参见罗结珍译：《法国民法典》（上册），法律出版社2005年版，第507页。

[5] ［德］弗雷德曼·沃尔夫：《物权法》，吴越、李大雪译，法律出版社2002年版，第466页。实际上，这里的真正意思是说，地役权是对土地这种"物"设立的物权，而不是对人设立的物权。但由于土地本身又不能行使这种权利，只有需役地的所有权人通过"对土地的所有"这种法律媒介实际上享有的需役地的权利。因此，地役权很特别。

此，上述例子中，①中的役权可以登记，②中的役权不能进行登记。但这种约定是允许的，只是仅仅具有债权的效力。不过不能超过 20 年，否则就是违反善良风俗的（BGHZ74, 293）。沃尔夫进一步阐述地役权的界限：如果为了一块自己与公共道路没有通道的土地设定以通行权为形式的役权，则该役权为土地带来了长久的利益，因为保障了它的通行。因此，可以根据《德国民法典》第 1019 条设定役权。如果一个律师或者医生设定在相邻土地上不允许经营同类业务的役权，这就只对律师或者医生本人具有利益，而对于现在的所有权人的土地使用没有带来利益。在这种情况下，就不能设立地役权，而只能设立限制的人役权。[1]德国弗莱堡大学的施蒂尔纳教授，也持有相同的观点。[2]

当然，地役权也应该随着时代的变化和社会的需要而变化。德国的做法值得我们思考。现行《德国民法典》及实践中盛行的"有限制的人役权"，即为特定主体设立的、不是对不动产上的"全面用益"，而是在某一方面的用益。在当今德国，限制性人役权在经济活动领域里作为使用权相当活跃，而且发挥重要的功能和作用，如在他人土地上建设加油站、利用他人土地架设高压线进行能源输送，或者用来限制竞争。近年来，限制性人役权在公法领域中的作用也越来越重要了，其发挥了征收（Enteignung）的作用，即强制性地为公共利益设立公共性限制性人役权（公众通行等），而无需再行剥夺所有人之土地所有权了。[3]这种情形给予我们相当的启示：我国"南水北调""西气东输"等是通过什么样的民法途径解决的？这其实就是一种"公共用益物权"，为国家建设、人民生活所需要。其实，如果我们不能创设这种物权，则我国《民法典》上的用益物权的种类就显得十分狭窄，并且不适应社会生活的需求。日本学者我妻荣甚至在 1932 年就已经指出，在企业财产客观化、其所有人与利用人相分离的情形普遍存在的今天，依然有必要对他人的企业财产的使用收益权进行物权性保护。在法律上仅仅试图谋求有关作为不动产使用收益的租赁权的物权化，这种态度是不彻底的。这时，"人役权"这种制

---

〔1〕[德] 弗雷德曼·沃尔夫:《物权法》，吴越、李大雪译，法律出版社 2002 年版，第 470 页。

〔2〕[德] 鲍尔、施蒂尔纳:《德国物权法》（上册），张双根译，法律出版社 2004 年版，第 715 页。

〔3〕Münchener Kommentar zum BGB, Aufl. 6, 2013, § § 1090, Rn. 2.

度，恐怕就具有可被利用的价值了。所以，德国民法承认了"限制的人役权与一般人役权"，这是值得思考的。[1]

本书是由我主持的、课题组全体成员承担的 2016 年度国家法治与法学理论研究项目"我国不动产役权制度构建研究"（项目号：16SFB2031）的研究成果。我承担了第 1~4 章的撰写、中国政法大学博士后辛巧巧撰写第 5~6 章、中国矿业大学（北京）李遐桢教授撰写第 7~9 章。本书是三位作者对不动产役权制度思考、研究的成果，这一成果可能还存在这样或那样的不足甚至错误，恳请各位读者不吝指正。

值本书出版之际，以上寥寥数语，是为序。

李永军
2021 年 6 月

---

[1] ［日］我妻荣：《我妻荣民法讲义Ⅱ：新订物权法》，罗丽译，中国法制出版社 2008 年版，第 423 页。

目 录 CONTENTS

第一章

役权的源头
——用益物权的内涵与外延

第一节　役权的概念与基本规则

一、问题的意义

尽管用益物权这种规范有很强的本土化特征，各国规定也不尽相同，但比较法上的参考仍然能够给我们很多的启发和借鉴。如果把我国《民法典》同欧陆国家最具代表性的民法典比较（古罗马法、法国民法典、德国民法典、意大利民法典）就会发现，在用益物权的内涵与外延方面二者相差较多。我们主要把用益物权的客体限于不动产：建设用地使用权、宅基地使用权、土地承包经营权（经营权分离后是否是物权有争议）、地役权和居住权。后者不仅把用益物权制度适用于不动产，即使动产、权利和集合财产也可以设立用益物权。那么问题在于：①造成这种差异的原因是什么？②从我国目前的《民法典》规范中能否在不违反"物权法定原则"的前提下，确定对于动产和权利的用益物权呢？我国《民法典》之"物权编"中关于用益物权的"一般规定"能否作为"物权法定"之"法"适用呢？③"用益物权"的一般规则是什么？我国《民法典》虽然有关于用益物权的"一般规定"，但除了第323条这一个定义之外，并没有规定用益物权的一般规则。从比较法上看，"用益物权"仅仅是一个学理用语，几乎没有国家将其规定在法典中。我国《民法典》是一个例外，这种规定的意义是什么？④欧陆国家的用益物权以不能转让为原则（例如，德国，除了地上权和永佃权之外的其他用益物权都不能转让），而在我国，大部分用益物权都能够转让。造成这种差异的原因何在？⑤我国《民法典》第 323 条虽然规定"动产"上可以设定用益物权，但却没有任何设定的规则，那么，其如何设定？其公示方式是什么？如果在动产上设定用益物权，违反物权法定原则吗？⑥我国《民法典》为了完成所谓"三权分置"的使命，在类似传统的永佃权（土地承包经营权）之上分离出（或者说再设）一个"土地经营权"，是否具有法律上的可行性？"用益物权之上再设用益物权"是否违反物权的一般原理？被分离后的土地承包经营权所剩下的"承包权"是一个什么权利？还能说是一个"用益物权"吗？

另外，还有以下几个问题值得考虑：

第一，"地役权"的相对概念是什么？从逻辑上说，既然有"地役权"，就应该有其他"役权"，但我国《民法典》上为什么只有"地役权"（其实我国《民法典》上的居住权本为传统民法"人役权"的一种，但却没有冠名以"人役权"）？除此之外，地役权与人役权的上位概念应是"役权"，那么，传统民法中的"役权"规则对于他物权来说具有怎样的意义？欧陆国家民法典上的人役权制度非常发达，而且在今天发挥着越来越重要的作用（如德国、法国等），我国《民法典》如何能够通过法解释方法容纳这些他物权？

第二，由于我国《民法典》没有借鉴自罗马法以来的"役权"的概念，仅仅截取了"役权"之"属概念"中的一个种类——地役权，又无其他为特定主体设定的某一方面的特殊用益权（居住权除外）的规则，因此，我国学理和私法实务中对于地役权有许多误解，让其承载了许多莫名的使命。那么，如何紧紧扣住《民法典》第 372 条之规定，来正确界定"地役权"和适用相关规则？

第三，以"役权不能表现为作为"为一般原则，如何界定地役权的内涵？特别是如何在我国《民法典》关于地役权与相邻关系的"二元构造模式"下把握之？这些问题正是我们要研究和分析的主题。

二、役权的概念及对用益物权有影响的规则

我国民事立法尽管有地役权、居住权、建设用地使用权、宅基地使用权、土地承包经营权等这些以"用益"为目的的他物权，但这些分类仅仅是传统民法理论及立法中的二级分类，其上位概念——役权却被我们所忽视。因此，在司法实践中这些二级分类之间的体系"脉络"和共同规则就会出现断裂。

例如，围绕我国《民法典》第 372 条，关于地役权的概念和设立种类就有很多的误解（下文会具体论及）。只有认真研究"役权"的概念，才能解释这些基本问题。那么，什么是役权呢？

以研究罗马法著称的意大利学者认为，在优士丁尼法中，"役权"（地役权和人役权）这个词从总体上是指对他人之物最古老的古典权利。在罗马法上，由于优士丁尼的原因而变得复杂。但役权有自己的规则，这些规则主要表现为：①役权不适用于人和自己的物（对己物不能享有役权）；②役权不得表现为要求作为，也就是说，役权不能要求供役地所有主采取积极行为；③不能对役权行使役权（不得对役权行使用益权，或者说用益权不接受役权）。[1]

罗马法上述关于役权的一般概念和规则，实际上确定了现代物权法以用"役"为特点的通物权（用益物权）的本质性特征：

第一，他物权。即用益物权不能在自己的物上设定，仅仅能够在他人之物上设定。因为所有主如果在自己的物上设定用益权，这种用益的功能就与所有权本身的权能相冲突或者重合，从而成为多余。我国《民法典》（第 323 条）、《德国民法典》（第 1018~1093 条）、《法国民法典》（第 578~637 条）、《日本民法典》（第 265~294 条）莫不如此。

第二，用益物权体现为对他人之物的"用益"，只能是对他人之物产生负担，这种负担一般情形下是"容忍义务"，而不是积极的行为。因为"要求他人为一定的积极行为"就不再是物权性负担，而是债权性负担，也就是一项债权。就如意大利学者所言，如果要求（被役物的）所有主为他人利益积极地采取行动，我们所谈的就不再是对物的权利，而是对人的权利和对所有主活动的权利，简言之，就是一项债权。[2]因此，一般地说，用益物权中的"他物"之主人对用益物权的义务都是消极的。在我国的民法典物权体系中，所有类型的用益物权都体现了这一理念。当然，不妨碍在物权之外，对"被役物"的所有主设定一项债权型的积极行为义务。

---

〔1〕［意］彼德罗·彭梵得：《罗马法教科书》，黄风译，中国政法大学出版社 2018 年版，第 205~206 页；［意］阿尔贝托·布尔代塞：《布尔代塞论罗马法中的地役权》，翟远见译，载徐国栋、方新军主编：《罗马法与现代民法》（第 10 卷），厦门大学出版社 2019 年版，第 206 页。

〔2〕［意］彼德罗·彭梵得：《罗马法教科书》，黄风译，中国政法大学出版社 2018 年版，第 205 页。

第三，役权之上不能再设定役权，用益权不接受役权。这是役权的一项很重要的原则。主要是因为，役权本来要么是对特定的土地设立（地役权），要么就是对特定的人设立（人役权），如果再将役权作为役权的标的，则要么与其本质不相符合，要么与其目的不相符合。以地役权为例，地役权本来就不是一项主权利（尽管它是一项独立的权利，但却不是主权利而是从属性权利），不能与主权利分离而独立发挥作用。因此，不可能单独将地役权作为其他物权的客体或者载体，从而给他人再设立役权或者其他用益物权。因此，我国《民法典》在作为用益物权的土地承包经营权之上再设立一个土地经营权或者分离出一个用益性的土地经营权，在理论上和实际中确实存在现实的障碍。

三、役权的古典分类及其后世民法典的继受

在罗马法上，役权分为两类：一是地役权，一是人役权。就如学者所言，役权只能为某一特定的土地或者某一特定的人而设，因而它是真正不可转让的权利。前一种称为地役权，后一种称为人役权。这两种役权的确有着颇为不同的功能和性质：地役权用在相邻土地关系中土地的需要，而且是从正面规定的使用权；人役权的目的则是为了保障特定人享有优惠。一般地把完全享有某物作为生活依靠，而该物的所有权并未转移给他。罗马法上的人役权有四种：用益权、使用权、居住权、对奴隶或者牲畜的劳作权。[1]值得特别注意的是，罗马法上的地上权和永佃权是在役权制度之外发展起来的，[2]不是役权的内容，这一点对于后世民法典影响很大。而亚洲很多国家在继受自罗马法以来的欧陆国家民法中的用益物权的时候，却对这种差别有意进行了忽略，以致很难从他们的民法典中看到用益物权的真正面目。

由此可见，罗马法上的役权，仅仅与我国《民法典》规定的用益物权有部分的重合。其役权与役权之外的地上权和永佃权并列存在，共同构成了我们所说的用益性物权。

---

〔1〕　〔意〕彼德罗·彭梵得：《罗马法教科书》，黄风译，中国政法大学出版社 2018 年版，第 205～206 页。

〔2〕　〔意〕彼德罗·彭梵得：《罗马法教科书》，黄风译，中国政法大学出版社 2018 年版，第 216 页。

　　罗马法上的役权与永佃权、地上权有非常大的不同：役权，无论是为特定土地设立的地役权，还是为特定人设立的役权，它们都是不能转让的，但地上权和永佃权却是可以转让的。因为，罗马法上的永佃权被定义为：一种可以转让的并可以继承的物权。它使人可以充分享用土地并同时负担不毁坏土地并交纳年租金的义务。[1]而地役权则被定义为：使人充分享用某一建筑物或者其中一部分的、可转让并可移转给继承人的物权。[2]

　　我们可以观察一下后世民法典继受罗马法的情况。《法国民法典》继受了罗马法地役权和人役权的基本概念和分类，该法典第578~636条规定的是人役权；第686~710条规定的是地役权。《法国民法典》并未就地上权作出规定，按照学者的观点，地上权是由判例发展起来的一种对抗他人的物权。[3]但与罗马法不同的是，《法国民法典》上的用益权是可以转让的（第595条），使用权和居住权不得转让（第631、634条）。由于地役权的从属性，当然是不可以单独转让的。

　　《德国民法典》对于罗马法的继受比《法国民法典》更加忠诚：其民法典的物权编直接规定了役权，在该题目之下规定了地役权、用益权和限制的人役权，而且与罗马法相同，这些权利都是不可转让的（《德国民法典》第1018~1093条）。总的来说，德国民法上的用益物权包括地上权（Erbbaurecht）和役权（Dienstbarkeit）两种；而役权又进一步划分为地役权与人役权，地役权与人役权的区别在于权利主体不同，地役权的权利人只能是另一块土地的所有人（即需役地权利人），也即地役权只能与需役地所有权绑定在一起；而人役权的权利主体则是特定的人。依据权利的内容，役权又可以区分为限制性用益权（beschränkte Nutzungsrechte）与完全性用益权（volle Nutzungsrechte），其中完全性用益权就叫作用益权（Nießbrauch），给予权利人对于标的物的整体性利用的权利；而所有的其他役权均只给予权利人依据其不同的约定进行某种限制的利用权。[4]

---

　　〔1〕　［意］彼德罗·彭梵得：《罗马法教科书》，黄风译，中国政法大学出版社2018年版，第218页。

　　〔2〕　［意］彼德罗·彭梵得：《罗马法教科书》，黄风译，中国政法大学出版社2018年版，第219~220页。

　　〔3〕　尹田：《法国物权法》，法律出版社1998年版，第370~371页。

　　〔4〕　Hans Prütting, Sachenrecht, 36. Aufl., C. H. BECK, 2017, S. 373, Rn. 881.

　　地上权（Erbbaurecht）制度在《德国民法典》制定的时代并不重要，因此《德国民法典》仅为其设了六个条文加以规定，即第 1012~1017 条，由于条文非常少故充满了漏洞，无法对于该制度加以规范。[1]直到《德国民法典》公布之后，对于地上权的法律观念发生了很大变化，再加上德国对于土地政策的改革，以及经济因素的推动，实践中对地上权产生了巨大的需求。[2]而《德国民法典》过于简陋的规定显然无法应对复杂的社会需求，故德国政府于 1919 年 1 月 15 日通过了《德国地上权条例》（Erbbaurechtsverordnung），此条例于 1919 年 1 月 22 日生效。《德国地上权条例》生效后即取代了《德国民法典》第 1012~1017 条的规定。[3]《德国地上权条例》于 1994 年 9 月 21 日被《物权法修正案》进行了一定程度上的完善，并于 2007 年 11 月 23 日更名为《德国地上权法》。[4]翻译成中文的"地上权"，在德国法中对应的词汇是"Erbbaurecht"，德国人之所以使用这个词，出于两方面的原因：一是"Bau-recht"的意思是在他人土地上从事建筑，故称其为建筑权；二是该种权利同时是可以继承的（vererblich），故这两个词被结合起来称为"Erbbaurecht"。《德国地上权条例（草案）》的官方说明中也将地上权人（Erbbauberechtigte）称为"Erbbaurechtsnehmer"。[5]因此，德国的地上权制度就在《德国民法典》之外通过特别法发展起来。与役权不同，地上权是可以转让和继承的。[6]

　　《意大利民法典》是以法典化的形式对于以"用益"为核心的他物权规定最全面的欧陆国家的代表，在《意大利民法典》第三编"所有权"中，第三章至第六章分别规定了作为所有权的派生权利——地上权、永佃权、用益权/使用权/居住权、地役权。其中，地上权和永佃权是可以处分的（第 925、967 条）；用益权可以转让（第 980 条）；但使用权和居住权不可转让（第 1024 条）。对此，意大利学者指出，传统的用益物权包括役权和用益权，以及具有类似形态的地上权和永佃权。这些权利的形态对于物的所有权人之权利

---

　　[1]　Staudinger Kommentar zum BGB, 2017, Einl zum ErbbauRG, Rn. 3.

　　[2]　Staudinger Kommentar zum BGB, 2017, Einl zum ErbbauRG, Rn. 3.

　　[3]　Staudinger Kommentar zum BGB, 2017, Einl zum ErbbauRG, Rn. 3.

　　[4]　Hans Prütting, Sachenrecht, 36. Aufl., C. H. BECK, 2017, S. 366., Rn. 866.

　　[5]　Staudinger Kommentar zum BGB, 2017, Einl zum ErbbauRG, Rn. 2.

　　[6]　[德] 鲍尔、施蒂尔纳：《德国物权法》（上册），张双根译，法律出版社 2004 年版，第 648 页。

产生不同的影响。[1]列举的上述类型中的用益物权确实比较符合罗马传统，但与德国法和法国法却略有不同。

但及至亚洲很多国家与地区民法法典化开始的时候，特别是对我国民事立法有重大影响的日本在制定民法典时，不仅根本未规定居住权和使用权制度，甚至把役权中最为广泛和活跃的用益权也限定在不动产之上。例如，《日本民法典》主要有地上权、永佃权、地役权。我国台湾地区"民法"也大概如此，仅仅在《日本民法典》的基础之上增加了典权（2010 年台湾地区修改"民法"时将"永佃权"改为"农用权"）。在亚洲造成这些以"用益"为核心的他物权大大缩水的原因是什么呢？笔者认为，大概有客观与主观两个方面的原因：

第一，从客观上说，主要是因为：①从人役权产生的源头看，人役权自产生就受到质疑。有学者指出，役权的真正原始类型表现为地役权，起初并无定语，役权就是指地役权。只是在共和国最后年代才因为优士丁尼的原因出现了人役权，因为他喜欢把所有的"他物权"都归入役权范畴。[2]优士丁尼的这种创新受到了学者的质疑和批评，有学者认为："这种创新不太好，它使人难以确定役权的一般概念，以同其他的'他物权'相区别，也使人难以确定它特有的规则。"[3]也许就是这种批评，使后世民法典继受的时候产生疑问和迟疑。②对所有权的妨碍。有学者这样描述人役权对所有权的妨碍：人役权是无偿地将所有权的权能分属于两方，其弊端在于妨碍标的物的改良，不利于经济的发展。从社会利益看，这种状态不能任其永续。[4]

第二，从主观上说，主要原因是：不同国家和地区在继受罗马法的时候，自我的选择政策更加重要。例如，日本在选择继受欧陆国家民法典的时候，就全部舍弃了人役权，《日本民法典》仅仅继受了地役权而未引入人役权，根本就没有动产用益的问题。正如日本学者所说，伴随着役权以外的特殊他物

---

〔1〕　［意］马里奥·塔拉曼卡：《塔拉曼卡论罗马法中的地役权》，向东译，载徐国栋、方新军主编：《罗马法与现代民法》（第 10 卷），厦门大学出版社 2019 年版，第 221 页。

〔2〕　［意］彼德罗·彭梵得：《罗马法教科书》，黄风译，中国政法大学出版社 2018 年版，第 206 页。

〔3〕　［意］彼德罗·彭梵得：《罗马法教科书》，黄风译，中国政法大学出版社 2018 年版，第 206 页。

〔4〕　周枏：《罗马法原论》，商务印书馆 1994 年版，第 368 页。

权的发展，相比而言，役权的作用逐渐减弱。最终，作为近代法理想的所有权自由与土地解放的主张，呈现出排除役权的态度。而且在当今社会，与地上权、永佃权相比，地役权的作用也是微弱的。[1]但德国的情况却恰恰与日本相反，不仅忠实地继受了罗马法的役权制度，而且根据自身的情况，进行了发展和扩张，其民法典关于"限制的人役权"（beschränkte persönliche Dienstbarkeit）的规定和实务中的大量应用就是著例。在《德国民法典》上，限制的人役权是为特定人的利益而在不动产之上（土地）设定的，权利人只能以某种特定的方式（有限的方式）对该不动产进行利用。限制的人役权的本质特征在于其主观属人性，也即只有特定的自然人或者法人得以对于标的不动产按照确定的内容进行利用，此种权利既不能转让亦不能继承。限制的人役权除了权利主体与地役权不同之外，其他重要方面都与地役权相同，标的物都是土地，权利的内容亦都由使用役权（Benutztungsdienstbarkeit）、不作为役权（Unterlassungsdienstbarkeit）与排除权利人某些权利之行使（Ausschlussdienstbarkeit）三种情形构成。[2]在当今德国限制性人役权首先是在经济活动领域里作为使用权而发挥其功能和作用的，如在他人土地上建立加油站、利用他人土地架设高压线进行能源输送，或者用来限制竞争（对于啤酒酿造业和原油开采业尤其重要）。限制性人役权还被用来保障新型可再生能源行业的增设。限制性人役权在终老财产（Altenteil）领域中也发挥着重要的功能，特别是其中的居住权。近年来，限制性人役权在公法领域中的作用也越来越重要了，发挥着征收（Enteignung）的作用，即通过强制性为公共利益设立公共性限制性人役权（土地公众通行等），而无需再行剥夺所有人之土地所有权。[3]因此，笔者认为，不同国家和地区对于役权的继受主要取决于主观原因而非客观原因。客观原因也难以令人信服：所有以占有和使用、收益为目的的他物权，都会阻碍所有权人的标的物的改良（如永佃权），难道都需要消灭吗？因此，无论是《德国民法典》还是《日本民法典》，都是根据自身需要和具体国情作出的主观选择，故将用益物权仅仅限于不动产，只是一种主观选择，

---

〔1〕［日］我妻荣：《我妻荣民法讲义Ⅱ：新订物权法》，罗丽译，中国法制出版社 2008 年版，第 421 页。

〔2〕 Staudinger Kommentar zum BGB, 2017, Vorbemerkung zu §§1090 ff., Rn. 1.

〔3〕 Münchener Kommentar zum BGB, aufl. 6, 2013, §§1090, Rn. 2.

并非当然和必须。

在我国学理和立法特别强调"物权法定"的呼声下，在我国目前的民法典框架下，能否更加灵活地运用用益物权规范，扩大其适用范围？对此问题我们将在下面详细论及。但有一点是我们在认定用益物权的时候需借鉴和注意的：《德国民法典》强调的是"物权客体特定"和"登记能力"，"物权合意+登记"就可以在具有登记能力的特定的不动产上产生不动产物权、"物权合意+交付"就可以在特定的动产之上产生动产物权。我国《民法典》及学理更加注重"外观"，即从外部去判断它是物权还是债权，而忽略"物权合意"。因此，在《民法典》的"物权编"中有很多物权是直接根据"合同"[1]产生的，登记仅仅是对抗要件。[2]故在动产和不动产，甚至权利上设定用益物权并不存在理论上的障碍，与担保物权相比，用益物权是一个更加庞大的体系。

第二节 用益物权在我国《民法典》上的适用规则

无论是在罗马法，还是在欧陆国家的民法典上，都会存在"用益权"这样一种他物权。但从立法体例和学理上看，其"用益权"显然不能等同于我国学理和立法上的"用益物权"。因为，我国《民法典》上的用益物权仅仅包括五种：土地承包经营权、建设用地使用权、宅基地使用权、居住权和地役权。至于第328、329条规定的"海域使用权"和"探矿权、采矿权、取水权和使用水域、滩涂从事养殖、捕捞的权利"是否属于我国学者所说的"准物权"，值得讨论。

在这里有下列问题需要检讨：①从客体上说，我国《民法典》第323条规定的"动产上可以设定用益物权"如何落地？其设立程序如何解决？其效力如何？②从种类上说，用益物权的范围和种类在我国《民法典》体系框架下能否扩大？诸如像《德国民法典》上的"限制的人役权"这一类型的"权利群"能否有机地在我国《民法典》中嵌入？③第328、329条规定的"海域使用权"和"探矿权、采矿权、取水权和使用水域、滩涂从事养殖、捕捞的

---

[1] 当然，这里的"合同"是否能够解释为"物权合同"存在解释的空间，但在司法实践中，恐怕会被解释为"债权合同"。

[2] 例如，《民法典》第333条关于土地承包经营权、第374条关于地役权的规定即是。

权利"应该归入哪一类他物权?

一、我国《民法典》在动产上设定用益物权的法律依据及可能的空间

自《日本民法典》开始,亚洲很多国家效仿之,将用益物权仅限于不动产,而且对不动产上用益物权的种类进行了极大的限制,使其仅限于少数几类,并且严格地坚持"物权法定原则",大大减小了用益物权在实际社会生活中的作用。我国《民法典》及学理实际上就是这种立法例的体现。但是,从上面我们对用益物权的历史考察及不同国家和地区民法典的继受看,用益物权这种权利从来就没有限定在不动产上。欧陆国家民法典上的"用益权"和"使用权"对于动产与不动产都可以设定,《德国民法典》甚至在权利和集合财产之上都可以设定。[1]因此,在我国《民法典》的制定过程中,特别是在2007年《物权法》明文规定"物权法定原则"后,许多学者提出了"物权法定主义缓和"之观点。[2]那么,我国《民法典》上真的缺乏设立动产用益物权的法律依据吗?

我国《民法典》其实采取了"物权法定主义缓和"的态度,在"物权编"之"用益物权"之下,有一个总则(即"一般规定"),其规定得非常清楚:在不动产和动产上都可以设定"以占有、使用和收益"为内容的权利。也就是说,我国《民法典》明确规定动产上可以设定用益物权,所以,在动产上设立用益物权既有法律依据,符合"物权法定原则",也有理论根据。

但我国设定动产用益物权,必须解决的问题是:①动产用益物权设定的程序是什么?②其效力如何?特别是其能否转移?③与民法典,特别是担保物权中的"动产抵押"在效力上如何协调?

罗马法以来的欧陆国家民法传统认为,用益权属于人役权,是针对具体人设定的、对物的全面用益的权利,不可转让,也不可继承。而从我国《民法典》的物权法体系看,仅仅在居住权中规定不得转让和继承(第369条),但在其他物权中并没有限制。而且,《民法典》第323条虽然规定了动产上可以设定用益物权,但也未限制其转让。从解释论上看,应该认为,在我国

---

〔1〕 参见《德国民法典》第1030~1089条。

〔2〕 参见王利明:《物权法研究》(上卷),中国人民大学出版社2013年版,第156页;谢在全:《民法物权论》(上册),三民书局2003年版,第64页,等等。

《民法典》中于动产之上设立的用益物权是可以转让的。但是，如果在动产用益物权设定时，当事人在合同中约定不得转让，也仅仅具有债权效力而没有物权效力。

另外，我国《民法典》是否要像《德国民法典》《法国民法典》及《意大利民法典》那样，区分用益权、使用权和居住权呢？从罗马法形成的传统看，用益权与使用权不同：用益权包括使用和收益两种权能，而使用权则无收益的权能，并且，使用权人无权将其权利的行使让与他人，而用益权虽然不可转让，但用益权人可以将权利的行使让与他人，例如，将今年的收成让他人收割等。[1]我认为，在我国当代，没有必要区分得如此详细，可以统一为"用益权"，包括使用和收益。

那么，如何在动产之上设立用益物权？我国《民法典》第323条虽然规定了动产之上可以设定用益物权，但如何设定却没有规定，但关于不动产之上如何设定用益物权却规定得非常清楚。对此，王利明教授认为，我国《物权法》第117条规定了动产上可以设定用益物权，在未来，法官如能依循用益物权的定义，对于实践中出现的动产之上的多种利用方式的制度创新予以肯定，赋予其用益物权的效力，这并不违反物权法定原则。[2]我们非常赞同这种观点——在动产上设定用益物权不违反物权法定原则，但设定程序如何？从比较法的视角看，按照《德国民法典》（第1032、1035条及第1069条）的规定，为在动产上设定用益物权，所有人必须将物交付给取得人，且双方当事人必须达成关于取得人应享有用益权的合意；在集合物上设定用益权，用益权人与所有人相互有义务协助制作集合物的目录，且必须有双方的签字；在权利上设定用益权，适用关于权利转让的规则。《意大利民法典》第978条也明确规定了在各种不同客体上设定用益权的方式，《法国民法典》第579条也有类似规定。

我国《民法典》"物权编"虽然没有明确规定动产用益物权的设定方式，但按照我国《民法典》之"物权编"的"一般规定"中的"动产物权的公示

---

[1]　周枏：《罗马法原论》，商务印书馆1994年版，第375页。后世各国民法典对此也都有严格限制，例如《意大利民法典》仅仅允许使用权人在自己和家庭需要的范围内享有孳息（第1021条），《法国民法典》第630条也有类似的规定。

[2]　王利明：《物权法研究》（下卷），中国人民大学出版社2013年版，第6页。

公信原则"，应当认为，我国《民法典》上动产用益物权的设定也必须适用第209条和第224条，即不动产物权的设立、变更、转让和消灭，应当依照法律规定登记。动产物权的设立和转让，应当依照法律规定交付。也就是说，应当采取"合意+交付"的方式。因为，尽管我国《民法典》没有在该条规定"合意"，但是，如果没有"合意"，仅仅是交付就不能确定该"交付"的真正意义和法律效果是什么：是转移所有权、债权性使用收益权（租赁），还是物权性使用收益权（用益物权）。因此，必须有合意，再加上转移占有（交付）才能在动产上设定用益物权。

动产用益物权在效力上如何同第三人权利协调，是我国《民法典》中存在的一个问题，也是我国《民法典》体系化中一个不太协调的音符。这种问题主要体现在：①善意取得人；②动产抵押权人。

我们先来看第一个方面的效力。如果在他人的动产上设定了用益物权之后，用益物权人就取得了对动产的占有。那么，占有动产的"用益物权人"如果再将该动产出卖给第三人或者为第三人设定担保，第三人若为善意，则应适用《民法典》第311条善意取得的规定。

如果动产的所有权人在为他人设定了抵押权后，又设定用益物权的，或者动产之上设定用益物权后，又为第三人设定动产抵押权的，则：如果该抵押权进行了登记，则可以对抗用益物权人；否则，不能对抗之。这恰恰就是我国在民法典编纂的法典化过程中应该修改而没有修改的地方：动产的公示方式应该统一为"交付或者占有"，登记只能为不动产的公示方式。如果将登记作为动产物权变动的"混合方式"，就会让动产的权利外观发生不可观察的后果：动产上已经设定了抵押权，但外观上丝毫没有标记（没有公示），故任何第三人都难以知道存在抵押权。但第三人如果按照物权一般原则——动产公示原则，与所有权人交易，就会出现第三人的权利对抗——抵押权人权利优先的问题。但由于动产的法定公示方式就是占有，故《民法典》第403条实际上否定了我国《民法典》上的动产公示公信原则，使得"占有"不能有效地成为动产权利的外观。因此，我们在继受境外法律的时候，没有制定配套措施，例如《日本民法典》要求"动产上要打刻"等外部标示。

对动产这一概念的外延是否要作"限缩解释"？即作为消耗物的动产之上能否设定用益物权？对此有学者指出，按照现代民法的理论逻辑，作为他物权的用益权的客体只能针对他人所有的非消耗物与所生息物。这一定位无疑低估了用益物权制度在起源时期作为供养目的工具的功能。[1]的确，在罗马法上，用益物权制度在起源时本来只能针对非消耗物。但是，帝国初期的一项元老院的决议规定，可以将对某人的财产任何组成部分的用益权留作遗赠。既然在使用可消耗物时，不能不损毁它的实体，为了维护有关用益权的规范和逻辑，法律就规定：对于可消耗物，在所有权转移时要求必须按时归还同等数量的相同的可消耗物，例如，在对畜群的用益权中，应当用新牲畜替代死亡的或者被屠宰的牲畜。[2]但如果认为这仅仅是罗马人的专利，那就大错特错了。实际上，《德国民法典》和《意大利民法典》也继受了这一传统。《德国民法典》第1067条规定：①消耗物为用益物权客体的，用益物权人称为物的所有权人。用益权终止后，用益权人必须向设定人补偿在用益物权设定时物所具有的价额。设定人和用益物权人均可以以其费用让专家确定物的价额。②价额补偿请求权受到危害的，设定人可以请求提供担保。《意大利民法典》第989条及第995条也有类似规定。因此，从比较法的经验和传统理论看，在消耗物上设定用益物权并没有理论障碍，并且在消耗物上设定用益物权是现实生活的需要。故，对于我国《民法典》第323条规定的"动产"没有必要作出限缩性解释，应当包括消耗物与非消耗物。

总之，按照我国《民法典》第323条的规定，在动产上可以设定用益物权，这是物权法规定的种类，而非"物权法定原则"的例外。就如有学者所指出的，《物权法》[3]在用益物权的制度设计上就已经为用益物权的发展预留了一定的空间，兼顾了物权法定原则下的刚性与弹性。因此，用益物权的客体不仅包括不动产，也包括动产。[4]而动产也不仅仅包括非消耗物，也包括可消耗物。

---

〔1〕 汪洋：《从用益权到居住权：罗马法人役权的流变史》，载《学术月刊》2019年第7期。

〔2〕 ［意］彼德罗·彭梵得：《罗马法教科书》，黄风译，中国政法大学出版社2018年版，第210~211页。

〔3〕 这是王利明教授在我国《民法典》颁布前的著述，实际上《物权法》第117条与现行《民法典》第323条是一致的。

〔4〕 王利明：《物权法研究》（下卷），中国人民大学出版社2013年版，第43页。

二、在不动产上设立其他种类的用益物权的依据

尽管按照"物权法定原则",我国《民法典》规定了五种用益物权[1],但在不违反"物权法定原则"的前提下,能否在不动产上设立其他类型的以"用益"为目的的物权呢?

如果我们仔细分析《民法典》的规范就会发现,我国《民法典》对于物权的种类实际上是采取了一种"开放"的态度。从立法例上看,我国《民法典》在"用益物权"部分,与欧陆国家、日本民法典等的不同之处在于:规定了关于用益物权的"一般规定",根据该"一般规定"中的第323、324条,可以在国家、集体所有的土地或者其他自然资源上为他人设立"用益权",特别是"有限制"的人役权,就像现行《德国民法典》及实践中盛行的"有限制的人役权"一样,即为特定主体设立的、不是对不动产上的"全面用益",而是在某一方面的用益。就如上面提到的,在当今德国,限制性人役权在经济活动领域里作为使用权相当活跃,而且发挥重要的功能和作用,如在他人土地上建立加油站、利用他人土地架设高压线进行能源输送,或者用来限制竞争。近年来,限制性人役权在公法领域中的作用也越来越重要,发挥了征收的作用,即通过强制性为公共利益设立公共性限制性人役权(土地公众通行等),而无需再行剥夺所有人之土地所有权。[2]这种情形给予我们相当的启示:我国"南水北调""西气东输"等是通过什么样的民法途径解决的?这其实就是一种"公共用益物权",为国家建设、人民生活所需要。启示是如果我们不能创设这种物权,则我国《民法典》上的用益物权的种类就显得十分狭窄,且不适应社会生活的需求。日本学者我妻荣在1932年就已经指出,在企业财产客观化、其所有人与利用人相分离的情形普遍存在的今天,依然有必要对他人的企业财产的使用收益权进行物权性保护。在法律上仅仅试图谋求有关作为不动产使用收益的租赁权的物权化,这种态度是不彻底的。这时,"人役权"这种制度,恐怕就具有可被利用的价值了。《德国民法典》承认了

---

〔1〕 即土地承包经营权、建设用地使用权、宅基地使用权、居住权和地役权。

〔2〕 Münchener Kommentar zum BGB, aufl. 6, 2013, §§1090, Rn. 2.

"限制的人役权与一般人役权",这是值得参考的。[1]

　　根据我国《民法典》第 323 条和第 324 条能否有效设立呢?该两条实际上是允许在不动产上设立以占有、使用和收益为内容的物权的。因此,即使在不动产上设立超出上述五种用益物权之外的用益物权,也并不违反"物权法定原则"。但设立必须满足下列条件:①内容必须是以"用益"——占有和使用为核心;②用益权的期限必须高于 20 年;③该不动产物权必须能够登记。也就是说,这些用益权因为效力的排他性和长期性,为了第三人的安全和权利保护的周延,必须要登记,因此该权利按照《民法典》外部体系结构必须具有登记能力。

　　那么,这些为特定人及特定目的设立的用益权是否具有可转让性呢?在《德国民法典》及理论和实务中,这种权利是不可转让和继承的。在谈到禁止的理由时,德国学者指出,正因为所有权人在其用益权利和占有权利上被剥夺,故而所有权人的"伙伴",应仅只能是所有权人准许的用益权人,而不是该用益权人的权利继受人。[2]但是我认为,我国《民法典》在此问题上,不应机械地仿效《德国民法典》,应一般性地允许转让和继承,这是现代社会的生活和发展需要。当然,所有权人在设定用益物权时,可以通过合同与相对人约定该权利的不可转让性。但由于物权登记不得附条件,故该约定并不具有物权效力,仅仅对于用益权人有债权约束力,不可以对抗善意第三人。

三、对我国《民法典》上居住权的理论与现实解读

　　首先,从罗马法以来的传统民法看我国《民法典》上的居住权的话,它确实就是比较法上的"限制的人役权",即仅仅对他人的住宅享有"居住"这一单方面的役权,并且是对特定人设立的(我国《民法典》第 366 条),而且坚持了居住"无偿设立、不得转让、不得继承、不得出租"的传统原则。

　　但从居住权的源头看,这种权利究竟是否仅仅具有单一的"居住"功能

---

　　〔1〕 [日] 我妻荣:《我妻荣民法讲义Ⅱ:新订物权法》,罗丽译,中国法制出版社 2008 年版,第 423 页。

　　〔2〕 [德] 鲍尔、施蒂尔纳:《德国物权法》(上册),张双根译,法律出版社 2004 年版,第 696 页。

呢？从源头与历史流变来看，居住权本来就是一项与其他用益权很不相同的权利——受到严格的限制：罗马法上居住权包括居住和出租（收益）两项权能。[1] 而《意大利民法典》（第 1022 条）和《法国民法典》（第 623、634 条）则仅仅限于居住功能。《德国民法典》仅限于居住功能，但在征得所有权人同意的情况下，可以出租。[2] 从《民法典》第 369 条的规定看，我国采取的是《德国民法典》的模式————一般性地禁止出租，但当事人另有约定的除外。

但是，《民法典》这种绝对性的规定是否符合中国当前的社会需要呢？通过"投资型有偿性居住权"的设立是否可行？例如，甲在拥有土地使用权的土地上盖一座住宅楼，乙与甲商定为获得居住权而投资一部分。房子建好后，甲为乙登记设立一个物权性居住权，为什么不可以？对此，德国学者对于《德国民法典》的批评就是：居住权在某种程度上体现为投入建筑资金的对待给付时，此时的居住权之不得转让与不得出租性就是一项不合理的缺陷。[3] 而在我国目前各地房价较高昂的情况下，这种有偿的投资性居住权应该是一种解决住房问题的途径。

另外，放宽居住权的条件限制，对于集体经济组织解决宅基地和住房问题也大有裨益。我国修改后的《土地管理法》（2020 年 1 月 1 日实施）第 62 条第 1、2 款规定："农村村民一户只能拥有一处宅基地，其宅基地的面积不得超过省、自治区、直辖市规定的标准。人均土地少、不能保障一户拥有一处宅基地的地区，县级人民政府在充分尊重农村村民意愿的基础上，可以采取措施，按照省、自治区、直辖市规定的标准保障农村村民实现户有所居。"当然，达到这种目的的方式有很多，例如共有宅基地和住宅，但如果《民法典》能够放宽居住权的限制，通过投资性合作，让一方拥有宅基地使用权并盖房，另一方投资并取得部分住宅的居住权，这将为解决我国有些地方"人均土地少、不能保障一户拥有一处宅基地的地区保障农村村民实

---

〔1〕[意] 彼德罗·彭梵得：《罗马法教科书》，黄风译，中国政法大学出版社 2018 年版，第 212 页。

〔2〕[德] 鲍尔、施蒂尔纳：《德国物权法》（上册），张双根译，法律出版社 2004 年版，第 655 页。

〔3〕[德] 鲍尔、施蒂尔纳：《德国物权法》（上册），张双根译，法律出版社 2004 年版，第 655 页。

现户有所居"的问题，提供有效途径。尤其是针对目前中国许多农村的具体情况而言——年轻人进城打工，并选择在城市落户生活，农村居住的很多是老人，不需要通过盖房取得所有权，通过投资一部分资金而取得居住权，是一种省钱（对居住权人来说比自己盖房投资少）、省地的适合中国国情的法律途径。

第三节　用益物权中地役权的学理与立法困惑

实事求是地说，地役权这种他物权因我国长期的土地国有及集体经济组织所有的具体国情，在我国具体的适用很少。具体来说，在城市中，不存在土地所有权人之间的地役权问题；作为不动产的建筑物所有权人之间主要是适用"相邻关系"这种法定的为不动产有效利用所需要的容忍性权利义务。而通过设定地役权的方式约定权利义务，恐怕难以实行——因为有城市建筑规划，约定的地役权如果同这种行政性规划矛盾，恐怕难以有效。再加上地役权本身的特点——必须为了需役地自身提高效力的需要，而不是为特定人的需要才能设立，在城市设定的余地不大。在农村，住宅所有权人之间也是主要适用相邻关系这种法定关系，但在具有承包经营权的土地利用方面，可能有适用的空间。但是，地役权这种他物权无论是在其源头，还是在后世欧陆国家的理论和社会生活中，都是非常重要的。而我国学理和立法在地役权方面存在很大的困惑，有许多值得探讨的地方，主要表现在：①地役权的本源性使命是什么？②我国现实生活中存在的大量烧窑用的取土、开矿属于地役权吗？

一、地役权的本源性使命

按照我国《民法典》"物权编"第 372 条的规定，地役权是按照合同约定，利用他人的不动产，以提高自己不动产效益的他物权。那么，最重要的问题之一就是：地役权的使命是什么？我国专门研究物权法的著名学者陈华彬教授针对有学者提出用"邻地使用权"替代地役权的概念时指出，使用邻地使用权的名称虽然有助于人民理解传统民法上的地役权概念，但这种名称上的替换是不科学的。邻地使用权，虽然多数是用来调节两块相邻土地的利用关系的，但两块土地即便是不相邻，甚至相隔千山万水，也同样可以设定。这种在远隔千山万水的两地之间设定地役权，各国民法称为"法定地役权"。如我国的"西气东输""南水北调"，沿途输气管道和输水管占用他人的土地，其权利根据就是对他人土地的地役权。[1]这种对于地役权的解读在我国学界具有一定的代表性，其准确性（即是否符合地役权的本源性使命）值得商榷：各国民法上的"法定地役权"是否属于我国 2007 年《物权法》及《民法典》上的地役权？无论是"西气东输"还是"南水北调"，其沿途占用的土地利用是否属于"为提高自己不动产的效益"？如果这种"南水北调"或者"西气东输"是给城市的人生产和生活所用，真的符合地役权的本源性使命吗？如果说为了"提高自己土地的效益"而远隔千山万水享受地役权，真的可能吗？

从罗马法以来的大陆法系学理及民事立法，基本上沿着役权的基本分类——地役权与人役权展开。地役权一定是为特定的土地"增益"而设的。从这一点上看，我国《民法典》关于地役权的概念正确地延续了这一传统。按照对地役权正确的理解：地役权是为土地而非为具体人而设的。对此，意大利学者彼德罗（Pietro Bonfante）指出，地役权应当直接给土地而不是脱离土地给人带来功利。因此，如果两块土地不是相邻的，至少也是相近的，以便不让中间土地或者其他障碍阻止役权的行使。[2]另一位意大利学者也指出，地役权通常被定义为：为一块土地的利益而对另一块土地施加的负担。需役地的客观利益导致需役地和供役地之间应该是相邻的，或者必须足够靠近以便于行使地役权成为可能。当然，"相邻"这个概念由联系的方式所决定：人们可以在距离自己土地较远的地方设立一项汲水地役权，同时，在水源地和需役地之间经过的土地设立引水地役权。[3]但实际上，如果相距太远，对于土地的增值就意义不大了。因此，只有相近或者相邻土地之间设立地役权才有意义。

除此之外最为重要的是：供役地之负担必须是为需役地服务，而不是为

---

[1] 参见陈华彬：《物权法》，法律出版社 2004 年版，第 440~441 页。

[2] [意] 彼德罗·彭梵得：《罗马法教科书》，黄风译，中国政法大学出版社 2018 年版，第 206 页。

[3] [意] 马里奥·塔拉曼卡：《塔拉曼卡论罗马法中的地役权》，向东译，载徐国栋、方新军主编：《罗马法与现代民法》（第 10 卷），厦门大学出版社 2019 年版，第 224 页。

具体的人服务。正如学者所指出的，从罗马人的经验看，乡村地役权[1]在农业生产中只增加自身依附土地的价值是远远不够的，因为尚未考虑土地本身的社会经济功能。正是基于此，人们才可以理解，例如，"采掘和烧制石灰的役权"仅当石灰本身是用于与需役地有关的劳作而不是为了生产出售的时候才能被允许。或者，放牧地役权仅当需役地用于放牧时才被允许。[2]乌尔比安（Domitius Ulpianus）写道：不得拥有他人土地上的汲水权、饮畜权、采掘和烧制石灰役权，除非他有一块相邻的土地。特别对于采掘和烧制石灰役权，不能超过需役地本身需要的限度。[3]

　　法国的学理和判例认为，地役权应基于土地之利用而非人的利用。供役地所有权人以所有权人的身份参加地役关系，需役地与供役地之间应当存在某种关系。例如，在司法实践中，就一项从供役地获得取暖的柴火的权利而言，如果其涉及为需役地上的一特定房屋，其性质即被认为是地役权；如果其涉及位于某处的人的取暖，其即为非地役权。如其具有永久性，则应归于无效。[4]按照法国最高法院的判决，禁止不动产取得人将其取得的不动产用于特定的用途，上诉法院作出判决认定，这样的条款因为没有确定的需役地而被宣告无效。[5]法国最高法院在1992年的另一份判决中认定：在土地上行使栽种草坪的权利，并不是为了某块土地的便宜，而仅仅是为某一地段的居民带来利益，因此并不构成役权（地役权）。[6]

　　德国学者也强调，"地役权"的权利人不是作为权利人本身，而是作为收益土地的所有权人享有役权。地役权是在供役地上为需役地而设定的，需役地的所有权人同时就是地役权的权利人。由于地役权的权利人不是作为其自

---

　　〔1〕　我国《民法典》第372条既包括城市地役权，又包括乡村地役权。因为《法国民法典》第687条规定：役权，或者为建筑物的使用，或者为土地的使用而设定。不论为之负担的建筑物位于城市还是位于乡村，第一种役权均称为城市役权，第二种役权称为乡村役权。
　　〔2〕　[意] 马里奥·塔拉曼卡：《塔拉曼卡论罗马法中的地役权》，向东译，载徐国栋、方新军主编：《罗马法与现代民法》（第10卷），厦门大学出版社2019年版，第224页。
　　〔3〕　参见 [意] 马里奥·塔拉曼卡：《塔拉曼卡论罗马法中的地役权》，向东译，载徐国栋、方新军主编：《罗马法与现代民法》（第10卷），厦门大学出版社2019年版，第224页注1。
　　〔4〕　法国最高法院第三民事法庭1979年7月18日（B.III.N.161）判决。转引自尹田：《法国物权法》，法律出版社2009年版，第432~433页。
　　〔5〕　参见罗结珍译：《法国民法典》（上册），法律出版社2005年版，第545页。
　　〔6〕　参见罗结珍译：《法国民法典》（上册），法律出版社2005年版，第507页。

身，而是根据需役地所有权的媒介而产生，所以，地役权被称为"物权权利"，与人身权利不同。[1]"与需役地利益相关"这种限制，即使在今天也仍然是地役权设立的法定条件。德国学者举了一个例子：酿造厂 B 在 E 的土地上为自己设定了地役权，其内容是：①允许在该土地上的小餐馆里出售自己（B）的啤酒；②不允许出售其他酿造厂的啤酒。这种役权合法吗？联邦最高法院判决（BGHZ29，244）认为，通过役权的设立的行为禁止只涉及被视为行使所有权或者行使土地使用权的实际行为，不包括那些视为一般法律行为的行为自由和处分自由的行为。因此，上述例子中①的役权可以登记，②的役权不能进行登记。但这种约定是允许的，只是仅仅具有债权的效力。但不能超过 20 年，否则就违反善良风俗（BGHZ74，293）。[2]沃尔夫（Manfred Wolf）进一步阐述地役权的界限：如果为了一块自己与公共道路没有通道的土地设定以通行权为形式的役权，则该役权为土地带来了长久的利益，因为保障了它的通行。因此，可以根据《德国民法典》第 1019 条设定役权。如果一个律师或者医生设定在相邻土地上不允许经营同类业务的役权，这就只对律师或者医生本人具有利益，而对于现在的所有权人的土地使用没有带来利益。在这种情况下，就不能设立地役权，而只能设立限制的人役权。[3]德国弗莱堡大学的施蒂尔纳（Stürner）教授也持有相同的观点。[4]

尽管我国自 2007 年的《物权法》到 2020 年的《民法典》都有关于地役权的规定，并且像《德国民法典》一样，将地役权的设定限制在"与需役地[5]利益相关"的范围内，但很多学者对此的理解并不相同，甚至有学者还主张在权利上设立地役权。[6]造成这种众说纷纭的原因大概有以下几点：

---

[1] [德]曼弗雷德·沃尔夫：《物权法》，吴越、李大雪译，法律出版社 2002 年版，第 466 页。实际上，这里的真正意思是说：地役权是对土地这种"物"设立的物权，而不是对人设立的物权。但由于土地本身又不能行使这种权利，因此，只有需役地的所有权人通过"对土地的所有"这种法律媒介实际上享有的需役地的权利。因此，地役权很特别。

[2] [德]曼弗雷德·沃尔夫：《物权法》，吴越、李大雪译，法律出版社 2002 年版，第 469 页。

[3] [德]曼弗雷德·沃尔夫：《物权法》，吴越、李大雪译，法律出版社 2002 年版，第 470 页。

[4] [德]鲍尔、施蒂尔纳：《德国物权法》（上册），张双根译，法律出版社 2004 年版，第 715 页。

[5] 这里的"地"包括建筑物、构筑物等不动产。

[6] 参见王利明：《物权法研究》（下卷），中国人民大学出版社 2013 年版，第 242~248 页；陈华彬：《物权法》，法律出版社 2004 年版，第 440~441 页；尹田：《物权法》，北京大学出版社 2013 年版，第 437 页；等等。

①我国没有地役权的学理和实践传统，更多的是相邻关系的运用，甚至在1986年的《民法通则》中"遗漏"了地役权这种东西。②由于我国的土地"公有"，适用地役权的可能情形就是在他物权人之间设立，而设立地役权的功能很有可能被其他功能相同的"约定"替代。③我国《物权法》和《民法典》都没有强调区分以"利用"为中心的这种他物权究竟是对特定人设立还是对特定的不动产设立，统称为"用益物权"。而且这一权利种类很少，没有根据我国法对"物权法定原则"进行解释——根据"一般规定"中的概括条款创设新的用益物权种类，甚至将《物权法》第123条（《民法典》第329条）理解为"准物权"，因此，导致许多为人而不是为物设定的用益权找不到"归属地"，例如，烧窑取土的权利属于哪一种用益物权？④从我国《物权法》一直到《民法典》都强调"合同生效时设立，地役权登记对抗"，[1]这就很难区分哪些约定属于债权效力，哪些约定属于物权效力。⑤由于地役权在实践中发生争议的比较少，故最高法院确定的司法判例规则就很少。基于以上诸等理由，对于地役权设立的限制——提高自己不动产的效益，其实就被忽视了，甚至作出相反的理解。

"与需役地相关"之所以被强调就在于：地役权因为附属于需役地，有可能是永久的（在我国至少是长期的），如果将对特定人所设立的权利设定为地役权的话，会极大地限制供役地人的行为自由和处分自由。因此，只有两种选择：一是可以设定为债权，二是设定为人役权——不得继承和转让。这两种方式可以减轻供役地人的负担。如果对人的自由限制过多，将地役权设立为与需役地的利用无关，则如上所述，将被视为"违反善良风俗"而无效。

因此，我们在设定地役权的时候，必须严格遵循《民法典》第372条规定的——为提高自己不动产的效益这一限制条件，凡是与这一目的不相一致的用益物权必须不能放在地役权中设置。例如，甲承包了集体经济组织的土地，与承包经营户乙相邻，甲与乙约定在乙承包的土地上设定一个地役权：乙不能种植与甲相同的经济作物，目的是防止作物授粉时影响甲之作物品种的纯洁性，同时也不形成竞争。这因符合我国《民法典》第372条而被允许。但如果甲与乙约定这样的地役权则是不被允许的：乙收获了作物后，不得将

---

[1]　《物权法》第158条、《民法典》第374条。

其出卖给丙。因为这已经与土地利用无关，而是对人的行为的限制。但是，我们仅仅是说不能以这种内容设立地役权，并不妨碍将其设定为债权债务关系，或者设定人役权。

但如何设定这种以"用益"为核心的、针对特定的主体而不是对特定的土地设定的人役权呢（甚至是有限制的人役权）？应该根据我国《民法典》关于用益物权的"一般条款"——《民法典》第 323 条，设定后并不违反"物权法定原则"。

我国《民法典》第 329 条规定的探矿权、采矿权、取水权和水域滩涂养殖捕捞权等，从体系解释的视角看，属于用益物权，当无问题。但属于什么样的用益物权呢？我国学者多将其解释为"准用益物权"。[1]这就是我国法（包括台湾地区"民法"）对于传统大陆法系用益物权阉割后的"后遗症"：这些权利是以"用益"为核心的物权，但在我国法上无处归类，故以"准物权"统称。其实，上述所谓"准物权"有的属于特别法上的用益物权，如探矿权、采矿权等；有的属于地役权，如取水权等。它们有的是为特定的土地或者建筑物等设立，属于地役权；有的则属于为特定主体设定而属于人役权（用益权）。它们是真正的物权，而不是准物权。

但问题是，这些特别法上的物权有很强的行政许可性，甚至有时让人忘记了它们属于民法上的物权。这主要是因为我国矿藏、水源等属于国家所有（有的属于集体所有），首先需要行政审批、许可。有的需要登记，而登记机关在我国又是"政府机关"。实际上，许可审批确实属于行政审批，涉及国家对于自然资源的管理。但"登记"应该理解为民事权利的登记。

与此相联系，在我国还有一种是"取土"，它应该归属于什么样的权利？土，在现实生活中是一种常见的东西，但在获取土的时候，土从何来？确实是一个巨大的问题。有人指出，取土是一种常见的行为，但管理起来比较复杂，原因在于对"土"的法律属性界定不清。[2]《土地管理法》是把"土"作为耕地的组成部分进行管理的，关于取土的规定，从保护耕地的角度看，

---

〔1〕 参见尹田：《物权法》，北京大学出版社 2013 年版，第 384~385 页；陈华彬：《物权法》，法律出版社 2004 年版，第 412 页；刘保玉：《物权体系论——中国物权法上的物权类型设计》，人民法院出版社 2004 年版，第 348 页。

〔2〕 潘辉、卢志强：《"取土"行为应如何定性？》，载《中国矿业报》2015 年 9 月 19 日，第 4 版。

多为禁止的行为。《矿产资源法》把"土"作为矿业资源来管理，并详细规定了其类型，如高岭土、陶瓷土等，因此，取土行为应属于开采矿产资源的行为。[1]这种观点无疑是正确的，但却是不全面的，至少从民法典关于用益物权的规定看，并非十分准确。

首先，要区分是临时性用土，还是长期性用土；是对取土地破坏性还是非破坏性用土；所取土为一般土，还是矿产资源土。如果是临时性用土且对取土地为非破坏性用土，则只要经过当地政府主管部门（实际上是国有土地所有权人授权的地方政府）批准，或者集体经济组织同意即可，根本不需要设立用益物权。即使是临时用土，但破坏土地的，如果是在国有土地上取土，则由政府有关部门批准——这种批准既代表管理者的批准，也代表所有者的同意；而在集体经济组织所有的土地上用土，仅仅由集体经济组织同意是不够的（因为这仅仅是土地所有者的同意），还要经过政府相关部门批准（行政管理）。如果是长期用土，必然涉及对土地的破坏，因此有设立用益物权的必要性。

其次，在适用法律问题上，如果所取之土为与矿产资源有关的土，则适用《矿产资源管理法》及《民法典》之用益物权人的规定；如果是一般的土，则适用《土地管理法》及《民法典》之规定。

最后，如果取土为某块土地或者建筑之用（如为长期修复某一建筑群而用土），则要设立地役权；如果为某主体设定，如工业需要或者商业需要（如为经营出售陶器而需要长期取土），则应设立一般用益物权。但这些用益物权，无论哪种，除了所有者同意之外，还需要行政管理者按照规划实行管理（行政许可）并进行登记，才能成为具有对抗第三人效力的用益物权。

二、结论

我国《民法典》关于用益物权的"一般规定"中第 323 条实际上规定了用益物权的内涵——占有、使用和收益，但外延却没有反映出这一核心内涵——仅有土地承包经营权、建设用地使用权、宅基地使用权、居住权和地役权。因此，如果按照《民法典》第 323 条规定的用益物权的"内涵"去设定

---

〔1〕　潘辉、卢志强：《"取土"行为应如何定性?》，载《中国矿业报》2015 年 9 月 19 日，第 4 版。

外延的话，只要不超出占有、使用和收益，就应该认为不违反"物权法定原则"。

在这一前提之下，在动产上当然也可设定用益物权，其程序应该适用《民法典》之"物权编"关于公示的一般原则——交付。同时，由于我们继受了被阉割的用益物权人的概念，不区分用益物权是针对人设立还是为特定土地或者建筑物所设立，导致规则极不统一，甚至使得像取土这种常见的行为找不到归属，采矿权、取水权等被作为"准物权"对待。这实际反映出我国《民法典》上的"类型化的用益物权"不能适应现实需要。应该根据《民法典》第323条之原则，创设以"用益"为核心的物权种类，特别是多种像《德国民法典》及实际生活中的"限制的人役权"这种对物进行某一方面的用益的权利。

第二章

不动产役权的历史、现状及问题

第一节　不动产役权的历史及发展

地役权并非依附于权利人，而是依附于需役地，它滥觞于罗马法，法国、德国、瑞士、日本等国家民法典采用地役权概念。传统民法上，供役地和需役地限于土地，所以称之为"地役权"。但地役权之供役地或需役地可扩展至土地及其定着物，因此 2010 年我国台湾地区修订"民法"时将其更名为"不动产役权"，在我国制定《民法典》过程中，也有学者主张应采纳"不动产役权"之概念。但因《物权法》已经采纳"地役权"概念，且该概念已被公众熟知和运用，不宜更换为一个全新的名称，[1]因而继续保留"地役权"概念，而没有使用"不动产役权"概念。本书认为，"不动产役权"之概念更能反映地役权客体之扩大，远比"地役权"概念合适，故采之。

一、罗马法中的地役权制度

（一）地役权在罗马法中的形成过程

一般认为，自人类进入畜牧时代以后，地役权便已形成雏形，但法律意义上的地役权大抵始于古代罗马法。[2]公元前 6 世纪中叶，伴随着氏族的解体和家庭的分化，罗马公地逐渐变为私有。为了满足通行、引水等基本生活

---

〔1〕　参见黄薇主编：《中华人民共和国民法典释义》，法律出版社 2020 年版，第 418 页。

〔2〕　参见陈华彬：《民法物权论》，中国法制出版社 2010 年版，第 377～378 页。

需求，罗马保持了土地公有时的利用状态，允许土地间的相互利用。最初的观念认为，从他人土地上穿过的道路或输水管道归土地所有者所有。[1]这实际上是一种共同所有的观念。直到后来，罗马人才逐渐认识到这是一种"在他人土地上为自己土地的利益通行或引水的权利"。[2]到《十二表法》时，法律意义上的地役权产生。[3]例如，《十二表法》第七表第1条规定："建筑物的周围应有二尺半宽的空地，以便通行。"第6条规定："在他人土地上有通行权的，其道路宽度，直向为八尺，转弯处为十六尺。"[4]可以看出，此时虽然有地役权的具体类型且主要是相邻关系的类型，但相邻关系与地役权在法律上还没有明确的区分。

最早的地役权主要是为了满足乡村耕作土地的需要，因此又被称为乡村地役权或耕作地役权（iura praediorum rusticorum），主要包括三种通行权和用水役权。[5]三种通行权分别为步行通行权（iter）、驱畜通行权（actus）、用路权（via）。到了公元前390年，高卢人入侵并摧毁了罗马城，重建后的罗马城，房屋之间彼此毗邻，产生了通风、排水、采光等诸多问题，为了满足相邻房屋之间的利用需求，通风地役权、采光地役权、排水地役权、排烟地役权等产生了。[6]随着城镇的进一步发展，架梁地役、支撑地役、建筑物突出地役、阴沟地役等也相继出现。至此，罗马法中为了满足建筑物之间的利用

---

〔1〕 参见［意］朱塞佩·格罗索：《罗马法史》，黄风译，中国政法大学出版社2009年版，第86页。

〔2〕 参见张鹏：《究竟什么是地役权？——评〈物权法（草案）〉中地役权的概念》，载《法律科学》2007年第1期。

〔3〕 对于罗马法中地役权最早的出现时间，一般认为，最早出现于《十二表法》。但也有学者指出，《十二表法》中的有关规定实际为相邻关系，而非地役权。从《十二表法》第七表的条文内容来看，全部为强制性规定，并无当事人的意思自治空间。这两种观点，实际上是从不同角度来观察地役权的起源，从近现代法中严格区分相邻关系与地役权的观念来看，《十二表法》中的确没有近现代法上的地役权，不但没有形式上的地役权，也没有实质的地役权；但是，从地役权与相邻关系发展的历史来看，最早的相邻关系是作为法定地役权来规定的，例如，优士丁尼的《法学阶梯》中，相邻关系就属于地役权的内容，是地役权的一种，因此从法定地役权属于地役权的历史角度来看，可以说地役权产生于《十二表法》。参见［意］彼德罗·彭梵得：《罗马法教科书》，黄风译，中国政法大学出版社1992年版，第244页。

〔4〕 参见周枏：《罗马法原论》，商务印书馆1994年版，第365页。

〔5〕 参见［意］朱塞佩·格罗索：《罗马法史》，黄风译，中国政法大学出版社2009年版，第86页。

〔6〕 参见周枏：《罗马法原论》，商务印书馆1994年版，第366页。

需要的城市地役权（建筑地役权）（iura praediorum urbanorum）也产生了。[1]

到了罗马共和国末期，无夫权婚姻和奴隶解放日渐增多，每遇家长亡故，那些没有继承权又缺乏劳动能力的人的生活就成了问题，为了让他们能够生活下去，家长把一部分家产的使用、收益、居住等权利以地役权形式遗赠给妻子或被解放的奴隶，具有人役权内容的地役权产生。[2]这是因为，在罗马法历史上相当长的一段时间里，地役权是唯一的用益物权。[3]因此，当时罗马人将利用他人之物的权利都称为地役权。[4]地役权是真正原始的役权类型，[5]但随着纯为个人利益而利用他人之物的情形不断出现，具有人役权内容的地役权不断增多。为了调和其与地役权概念逻辑之间的矛盾，罗马法又创制了用益权概念，演化出使用权、居住权、牲畜使用权，并将这四种权利统称为人役权。[6]到优士丁尼时期，主要的他物权是役权（servitutes），役权成为统称地役权（servitutes praediorum）和人役权（servitutes personarum）的上位概念，指为特定土地或特定人的便益而利用他人之物的权利。[7]人役权的目的是保障特定人享受优惠，该人一般把充分享有某物作为生活依靠，而该物所有权并未转让给该人。

至优士丁尼时代，罗马法中的地役权制度已有十分详尽的规定，发展成熟。罗马法中此制度成为现代各国模仿沿袭的蓝本，为现代各国的地役权制度奠定了基础。

（二）地役权在罗马法中的地位

在古罗马漫长的历史中，地役权逐渐从所有权中脱离出来，成为他物权，逐渐从"役使之权"蜕变为"为土地需要的役使之权"，成为一项重要的、独立的用益物权形式。在这一过程中，地役权对于罗马法的发展具有重要

---

〔1〕 参见周枏：《罗马法原论》，商务印书馆1994年版，第364~368页。

〔2〕 参见周枏：《罗马法原论》，商务印书馆1994年版，第360页。

〔3〕 参见史尚宽：《物权法论》，中国政法大学出版社2000年版，第221页。

〔4〕 参见［意］彼德罗·彭梵得：《罗马法教科书》，黄风译，中国政法大学出版社1999年版，第252页。

〔5〕 参见［意］彼德罗·彭梵得：《罗马法教科书》，黄风译，中国政法大学出版社2018年版，第206页。

〔6〕 参见周枏：《罗马法原论》，商务印书馆1994年版，第361页。

〔7〕 参见周枏：《罗马法原论》，商务印书馆1994年版，第360页。

意义。

1. 地役权催生了抽象的绝对所有权概念

在罗马法早期,所有权是家父权的一种表现。家父权是家父对家庭中的财产和人的绝对支配权,体现的是一种公共秩序而非私法上的权利。[1]而且,家父权具有较强的共有性质,是对所有财产、人和物的一体性权利。可以说,在罗马早期,由于各种权利形式都还没有生发,作为最早的物权形式,所有权是混沌的。随着私有制的发展,个人从家庭中解放,个人所有权出现,而且人们对土地等财产的使用方式增多,法律上使用他人之物的地役权与所有权逐渐区分开来,他物权与自物权的抽象区分形成。直到罗马后期,抽象的、绝对的所有权法律概念才得以建立起来。可以说,私有制为所有权概念的产生提供了客观条件,役权则是罗马法上抽象所有权的催化剂,地役权的观念使所有权由一种仅对其物实际占有的事实向对该物的抽象性所有迈出了重要一步。[2]

2. 地役权奠定了用益物权的基础

由于地役权为罗马法上最早的他物权形式,在很长一段时间里,罗马人将利用他人之物的权利都称为地役权。[3]随着社会生活的不断丰富和法律的发展,永佃权、地上权等概念才逐渐独立出来,并抽象出上位的用益物权概念。用益物权这一法律概念与地役权在法律构造上有诸多类似。用益物权是对他人之物利用的权利,而最初的地役权即为役使他人之物的权利,在法律概念抽象化、明晰化的过程中,地役权逐渐成为仅限于为自己土地而利用他人土地的权利,与各种其他的物的利用形式逐渐分离出来,共同构成丰富的用益物权体系。作为利用"他人之物"的他物权,用益物权继承了地役权利用他人之物和客体为不动产的特点,虽然我国《民法典》第 323 条规定动产也可为用益物权的客体,但是法律并未规定以动产为客体的具体的用益物权

---

〔1〕 参见马俊驹、梅夏英:《罗马法财产权构造的形成机制及近代的演变》,载杨振山、[意]桑德罗·斯奇巴尼主编:《罗马法·中国法与民法法典化——物权与债权之研究》,中国政法大学出版社 2001 年版,第 15 页;张鹤:《地役权研究:在法定与意定之间》,中国政法大学出版社 2014 年版,第 17 页。

〔2〕 参见张鹤:《地役权研究:在法定与意定之间》,中国政法大学出版社 2014 年版,第 17 页。

〔3〕 参见[意]彼德罗·彭梵得:《罗马法教科书》,黄风译,中国政法大学出版社 1992 年版,第 252 页。

类型。总之，从用益物权的产生历史及其构造结构来看，地役权是用益物权的发展雏形，奠定了用益物权发展的基础。

二、大陆法系地役权制度的承继与发展

（一）大陆法系地役权制度的承继

罗马法的地役权制度，为近代各国所沿袭与发展，并形成了以法国和德国为代表的两种立法模式。

1. 法国的地役权制度

1804 年的《法国民法典》开创了近代资本主义国家民法典的立法先河。自问世以来，《法国民法典》在体系上一直保持着"人法""物法""债法"三卷的整体构架。但为了应对社会现实的需要，于 2006 年民法典修法时，《法国民法典》由原来的三卷修改为五卷，卷名依次为"人""财产及所有权的各种限制""取得财产的各种方法""担保""适用于马约特岛的规定"。其中，第二卷"财产及所有权的各种限制"第三编规定了"用益权、使用权和居住权"，第四编规定了"役权或地役权"。[1]虽然现行《法国民法典》与原来的《拿破仑法典》相比，已有了较大面积的修改，但是有关役权的许多规定，依然保持了 1804 年的最初文字表述，变动不大。

第三编"用益权、使用权和居住权"分为两章，为"用益权""使用权和居住权"。这一方面沿袭了罗马法人役权的有关内容，规定了用益权、使用权和居住权；另一方面，没有使用人役权的概念，而且从第四编的名称"役权或地役权"和第 637 条的规定来看，《法国民法典》将役权概念等同于地役权。[2]

第四编"役权或地役权"分为三章，依次为"因场所的自然位置产生的役权""由法律规定设立的役权""由人的行为设定的役权"，即根据地役权的产生依据，将地役权分为自然地役权、法定地役权和意定地役权三种类型。其中，自然地役权是指因场所的自然位置而产生的地役权，法定地役权是指

---

〔1〕　参见罗结珍译：《法国民法典》，北京大学出版社 2010 年版，第 182~202 页。

〔2〕　《法国民法典》第 637 条规定：役权是指为另一所有权人的不动产的使用和便宜而对某一不动产所加的负担。

因法律强制规定的义务而产生的地役权，意定地役权是指由所有权人之间的约定而产生的地役权。[1]可以看出，前两章的内容，相当于我国《民法典》中的相邻关系，第三章的内容，相当于我国《民法典》中的地役权制度。可见，《法国民法典》沿袭了《法学阶梯》中地役权制度，仍将相邻关系作为由法律设定的役权予以规定。[2]

《法国民法典》对役权制度作了非常细致全面的规定，第三编"用益权、使用权和居住权"从第 578~636 条，第四编"役权或地役权"从第 637~710 条，其中仅"由人的行为设定的役权"就从第 686~710 条，有 25 条之多。这些条文，全面系统地规定了地役权的概念、特征、分类、设立、消灭原因等内容，承继了罗马法中有关役权的规定，但也有所发展和修改。

"由人的行为设定的役权"，依据享有役权利益的需役地为建筑物还是土地[3]，可分为城市地役权（sevitudes urbaines）与乡村地役权（sevitudes rurales）；依据地役权是否需要持续行使，可分为持续的地役权与非持续的地役权；依据地役权能否为外部显示，可分为表见的地役权与非表见的地役权。[4]这种地役权取得的方式有三种：①因权利证书的设定而取得。②因时效而取得。《法国民法典》对地役权中取得时效的适用有严格的限制，其第 690、691 条规定，只有持续的、表见的地役权才能适用取得时效。理由在于，非表见的地役权往往难以引起所有权人的注意，若承认非表见地役权的时效取得，所有权人将难以有效地保护自己的权利。然而，这种限制在司法实践中已有所松动。③因所有人的指定取得。《法国民法典》第 692~694 条规定，如果所有权人在其拥有的土地之间设定了一种利用的事实状态，当土地分属于不同所有权人时，则处于事实状态的地役权即可转化为法律上的地役权。另外，这种地役权的消灭原因主要有利用之不可能性、消灭时效、混同、土

---

〔1〕《法国民法典》第 639 条规定：役权，或者因场所的自然位置而产生，或者因法律强制规定的义务而产生，或者由诸所有权人之间的约定而产生。

〔2〕 参见 [法] 弗朗索瓦·泰雷、菲利普·森勒尔：《法国财产法》（上卷），罗结珍译，中国法制出版社 2008 年版，第 352~353 页。

〔3〕 地役权的性质取决于土地的性质，即主要取决于需役地，而供役地只产生次要的影响。如果需役地是一座建筑物，地役权则为城市地役权，如果需役地不是这种情况但供役地是建筑物，仍为城市地役权，其他情形则属于乡村地役权。参见 [意] 彼德罗·彭梵得：《罗马法教科书》，黄风译，中国政法大学出版社 2018 年版，第 206 页。

〔4〕 参见《法国民法典》第 687~689 条。

地灭失、抛弃等。

《法国民法典》中地役权制度的主要特点有：一是基本上承袭了罗马法中役权的法律构造，明确规定了地役权和用益权、居住权、使用权，但无人役权的概念；二是将相邻关系的内容纳入地役权，用法定地役权来界定。[1]意大利和智利、阿根廷等国沿袭了这一立法模式。

2. 德国的地役权制度

1900 年的《德国民法典》是大陆法系民法典立法的杰出代表和立法模式的典型，该法典以《学说汇纂》为蓝本，在人类法制史上第一次建立了系统的、全面的物权制度。[2]《德国民法典》第三编"物权法编"第四章规定了"役权"，分为"地役权""用益权""限制的人役权"三节。

与《法国民法典》相比，《德国民法典》中的地役权制度有以下特点：其一，用役权概念统合地役权、用益权、限制的人役权，役权是它们的上位概念。《德国民法典》中没有采用使用权的概念，而使用"限制的人役权"和"土地负担"的概念，法国民法中的"居住权"在德国民法中被称为"住房权"。其二，明确区分相邻关系与地役权，将相邻关系置于第三章"所有权"中，作为所有权的限制与扩张的内容。其三，未对地役权的内容和类型进行列举，对于地役权的内容只是一般地规定了允许的范围和一些限制条件。"地役权"一节主要规定了地役权的内容、行使方式、时效和保护。为了防止由于地役权内容的广泛和自由给供役地造成过重的负担，抽象地规定了地役权的内容仅限于对供役地特定方面的使用可能性，应对需役地本身有利，并且必须保全性的行使。而地役权的具体内容、限制和消灭由各州法规定。[3]

这种立法模式为瑞士、日本、俄罗斯等所沿袭，成为继《法国民法典》之后大陆法系立法的新标杆。采用德国立法模式的不同国家和地区均明确区分相邻关系与地役权。法国也受到影响，在司法实践中，相邻关系和地役权的区分也开始发生动摇。[4]但对于地役权和人役权的类型，不同国家和地区依据自己的情况，有些许变化，如《日本民法典》《俄罗斯联邦民法典》仅

---

〔1〕 参见刘乃忠：《地役权法律问题研究》，武汉大学 2000 年博士学位论文。

〔2〕 参见赵俊劳：《论用益物权的客体及其立法政策选择——兼评我国〈物权法〉第 117 条的规定》，载《法律科学》2012 年第 2 期。

〔3〕 参见《德国民法典施行法》第 113、115 条的规定。

〔4〕 参见李遐桢：《我国地役权法律制度研究》，中国政法大学出版社 2014 年版，第 101 页。

规定了地役权，而未吸纳人役权。我国《民法典》则在地役权之外，根据实际需要，规定了居住权。

3. 瑞士的地役权制度

1912 年的《瑞士民法典》开创了民商合一模式的立法先河，是大陆法系民法的另一重要代表。《瑞士民法典》第四编"物权法"继承了罗马法和《德国民法典》的立法传统，将相邻关系置于第十九章"土地所有权"的"土地所有权的限制"之中，并于第二十一章"役权及土地负担"中全面规定了役权制度，下设三节，分别为"地役权""用益权及其他役权""土地负担"。第一节"地役权"中规定了地役权的标的物、设定及消灭、内容。第二节"用益权及其他役权"中规定了用益权、居住权、建筑权、对泉水的权利、其他地役权。其中，有两类特殊的地役权值得关注：

首先是建筑权。《瑞士民法典》第 779 条规定，可以在他人土地的地上或地下设立建造或保留建筑物的役权。[1] 这种权利在法律性质上与地上权类似，但是由于《瑞士民法典》中可予以登记的权利形式只有所有权、地役权及土地负担、担保权，因此立法规定当事人可以地役权名义来创设并登记此种权利。[2] 另外，由于《瑞士民法典》将建筑物等土地上的定着物视为土地的组成部分，土地所有权及于地上定着物，因此对于突出建筑物和有特别所有权的建筑物需要另作规定。该法第 674 条与第 675 条通过役权的名义来保护突出建筑物和有特别所有权人的地上定着物的所有权人的权益。[3]

其次是引取泉水的权利。依《瑞士民法典》第 780 条规定，引取泉水权是指对他人泉水享有一定数量的占有、使用的权利。[4] 由于引取泉水权并不存在需役地，因此《瑞士民法典》认为其并非典型的役权。但是由于其在民

---

〔1〕《瑞士民法典》第 779 条规定：在土地的地上或地下建造或保留建筑物的权利，可设定为役权。

〔2〕《瑞士民法典》第 958 条规定：下列权利应在不动产登记簿上登记：所有权；地役权及土地负担；担保权。

〔3〕《瑞士民法典》第 674 条规定：土地上的建筑或其他设施的上部突出至他人土地之上时，仍为其所在地的土地的组成部分。但土地所有人对该建筑物无物权的，不在此限。对前款突出建筑物的权利，得以地役权登记于不动产登记簿。第 675 条规定：在他人土地地面上下的定着物，或因深掘、砌墙等其他方法与他人土地连接的建筑物及其他设施，得有特别的所有人。但其存在未以地役权在不动产登记簿登记的，不在此限。参见殷生根译：《瑞士民法典》，法律出版社 1987 年版，第 182 页。

〔4〕参见刘乃忠：《论地役权对物权法定原则漏洞的补充》，载《武汉大学学报（社会科学版）》2001 年第 3 期。

法中并无独立的物权地位，于是立法以役权来规范适用这种权利，使其能够取得物权效力，获得物权法的保护。

4. 日本的地役权制度

作为亚洲第一部民法典，《日本民法典》受大陆法系的法国与德国的影响较大。最初《日本民法典》依据《法国民法典》，规定了"由法律设定的地役"和"人为设定的地役"，但是后来受《德国民法典》的影响，将"由法律设定的地役"并入了所有权内容之中，最终采用了相邻关系与地役权并存立法的德国模式，[1]并且没有规定人役权。现行《日本民法典》第二编"物权编"第六章"地役权"，从第280~294条规定了地役权的定义、特征、取得、消灭等内容。该法第280条将地役权界定为"以他人土地供自己土地便利之用的权利"，并且将其内容限制为不得违反公共秩序的规定。[2]该法第283、284条规定了地役权的时效取得制度，第291、292条规定了地役权的消灭时效制度。并且，第294条规定了无共有性质的入会权，除依从各地方的习惯外，准用地役权的规定。

5. 意大利的地役权制度

1942年的《意大利民法典》以罗马优士丁尼《法学阶梯》和《法国民法典》为立法渊源。《意大利民法典》由序编"一般原则"和"人与家庭""继承""所有权""债""劳动""权利的保护"六编共同组成。其第三编"所有权"，用所有权统领物权体系，而没有采用抽象的物权概念。该编第五章"用益权、使用权和居住权"与第六章"地役权"共同构成了意大利民法中的役权制度。第五章包括"用益权""使用权和居住权"两节，相当于罗马法中人役权的内容。第六章则包括"一般规定""强制地役权""任意地役权""根据时效取得的役权和根据家父指定取得的役权""役权的行使""役权的消灭""保护役权的诉讼""某些有关用水的役权"八节。[3] 可以看出，意大利民法中的役权制度具有以下特点：一是沿袭了罗马法中的人役权的内容，但并未将人役权作为用益权、使用权和居住权的上位概念；二是以法定

---

〔1〕　参见［日］我妻荣：《我妻荣民法讲义Ⅱ：新订物权法》，罗丽译，中国法制出版社2008年版，第420页。

〔2〕　参见《日本民法典》第280条。

〔3〕　参见费安玲等译：《意大利民法典》，中国政法大学出版社2004年版，第284~299页。

地役权来界定相邻关系。这两点与法国相同。此外，《意大利民法典》还单列一节规定了与用水有关的役权，反映出意大利对水资源利用的充分重视。

6. 俄罗斯的地役权制度

《俄罗斯联邦民法典》共有七编，分别为"总则""所有权和其他物权""债法总则""债的种类""继承法""国际私法""智力活动成果和个别化手段"。其中，第二编"所有权和其他物权"第十七章"土地所有权和其他物权"规定了有关地役权的内容。《俄罗斯联邦民法典》对地役权的规定较为简单，仅有第274~277条共四个条文。第274条规定了地役权的设立；第275条规定了在土地权利转移时地役权的保留（地役权的从属性）；第276条规定了地役权终止的情形；第277条规定了对土地以外的建筑物、构筑物和其他不动产设定役权负担的情形。

（二）大陆法系地役权的新发展

自罗马法以来，大陆法系的地役权制度，已经形成了成熟的理论和制度体系，各国法律上的地役权类型趋于稳定，但因应时代发展的需求，也出现了一些新类型的地役权。

第一，营业竞争限制不动产役权（Wettbewerbs‐beschränkende Dienstbarkeit），指对供役不动产上的营业或销售行为予以限制的不动产役权。在此种不动产役权中，不动产役权人有权禁止供役不动产上从事相同的营业或出售相同、相类似的某种商品，或者要求供役不动产上仅为某种特定的销售行为。在德国实务中，其现代化运用形式有啤酒订购役权、加油站役权、远距离供暖役权。[1]在功能上，此种不动产役权，通过限制供役不动产所有人经营相同业务，可达到限制竞争的目的，以维持自己的商业利益。在法效果上，竞业限制不动产役权中的销售商品役权，突破了罗马法中的"役权无作为存在""于作为不成立役权"原则。[2]在欧陆若干国家，不动产役权借此重获生

---

〔1〕 参见［德］鲍尔、施蒂尔纳：《德国物权法》（上册），张双根译，法律出版社2004年版，第715~716页。

〔2〕 此一原则在罗马法中表述为"servitus in faciendo consistere nequit"。参见谢在全：《民法物权论》（中册），中国政法大学出版社2011年版，第534页；［意］彼德罗·彭梵得：《罗马法教科书》，黄风译，中国政法大学出版社2005年版，第190页；黄风：《罗马私法导论》，中国政法大学出版社2003年版，第224页。

机，有学者称之为不动产役权的第二春。[1]

第二，公共地役权，指为了公共利益或公众利益的需要，使不动产所有人或使用权人忍受某种不利益或负担，从而使国家或者公众取得一种要求不动产所有权人或使用权人承受某种负担的权利。[2]公共地役权可运用于城市公共交通、电力、通信等公共基础设施的建设中，也可运用于土地与市镇规划中，还可运用于生态环境资源保护中。对于公共地役权是否属于私法上的地役权，学界争议较大，有多种不同的观点，如行政法律关系说、相邻法律关系说、地役权说等。但法国与我国澳门地区均在立法中承认了此种地役权，我国台湾地区学术界也普遍认可此种权利。[3]我国法律中如何进一步应对地役权的这种发展趋势，如何对其法律地位进行定位，值得深入研究。

三、英美地役权制度的内涵及发展

（一）英美地役权的基本含义与内容

1. 地役权的定义

在英国，役权（servitude）制度由地役权（easement）、限制性约据（restrictive covenant）与取益权（profit）三种权利构成。其中，地役权既包括以特定方式使用他人土地的积极权利，也包括阻止他人以特定方式使用土地的消极权利。[4]取益权是指进入他人土地获取一定物质的权利，包括通行至取益地点的权利；在取益地点为取益行为的权利，如砍伐林木、采取砂石等；将所取物质运走的权利。[5]普通法上曾有过的取益权包括采碳权、采矿权、捕鱼权、伐木权、放牧权等。二者的主要区别在于是否包括从供役地取走产物的权利，它们通常又可被称为非取益通行地役权（easement without a profit）和取益通行地役权（easement with a profit）。

---

〔1〕 参见王泽鉴：《民法物权》（第 2 版），北京大学出版社 2010 年版，第 327 页。

〔2〕 参见李遐桢：《我国地役权法律制度研究》，中国政法大学出版社 2014 年版，第 235 页。

〔3〕 参见《法国民法典》第 694、650 条，我国澳门特区政府印刷署印刷的第 12/92/M 号第十号法令也规定"为了实现公共利益的目的对不动产方面可以构成必须的地役权"。

〔4〕 See S. H. Goo, *Land Law in Hong Kong*, LexisNexis, 2000, p. 663.

〔5〕 See Cheshire and Bum, *Modem Law of Real Property*, 15th ed., Butterworths, 1994, p. 488.

而限制性约据是土地买卖双方之间的约定，最初为一种合同权利，逐渐发展为一种物权。土地的卖方可以在合同中要求买方承诺某些消极的不作为义务，以保证卖方所保有土地的价值。例如，买方不得使用土地建造高楼以免妨碍卖方仍拥有的土地的眺望景观，不得从事某种商品的销售以免不利于卖方的生意。

美国承继了英国普通法体系，也沿袭了英国的地役权制度。因此，美国地役权制度与英国役权制度有诸多相似之处。但是随着美国社会的发展，有关法律也不断调整和发展变化，与英国役权制度也有了一些不同之处。依据《财产法第三次重述：役权》（以下简称《役权法重述》）的规定，役权（servitude）制度由地役权（easement）、限制性约据（restrictive covenant）以及不可撤销的许可（license）共同组成。[1]《役权法重述》将所有附着于土地并约束未来所有权人的私人土地使用协议都定义为役权，并适用共同的强制执行和终止规则。[2]

其中，地役权是一种进入和利用他人所占有土地的非占有性权利，并使该占有人负有不得妨碍地役权人基于地役权而对土地进行利用的义务。[3]与英国法不同，在美国法上，取益权是一种特别的地役权，其法律地位与地役权并非处于同一个位阶。换言之，美国法上的地役权包括英国法上的地役权和取益权。现在《役权法重述》已经抹去了地役权和取益权的实质区别，二者适用同一规则。另外，美国的地役权仅指积极地役权，消极地役权则属于限制性约据。

许可权是所有权人允许他人进入自己土地或在自己土地上进行某种行为的不动产利用权，具有属人性、临时性、口头性和可撤销性、非占有性、限

---

〔1〕 工业革命后，随着社会经济和城市的快速发展，土地间的利用和限制变得越来越重要和复杂，刺激了地役权、不动产契据和衡平地役权的广泛应用。由于这些权利过于复杂、模糊、难以区分，且功能上又有诸多交叉重叠，为了去除不必要的区分、陈旧的术语和不合时宜的规范，减少役权制度运用的人为的法律障碍，于是 2000 年的《役权法重述》对其进行了简化、明晰化和整合。因此《役权法重述》较能体现美国当前在役权法领域的理论和司法实践发展情况。参见耿卓：《英美法上的役权研究》，载《中国不动产法研究》2012 年第 7 卷；See The American Law Institute, *Restatement（Third）of Property：Servitudes*, American Law Institute Publishers, 2000.

〔2〕 参见耿卓：《英美法上的役权研究》，载《中国不动产法研究》2012 年第 7 卷。

〔3〕 See The American Law Institute, *Restatement（Third）of Property：Servitudes*, American Law Institute Publishers, 2000, §1.2.

定用途等特点。[1]许可权与地役权的主要区别是：许可权可以按照供役地所有人的意愿而任意终止，而地役权则不能。[2]在许可不可撤销时，即被认为构成一个役权。

此外，在英美法系，与普通法上的地役权制度相对应，还存在着衡平法上的地役权（equitable servitudes）。衡平法上的地役权是利用衡平法上的强制力对土地的使用予以限制的权利，当供役人违反地役权的限制而为一定行为时，地役权人可以请求衡平法院予以衡平法上的救济，责令供役人停止违反地役权的行为。[3]衡平法上的地役权是伴随着城市的繁荣和用地紧张而产生的。为了使居民的生活安宁，需要对住宅社区土地的使用给予一定的限制，禁止为居住以外的目的使用土地。而原有的普通法上的地役权无法满足这一需求，在土地的私有、土地交易及土地使用自由的背景下，国家对土地的管理与干预也无法满足需求。[4]于是，衡平法上的地役权应运而生，它对城市社区的合理布局、居住环境的良好保持、环境污染的综合治理发挥了重要作用。[5]

从性质上来说，英美法上的地役权是非占有性权利，不同于占有性权益，在正常情况下，它不具有排他效力，不能阻止其他权利人使用该不动产，但是"排他"地役权赋予了需役地所有人防止供役地所有人允许他人使用该地役权的权利。[6]

2. 地役权的分类

依据不同分类标准，英美法上的地役权可以作不同的分类，但通常有以下两种分类：

（1）根据地役权的构成条件，地役权可分为属地地役权（an appurtenant

---

〔1〕　参见［美］罗杰·H. 伯恩哈特、安·M. 伯克哈特：《不动产》（第4版），钟书峰译，法律出版社2005年版，第158页。

〔2〕　参见［美］罗杰·H. 伯恩哈特、安·M. 伯克哈特：《不动产》（第4版），钟书峰译，法律出版社2005年版，第158页。

〔3〕　参见马新彦：《美国衡平法上的地役权研究》，载《吉林大学社会科学学报》2000年第2期。

〔4〕　参见马新彦：《美国衡平法上的地役权研究》，载《吉林大学社会科学学报》2000年第2期。

〔5〕　参见马新彦：《美国衡平法上的地役权研究》，载《吉林大学社会科学学报》2000年第2期。

〔6〕　参见［美］罗杰·H. 伯恩哈特、安·M. 伯克哈特：《不动产》（第4版），钟书峰译，法律出版社2005年版，第155页。

easement) 和属人地役权 (an in gross easement)。[1]设立属地地役权, 必须要有需役地的存在, 而设立属人地役权不以存在需役地为必要。这是因为, 从设立目的来说, 属地地役权是为了方便某一特定不动产的利用, 而属人地役权是为了方便某一特定的人, 尽管也可能附带有增进所有人拥有的不动产的效益, 但这种效益具有附属性。可见, 英美法系中的属地地役权与属人地役权的分类, 类似于大陆法系中地役权与人役权的分类。

(2) 根据地役权的行使方式, 地役权可分为积极地役权 (positive easement) 和消极地役权 (negative easement)。积极地役权是指地役权人可以为某一特定目的使用供役地, 消极地役权是指地役权人可以禁止供役地所有人以某种方式使用不动产。地役权之供役地人通常不承担主动作为的义务, 当供役地所有人同意履行积极义务时, 有时会构成 "虚假地役权" (spurious easement), 即不真正的役权。虽然英美法系中的地役权内涵范围较大陆法系而言宽泛许多, 但是也只允许设立为立法机关或者法院所同意的利用行为的地役权, 而不允许当事人在不动产上私自设立 "新奇权益" (novel interests)。[2]

3. 地役权的设立

英美法中的地役权主要由以下几种途径取得:

(1) 明示设立: 授予和保留 (grant and reservation)。采用契据或者其他书面转让协议协商设立地役权, 是最常见的地役权设立方式。具体可分为两类: 一是地役权的授予 (the grant of an easement), 契约一方当事人授予另一方当事人对其土地享有使用权, 即地役权有利于受让人; 二是地役权的保留 (the reservation of an easement), 一方当事人将土地转让给他人时, 把地役权留给自己, 即地役权有利于表意人。[3]在普通法中, 只能为自己而不能为第三人保留地役权, 若想让第三人享有地役权, 必须将它直接转让给第三人, 或者先为自己保留地役权然后再转让给第三人, 但若所在州法有另外的规定, 则允许保留。

---

〔1〕 参见 〔美〕罗杰·H. 伯恩哈特、安·M. 伯克哈特:《不动产》(第4版), 钟书峰译, 法律出版社2005年版, 第158~159页。

〔2〕 参见 〔美〕罗杰·H. 伯恩哈特、安·M. 伯克哈特:《不动产》(第4版), 钟书峰译, 法律出版社2005年版, 第159~160页。

〔3〕 参见 〔美〕罗杰·H. 伯恩哈特、安·M. 伯克哈特:《不动产》(第4版), 钟书峰译, 法律出版社2005年版, 第161页。

（2）默示设立：准地役权（quesi-easement）。在一定情况下，法院会依法律规定，承认当事人之间存在一项默认产生的地役权。此项地役权产生的条件有：①首先要存在在先使用权。只有在不动产分离前，使用权已经存在的情况下，在分离之时，才能默示设立地役权。这种在先使用权并不是地役权，而是一种"准地役权"，因为土地所有人在自己土地之间为互相利用的权利并不能作为所有权之外独立的另一种权利而存在。只有当不动产分离后，即需役地和供役地分别由不同的人所有时，这种使用权才能转化为真正的地役权。②存在不动产部分转让或分别转让。所有人必须将所拥有的土地之一部分或者分别转让给不同的受让人。③该在先使用权需要具备一定的条件。在不动产部分转让或分别转让后，先前存在的使用权并不一定就会转化为地役权，只有明显的、持续的（或永久的）、必要的（或有益的）准地役权才能转化为地役权。为了保护供役不动产所有人的利益，只有当默示地役权的存在是必要的或有益的，才允许推定设立。[1]总之，一般而言，只有在当时的情形表明，当事人之间本意是设立一项地役权，却没有明示的情况下，法院才会默认其为地役权。默示地役权也可依授予或者保留的方式来设立。

（3）必需设立。当某不动产一再细分（subdivided），导致有一部分没有出口通道时，就应在另一部分不动产上默示设立通行地役权（必需的通道），但是，细分不动产契据否认存在该地役权时，地役权不能默示产生。[2]这是为了避免出现无法使用（被他人不动产围死）的不动产。这种情形实际上也属于默示设立，但与当事人的行为、转让的具体情况或者有没有在先的准地役权无关。

（4）时效取得（acquistion by prescription）。受罗马法的"权利可因时间的推移而获得"理论的影响，英美法系也承认地役权的时效取得制度。时效取得地役权需要同时具备以下条件：存在使用他人土地的行为；公开地使用他人土地；非基于他人的任何权利使用他人土地；和平、持续、不间断地使用他人土地至时效期间完成；以地役权人的姿态，以地役权行使的方式使用

---

〔1〕　参见［美］罗杰·H. 伯恩哈特、安·M. 伯克哈特：《不动产》（第4版），钟书峰译，法律出版社2005年版，第162~167页。

〔2〕　参见［美］罗杰·H. 伯恩哈特、安·M. 伯克哈特：《不动产》（第4版），钟书峰译，法律出版社2005年版，第167~168页。

他人土地。[1]

4. 地役权的终止

英美法上地役权终止的事由主要有：①因转让协议规定的存续期间届满或者条件成就而终止。②因吸收而终止。当需役地所有人取得供役地时，或者当供役地所有人取得需役地时，地役权会被土地所有权所吸收，从而消灭，因为一个所有人不可能在自己的不动产上享有地役权。这相当于大陆法系的混同。③因抛弃而终止。一般而言，抛弃需要需役人给予供役人让与契据，只是口头抛弃地役权或只是没有使用供役地，不能消灭地役权。但是存在以下几种例外情形：一是如果需役地所有人口头声明抛弃后又持续满一定时间不使用供役地，足以证明其抛弃意图，可以弥补没有书面文件的缺陷，消灭地役权。二是如果需役地所有人通过发表口头声明，并实施与地役权不一致的重大行为，可以消灭地役权。三是如果需役地所有人所实施的行为影响是长久的，且与地役权存在不一致的情况下，可以推定其抛弃地役权的意图，从而可以消灭地役权。四是需役地所有人的口头声明和供役地所有人实施的行为构成"禁止反言"。需役地所有人口头表示抛弃地役权后，供役地所有人因信赖其声明而做出一定的行为，地役权人将丧失主张权（by estoppel），不能再主张享有地役权。④国家征用土地。⑤当地役权对供役地课加的负担难以忍受或者成本大于收益时，供役地所有人可以终止地役权。

从以上英美国家地役权制度的基本概况可以看出，英美国家的地役权概念实际上是指一人在他人土地上存在的利益，既包括利用他人土地为自己土地便宜之用的情形，也包括利用他人为自己个人便宜之用的情形。英美法中，地役权的调整对象不仅限于土地，在各种不动产、自然资源之上均可设定役权，地役权的调整内容也极为宽泛，地役权的调整客体不以需役地的存在为必要。总之，从地役权的内涵范围来看，英美地役权概念较大陆法系更加宽泛，基本相当于大陆法系中的用益物权的概念，"相当于大陆法系的他物权"。[2]

（二）英美地役权的新发展

除了地役权的基本内容和构造外，英美法对地役权制度的发展适用也有

---

〔1〕 See Green, Ernest Swinfen, and Norman Henderson, *Green and Henderson: Land Law*, Sweet & Maxwell, 1988, pp. 120-124.

〔2〕 参见李进之等：《美国财产法》，法律出版社 1999 年版，第 62 页。

明显特点。在英美法系，地役权可广泛运用于规制土地的利用和保持社区环境、保护自然资源和生态环境等方面，值得关注和借鉴。

1. 运用于城市社区的默示互惠役权

随着都市的快速发展，为了保持社区良好的生活居住环境，需要对社区土地的使用进行一定的限制。在细分不动产售出后，原不动产开发商本身不再有权强制要求其他细分所有人遵循社区不动产使用限制的条款，这些限制条款的履行会遇到问题。为了解决这一问题，默示互惠役权应运而生。土地所有人可预先为其大片土地拟定整体规划方案，并在规划中声明对土地开发利用的限制，然后将载明限制的规划予以登记，这样整体规划方案中的每一部分不动产，都享有方案设立的所有役权权利，也负担方案设立的所有役权限制，土地买受人均须受该规划的约束，在限制的范围内使用土地，无论是在先的受让人还是在后的受让人，均需执行限制条款。[1]"它是将其利益和义务转移给所有土地购买人的地役权。它因互惠而产生，并有足够的效力达到其目的。"[2]

2. 运用于不动产开发区或街区的共同利益团体制度（common-interest communities）

在一开发区或街区内，个体不动产单元为所有的不动产单元提供利用上的方便利益，所有不动产单元在享有役权的同时，共同负担有关费用，即使这些单元没有使用或退出，也不能免除。[3]例如，一项房地产开发区，有若干个不动产单元，其中一个为了整个房地产开发区的利益而用作公共停车场和湖滨沙滩，其他的不动产单元共同享有该不动产单元上的利益，共同分担该单元的运营成本。此时，该房地产开发区就是一个具有共同利益的共同体。[4]

---

〔1〕 参见马新彦：《美国财产法与判例研究》，法律出版社 2001 年版，第 166 页；See The American Law Institute, *Restatement（Third）of Property：Servitudes*, American Law Institute Publishers, 2000, §2.14（a）.

〔2〕 参见［美］约翰·E. 克里贝特等：《财产法：案例与材料》（第 7 版），齐东祥、陈刚译，中国政法大学出版社 2003 年版，第 542 页。

〔3〕 See The American Law Institute, *Restatement（Third）of Property：Servitudes*, American Law Institute Publishers, 2000.

〔4〕 See The American Law Institute, *Restatement（Third）of Property：Servitudes*, American Law Institute Publishers, 2000.

3. 运用于自然资源、生态环境、农田土地、历史文化遗产保护的保存地役权（conservation easements）

《役权法重述》将这种地役权界定为："这种保存役权是为了保护或保存的目的而设立的。保护的目的包括保留或保护土地的自然的、审美的、开放空间的价值；确保土地可以用于农业、森林、休闲娱乐或者开放空间用途；保护自然资源，包括野生动植物栖息地和生态系统，以及维护和提高空气或水质量及供给。"[1]在美国，这种役权大部分被授予政府组织、土地信托机构，或者其他从事保护行动的慈善团体。[2]这项制度，最早起源于美国东北部与西岸地区的农地保育与利用限制的发展权购买计划（purchase of development right），用于避免农地和牧场的流失，保护农业用地。[3]美国的纽约州、新泽西州和宾夕法尼亚州等州都采纳了这项计划，[4]并已取得了良好的成效。[5]与单纯依靠行政管制模式保护自然资源、生态环境、农田土地、历史文化遗产相比，采用保存地役权模式能够产生更好的实施效果，因为后者是通过合同自愿产生的。[6]目前该制度已被加拿大、澳大利亚、乌干达、坦桑尼亚等多个国家所采纳。[7]

四、我国地役权制度的引入与发展

（一）清末变法与地役权制度的引入

一般认为，我国古代并没有西方传统意义上的民法。[8]但是，在国家律

---

〔1〕 See The American Law Institute, *Restatement（Third）of Property：Servitudes*, American Law Institute Publishers, 2000, §1.6（1）.

〔2〕 参见唐孝辉：《我国自然资源保护地役权制度构建》，吉林大学 2014 年博士学位论文。

〔3〕 See Elizabeth Byers, Karin Marchetti Ponte, *The Conservation Easement Handbook（Second Edition）*, Land Trust Alliance, 2005, p.12.

〔4〕 See Elizabeth Byers, Karin Marchetti Ponte, *The Conservation Easement Handbook（Second Edition）*, Land Trust Alliance, 2005.

〔5〕 See P. M. Morrisette, "Conservation Easements and the Public Good: Preserving the Environment on Private Lands", *Nat. Resources J.*, 2005, pp.425-426.

〔6〕 See James D. Timmons, "Conservation Easements: Windfall or Straitjacket?", *Law and Land*, 2007, Fall.

〔7〕 参见唐孝辉：《我国自然资源保护地役权制度构建》，吉林大学 2014 年博士学位论文。

〔8〕 参见张中秋：《中西法律文化比较研究》，南京大学出版社 1991 年版，第 86 页。

典、例规以及礼制、家族法规、村规民约中存在着大量具有民事规范意义的内容。在有关物权制度的中国法制史中，学者所公认的中国古代存在的不动产物权主要有所有权、永佃权、典权三种。而对于地役权，学界通说认为，我国古代并无与之直接对应的法律制度，只是在民间存在着一些类似的习俗和规范。[1]这是因为，中国古代法律"德主刑辅""刑民不分"，对于土地等不动产利用纠纷，并不以法律作为基本的纠纷解决手段，更多的是依靠礼制与宗族法规。同时，相关的法律规范也多属于公法范畴，虽有一些私权利，但也多不具有物权性，而且并没有从这些社会现象中归纳出共性的、统一的地役权法律概念以区别于其他法律关系。[2]我国古代虽然没有关于地役权方面的物权制度，但相邻土地、建筑物之间通过契约约定利用他人土地通行或在他人房屋上搭梁等则是存在的，但这主要是通过债权方式利用相邻土地或建筑物，并非物权。

我国近代法律意义上的地役权制度，最早由《大清民律草案》引入。鸦片战争以后，为了挽救王朝的统治，清政府实行变法，上谕"法令不更、锢习不破、欲求振作、须议更张"，[3]开始了变法图强、立宪修律的过程。1907年，清政府商部根据清廷修订法律的谕旨，由修律大臣沈家本主持，俞廉三、刘若曾负责编纂独立的民法典，并聘请日本法学家松岗义正和志田钾太郎为顾问，起草总则、债权、物权，由修律馆起草亲属与继承，于1911年8月完成《大清民律草案》。[4]《大清民律草案》刚刚制定完成，就因清王朝覆灭而未得施行。

《大清民律草案》的修律宗旨为"注重世界最普遍之法、原本后出最精确之法理、求最适于中国民情之法则、期于改进上最有利益之法则"。[5]在体例上，《大清民律草案》共分五编：总则编、债权编、物权编、亲属编、继承

---

[1]　也有学者认为，虽然我国古代立法上没有明确的地役权概念，但是于典籍、律令中已经可以看到地役权相关的内容和习惯记载，我国古代已存在地役权制度。参见孔庆明等编著：《中国民法史》，吉林人民出版社1996年版，第130~131页；刘乃忠：《地役权法律问题研究》，武汉大学2000年博士学位论文。

[2]　参见曾健龙：《地役权制度中的意思自治与不动产利用效率》，厦门大学2012年博士学位论文。

[3]　转引自张晋藩主编：《中国法律史》，法律出版社1995年版，第490页。

[4]　参见孔庆明等编著：《中国民法史》，吉林人民出版社1996年版，第605~616页。

[5]　此为修律大臣俞廉三、刘若在宣统三年（1911年）的《奏编辑民律前三编草案告成缮册呈览折》中提出的。转引自俞江：《〈大清民律（草案）〉考析》，载《南京大学法律评论》1998年第1期。

编。其中第三编"物权编"下有七章，包括通则、所有权、地上权、永佃权、地役权、担保物权、占有。[1]其体例与内容多仿自大陆法系的德日民法，"物权编"的框架安排取自《德国民法典》，而对不动产的规定则照搬了《日本民法典》。地役权一章共有 23 个条文，第 1102 条规定"地役权人得依设定行为所定之目的，以他人土地供自己土地便宜之用"。[2]

《大清民律草案》打破了中华法系传统体例，以大陆法系通行的物权与债权区分这一基本民法原理为依据，规定了各种民事权利，吸收了大陆法系民法中的精髓，在中国法制史上有重大意义。其物权编规定了各种形式的财产权，并第一次在法律中引入了地役权概念，为我国近现代地役权制度奠定了基础。但由于《大清民律草案》制定时的动荡社会背景，该法对中国旧有习惯未能加以参酌。[3]

中华民国诞生后，1921—1926 年，北洋政府责成修订法律馆着手全面编纂《中华民国民律草案》。这一草案大抵由《大清民律草案》修订而成，体例与内容均同《大清民律草案》相似，依然分为五编：总则编、债编、物权编、亲属编、继承编。其中，第二编由"债权编"改为"债编"，其余各编章节内容也有所调整。"物权编"中专章规定了地役权制度，共 19 条，基本上保留了《大清民律草案》中地役权的内容。它是中国历史上第二部民法草案，虽经北洋政府司法部通令各级法院作为条例援用，但终未作为正式法典颁行。[4]

1929 年，国民党政府立法院成立民法起草委员会，着手编纂《中华民国民法典》。至 1931 年，民法总则、债、物权、亲属与继承编依次公布施行。其"物权编"已经建构了完整的物权体系，全编包括十章，分别为总则、所有权、地上权、永佃权、地役权、抵押权、质权、典权、留置权、占有。第五章"地役权"共有 9 个条文，就地役权的概念、时效取得、特征、消灭等问题作出了规定。该法典仿照《日本民法典》，仅以土地为供、需役之对象而设地役权制度，未规定人役权制度。立法理由谓："欧洲诸国民法于地役权及人之役权，（例如用益役权、使用役权及居住权均是）皆设有规定。惟东西习惯

---

[1] 参见杨立新点校：《大清民律草案：民国民律草案》，吉林人民出版社 2002 年版，第 305～338 页。

[2] 参见杨立新点校：《大清民律草案：民国民律草案》，吉林人民出版社 2002 年版，第 143 页。

[3] 参见孔庆明等编著：《中国民法史》，吉林人民出版社 1996 年版，第 611 页。

[4] 参见钱明星：《物权法原理》，北京大学出版社 1994 年版，第 89 页。

不同，人之役权为东亚各国所无，日本民法仅规定地役权，而于人之役权无明文，中国习惯与日本相同，故本法亦只设地役权也。"[1]

这部民法典是我国历史上第一部正式生效并实施的民法典。并且，这部民法典以《大清民律草案》和《中华民国民律草案》为蓝本，在取法大陆法系国家尤其是德国、瑞士、日本的民法原则和条款的同时，注意到需要兼顾国情。为了矫正清末修订民律时固有民法与继受民法简单统合的偏误，将固有民法与继受民法整合为一个近代民法体系，满足当时各级司法机关和民间规范需要，民国政府组织了大规模的社会调研，形成《民事习惯调查报告录》，为立法提供了有益的素材。其中，对有关通行、排水灌溉、土地经界、坟茔的地役权及相邻关系的民事习惯也进行了诸多有益的收集整理。1949 年新中国成立后，中国共产党中央委员会发表《关于废除国民党的六法全书与确立解放区的司法原则的指示》（1949 年 2 月），宣告废除包括国民党政府民法典在内的六法全书。

（二）我国台湾地区地役权的蜕变与重构：不动产役权的诞生

我国台湾地区的现行"民法"物权编，系国民党政府 1929 年 11 月 30 日公布并于 1930 年 5 月 5 日施行的《中华民国民法典》物权编。日据时期结束后，我国台湾地区于 1945 年 10 月开始重新实施国民政府在民国时期颁布的法令，并于 1951 年以"民法物权编施行法"应对日据时代日本物权法制的影响，衔接地区习惯和实定法之间的鸿沟。直到 1988 年 11 月，"法务部"组成"民法研究修正委员会物权编研究修正小组"，邀请民法学者及实务专家共同参与修法，才开始对"民法"物权编进行第一次修法工作。鉴于社会结构、经济形态及人民生活观念与《中华民国民法典》制定之时已有相当大的变迁，原来植基于农业生活形态的物权规范，难以因应现今资源运用多元化及生活态样多变的发展，该委员会就现行"民法"物权编进行了全面性的检讨、修正，历时八年余，于 1997 年 5 月完成"民法物权编部分条文修正草案暨民法物权编施行法修正草案"。[2]这部草案对台湾地区现行"民法"物权编进行了

---

[1]　参见王泽鉴：《民法物权》（第 2 版），北京大学出版社 2010 年版，第 324 页。

[2]　参见蔡明诚：《民法物权编的发展与展望》，载谢在全等：《民法七十年之回顾与展望纪念论文集（三）——物权·亲属编》，中国政法大学出版社 2002 年版，第 42~45 页。

大幅度修改，但是未能通过审议。

2003 年台湾地区重新组成修法小组，决定依照担保物权、通则及所有权、占有等顺序来分步修正。2007 年有关担保物权部分审议通过，2009 年有关通则及所有权部分审议通过，2010 年有关用益物权及占有部分审议通过。此次"民法"物权编修正案，对地役权制度作出重大修订：一是鉴于需役及供役客体已从土地扩张至其他不动产，将章名由"地役权"修正为"不动产役权"，以使章名名实相符。同时，配合章名修正，对具体条文中"地役权"的表述均修正为"不动产役权"。二是修正了不动产役权的定义（第 851 条）。三是新增关于设定不动产役权与不动产之上已存之物权的关系的规定（新增第 851 条之一）。四是明定时效取得共有不动产役权的规定（第 852 条）。五是修正不动产役权人和供役不动产所有人的权利义务（新增第 855 条之一、新增第 859 条之一）。六是修正不动产役权消灭原因（第 859 条）。七是明定不动产役权准用地上权相关规定（新增第 859 条之二）。八是扩大不动产役权的设定人范围（新增第 859 条之三）。九是创设自己不动产役权（新增第 859 条之四）。十是规定了自己不动产役权的准用规则（新增第 859 条之五）。[1]

其中，最为重大的变革有二：一是将需役及供役客体由土地扩张至不动产，二是增设新类型的不动产役权——自己不动产役权。立法理由认为，随着社会的进步，不动产役权的内容变化多端，具有多样性，现行规定仅限于土地的利用关系已难以满足实际需要，特将"土地"改为"不动产"，以发挥不动产役权的功能，促进土地及其定着物的利用价值。[2]由此，我国台湾地区的地役权制度发生了重大蜕变，由地役权正式转变为不动产役权。

我国台湾地区"民法"物权编的修正，对于我国地役权制度的法律适用、研究无疑具有重要的参考价值。我国现行《民法典》中的地役权制度也仅限于土地的利用关系。这对我国地役权制度的研究提出了新的问题，即我国的《民法典》是否也需要将地役权制度修正为不动产役权制度。

---

〔1〕 参见我国台湾地区"民法物权编及其施行法修正条文对照"。参见谢在全：《民法物权论》（下册），中国政法大学出版社 2011 年版，第 1360~1368 页。

〔2〕 参见王泽鉴：《民法物权》（第 2 版），北京大学出版社 2010 年版，第 322 页；谢在全：《民法物权论》（下册），中国政法大学出版社 2011 年版，第 1361 页。

(三) 我国《民法典》中地役权的地位

新中国成立后，我国民事法律制度发展缓慢。很长一段时间，并未颁行通过一部适用于全国范围的物权法规范，仅在一些地方民事立法及司法解释中有一些零星的规定。[1]直到《民法通则》的颁行，其第五章 "民事权利" 第一节 "财产所有权和与财产所有权有关的财产权" 和第三节 "知识产权" 才对物权作了简单的规定。《民法通则》的出台，为我国民事法律制度起到了奠基性作用，但由于秉承 "宜粗不宜细" 的立法指导思想，以及借鉴模仿苏联法律制度中物权体系的设置，我国《民法通则》仅规定了相邻关系，并未规定地役权制度。这使得地役权在我国民事法律制度中很长一段时间处于缺失状态。

2007 年我国《物权法》出台，以 14 个条文专章规定了地役权制度，标志着我国物权体系的正式形成和地役权制度的正式确立，对我国地役权法律制度的发展和土地的高效利用起到了相当积极的作用。《物权法》吸收了大陆法系民法理论的传统，并注意到了自罗马法以来，世界各国民法中地役权的发展，明确区分地役权与相邻关系，将地役权的主体范围从所有权人扩大到用益物权人，规定了地役权的存续期（第 161 条），对用益物权人的利益给予了保护（第 163 条），并考虑到我国及东亚各国的传统习惯，未采人役权制度。[2]《物权法》对地役权的规定，不但充实、完善了我国用益物权体系，而且为土地的多元利用提供了更多的选择途径，实值肯定。

2020 年编纂之《民法典》将《物权法》全盘纳入其中，也用 14 个条文分别对应《物权法》中的 14 个条文。当然，《民法典》仍对《物权法》关于地役权之规定作了个别修改，更加符合实际：①基本意思未变，但文字表述发生变化。例如《民法典》第 377 条对《物权法》第 161 条的修改。②修订原《物权法》不恰当之处。例如《物权法》第 162 条仅限于 "土地承包经营

---

〔1〕　参见刘乃忠：《地役权法律问题研究》，武汉大学 2000 年博士学位论文。
〔2〕　《物权法草案（征求意见稿）》第一次至第四次审议稿中，曾专章规定了居住权制度，后因多数学者持反对立场，且考虑到东亚各国的传统习惯，最终不采人役权制度。参见陈华彬：《从地役权到不动产役权——以我国不动产役权的构建为视角》，载《法学评论》2016 年第 3 期；梁慧星：《对物权法草案（第四次审议稿）的修改意见》，载梁慧星：《中国民事立法评说：民法典、物权法、侵权责任法》，法律出版社 2010 年版，第 213～214 页。

权、宅基地使用权"，不够周延，《民法典》第 378 条在"土地承包经营权、宅基地使用权"之后增加了"等用益物权"字样，使其包含建设用地使用权、居住权等。将"土地承包经营权人、宅基地使用权人"相应地修订为"用益物权人"，扩大了享有地役权的用益物权和用益物权人的范围。《民法典》第383 条在《物权法》第 167 条的"约束力"之前加上"法律"二字，表述更加科学。③针对土地承包经营权分离出土地经营权，土地经营权作为一种财产权，可以设定抵押，而土地承包经营权中的"土地承包权"主要体现为一种资格。《民法典》第 381 条将《物权法》第 165 条中的"土地承包经营权"修订为"土地经营权"，符合土地承包经营权三权分置的发展趋势，更为准确。地役权不得单独抵押，因此土地经营权、建设用地使用权等抵押的，在实现抵押权时，地役权一并转让。

不过，随着社会的快速发展，人们对物的利用技术与能力大为提升，对物的利用方式和范围也大为拓展。人们的居住方式发生变化，公寓大厦鳞次栉比，建筑物在生活、工商业中发挥着越来越重要的作用，对个人而言，其重要性不亚于土地。在土地资源紧张的都市，地上地下空间利用的重要性也已不亚于土地地表的利用。丰富的海洋资源的勘探和利用技术也在快速发展。此外，我国城市已初具规模，各种城市问题开始凸显，如住房紧张、居住环境嘈杂、环境污染、交通拥堵、地下地上空间有待开发等。随着这些"城市病"的日益显著和蔓延，城市内部的功能布局和规划面临着更新。据世界各国比较法之经验，地役权制度可于这些方面发挥重要的功用。虽然我国《物权法》以及现在的《民法典》将地役权的客体扩大到不动产，然而地役权在我国依然没有得到充分的发展与运用，地役权的社会功能并未全部发挥出来。

第二节　我国不动产役权的现状及存在的问题

一、我国《民法典》中不动产役权的规定及其疏漏

我国有关不动产役权的法律规定，主要集中于《民法典》"物权编"第十五章"地役权"。现有法中不动产役权的规定，在一定程度上忽视了我国法律体系中各项制度的衔接以及社会实践的多样化需求，规定也较为简略，不乏一些逻辑矛盾、相互抵牾之处，还有较大的完善空间。

（一）地役权的名称名实不符

对于地役权的名称，在我国《物权法》以及《民法典》制定过程中，就存在着不同的意见：一是地役权说，二是邻地利用权说，三是不动产役权说。[1]《物权法草案（征求意见稿）》第一次和第二次审议稿曾一度以"邻地利用权"之称取代"地役权"，但鉴于地役权概念已为大陆法系国家所普遍认可，创设内涵相同的新概念容易引起误解，遂于第三次审议稿中复采"地役权"之名。[2]多数学者认为，邻地利用权虽易为民众所理解，但是却容易引起误解，地役权的设立应不限于"邻地"之间。同时，地役权名称的保留并不妨碍对其进行新的理解，其客体范围可通过扩张解释的方法予以解决，没有必要改变地役权的名称，法律概念的准确是相对的，不能求全责备。[3]在我国《物权法》中，应当继续保留地役权的概念，但"地"的含义应作扩大理解，不仅包括土地，而且也不排斥房屋和附属物之上的地役权。[4]改变地役权的名称会增加国际交流与法律互动的成本，不利于他国了解我国的民法制度以及对外宣传和输出我国的民法制度。[5]因此，我国《物权法》和后来的《民法典》沿用了这一概念，仍采"地役权"之名，并规定"地役权人有权按照合同约定，利用他人的不动产，以提高自己的不动产的效益"，将供役地与需役地界定为不动产。

概念是解决法律问题所必需和必不可少的工具。一个法律概念的内涵，需置于一国法制整体体系下认真考量，否则容易出现误解。纵观比较法和地役权的历史发展，古罗马、德国、法国、瑞士等国皆将建筑物等地上定着物视为土地的组成部分，地役权之"地"自然包括土地及建筑物等定着物。而在我国土地公有制及房地分离的法律背景下，"地"的含义作扩大理解至不动产，难免会与既有法律制度和体系相冲突。虽然我国现行法对建筑物与土地之间关系的规定，既有抵押权人将建筑物与土地作为一体变价清偿债务的规

---

〔1〕　参见房绍坤：《役权的立法选择》，载《辽宁大学学报（哲学社会科学版）》2005年第4期。

〔2〕　参见全国人大常委会法制工作委员会民法室编著：《中华人民共和国物权法解读》，中国法制出版社2007年版。

〔3〕　参见于宏伟：《地役权法律制度研究》，中国人民大学2007年博士学位论文。

〔4〕　参见王利明：《物权法论》，中国政法大学出版社2003年版，第495页。

〔5〕　参见于宏伟、李军辉：《论地役权若干法律问题》，载《法学杂志》2007年第2期。

定，也有将建筑物与土地并列作为两种不动产分别设定抵押的立法，但是，我国是将建筑物与土地作为性质不同的两种不动产来处理的。而且，随着人类对物的利用技术和能力的增强，不动产的类型也在不断发展。例如，我国《不动产登记暂行条例》第 2 条第 2 款明文规定海域为与土地、房屋、林木等定着物并列的不动产，且该条例第 5 条将海域使用权与集体土地所有权、建设用地使用权、宅基地使用权等并列规定为需要登记的不动产权利。[1] 因此，用"地"来涵盖作为供役、需役对象的"不动产"，不免牵强。实际上，由于继续拘泥于"地役权"之名，已使得我国学界对于地役权的内涵与外延的理解，尤其是原《物权法》第 156 条（现《民法典》第 372 条）规定的地役权客体范围产生了众多争议。法律移植过程中，继受外来法律制度和法律概念时，必须考虑其与我国社会环境和制度之间的协调，以免发生抵牾。所以，有学者提出，我国编纂《民法典》"物权编"应顺应时代发展的需求，遵循建筑物与土地的分离规则，将土地、海域、建筑物等一切不动产纳入役权关系的调整范围，统一以"不动产役权"规范之。[2] 将"地役权"修改为"不动产役权"，于我国人民而言，容易理解；于民法学国际交流而言，也不会造成理解上的偏误从而增加法律互动成本，因此，不应存在立法技术上的疑问。

（二）不动产役权的客体范围过于狭小

对于我国《物权法》第 156 条（现《民法典》第 372 条）规定的地役权客体的范围，学界有三种不同观点。有学者认为，地役权的客体仅限于土地；[3] 也有学者认为，地役权的客体为他人不动产，包括土地、建筑物、构筑物及其附属物；[4] 还有学者认为，地役权的客体不仅为他人不动产，还及于不动产的所有权和各种用益物权。[5] 其中，第一种观点为我国当前学界的

---

〔1〕 参见我国《不动产登记暂行条例》第 2 条和第 5 条。

〔2〕 参见房绍坤、严聪：《民法典物权编应如何规定地役权》，载《河南社会科学》2018 年第 8 期。

〔3〕 参见梁慧星、陈华彬：《物权法》（第 6 版），法律出版社 2016 年版，第 253 页；尹田：《物权法》，北京大学出版社 2013 年版，第 435 页；刘家安：《物权法论》，中国政法大学出版社 2009 年版，第 171 页。

〔4〕 参见崔建远：《物权：规范与学说——以中国物权法的解释论为中心》（下册），清华大学出版社 2011 年版，第 613~614 页；房绍坤：《物权法用益物权编》，中国人民大学出版社 2007 年版，第 245 页。

〔5〕 参见王利明：《物权法研究》（下卷），中国人民大学出版社 2013 年版，第 973 页。

通说，而且也为司法实务部门所采纳,[1]主要理由有两点：

第一，权利并非我国地役权的客体。其一，从《民法典》第 372 条的定义来看，地役权的客体为不动产，没有权利；其二，从物权法定原则来看，仅在法律有明文规定时，权利方能成为特定物权的客体，而我国现行法中并未规定权利可作为地役权或用益物权的客体；其三，权利为法律上之力，属于抽象的事物，而地役权是对物的直接具体的利用，只能作用于具体的实物上。[2]

第二，土地以外的不动产并非我国地役权的客体。其一，从《民法典》条文的文义和体系解释来看，我国现行地役权的客体仅为土地。《民法典》第 372 条虽然使用了"不动产"一词，但是第 377～383 条又将供役地与需役地仅限于"土地"，且这些条文的规定均只能适用于土地以及土地上存在的用益物权，而不能适用于建筑物。[3]我国《民法典》"物权编"第十五章条文虽不乏矛盾和疏缺之处，但从规范体系和意旨上看，现行地役权的客体实际上仅限于土地，建筑物役权并未被涵盖于其中。[4]其二，从历史和比较法角度审视，我国现行地役权的客体仅为土地。《日本民法典》第 280 条将地役权定义为"享用他人土地为自己土地提供便益的权利"。日本在房地关系上采房地分离原则，土地与其上的建筑物各为独立的不动产。[5]因此，日本地役权的客体仅为土地。我国民国时期南京国民政府制定的《中华民国民法典》，地役权制度师法日本，也仅以土地为地役权的客体。我国现行法延续了这一法律传统，依然采房地分离原则，地役权的客体仅限于土地，而土地概念中不能涵括建筑物等定着物。其三，从我国现行法律体系来看，除《民法典》"物权编"以外，涉及土地范围的法律主要有《宪法》第 9、10 条，以及《土地管理法》第 6、9 条。这些条文中的土地范围，既不包括建筑物等土地附着物，

---

〔1〕 参见最高人民法院物权法研究小组编著：《〈中华人民共和国物权法〉条文理解与适用》，人民法院出版社 2007 年版，第 466 页。

〔2〕 参见崔建远：《地役权的解释论》，载《法学杂志》2009 年第 2 期。

〔3〕 参见朱广新：《我国〈物权法〉中地役权制度探究》，载《法学》2009 年第 7 期。

〔4〕 参见陈国军：《论我国役权制度的完善——以民法典编纂为视角》，载《政治与法律》2016 年第 12 期。

〔5〕 参见 [日] 藤井俊二：《土地与建筑物的法律关系——两者是一个物还是两个独立的物》，申政武译，载渠涛主编：《中日民商法研究》（第 4 卷），法律出版社 2006 年版，第 118 页。

也不包括海域。

这种观点下，我国地役权的客体范围最为狭小，仅包括土地，虽然从法律体系上来看，我国土地与建筑物的关系及概念内涵一以贯之，但却不能满足社会司法实践充分利用物的价值的需求。将地役权之"地"解释为不动产，可以解决日本以及我国台湾地区遗留下的建筑物之间以及建筑物与土地之间的互役问题，但是，用地役权之名称来统领不动产之间的互役问题，有小帽盖大头的感觉。这两种观点虽能一定程度上满足司法实践的需求，缓解制度与现实的紧张，但实则会造成我国《民法典》"物权编"中地役权制度的规定前后矛盾、体系不合。同时，从《民法典》体系解读看，不动产主要包括土地及其上的定着物，如建筑物、构筑物及其附属物等，而未论及海域等新型不动产。

随着人类对物的利用技术和利用方式的进步，能为人类利用并纳入法律调整的物的类型越来越丰富。与之相对应，可为人类利用并以法律加以调整的不动产的类型也在不断增加。除土地、建筑物这两类传统的不动产类型外，空间、海域等资源的充分利用越来越重要。工业革命后，城市和技术的发展，带来土地利用由平面向立体化发展，空间独立于土地的价值也逐渐为人们所关注。随着人类对海洋的探索逐渐深入，对海洋资源的利用能力也随之增强。海域作为法律上新型的物的客体，虽不能为土地的概念所涵盖，却具有有形、不可移动的不动产的特点。地役权的客体范围不能拘泥于土地或者土地及建筑物，而需适应多种不动产之间互为利用的社会需求。因此，有必要将我国地役权制度革新为不动产役权制度，扩张供役、需役对象范围。"不动产役权"之"不动产"，可以容纳土地、建筑物、空间、海域等多种不动产，不仅可以涵括土地之间、建筑物之间、海域之间的互役，还可以容纳土地与建筑物、土地与海域等不同种类的不动产之间的互役，从而创设多层次的、客体类型丰富的不动产役权种类。

（三）地役权的内容过于抽象与原则

由于地役权是由地役权人与供役地人按照合同约定来确定具体的权利内容的，因此，地役权的内容具有不确定性、包容性和广泛性。《民法典》对地役权的概念内涵只作了较为原则和抽象的规定，地役权的具体内容和类型由当事人约定。虽然这有利于尊重和保护当事人的意思自治，但是过于抽象和概括，不仅致社会未能充分利用地役权，而且不便于登记公示。苏永钦先生曾指出："当初（我国台湾地区）民法引进这个欧陆的古老制度，可能真的太陌生，竟不知道所谓'便宜之用'，如果不具体列举，就一定要由供需役地两方就两地'如何'供役作出具体约定，否则，供役地所有权将因负担的不明确而陷于无法规划利用的窘境，偏偏民法漏把地役'目的'约定及登记定为成立要件，究竟是人车的通行、还是管线的通过，是不盖高楼的采光地役权，还是不做工厂使用的景观地役权，这样概括定分的地役权，谁敢定？"[1]我国未来修订地役权制度时可以采取抽象概念加上类型化列举的方式，方便不动产役权的实务运用。

（四）地役权的设立目的局限于"以提高自己的不动产的效益"

《民法典》第 372 条将地役权的目的限定为"以提高自己的不动产的效益"，我国有学者指出，"效益"着重于地役权的经济效益调节功能，虽然符合提升土地资源利用的立法旨趣，但忽视了地役权对社会生活中非经济利益的调节功能，限制了地役权类型和种类的发展。也有学者认为将地役权的设立目的限定在提高"不动产的效益"上，忽视了直接对地役权人有益的役权种类的发展。从比较法的经验来看，地役权方便和利益的内容从以财产利益为主，发展到精神利益、环境利益、主观情感利益都可纳入调整范围。物权作为财产法体系的主要分支之一，其各项制度均以调整财产利益为主要宗旨。在用益物权中，只有不动产役权的内容较为具有包容性和发展性，可以容纳各种非财产性的利益。此一功用是其他用益物权所无法替代的。随着时代的发展，应当对传统地役权进行结构性调整，扩大"役"的内涵。

（五）尚需增设特殊类型的地役权

随着地役权理论和实务的发展，一些新类型的地役权不断出现，如海域地役权、自己不动产役权、公共地役权。这些新类型的地役权已经不能为我国《民法典》的规定所容纳。例如，我国《民法典》第 372 条规定，地役权是"按照合同约定"的方式设立的，从此一界定来看，在我国，地役权的主体需为两个不同的权利主体，即需役地的设立人和供役地的设立人不能为

---

〔1〕参见苏永钦：《物权法定主义下的民事财产权体系》，载苏永钦：《民事立法与公私法的接轨》，北京大学出版社 2005 年版，第 330 页。

同一人，地役权的设立需有双方当事人之间的合同约定，而自己不动产役权中需役地的设立人和供役地的设立人为同一人，为单方行为，此一规定难以容纳自己不动产役权这种新型的不动产役权。因此，有必要在我国法律中增设新类型的地役权，明确哪些特殊的地役权能够纳入我国物权法律体系内。

（六）地役权取得与消灭的方式较少

我国《民法典》第 373 条规定，设立地役权应当"采用书面形式订立地役权合同"，并就地役权合同应包括的一般条款作了较为详尽的列举。再加上《民法典》第 382、383 条的规定可以得出，在我国地役权的取得方式有合同约定取得、因地役权的从属性而附随取得两种途径。宜增加地役权取得方式的种类，对于除此之外的取得方式予以规定，尤其是时效取得制度。

依据《民法典》对物权消灭的一般性规定，继承、遗赠以及人民法院、仲裁委员会的法律文书或政府的征收决定等均可成为地役权的消灭方式。对于地役权的特殊消灭方式，《民法典》第 384 条规定了供役地权利人的地役权合同解除权。此外，对于因土地重划、特定情形下的法院宣告等引起的消灭没有规定，于未来可规定之。

（七）地役权的变动模式与登记尚需明确

《民法典》第 374 条规定：地役权自地役权合同生效时设立。当事人要求登记的，可以向登记机构申请地役权登记；未经登记，不得对抗善意第三人。该规定对地役权的设立采取了意思成立、登记对抗主义的规则。这种模式既不同于《民法典》第 349 条对建设用地使用权的设立所采取的登记生效主义规则，也不同于《民法典》第 333 条对土地承包经营权设立所采取的登记确认主义规则。立法时，考虑到我国区域差异较大，登记制度不完善，尤其是广大农村熟人社会中的土地权利没有登记习惯，大部分的地役权都没有登记，为了保护地役权权利人的权利，以及兼顾善意第三人的保护，作此规定。但这一规定也引发了学界的质疑，作为已经生效的物权，为何又无对抗效力呢？那么地役权作为物权与作为债权，有什么本质区别呢？同时，《民法典》第 385 条规定："已经登记的地役权变更、转让或者消灭的，应当及时办理变更登记或者注销登记。"对于此条规定的地役权变动登记，究竟应解释为登记对抗主义还是登记生效主义，并不明确。[1]我国学界也存在主张为登记对抗主义与主张为登记生效主义两种不同的观点。如果已登记的地役权变更采登记对抗主义，将不利于维护登记簿的公示力和公信力；如果已登记的地役权变更采登记生效主义，将会使我国地役权的变动模式更加复杂化。因此，有必要进一步梳理我国地役权的登记制度，完善相关的规则。

二、我国地役权的实践困境及其成因

相较于其他用益物权，地役权在我国社会生活中运用得较少。从司法案例来看，我国有关地役权的争议纠纷与其他物权的争议纠纷相比，数量上也相距甚远。中国裁判文书网中，以地役权为民事案由的纠纷，仅有 1667 件法律文书，其中民事判决书仅有 1021 件。[2]从司法裁判来看，有关地役权的纠纷主要发生在城镇，主要是通行、用水等基本生活需求领域。案例的争议焦点主要在于是否构成地役权。2007 年通过之《物权法》新引进地役权制度，因地役权属于一种新型用益物权，我国《物权法》关于地役权设定采取登记对抗主义。因对登记对抗主义存在理解误区，有司法判决认为："24 米宽的消防通道属于鸿仪公司利用京马公司的不动产，以提高自己的不动产的效益，这属于用地役权，当然这 24 米消防通道应当属于京马公司和鸿仪公司共同使用；12 米宽的消防通道属于京马公司让渡给鸿仪公司的土地使用权属于用益物权；约 380 万元的拆迁房屋系京马公司对鸿仪公司的债权。对鸿仪公司所获得的地役权，京马公司可以通过签订合同对鸿仪公司予以补偿，但土地使用权的转让需要签订土地使用权转让合同并经相关政府部门批准，因此鸿仪公司并没有通过《协议书》获得 12 米宽消防通道的土地使用权。"[3] 从裁判依据看，自我国《物权法》颁布确立地役权制度以来，诸多关于地役权的规定尚未得到有效适用，主要适用的是我国《物权法》《民法典》关于地役权界定的规定。有关房屋等建筑物之间的役权性利用，均依据我国民法关于地

---

〔1〕 参见戴孟勇：《论地役权登记对地役权变动的影响》，载《当代法学》2010 年第 2 期。

〔2〕 参见 https：//wenshu. court. gov. cn/website/wenshu/181217BMTKHNT2W0/index. html? pageId = dc461c120ae2e735ea5d10b38d67fcf8&s21 = %E5%9C%B0%E5%BD%B9%E6%9D%83，最后访问日期：2021 年 1 月 4 日。

〔3〕 遵义市京马房地产开发有限责任公司、遵义南方广达建设工程有限责任公司等申请执行人执行异议之诉纠纷案，参见最高人民法院民事裁定书（2015）民申字第 76 号。

役权概念的规定，直接适用了地役权制度。[1]

地役权在我国的"式微"，主要有以下原因：

第一，土地公有制在很大程度上消解了地役权的利用需求。我国农村实行土地集体所有制，村民的日常通行自然不存在问题。在农地之间，大多在集体田地划分之时就已留出了田埂，阡陌交通，较为便利，足以供人畜通过。随着农业机械化的推广，田间小路已经不能应对各种机械的通行需求了。在有条件的村庄，村集体依然能够动用对土地的调整权利，积极开展土地细碎化治理、土地整治等工作，应对农业规模化和机械化生产的需求，从而化解对地役权的需求。在农业灌溉方面，中华人民共和国成立以后，我国农村集体多兴建了农业基础设施，如灌溉水渠等水利设施，以方便村民的田地灌溉，因此，引水地役权、过水地役权的需求在很大程度上被公共基础设施的供给所替代。直到土地承包到户后，随着过去水利设施的逐渐废弃，村民之间引水灌溉的纠纷才多起来。可以看出，土地公有制背景下，对于社会日常生活常需的土地之间的利用形式，以公示方式确定下来，可以节约交易成本，降低谈判和磋商的交易费用，并能保证社会公共利益的达成，也在很大程度上替代了地役权通过交易达到土地相互之间利用的功能。

第二，熟人社会的人情关系也会影响到对地役权的需求。在农村，熟人社会、人情关系，对于农民是否设定地役权和是否支付对价影响较大。在许多村庄，土地承包经营权的流转都无需支付对价，更不用说地役权了。乡土感情及长期生活形成的习惯，消解了地役权的适用空间。

第三，城乡规划挤压了地役权的适用空间。正如有学者所指出的，国家的干预以及公共权力对所有权的限制压缩了地役权的适用空间，尤其是有关的公法规范和城市规划。例如，城市下水道的规划设计代替了排放废水的地役权，城市房屋建筑物的高度等方面的规划代替了有关建筑物方面的地役权等。[2]通常，乡村规划好的村庄，在道路、公共设施过程中地役权的需求就会较少。随着我国对土地空间的逐渐重视，农村也逐渐纳入城乡统一规划之中，地役权的适用空间进一步受到挤压。

---

〔1〕 参见安徽省颍上县人民法院（2016）皖1226民初1918号民事判决书。

〔2〕 参见 [法] 佛朗索瓦·泰雷、菲利普·森勒尔：《法国财产法》（下卷），罗结珍译，中国法制出版社2008年版，第1008~1009页。

第四，宗族传统文化的瓦解和民间习惯的消亡。虽然在立法上，我国直到《物权法》的颁布，才正式确立起地役权制度，但是在实践中，却并不乏地役权的实践形式。此前，地役权就已经广泛存在于我国宗族文化、传统习俗之中。研究表明，全国多地均曾存在过为方便祭祀扫墓而设立的有关坟地的役权，典型的如陕西洛南县"划除坟地""除留坟茔"的习惯。[1]但随着我国社会的巨大变迁，宗族和祖先祭祀文化受到很大的冲击，再加上近些年来的殡葬改革和移风易俗，有关坟地的风俗习惯也多逐渐消亡。

第五，由于地役权本身的特质，日常生活中的地役权，多对权利造成的妨碍较小，所以多数土地权利人并不想引入复杂的法律权利机制，赋予或享有正式化的法律上的地役权。权利人寻求地役权的保护动机较为微弱。而发生纠纷时，由于法定的相邻关系的较为简单、易用，相邻关系在一定程度上也扩张适用于这些纠纷中。

第六，人们对地役权的认识不足。许多人甚至不知道地役权这一法律概念，更别说根据其法律构造和特性善加利用了。一份研究调查表明，绝大多数农民并没有地役权观念，他们不了解甚至没有听说过地役权制度，虽然在农村生活实践中有大量事实上利用了地役权的情形。例如，在农民建房、居住、耕种、村庄公共设施建设过程中，利用他人宅基地、承包地进行排水、通行、用水、搭建、修渠的场合中，都运用到了地役权。[2]在城市，地役权也未得到足够的认识。在一些通行冲突案例中，城市规划或者继受建设用地使用权的人，往往会忽视土地上既存的通行地役权，认为居民的反对于法无据，居民虽认为自己有过路的权利和便利，却又不知道法律依据为何。[3]

第七，现行法中有关地役权的制度规定与有关理论和实践的需求，尚有一定疏离之缺憾。正如前文所述，我国现行地役权制度还有很大的完善空间，

---

〔1〕　参见施沛生编：《中国民事习惯大全》，上海书店出版社2002年版，第57页；前南京国民政府司法行政部编：《民事习惯调查报告录》（上册），胡旭晟等点校，中国政法大学出版社2000年版，第18页。

〔2〕　参见耿卓：《论我国地役权的现代发展》，中南财经政法大学2011年博士学位论文。调查结果来源于"我国农村集体经济有效实现的法律制度研究"课题组对我国12个省份的72个村庄的驻村和田野调查。

〔3〕　参见张阳：《建房围墙封死小路 百户居民要求听证》，载《今日早报》2004年8月20日，第A8版；徐行：《翰林花园道路之争》，载《都市快报》2003年11月14日，第A8版。

制度的供给不足，也在一定程度上限制了地役权的适用范围。例如，将地役权的客体仅限于土地，限制了地役权在建筑物方面的运用和在城市规划中的运用，也不能适应海域等新型不动产领域的发展。可以说，将地役权的客体限于土地，在我国现有制度条件和社会环境下，运用的可能性微乎其微。再如，在登记对抗主义模式下，无需登记即可设立一项地役权，实务中，在当事人仅订立了合同并未进行登记时，当事人之间究竟仅是成立土地之间相互利用的债权合意还是设立了一项地役权，难以判断。

总之，社会生活中的诸多场合和现象，本可以通过地役权制度来实现当事人之间的利益平衡和权益保护。但是，由于人们的观念认识、制度环境和社会背景条件、地役权本身的权利特质、立法规定的不足等因素的制约，地役权在实际生活中未能发挥其应有的功用。

三、我国地役权制度发展的机遇及对策

诸多因素交织致地役权制度在我国实务中运用较少，甚至呈现衰微势态，但是，无法否认的是，地役权在实践中依然有一定的运用需求。虽然，同村村民之间的通行过路是土地公有的自然之理，但村与村之间也存在通行过路需求，现实中也不乏相关的纠纷。没有条件动用集体能力开展土地整治的村庄，为了应对机械需要从他人田地中经过的需求，虽然本着互助精神，农户们多相互协调种植和收割时间，在不给他人田地庄稼带来损害的情况下实现机械化的通行，但是也不可避免会有争议发生，方便机械化运用的通行地役权也存在一定的需求。在农业灌溉方面，土地承包到户后，随着过去水利设施的逐渐废弃，集体水利设施无法覆盖的地区多通过田间的互相过水来解决这一问题，村民之间引水灌溉的纠纷才多起来。虽然，为避免纠纷的产生，一些农户选择自行购买管道引水，利用价格低廉、方便的软管和田埂，化解了从他人田地间过水的困境，但引水方面的地役权还是有需求的。

尤其是在建筑物规划和建设用地使用权规划方面，地役权还有很大的运用空间。在城市，土地开发充分，建筑物密集，很多情况下对土地的利用已由对土地的直接利用变为了对建筑物的间接性利用。建筑物在人们日常生活和商业生产活动中的重要性及经济价值越来越重要。建筑物之间的利用需求也日益增多，如高楼大厦之间的采光、通风等。城市规划中城市内部的建筑

物布局和功能分区也越来越重要。因此,建筑物方面的役权性利用需求空间很大。相较于城市,农村在房屋建筑物方面的役权性利用需求要小得多,这是由于农村土地利用的密集度较低,多数住宅是横向的、平面的、粗放式的展开。但农村也存在着建筑物的役权性利用的实际需要,如从住宅通行至主干道上,为房屋设置管道、线路,为建筑施工使用邻地,生活用水、排水,通风、采光,增加建筑物高度。[1]在我国农村,这些建筑物的利用目前主要依靠相邻关系来调整。如若发生纠纷,多扩张相邻关系,让双方当事人本着睦邻友好的精神,相互容忍。若利益冲突较大,相邻关系实在调整和容纳不了,就成为村庄治理中的一大难题。在司法实践中曾出现过这样的案例,某市规划局规划设计条件通知书(行政审批文件)就甲现代服饰物流公司用地选址,依法确定 168 亩出让土地的地块位置、使用性质、开发强度等规划条件(用地规划类别为物流用地;物流用地结构不得少于 60%,允许少量的配套住房;容积率不得大于 2. 86)。根据该市规划局确定的规划条件,该市国土局发出上述地块的拍卖出让公告,规定土地用途为商业物流用地(兼容办公、住宅),容积率不得大于 2. 86。甲现代服饰物流公司竞得该 168 亩国有建设用地使用权。乙公司与甲现代服饰物流公司以及丙公司签订协议书,甲现代服饰物流公司、乙公司、丙公司三方共同开发、经营其中的 87 亩商住用地,其中第 6 条约定:"87 亩商住用地的设计应与现代服饰物流公司的用地(81 亩)一起进行整体设计。"[2]其中,关于第 6 条的约定,有主张 87 亩商住用地的使用受到限制属于三方关于地役权的约定。从地役权概念角度观察,三方关于 87 亩商住用地应与另外 81 亩一起进行整体设计的约定,属于三方对 87 亩用地使用限制的约定,应属于地役权约定。

随着农村经济生活条件的改善,当前我国农民有着广泛的改善性住房需求。然而,当前农村却面临着重建、再建房屋难的问题。由于原有的老住宅过于老化、面积狭小,再建、重建通常会希望能够扩大面积或由平房改建为楼房。但扩大面积和增加建筑物的高度,很可能会影响到邻居的采光、通风以及通行、排水的方便,引发邻里纠纷。为预防邻里纠纷,政府多要求只有在邻居同意并签字的情况下,才能再建、重建房屋。而邻居多由于采光、通

---

〔1〕 参见汪闻锋:《关于农村相邻关系纠纷案件的调研报告》,载《当代学术论坛》2007 年第 10 期。
〔2〕 参见最高人民法院(2019)最高法民终 323 号民事判决书。

风以及排水、通行或面子等因素，拒绝同意。在宅基地面积细小和邻里阻扰的背景下，原址重建、再建房屋通常非常困难。于是，许多村民另行选址再建房屋。在村庄宅基地已分配完毕和利益格局锁定的情况下，许多村民去村边自己家的耕地中建房。原来的老村逐渐空心化和衰败，而在周围的耕地上或路边逐渐形成新的村庄。如能合理引入建筑物方面的不动产役权，将对缓解邻里纠纷、改善农民住房、减少宅基地和耕地浪费有巨大的益处，为我国新农村建设和旧村更新提供更多的制度条件。

综上所述，无论是在农村还是城市，挤压地役权运用空间的因素与需要扩张地役权运用空间的因素并存，地役权面临挑战的同时也有发展机遇：一方面，《物权法》生效后，被学者和立法者寄予厚望的地役权制度在社会生活中依然鲜被应用，无怪乎有学者称其沦为了"规范权利"。现行法律关于地役权制度的设计，内容过于抽象、类型不明确、客体单一，适用范围狭小，长期以来未受到社会之相当重视，以至于适用上不甚普遍，无法达到其应有之功能。再加上我国土地公有制、城乡规划和农村社会的熟人关系、习惯等的影响，地役权的运用更为式微。另一方面，面对城市社会和技术的发展，对建筑物、空间、海域等不动产利用的需求不断加强，地役权的运用场合还有较大的拓展空间。

因此，倘若我国地役权制度能够抓住机遇，走出困境，则可由"规范权利"走向"实践权利"，实现促进各类不动产充分利用的目的，重新焕发出盎然生机。我们认为，关键在于反思我国现行地役权制度的基础上重构我国地役权制度，换言之，宜革新我国地役权制度，将地役权跃升为不动产役权。具体而言，需要从以下方面入手：

第一，在立法上，以"不动产役权"概念来整合现有地役权制度，重新梳理和厘清地役权制度中的疏漏、抵牾和不足之处。当前，我国地役权概念已有诸多不足之处：如地役权的客体范围过窄，已经不足以反映社会对各类型不动产的利用需求，不足以概括不动产的范围；地役权的内容范围过于宽泛，难以为当事人设立不动产役权提供具体的指引；地役权的利用目的限于提高自己不动产的"效益"，过于注重财产利益，而忽视了当事人的主观便宜之感受。此外，地役权的取得方式限于合同，较为单一；地役权的消灭事由较少；有关地役权的从属性与转让的规定也不尽完善等。从立法上完善有关制度，重构地役权体系，可以更好地引导当事人适用相关规则以及为法官提供更为明确的裁判规则，从而促进不动产役权的适用。

第二，在理论上，借鉴各国发展趋势，根据我国国情，发展不动产役权的理论。首先，突破现有地役权理论视野的局限，构建不动产役权制度及其理论。其次，突破民法混同及"役权不适用于自己的物"的基本原理，肯认自己不动产役权制度。最后，突破传统地役权的功能和类型，允许设立竞业限制不动产役权和以实现公益为目的的公共地役权。

第三，充分发挥不动产役权在生态保护、土地利用规划等方面的优势，探究如何从公私法融合的角度更全面、更深入地理解不动产役权制度的发展趋势，如何进行多学科交叉、融通性的研究，如何与邻近制度分工与协作、协调发展的研究，这些均值得重视。

从理论上深入研究不动产役权制度，可以更好地指导我国不动产役权的立法和司法，把握这一制度的发展方向。例如，对于不动产役权的登记对抗要件的理解与适用，对不动产役权合同与不动产役权之间关系的理解，均会影响法官对于不动产役权有关案件的裁判。加强对有关法律规定的学理解释和理解，有利于在司法实务中准确地适用有关法律规定，发挥不动产役权制度的社会功效。

第三章

不动产役权的界定

地役权是最早产生的一种用益物权。[1]然而，地役权是什么，从来就不是一个简单的问题。立法上对地役权的概念，有从义务或负担的角度进行界定的，例如《法国民法典》第637条规定："役权，是指为使用与利用属于另一所有人的不动产而对某项不动产强制所加的一种负担。"它是从供役地出发来界定不动产役权的。有从权利的角度进行界定的，如《德国民法典》第1018条规定："对一土地可以为另一土地的现时所有人的利益，以这样的方式设定负担，使另一块土地的现时所有人有权在个别关系中使用该土地，或一定的行为不得在该土地上实施，或某项权利的行使被排除，而该项权利系基于被设定负担的土地的所有权而对于另一块土地发生的（地役权）。"有从利用角度进行界定的，例如《日本民法典》规定："地役权人，依设定行为所定的目的，有以他人土地供自己土地便宜之用的权利，但不得违反第三章第一节中关于公共秩序的规定。"我国台湾地区"民法"对地役权的界定直接来自《日本民法典》，与其同出一辙，但在新近修订"民法"时，进一步列举了地役权的内容，实乃立法上的一次重大进步。我国《物权法》在引进地役权概念时，于第156条规定，地役权人有权按照合同约定，利用他人的不动产，以提高自己的不动产的效益。《民法典》第372条直接将《物权法》第156条关于地役权概念的规定纳入其中，未作改变。从本条的规定来看，我国对地役权也以"利用"为界定方式。因我国立法上对地役权的概念进行了较为清晰的规定，学术界对地役权概念没有太多争议。通说认为，地役权是指为自己的不动产的便利而使用他人的不动产的权利。但是，我国《民法典》第

---

〔1〕 参见史尚宽：《物权法论》，中国政法大学出版社2000年版，第221页。

372 条之规定，仍存在以下几个方面的问题需要厘清：地役权的客体是什么？地役权的内容是"利用"还是"负担"？何为"效益"？地役权能否在自己的不动产之上设立？

第一节　我国地役权应为不动产役权

地役权是为了使用自己土地的便利而使用他人土地的权利，但如果为了特定人的利益而使用他人土地的权利则成了人役权。所以，地役权之"地"，不仅要反映需役地为"地"，而且要反映供役地为"地"，也即地役权是为一块被称作需役地的土地而设立的，它几乎被视为该需役地的附属品和它的一种品格。[1]另外，地役权之"地"也即地役权的标的物到底指什么，即需役地与供役地的范围为何。[2]因此，地役权之"地"具有双重含义。地役权的名称要承担起准确反映需役地与供役地的使命，也要承担起反映地役权之标的物范围的使命。但因各国对土地的范围尤其是土地与建筑物之间关系的认识不同，对地役权之"地"的范围要作出准确的、适用于所有国家的解释则是"不可能的任务"。因此，厘清各国地役权之"地"的范围，也即地役权的标的物的范围对于正确把握地役权的名称至少在理论上非常有意义，更何况"地"的范围对实践中何种不动产可以设定地役权具有重要指导意义。

一、地役权的客体

地役权的客体是什么，学界有不同的理解。有人认为，地役权存在于需役地与供役地两块土地之上，因此地役权的客体为需役地和供役地。但也有人认为，地役权的客体仅为供役地。我们认为，地役权实际上是需役地上的权利，同时也是在供役地上设定的负担，因此地役权的客体是供役地，需役地并非地役权的客体。地役权的客体是供役地，并非说明需役地对地役权不重要，恰恰相反，地役权是从属于需役地的，离开需役地，地役权也不可能

---

〔1〕　参见［意］彼德罗·彭梵得：《罗马法教科书》，黄风译，中国政法大学出版社 1992 年版，第 253 页。

〔2〕　一般认为权利的客体与权利的标的物是基本相同的，但我们怀疑地役权的客体与地役权的标的物的含义是否相同，因为，地役权的客体仅指供役地，而不包括需役地，而有些学者则使用地役权的标的物来指称需役地与供役地，我们在本书中正是在此意义上使用"标的物"的。

存在。

二、土地是地役权的传统客体

土地是地役权之"地"的主要形式。但是，土地的范围为何，各国立法不同，且主要存在两种立法模式：其一，土地吸收建筑物；其二，土地与建筑物并存，属于两个不同的不动产。罗马法将建筑物作为土地的重要组成部分，建筑物不能成为独立的权利客体。房屋等建筑物被罗马法视为土地的附属物，故此，地役权关于土地的含义，应包括房屋等在内。[1]《德国民法典》第 94 条规定："土地的重要成分，为定着于土地之物，特别是建筑物以及尚与土地结合的土地出产物。……为完成建筑物而附置的物，属于建筑物的重要成分。"可见，德国法关于建筑物与土地之间的关系采纳了罗马法的做法，将建筑物作为土地的重要组成部分。因此，德国法上的土地，也包括土地之重要组成部分的建筑物。所以，罗马法、德国法实际上已经承认了地役权可以设定在建筑物上，但因建筑物附属于土地，是土地的重要组成部分，实际上是以土地之名设定地役权而非以建筑物之名设定地役权。在土地吸收建筑物的立法背景下，建筑物不能独立作为地役权的客体。必须指出的是，在罗马法上乡村地役权和城市地役权的区分，恰恰是根据需役地是否为建筑物的标准进行的区分，所以即使在罗马法上将建筑物视为土地的成分，但仍承认建筑物为需役地的地役权。

《日本民法典》第 86 条规定，土地及其定着物为不动产。日本学者认为，日本民法把建筑物作为从土地中完全独立出来的物，建筑物不是土地的重要成分，土地与建筑物是两个独立的物。[2]我国民国时期制定的《中华民国民法典》，现在尚施行于我国台湾地区，该法典受《日本民法典》的影响，也将建筑物作为与土地并列的一种不动产，且该法典修正前之物权法编直接借鉴了《日本民法典》的做法，将地役权界定为"称地役权者，谓以他人土地供自己土地便宜之用之权"。因此，我国台湾地区"民法"物权编修正前关于地役权的规定与《日本民法典》相同。如果细究《日本民法典》、我国台湾地区"民法"关于"土地"的界定，则二者对地役权之"地"的规定与罗马

---

〔1〕 参见周枏：《罗马法原论》，商务印书馆 1994 年版，第 391 页。

〔2〕 参见 [日] 田山辉明：《物权法》（增订本），陆庆胜译，法律出版社 2001 年版，第 12 页。

法、德国法相去甚远，甚至有天渊之别：日本、我国台湾地区民法上的地役权之"地"不仅指土地还包括建筑物。因此，日本、我国台湾地区民法关于地役权客体之规定与德国民法之规定貌合神离、大相径庭。

从世界主要国家民法典规定来看，地役权的客体主要存在四种不同的模式：一是以德国为代表的房地一体化下的地役权模式。例如，《意大利民法典》第1027条规定："地役权是为一块土地提供便利而在另一块属于其他所有权人的土地上附加负担。"《瑞士民法典》第730条也将地役权客体限定为土地。但是，从《意大利民法典》第812条和《瑞士民法典》第671条的规定来看，建筑物是土地的重要成分，该规定同于《德国民法典》。二是房地分离下的土地为地役权唯一客体的模式，例如日本。三是以不动产为地役权客体的模式。例如《葡萄牙民法典》第1543条规定："地役是指，在一房地产上，为了向另一属于不同主人的房地产提供专有利益而设定之负担。负担地役之房地产称为供役地，受益之房地产称为需役地。"《阿根廷民法典》第2971条规定："为某不动产的利益而在他人的另一不动产上为前者的占有人设立的权利，为地役权。"《西班牙民法典》第530条规定："地役权是指为他人不动产提供便利而对自己不动产所加的负担。"四是需役地扩展至建筑物，但供役地仍为土地的模式。例如《俄罗斯联邦民法典》第274条第1款规定："不动产（土地、其他不动产）所有权人有权要求邻地的所有权人，必要时还有权要求其他土地（邻地的邻地）的所有权人提供相邻土地的有限使用权。"将供役地限于土地，需役地扩大到土地和其他不动产。从我国《民法典》第372条规定来看，我国采纳了第三种模式。

同时，土地为地役权之客体，但不以一宗土地为必要，可以在一块土地的一部分上设定地役权，如通行地役权。供役土地与需役土地可以相邻，也可以不相邻。例如，汲水地役权之供役地，可以是数宗土地，在每一块土地上应分别设定，不相邻之土地也可作为供役地。地役权的客体为土地时，不限于地表，也可以是地下空间或地上空间，后者即所谓区分地役权，属于空间权的一种。[1]

---

〔1〕　参见崔建远：《土地上的权利群研究》，法律出版社2004年版，第234~238页；梁慧星主编：《中国物权法研究》（下），法律出版社1998年版，第759页；王利明、尹飞、程啸：《中国物权法教程》，人民法院出版社2007年版，第400页。

三、建筑物应为供役地之"地"

从我国《民法典》第372条的规定来看，地役权乃"利用他人的不动产"之权利，在我国《民法典》中，"不动产"包括土地与地上定着物，地上定着物主要是建筑物。因此，建筑物可以为地役权之客体应无疑问。然而，域外立法存在不同的规定，主要有承认建筑物之上可以设定地役权立法例与否定建筑物之上可以设定地役权立法例。前者如罗马法、德国法、法国法等。例如，德国法因将建筑物作为土地的组成部分，因此建筑物上可以设定地役权，但不能以此说明德国法承认建筑物可以成为地役权的客体。后者立法如日本、我国台湾地区等。日本、我国台湾地区采取建筑物与土地分离的原则，那么在建筑物与土地分离的立法背景下，建筑物能否成为地役权的客体呢？对此，有学者指出：地役权之标的物以土地为限。因此，自然不能在他人建筑物上设定地役权。[1]在我国台湾地区实务中，也有判例明确否认建筑物上可以设定地役权："所谓地役权，乃以他人土地供自己土地便宜使用之权利，如以他人之建筑物供自己土地便宜之用者，自不在地役权范围以内（外国立法例又当别论）。"[2]即使在1999年修订"民法"物权编时，我国台湾地区仍没有脱离建筑物之上不得设立地役权的窠臼。[3]但也有学者指出，"反倒是我们……采取房地分离，土地所有权不及于其上的工作物，从而所谓地役权，文义上既仅提土地，能不能涵盖单纯房屋之间为便宜之用的情形，即不能无疑。"[4]苏永钦教授不无疑问地提出："究竟是立法者有意排除建筑物上设定地役权，抑或是在移植欧陆民法时，例外采取和日本民法一样的房地分离原则，却忽略了其他立法方面的配套？"对此苏教授进一步回答道：后者应该比较可能，因为这类忽略并不止一处。[5]所以，我国台湾地区对"民法"进行修订时，遂研议将地役权之概念扩大为"不动产役权"，使得供役之客体亦包

---

〔1〕 参见史尚宽：《物权法论》，中国政法大学出版社2000年版，第231页。

〔2〕 一九七二年台上字第三一〇八号判决。

〔3〕 参见我国台湾地区"民法"第851条。

〔4〕 参见苏永钦：《重建役权制度——以地役权的重建为中心》，载苏永钦：《走入新世纪的私法自治》，中国政法大学出版社2002年版，第256~257页。

〔5〕 参见苏永钦：《重建役权制度——以地役权的重建为中心》，载苏永钦：《走入新世纪的私法自治》，中国政法大学出版社2002年版，第257页。

含建筑物在内，亦即凡是建筑物均得成为供役或需役之客体，其所有权人均得以其不动产为各自设定不动产役权，从而建议将台湾地区"民法"物权编第五章之章名修正为"不动产役权"，并建议将第 851 条第 1 项之条文修正为："称不动产役权者，谓以他人不动产供自己不动产通行、引水、采光、眺望、电信或其他以特定便宜之用为目的之权。"〔1〕在最新一次修订"民法"物权编时，我国台湾地区"民法"直接以不动产役权命名地役权，并将其界定为："称不动产役权者，谓以他人不动产供自己不动产通行、汲水、采光、眺望、电信或者其他以特定便宜之用为目的之权。"我们认为，罗马法上的城市地役权说明，建筑物之上可以设定地役权，例如传统民法上的搭梁地役权、采光地役权等多将负担设定于建筑物之上，且建筑物之上有设定地役权的现实需要和生活、生产基础。因此，建筑物与土地分离背景下，建筑物当然可以成为地役权的客体。我国台湾地区"民法"将地役权修订为不动产役权，并进一步扩张供役地之范围至不动产，具有重要立法启示价值。

建筑物可以为供役地，那么建筑物可否为需役地呢？史尚宽先生指出：地役权，不得为建筑物。土地所有人同时为建筑物所有人，如为其土地设定地役权，则其建筑物亦同受其便宜。建筑物与土地异其所有人时，建筑物所有人得基于地上权、永佃权、典权、租赁权、借用权等，行使需役地之地役权。又地上权人、永佃权人等，亦得为自己利用之土地，设定地役权，结果其所有之建筑物，亦同蒙其利。〔2〕但从我国《民法典》第 372 条规定地役权为"自己的不动产的效益"这一用语来看，需役地可以为土地，也可为建筑物。我国台湾地区 2009 年、2010 年两次修订"民法"物权编，在考虑促进土地与建筑物利用价值之同时，为避免当建筑物与土地所有权人不一时，建筑物所有权人设定"不动产役权"可能造成土地所有权人之不利益，遂仅建议将需役之主体扩大至不动产。因此，建筑物可为需役地。但供役之客体则仍限于土地，且仅土地所有权人始得以自己之土地为他人设定地役权，其第 851 条第 1 项规定，地役权以他人不动产供自己使用之不动产便宜之用之权。我们认为，采光地役权、搭梁地役权等罗马法上的城市地役权的需役地多为建筑物，且现实生产、生活中有为建筑物之利益设定地役权的客观需要。因此，

---

〔1〕 参见郑冠宇：《地役权的现代化》，载《烟台大学学报（哲学社会科学版）》2009 年第 1 期。
〔2〕 参见史尚宽：《物权法论》，中国政法大学出版社 2000 年版，第 231 页。

以不排除为建筑物之利益设定地役权为宜，尤其是在将建筑物与土地二分的立法下更应如此解释。

四、空间地役权的制度安排

（一）空间役权与空间地役权的意义

自罗马法以来，一直存在着"谁拥有土地便拥有土地之无限上空"的主张。但是，从罗马法到 19 世纪工业革命之前，因利用自然的能力不强，人类对于土地的利用，一般以土地表面为主，土地之上空与地下的利用没有受到应有的重视。由于 19 世纪欧陆工业革命，人类改造世界的生产工具发生了质的变革，社会生产力获得重大进步，工商业兴旺繁荣，加速了城市化的进程，人稠地狭成为城市化进程的最大障碍。城市土地资源的稀缺性与土木建造技术的进步，使土地的立体利用不但具有必要性，也具有可行性，人类对土地资源的利用遂扩张至土地的空中和地下。例如，修建空中走廊，架设高压电线、空中电缆，利用建筑物设置广告牌，建地下停车场、地下铁路以及地下超市，铺设地下管道、电线电缆等。在现代社会，土地之上空与地下成为地地道道的具有经济价值的财产，而对土地之上空与地下的利用主要是对其空间的利用。因此，空间权理论随之产生。空间所有权、空间利用权等空间权的存在加剧了权利人之间行使权利方面的矛盾，在相互邻接的空间，形成了密切的相邻关系，此种立体的相邻关系仅受相邻关系规则的调整显然不够，空间役权随之也进入调整空间利用的序列。所谓空间役权，是指以他人土地之特定空间供自己或自己土地（或空间）便宜之用的权利。[1]空间役权包括空间地役权与空间人役权。在东亚地区，不存在人役权，其原因有二：其一，人役权与东亚地区之习惯不合；其二，人役权妨害财产之流通及改良。[2]我国《民法典》虽然规定居住权这一人役权，但在空间设定居住权不具有可行性。与此相对应，我国民法上也就不存在空间人役权而仅存在空间地役权。所谓空间地役权，是指以他人的空间供自己土地便宜之用的权利。例如在他人所有的空间中架设高压电线，在某一空间中设置水管以供排水之用。空间

---

〔1〕 参见刘乃忠：《地役权法律制度研究》，中国法制出版社 2007 年版，第 45 页。

〔2〕 参见刘志敭：《民法物权编》，中国政法大学出版社 2006 年版，第 220 页。

地役权在内容上也包括禁止某项为某种使用，如禁止在某一定高度空间建筑房屋，以免妨害他人的通风、采光等。[1]

（二）空间地役权的客体是空间

空间是不是地役权的客体，有的国家的民法对此加以明确规定，例如《荷兰民法典》第五编第 71 条规定，地役权可以存在于地上、上空以及地下，即空间可以成为地役权的客体。有的国家的民法对此没有作出明确规定。但是我们认为，即使这些国家的民法没有明确规定空间地役权，然而从解释论的角度来看还是承认空间地役权的。例如，《德国民法典》第 905 条规定："土地所有人的权利，及于地表上的空间和地表下的地壳。但所有人不得禁止高到或深到所有人对排除干涉无利益的地方所进行的干涉。"同时，按照《德国地上权法》第 1 条的规定，地上权可以在他人土地之表面或者地下设定。可见，德国民法也承认空间地上权。《德国地上权法》第 11 条又规定，地上权准用关于土地的规定。因此，德国法承认地上权人能够为自己使用的土地设定地役权，空间地上权人当然可以设定空间地役权。再如，《日本民法典》第 207 条规定："土地所有权于法令限制的范围内，及于土地的上下。"而第 269 条规定，地下或者空间，因定上下范围及有工作物，可以以之作为地上权的标的。同时，《日本民法典》第 267 条规定，地上权准用相邻关系的规定，但没有规定地上权人准用地役权的规定，这为学者留下了争论的余地。有的学者认为，《日本民法典》关于地役权的规定重在保障不动产所有人的利益，且《日本民法典》直接规定"地上权人准用相邻关系之规定"，而法律没有明文规定地上权人能够准用地役权的规定，地上权人、永佃权人自然不能以其使用的不动产为需役地设定役权。有的学者认为，《日本民法典》虽然没有明文规定，但是应作同于德国法的解释，承认地上权人、永佃权人能够设定地役权，这种观点已经成为日本的通说。[2]因此，在日本，地上权人可以设定地役权，空间地上权人也可以设定地役权。所以，从体系解释上来看，《日本民法典》并不排除空间地役权。按照我国台湾地区"民法"的规定，地役

---

[1] 参见陈华彬：《现代建筑物区分所有权制度研究》，法律出版社 1995 年版，第 87 页。

[2] 参见 [日] 三潴信三：《物权法提要》（上、下卷），孙芳译，中国政法大学出版社 2005 年版，第 133 页。

权的设定中，限于供役地所有人，就需役地设定地役权的，不仅包括需役地所有人，还包括地上权人、永佃权人、典权人等。这是因为："供役地涉及所有权的处分，需役地并不涉及所有权的处分，因此，需役地设定主体要宽泛得多。"[1]据此，是否可以得出我国台湾地区在解释上也承认空间地役权的结论呢？我们认为，在我国台湾地区，地役权设定中的供役地人限于所有权人，因此不承认空间地上权人为自己使用的土地设定空间地役权，但是，基于我国台湾地区"民法"第 773 条之规定，土地所有权人的权利范围及于土地之上下，在解释上土地所有权人可以为他人设定空间地役权。因此，从上述各国关于空间地役权的规定以及相关解释来看，空间是空间地役权的客体。就空间地役权关系而论，空间地役权不仅成立于"横"的平面关系上，而且于上下"纵"的主体关系上也可发生。[2]

（三）空间地役权的制度安排

在制定物权法时，针对我国《物权法》是否应规定空间地役权以及如何规定空间地役权，学术界展开了激烈的论争。有的学者认为，空间地役权确有存在的必要，我国《物权法》可以承认空间地役权，但空间地役权是空间利用权之一种具体形式，仅需规定空间利用权而无需规定空间地役权。[3]有的学者认为，空间利用权主要指空间地上权和空间地役权，尤以空间地上权为典型和重要，基于将传统的地上权改称基地使用权的缘故，又将空间地上权改称为空间基地使用权。空间基地使用权，是指在地上或者地下一定的三维闭合空间所设立的基地使用权。同时，根据空间权的理论，在设立了空间所有权或空间基地使用权的相邻空间之间，也可设定邻地利用权。因而，对于"邻地"不必限于平面上的理解。[4]据此，该观点认为，无需直接规定空间地役权，但解释上应当承认空间地役权。有的学者认为，空间地役权从普通地役权中独立出来，是时代发展的要求，因为它在权利的客体、权利的性质等方面具有特殊性。[5]还有学者认为，空间利用权是指在土地使用权及其

---

〔1〕参见王泽鉴：《民法物权》（2），中国政法大学出版社 2001 年版，第 84 页。

〔2〕参见刘乃忠：《地役权法律制度研究》，中国法制出版社 2007 年版，第 45 页。

〔3〕参见王利明：《物权法论》，中国政法大学出版社 2003 年版，第 493 页。

〔4〕参见梁慧星主编：《中国物权法研究》（上），法律出版社 1998 年版，第 758 页。

〔5〕参见刘乃忠：《地役权法律制度研究》，中国法制出版社 2007 年版，第 47 页。

效力所及空间之外，对地表上下的一定范围内的空间所享有的排他使用权。因此，空间利用权只能从土地所有人处或其他空间利用人处取得，而不能从土地使用权人处取得。从所有人处取得的，通常是所谓"空间地上权"；从其他空间权人处取得的，通常称为"空间地役权"。由于土地使用权人行使其权利所及的必要空间为其土地使用权本身的内容，如许可他人利用该必要空间，则所设定的应属"地役权"而非"空间地役权"。[1]该种观点认为，空间是一项独立的"物"，只能由所有权人设定空间地役权，建设用地使用权人无权设定空间地役权而只能设定地役权。我国《物权法》最终没有明确规定空间地役权，我国《民法典》也没有明确规定空间地役权，但这是否意味着我国不存在空间地役权？我们认为，虽然我国《民法典》没有规定土地所有权人的权利范围及于"土地之上下"，但从我国《民法典》第345条关于可以在土地的地表、地上或者地下分别设立建设用地使用权的规定来看，我国《民法典》允许设立空间建设用地使用权，关于空间地役权，应当作出同于台湾地区"民法"第773条的解释，土地所有人既然可以支配土地之上下分别设定建设用地使用权，而建设用地使用权人可为使用之建设用地设定地役权。因此，土地所有权人不仅能够设定空间建设用地使用权，在解释上也可以设定空间地役权。

（四）空间地役权的设定主体

我国《民法典》第345条设立了空间建设用地使用权制度，该权利以土地上下的空间为客体。[2]从我国《民法典》的整体性解释来看，我国承认空间地役权。地役权的客体由地表扩张至空间。[3]但是，空间地役权的设定主体是否限于土地所有人？空间建设用地使用权人、空间债权利用人可否设定空间地役权？有的学者认为，在土地私有的情形下，土地所有权人对自己空间的使用，一般都视作对自己土地的当然附属部分的利用。但是在土地公有的情形下，地表上下的空间必然是属于国有的，普通民事主体对空间的利用

---

〔1〕参见刘保玉：《物权体系论——中国物权法上的物权类型设计》，人民法院出版社2004年版，第229~230页。

〔2〕参见陈华彬：《空间建设用地使用权探微》，载《法学》2015年第7期。

〔3〕参见田野等：《不动产役权构造论——以地役权意涵为基础》，载《天津大学学报（社会科学版）》2018年第3期。

必须向国家取得空间地上权。土地使用权人（建设用地使用权人）当然取得一定范围的空间，其范围取决于对地表上下范围的界定。举例来说，某地土地上是一片建筑区，有人欲在地下建一地下商城，那么对该地下空间的利用应当征得何人的同意？这就跟建设用地使用权的范围界定有关。若地上权的范围上达天空，下达地心，那么只需征得地上权人的同意即可。若地上权的上下有一定的范围，地下商场若涉及该范围，则须征得地上权人的同意；在该范围之外，则需征得国家同意；都涉及的，则应征得二者同意。[1]我国《民法典》对此虽然没有作出明确规定，但第 377 条规定："地役权期限由当事人约定；但是，不得超过土地承包经营权、建设用地使用权等用益物权的剩余期限。"该条虽然是关于地役权存续期限的规定，但同时隐含着这样一条重要信息："土地承包经营权人、建设用地使用权人等用益物权人可为自己使用的土地设定地役权负担。"因此，空间建设用地使用权人可为自己使用的空间设定地役权，但空间地役权的期限不能超过建设用地使用权的剩余期限。空间债权利用人是对空间的债权利用方式，而空间地役权是附加在供役空间上的物权。因此，空间债权利用人不能为自己利用的空间设定役权；另外，空间债权利用人如果以自己使用的空间为需役地，可以作为需役人设定空间地役权。

五、海域役权的制度安排

罗马法时代，人类对海洋存有敬畏之心，海域利用仅限于"舟楫之便、渔盐之利"，《法国民法典》《德国民法典》制定之时，海域利用的广度与深度也远不如今天，海域尚不足以成为与土地并列的不动产。但是随着海洋经济在国民经济中的地位越来越重要，海域作为一种重要的财产已经登上了历史舞台。为此，我国制定了专门的《海域使用管理法》，对海域使用权进行了规定。海域具有不动产的法律属性，在我国实务管理中也是按照不动产的管理方式进行管理。换言之，在现代社会，海域已经成为与土地并列的另一类重要的不动产。虽然我国《民法典》对海域问题的规定并不多，仅在第 328 条对海域使用权之用益物权属性进行了简单的规定。然而，我国《民法典》

---

〔1〕 参见彭诚信：《我国土地公有制度对相邻权的影响》，载《法商研究》2000 年第 1 期。

在很多地方都使用不动产的概念。因此，《民法典》并未排除对海域的法律适用问题。也就是说，《海域使用管理法》对海域的使用问题没有作出明确规定的，可以适用《民法典》的规定。对于不同海域之间的通行役权等，《海域使用管理法》就没作出规定，我们认为，这时可以通过扩大解释"不动产"之范围，将《民法典》中关于地役权的规定扩大到海域。

空间附属于土地，因此，地役权之概念完全可以涵盖空间地役权，至少从解释上可以看出各国民法是能够解决空间地役权问题的。从上文的分析来看，基于房地一体化，罗马法、法国法、德国法在立法上始终承认建筑物能够成为地役权的客体；而日本、我国台湾地区虽然没有采纳房地一体化，但《日本民法典》将地役权客体限定于"土地"。[1]我国台湾地区为了将地役权扩展至建筑物，将"地役权"修订为"不动产役权"，但不动产役权的适用空间也主要限于土地和建筑物。当然，这些立法虽然不同，却存在普遍性的缺陷，即缺少对海域不动产役权制度的规范。

我国《民法典》第372条对地役权制度作了创造性的规定，进一步扩大了地役权中"地"的范围，将供役地与需役地界定为不动产，如此一来，以客体为标准，地役权的具体类型包括土地之间的互役、建筑物之间的互役以及土地与建筑物之间的互役。但是，这种修改没有从根本上解决问题，仍然没有明确规定海域役权的问题。随着人类征服大自然的能力越来越强，海洋经济在国民经济中的地位越来越重要，海域作为一种重要的不动产已经登上了历史舞台。作为两种不同性质的不动产，土地与海域之间互相役使的问题，应该成为法律规范的对象。然而，从整部《民法典》确立的用益物权体系来看，目前立法很明显没有考虑到海域之上存在的用益物权体系。因此，《民法典》规定的地役权中的"地"虽然是不动产，但它并不包括海域，海域之间的役权仍然被排斥在地役权之外。因此，我国《民法典》对地役权之"地"的这种修正并不彻底，仍然与其他国家一样存在缺陷——缺乏对海域役权制度的规范。地役权之"地"限于土地及建筑物，乃时代所限。产生于21世纪的我国《民法典》虽然没有对海域役权作出规定，但应该扩大解释"不动产"的范畴，以顺应时代要求。因此，需要创设一个能够包含海域在内的概

---

[1]《日本民法典》第280条规定：地役权人，以按设定行为确定的目的，享有以他人土地为自己土地提供便宜的权利。可见，日本民法上的地役权客体限于土地，而不包括建筑物。

念，使其既包括土地、建筑物、空间，又能够反映海域这一重要的不动产作为地役权客体之内容，这个概念就是"不动产役权"。

六、建设用地使用权等用益物权不能成为地役权的客体

我国《民法典》第377条规定："地役权期限由当事人约定；但是，不得超过土地承包经营权、建设用地使用权等用益物权的剩余期限。"言外之意，土地承包经营权、建设用地使用权等用益物权可以作为需役地或者供役地而存在。但是，不论作为需役地还是作为供役地而存在，设定的地役权不得超过这些用益物权的剩余期限。主要原因在于：地役权具有从属性，地役权必须依附于所涉不动产权利。[1]对此，一种意见认为，建设用地使用权人、宅基地使用权人、土地承包经营权人可以允许他人在自己权利上设立地役权，从而使自己的权利成为供役地。[2]但也有学者认为，权利之上不得设定地役权，并提出了如下理由：首先，《民法典》第372条的规定表明地役权的客体为不动产，而非不动产权利。其次，建设用地使用权、宅基地使用权和土地承包经营权等用益物权均为法律上之力，属于抽象的东西。而地役权则为对供役地具体性的直接利用，或在供役地上通行，或在供役地上铺设管线，或在供役地上排水，等等。这些显然是在建设用地、宅基地、承包地等不动产本身上，而非权利上。最后，至于建设用地使用权人等为何有权在他人所有的土地上为需役地人设立地役权，可以解释为土地所有权人已经向建设用地使用权人等用益物权人授予了设立地役权的权利。[3]我们也认为，地役权确实不能在用益物权之上设立，用益物权不得为地役权的客体。从历史上观察，罗马法上即有"地役权之上不得再设定地役权"之原则，故用益物权之上不得设定地役权。建设用地使用权、土地承包经营权、宅基地使用权等权利人可以为使用权利之便宜设定地役权，但能否未经土地所有权人的同意，在建设用地、承包土地、宅基地上设定地役权负担，则有进一步研讨的必要，本书将在地役权设定部分进行专门论述。

---

〔1〕 参见黄薇主编：《中华人民共和国民法典物权编释义》，法律出版社2020年版，第431页。

〔2〕 参见王利明、尹飞、程啸：《中国物权法教程》，人民法院出版社2007年版，第401页。

〔3〕 参见崔建远：《地役权的解释论》，载《法学杂志》2009年第2期。

七、我国法上的地役权应为不动产役权

(一) 在土地吸收房屋的背景下，地役权概念能够反映其客体范围

罗马法上，无论是从乡村地役权与城市地役权的区分，还是从房屋是土地的重要组成部分看，罗马法上的地役权之"土地"不仅包括土地，而且还包括建筑物。罗马法上的不动产与土地基本上是等量的、可以互换的。所以，我国有些学者将罗马法上的地役权直接翻译为"不动产地役权"。[1]我们认为，既然罗马法上的不动产主要是指土地（房屋已被土地吸收），不动产与土地的等同性决定了罗马法上所称的地役权与不动产地役权是相同的，不论我们称其为"地役权"还是"不动产地役权"，都能准确反映地役权标的物的范围。当然，将地役权翻译为"不动产地役权"，"不动产"即为"地"，有同义反复之嫌，所以我国有些学者直接将其翻译为"不动产役权"。

《法国民法典》第687条借鉴了罗马法《法学阶梯》的做法，将地役权分为乡村地役权和城市地役权。因此，法国法的地役权之"地"与罗马法的地役权之"地"含义相同，不仅包括土地，而且还包括建筑物，即基本上与不动产的含义相同。但是应当指出，《法国民法典》规定，一切财产，或为动产，或为不动产。财产，或依其性质，或依其用途，或依其附着客体而为不动产。因此，《法国民法典》不仅将土地、房屋作为不动产，还将在土地上安置的物件依其用途确定为不动产，而不动产之用益权、地役权与土地使用权、旨在请求返还不动产的诉权等依其所附着客体确定为不动产。《法国民法典》规定的不动产之范围毕竟大于土地的范围，在地役权的定义中将地役权之"地"与不动产等同似乎不太合适，所以，该法典将地役权分为乡村地役权与城市地役权，进一步指明了地役权之"地"仅指不动产中的土地以及与土地密切相关的建筑物。

按照《德国民法典》的规定，地役权是指对一土地可以为另一土地的现时所有人的利益，以这样的方式设定负担，使另一块土地的现时所有人有权

---

[1] 参见［古罗马］查士丁尼：《法学总论——法学阶梯》，张企泰译，商务印书馆1989年版，第60页。

在个别关系中使用该土地，或一定的行为不得在该土地上实施，或某项权利的行使被排除，该项权利系基于被设定负担的土地的所有权而对于另一块土地发生的（地役权）。从该定义来看，德国法上的地役权之"地"仅指土地而不包括建筑物，并且《德国民法典》也没有像《法国民法典》一样，将地役权分为乡村地役权与城市地役权。我国台湾地区物权法专家谢在全教授认为，《德国民法典》第 1021 条与第 1022 条规定了建筑物也得为地役权的标的物。[1]但是，据我们的考证，《德国民法典》这两条是关于地役权内容的规定，并不涉及地役权的标的物，从这两条中也丝毫无法判断《德国民法典》将建筑物作为地役权之标的物。因此，给人的印象是，德国法上的地役权之"地"就是土地，而不包括建筑物，至少我最初对德国法的判断就是如此。但因建筑物属于土地的重要成分，所以，地役权之"地"能够全面反映地役权的客体，德国法使用地役权之名称非常恰当，能够从理论上一以贯之。

（二）在房地分离的背景下，地役权概念不能完全反映其客体

日本民法已经有百年历史，它的制定深受《法国民法典》《德国民法典》的影响。虽然旧《日本民法典》是由法国人博瓦索纳德（Gustave Boissonade）帮助制定的，但是新《日本民法典》编纂体系仍然是德国式的。《日本民法典》并没有如《法国民法典》一样，将相邻关系作为法定地役权规定于地役权一章，而是采纳了德国的做法将它们作了明确区分，分别立法；《日本民法典》也没有将地役权划分为乡村地役权与城市地役权。因此，《日本民法典》关于地役权的规定与《德国民法典》如出一辙，日本法上的地役权之"地"实际上就是土地，而将"以他人土地供自己土地便宜之用的权利"贯之以地役权似乎毫无问题。但是，如果将地役权之"地"限定在土地之内而排斥建筑物成为地役权之标的物，那么将"以他人土地供自己土地便宜之用的权利"冠以"地役权"之名就具有相当的合理性。

日本民法缘何将地役权仅限于土地之间而排斥建筑物的适用，是不是立法的漏洞？法律的漏洞有两种：其一，有意识的漏洞，即立法者已经意识到法律有漏洞，它不是真正的法律漏洞；其二，无意识的漏洞，即立法者没有意识到法律有漏洞，它是真正的法律漏洞。我个人认为，日本立法者在制定

---

［1］ 参见谢在全：《民法物权论》（中册），中国政法大学出版社 2011 年版，第 502 页。

《日本民法典》时，完全借鉴了德国法的立法方式，认为不会存在漏洞，但因日本立法者并未从整体上把握《德国民法典》，因而造成建筑物无法适用地役权规则的漏洞，它属于真正的法律漏洞，应当予以填补。

难道日本民法学者在一百多年如此之长的时间里竟然没有发现这么明显的立法漏洞吗？难道日本法已经通过其他途径解决了建筑物作为地役权的标的物的问题，抑或是日本民法根本就不需要将建筑物作为地役权的标的物？笔者在得出上述结论时内心是忐忑不安的。但是，据我们观察，《日本民法典》并没有通过其他途径解决建筑物之间及建筑物与土地之间的互役问题；且我国台湾地区最近将需役地扩大到建筑物的做法印证了笔者的推测，因为它至少已经说明地役权之"地"应作扩大解释，而不能继续墨守成规，将建筑物排斥在地役权之标的物的大门之外；另外，建筑物之间确实也能产生役权问题，例如，双方当事人约定，为美观而不得在房屋之上设置广告牌等，就属在他人的房屋之上设定地役权的情形。因此，笔者认为日本法存在立法漏洞不是武断的假设。可见，我们在借鉴国外某种具体制度时，必须全面考察，以防断章取义而出现立法漏洞或出现立法矛盾。

我国台湾地区地役权制度历经三次修订，将地役权之需役地和供役地扩大到建筑物，可以说我国台湾地区已经走向罗马法的传统，真正实现与法国法、德国法的接轨。

（三）我国《物权法》"地役权"概念名不副实

在《物权法》制定之时，有的学者认为，我国应当继续保留地役权的概念，但"地"的含义应作扩大理解，不仅包括土地，而且也不排斥房屋和附属物之上的地役权。[1]我们认为，从我国《物权法》第 156 条的规定看，"地役权"的客体不限于土地，还包括建筑物，从解释论上，海域也应包括在不动产之内。因此，"地役权"中的"地"应为"不动产"。我国《民法典》第 372 条沿用了《物权法》第 156 条的规定。那么，我国《民法典》以"地役权"概念来代指不动产役权，名不副实。此种名实不符的立法，不可避免地影响到人们对地役权概念的正确理解。除了与其他国家的法律概念保持一致外，对《物权法》为何会牵强附会地将"不动产"解释为"土地"，实在找

---

〔1〕　参见王利明：《物权法论》，中国政法大学出版社 2003 年版，第 495 页。

不出很有说服力的理由。[1]因此，我国台湾地区"民法"修订时，将"地役权"直接更名为"不动产役权"，并建立起相对成熟的不动产役权制度，可供借鉴。未来修法时，不妨直接采用优士丁尼在《法学总论》中对地役权的称呼——"不动产役权"来得更直接、更实在，也更明确。所以，地役权之"地"不限于土地，而是指向作为土地上位概念的不动产，可以是海域、建筑物、林木等。由此严格说来，把"供役地"改为"供役不动产"，把"需役地"改为"需役不动产"，才算严谨。[2]我国应当建立不动产役权制度，用不动产役权的概念取代传统法上的地役权。除不动产役权的概念能够准确涵盖土地、建筑物及其附属物的原因外，尚有以下三点印证我们的观点：

首先，土地与建筑物分离的前提下，地役权之名称面临挑战。罗马法、德国法将建筑物作为土地的重要成分，土地包含了建筑物，地役权概念足以当之。但是，土地与建筑物分离的国家将地役权之"地"作扩大解释，使其包括建筑物，以地役权涵盖建筑物之间及建筑物与土地之间的互役问题就有点相形见绌。如果在土地之间的役权之外，还要创设建筑物之间，乃至建筑物与土地之间的役权，地役权的概念恐怕就太窄了，应该以更上位的"不动产役权"来替代之，其下可分为土地对土地的役权、建筑物对建筑物的役权、土地对建筑物的役权、建筑物对土地的役权等次类型。[3]我国台湾地区"民法"新近之修改扩大了地役权的适用范围，即"为发挥地役权的功能，促进土地及其定着物之利用价值，爰将原需役地之客体扩张及于不动产，土地及其定着物均包括在内"，这也从一个侧面说明地役权之"地"过于狭窄。

我国既有抵押权人将建筑物与土地作为一体变价清偿债务的司法实践，也有将建筑物与土地并列作为两种不动产分别设定抵押的立法。因此，难以清晰并简洁地回答我国关于建筑物与土地之间的关系到底采纳何种观点，但可以肯定的是，我国至少是将建筑物与土地作为两种性质不同的不动产来处理的。因此，我国《民法典》将地役权之"地"解释为不动产是非常科学

---

〔1〕 参见朱广新：《地役权概念的体系性解读》，载《法学研究》2007年第4期。

〔2〕 参见常鹏翱：《回归传统：我国地役权规范的完善之道》，载《清华法学》2018年第5期。

〔3〕 参见苏永钦：《重建役权制度——以地役权的重建为中心》，载苏永钦：《走入新世纪的私法自治》，中国政法大学出版社2002年版，第258页。

的，它至少从根本上解决了日本以及我国台湾地区关于建筑物之间以及建筑物与土地之间的互役问题。但是，如果将地役权之"地"解释为"不动产"，并用地役权之名称来统领不动产之间的互役问题，有小帽盖大头的感觉。因此，在土地与建筑物并列成为两种重要的不动产的前提下，地役权的名称容纳不下如此丰富的"不动产"，而不动产役权之名称却能从根本上解决地役权名称过狭的问题，它至少能够准确反映土地与建筑物之间以及建筑物之间的役权。

其次，不动产役权之名称能全面反映不动产役权之"不动产"。源于建筑物与土地之间的天然联系，我们一直采用地役权的概念，且通过扩大解释地役权的"地"的方式，使其包含地上建筑物，尚具有一定的说服力。但是，《海域使用管理法》将海域作为一种与土地并列的不动产，且随着人类利用海洋能力的增强，海域的立体分层利用会越来越突出，海域之间的互役不仅限于平面上的互为便利之用，还表现为立体上的互为便利之用，海域之间的互役是全方位的、呈现立体性特征。但是，海域与土地是两种不同的不动产，其自然属性、使用方式等存在诸多差异。因此，地役权的概念虽然能反映其客体是"土地及其定着物"，但是绝对不能准确反映其客体包括"海域及其定着物"。更何况海域与土地以及地上建筑物之间的互役问题呢？因此，从权利客体角度而言，不动产役权之名称远比地役权之名称更准确，更能反映权利的标的物。

最后，不动产役权能够统领地役权与海域役权，解决土地与海域之间的互役问题。我国能不能继续保留地役权的概念，同时通过创设海域役权的概念来解决海域之间的互役问题呢？我们认为，海域役权是海域之间互为便宜之权，海域役权虽然能够解决海域之间互役的问题。但是，在现实生活中，海域与土地或与其他不动产之间也可能产生互役的问题。例如，沿海的土地使用人可以与海域使用人约定使用海域的方式，限制海域使用权。因此，地役权与海域役权并存的模式不能解决土地与海域、地上建筑物与海域、海上建筑物与土地、海上建筑物与地上建筑物之间的互役问题，而不动产役权完全能够解决这一问题。所以，我国不能采纳地役权与海域役权并存的立法模式，只能建立不动产役权制度。

为提升和促进土地及其上的定着物（如建筑物、构筑物及工作物等）的利用价值，将供役、需役的对象扩大为不动产是十分必要的。[1] 不动产役权是指为了使用自己不动产的便利而使用他人不动产的权利。不动产是指不能移动，或者移动后就会使其价值遭到破坏的物，包括土地、海域以及它们之上的定着物、附着物。接受便利的不动产是需役不动产；提供便利的不动产是供役不动产。因此，我国未来的《民法典》"物权编"应将地役权之概念修订为"不动产役权"。

八、我国应创设多种类型的不动产役权

罗马法、德国法等规定的传统地役权具体类型主要包括土地之间的互役，土地与房屋之间以及房屋之间的互役已经含于地役权之中。日本的地役权类型仅限于土地之间的互役，没有解决土地与建筑物之间、建筑物之间的互役问题。我国《民法典》第 372 条将需役地与供役地扩大至一切不动产，但从立法本意及立法之时对海域的态度来看，这里的"不动产"显然仅指土地与房屋，不包括海域。按照这种规定，地役权的具体类型还包括建筑物之间的互役。当把目光投得更远一点，并静心思考海域的法律地位时，我们不得不提出不动产役权的概念，不得不承认不动产役权的具体类型应当进一步增加，创设新型的不动产役权，使其不仅包括土地之间的互役、土地与房屋之间的互役、房屋与土地之间的互役，还包括海域与土地的互役、海域与地上建筑物的互役、海域之间的互役、海上建筑物与海域之间的互役、海上建筑物与土地之间的互役等多种类型。[2]

第二节　不动产役权须有利于需役不动产

不动产役权须有利于需役不动产，乃不动产役权设定之根本目的，缺少这一必备构成要件，不动产役权将失去存在的价值。这一要件包括以下两层含义：①不动产役权必须有需役不动产之存在；②不动产役权须有利于需役不动产。

---

〔1〕 参见陈华彬：《从地役权到不动产役权——以我国不动产役权的构建为视角》，载《法学评论》2016 年第 3 期。

〔2〕 参见李永军主编：《海域使用权研究》，中国政法大学出版社 2006 年版，第 317 页。

一、不动产役权须有需役不动产之存在

从《德国民法典》第 1018 条、《瑞士民法典》第 730 条等国家民法规定来看，皆要求不动产役权必须以需役不动产的存在为要件，甚至《西班牙民法典》第 534 条明确规定："一块地供地役于另一块，则另一块地需地役于前一块，供地役与需地役不可分割。"《日本民法典》、我国台湾地区"民法"和我国《民法典》也明确规定，不动产役权必须为了需役不动产而存在。"不动产役权是为一块被称为需役地的土地而设定的，它几乎被视为该需役地的附属品和它的一种品格。"[1]所以，不动产役权需要供役不动产和需役不动产两个不动产。

不动产役权是从属于需役不动产的权利，这是不动产役权的基本特征。因此，设立任何不动产役权必须以需役不动产的存在为基础，否则，不动产役权不能设立。罗马法学家盖尤斯（Gaius）认为："没有土地，这些役权就不能创制。"[2]优士丁尼认为："这些权利之所以被称为不动产役权，是因为没有不动产，就不能设定不动产役权。"英国学者也认为："其中有些用益权[3]是古老的采邑习惯安排传袭下来的，按照惯例要求，需要有需役地的存在。例如采邑地租户享有在采邑地上放牧的权利。"[4]按照英国学者的解释，不动产役权强调需役地的存在源于"古老的采邑习惯"。现代物权法认为，不动产役权的负担不是"施加于土地"为"土地利益"，而是为了土地所有人的负担和土地所有人的利益。[5]因此，需役不动产的利益实际上就是需役地人的利益，与需役地并无关系。[6]有学者进一步指出："传统不动产役权的概念关键要求二块土地的存在，即需役地和供役地。其实，物与物之间的关系是通过人与人之间的关系表现出来的。时至今日，需役地的存在已经不是设

---

〔1〕　黄风：《罗马法私法导论》，中国政法大学出版社 2003 年版，第 223 页。

〔2〕　参见江平、米健：《罗马法基础》，中国政法大学出版社 1987 年版，第 162 页。

〔3〕　此处指地役权。

〔4〕　参见 [英] F. H. 劳森、B. 拉登：《财产法》，施天涛等译，中国大百科全书出版社 1998 年版，第 128 页。

〔5〕　参见马新彦：《地役权的借鉴与重构》，载王利明主编：《物权法专题研究》，吉林人民出版社 2002 年版，第 774 页。

〔6〕　参见史浩明、张鹏：《地役权》，中国法制出版社 2007 年版，第 42 页。

定不动产役权的必要条件了。"[1]

据我们观察，之所以有学者主张不动产役权可以脱离"需役不动产"而存在，主要基于以下几个方面的考虑：其一，混淆了公共不动产役权与民法上的不动产役权。在现代社会，不动产役权制度的发展已经超出原来私人利益或者土地利用便利的需要，基于公共利益的需要也可强加给土地所有者负担，这些负担表现为役使他人土地的形式。例如，为公共利益需要铺设公用的自来水管线、废水排放管线、电信管线等，这些公共地役关系没有"需役不动产"也可产生。因此，从公共地役关系的角度观察，现代社会的不动产役权不再强调"需役不动产"的存在。其二，从表面观察，有些不动产役权没有需役不动产。通行权、管线铺设权、采光权等不动产役权，需役不动产与供役不动产较为明显；但有些不动产役权，如采矿权、烧制石灰权、取土权、挖沙权等，其需役不动产并非如此明显，以致使人产生错觉："不动产役权难道真的以需役不动产的存在为前提？"其三，需役不动产利益与需役不动产人的利益难以清晰区分。不动产役权须为需役不动产的"便宜"之用，所谓便宜，顾名思义，指便利相宜，包括经济、财产上的方便利益，或精神、美观、情感上利益。[2]因此，从表面观察，需役不动产的利益与需役不动产人的利益之间含混不清。自罗马法至今，不动产役权必须是为了需役不动产的利益而存在。但何为需役不动产的利益，罗马法对此并没有给予确切的回答。有些学者在论述罗马法需役不动产的利益与需役不动产人的利益时认为："随着社会的发展，要求不动产役权调整的对象增多，很多需求并非像过去那样能被严格视为需役地的利益，而更多的是与需役地人的利益相关联。……加之需役地利益与需役地人利益本身的含糊不可分，许多实质上更与需役地人利益相关的权利也出现在罗马法上。"[3]甚至有学者指出："当现代的不动产役权制度将利益扩大到精神上的快乐时，利益主体就不再是土地，而是土地的所有人或实际占有使用人。"[4]其四，主张"需役地已经不再是不动产役权存在

---

[1] 参见关涛：《我国不动产法律问题专论》，人民法院出版社 1999 年版，第 196 页。

[2] 参见王泽鉴：《民法物权》(2)，中国政法大学出版社 2001 年版，第 72 页。

[3] 参见史浩明、张鹏：《地役权》，中国法制出版社 2007 年版，第 34 页。

[4] 参见马新彦等：《地役权的借鉴与重构》，载王利明主编：《物权法专题研究》，吉林人民出版社 2002 年版，第 774 页。

的必要条件"的学者举出如下证据：英美法有从属不动产役权（easement appurtenant）和类似不动产役权（easement in gross）[1]的划分，前者以对需役地的占有为必要条件，后者不以需役地的存在为必要条件。[2] 此外，英美法上的取益不动产役权（profit）是类似不动产役权的典型，也不以需役地的存在为条件，例如甲为乙设定采矿不动产役权而不问乙是否拥有地产或拥有什么地产，乙享有的不动产役权就是类似不动产役权。有学者指出："不动产役权在近来的发展，逐渐突破传统的观念。在以限制竞业为目的而设立的不动产役权（例如，需役地上已经建立加油站或超市，为了保证其营业额，就在附近的供役地上设立一个不建加油站，或不建超市的不动产役权）中，几乎就难以把这样的利益归结于什么土地利益，而实际上就是让一定的土地服务于在特定的土地上进行经济活动的人的利益。这样的一种不动产役权的结构的确不同于传统不动产役权的概念，而接近于人役权。"[3]

　　在我们看来，不论是罗马法还是现代民法，都严格恪守"需役不动产的存在是不动产役权产生的前提"的信条。脱离需役不动产而为特定人的利益设定烧制石灰权、砍伐木柴等权利时，它们从属于特定的人而不是特定的土地，因此不是不动产役权而是人役权。罗马法为了维持不动产役权在逻辑上的一致性，主张即使烧制石灰权、挖掘沙砾权等也必须是为了需役不动产的利益而存在，离开需役不动产，不动产役权就会演变为人役权。在现代社会，采矿权已经从不动产役权中独立为一项新型的物权，不以需役不动产的存在为必要，但如果采矿权存在的目的是满足某一特定不动产的需要时，仍然可以认定为不动产役权。对此，法国的司法实践认为："一工业企业享有的对一土地的矿藏的开采权具有不动产役权性质。例如，一玻璃厂获得一煤矿煤炭的权利，该煤矿的采挖即被强制实施采掘煤炭的行为。事实上，此处的原则是一项财产被规定服务于另一项财产。"[4]可见，需役地是不动产役权存在的

---

　　[1]　马新彦教授将 easement in gross 翻译为"独立地役权"。参见马新彦：《美国不动产法上的地役权研究》，载梁慧星主编：《迎接 WTO——梁慧星先生主编之域外法律制度研究集》（第 2 辑），国家行政学院出版社 2000 年版，第 160 页。

　　[2]　参见关涛：《我国不动产法律问题专论》，人民法院出版社 1999 年版，第 196 页。

　　[3]　参见薛军：《地役权与居住权问题——评〈物权法草案〉第十四、十五章》，载《中外法学》2006 年第 1 期。

　　[4]　参见尹田：《法国物权法》，法律出版社 2009 年版，第 433~434 页。

基础，过去如此，现在如此，未来还是如此。英美法上的类似不动产役权主要是取益不动产役权，通行不动产役权不可能成为类似不动产役权，只能是从属不动产役权。[1]

英国法并不源于罗马法，但英国法关于不动产役权的规范或许是英国法中最大部分的罗马法内容。[2]因此，英国法中的不动产役权系借鉴罗马法而来，英国法并没有脱离罗马法以来形成的"需役地的存在是不动产役权的基础"的窠臼。虽然有学者认为，英美法上的取益不动产役权不以需役地的存在为条件。但我们认为，取益不动产役权仍然不能脱离需役不动产而独立存在，因为从别人土地上取得的利益，例如沙、土等，都要被附加于另外的土地之上，提高另一土地的价值。也就是说，取益不动产役权仍然不能脱离需役不动产的存在而独立存在，离开了需役不动产，不动产役权人的权利例如取沙、取土的价值将不复存在。马新彦教授在论述类似不动产役权时列举的案例就很有说服力：A 拥有一块含有大量沙砾的土地，B 不拥有任何与 A 土地相邻的土地，他是一条公路的承包人，只需要沙砾，A 赋予 B 权利，允许 B 进入其土地取走沙砾。马新彦教授认为，B 拥有的不动产役权就是类似不动产役权。[3]我们认为，按照通说，需役地与供役地之间不必毗邻也完全可产生不动产役权，所以上述案例中 B 即使没有与 A 之土地相邻之土地，但仍然可享有不动产役权，其所拥有的不动产役权仍然没有脱离需役地而独立存在，因为此时的需役地是"公路所占用的土地"。

需役不动产利益与需役不动产人利益真的含混不清吗？对此有学者指出："供役地所供之便利，应为需役地所得直接利用之便利，而不得以直接供需役地所有人利用为目的。"[4]我们对此深表赞同。我国《民法典》第 372 条明确规定，不动产役权设定的目的是提高需役不动产的价值，而权利主体永远是人，不可能是"需役不动产"，最终的利益承受者还是需役不动产人，是需役不动产人享受了需役不动产的利益。但是，这并非说明二者含混不清。需役

---

〔1〕 参见马新彦：《美国不动产法上的地役权研究》，载梁慧星主编：《迎接 WTO——梁慧星先生主编之域外法律制度研究集》（第 2 辑），国家行政学院出版社 2000 年版，第 159 页。

〔2〕 参见 [英] 巴里·尼古拉斯：《罗马法概论》，黄风译，法律出版社 2000 年版，第 156 页。

〔3〕 参见马新彦：《美国不动产法上的地役权研究》，载梁慧星主编：《迎接 WTO——梁慧星先生主编之域外法律制度研究集》（第 2 辑），国家行政学院出版社 2000 年版，第 159 页。

〔4〕 参见陈朝璧：《罗马法原理》，法律出版社 2006 年版，第 309 页。

不动产人发生转移，需役不动产的利益并未被原需役不动产人保留，也无法被保留，而是随需役不动产之转移而由后手取得。从这个角度讲，不动产役权是附属于需役不动产的权利，需役不动产的利益与需役不动产人的利益是独立的，各不相同。法国最高法院第三民事庭 1976 年的一份判决中写道："役权之存在，要求有供役地和需役地，因此，狩猎权的出让并不具有不动产役权之性质，因为其上被赋予狩猎权的不动产从中并不获得任何便宜。狩猎权可以带来的利益与愉悦仅涉及土地所有人本人而不涉及土地本身。"[1]在法国司法实践界看来，狩猎权因缺少为需役不动产的利益而存在的目的，并非不动产役权。但是我们认为，在不动产役权关系中，需役不动产人的利益与需役不动产的利益具有关联性，需役不动产人正是通过需役地的利益的增加而实现其利益的，所以，需役不动产人的利益是一种间接利益而非直接利益，是通过提高需役地的价值而增加的利益，离开了需役不动产价值的提高，需役不动产人利益也就无从谈起——需役不动产价值的提高可能表现为需役不动产环境价值的提高，也可能表现为土地价值的提高。所以，强调不动产役权存在的目的是为了需役不动产的利益仍然有其必要性。

二、不动产役权须有利于需役不动产之使用

彭波尼（Sextus Pomponius）在《论萨宾》第 33 卷 D. 8,1,15pr. 指出：如果役权既不利于人，也不利于土地，那么（役权的设立）无效。有利于人的役权为人役权，有利于土地的役权为不动产役权。所以，从罗马法以来，不动产役权构造的目的在于"有利于"需役地。我国《民法典》第 372 条规定，不动产役权必须提高需役地的"效益"。《瑞士民法典》第 730 条规定，不动产役权必须是为了乙地（需役地）的"利益"。《日本民法典》、我国台湾地区"民法"也规定，不动产役权是为了使用自己土地的"便利"。可见，有利于需役地是不动产役权存在的根本。但是，有学者提出："便宜无需从客观上之情形斟酌，故纵属客观上非便宜且无必要，但当事人仍得设定之，因不动产役权之设定乃本诸当事人之意思，苟其内容不违反法律之强制性规定与公序良俗，法律上殊无限制其必须客观上有此必要始得设定不动产役权之理

---

[1]　参见罗结珍译：《法国民法典》，法律出版社 2005 年版，第 507 页。

由。"〔1〕我国台湾地区实务上即认为，通行不动产役权之设定，是否出于必须之情形在所不问。我们认为，从不同国家和地区立法来看，有利于需役不动产乃不动产役权的含义，缺少这一要素，不动产役权将失去存在的价值。因此，不动产役权必须以"有利于需役不动产"为要件。那么，立法上为何将"有利于需役不动产"作为不动产役权存在的根本呢？又何谓"有利于需役不动产"呢？如何判断一项不动产役权是否"有利于需役不动产"呢？

（一）有利于需役不动产的含义

何谓"有利于需役不动产"？对此，不同内容的不动产役权对需役不动产的效益是不同的，例如通行不动产役权之有利于需役不动产"通行"，采光不动产役权则有利于需役不动产之"采光"等。我国《民法典》用"提高自己的不动产的效益"表述"有利于需役不动产"；而我国台湾地区、日本等则使用"便宜"来表述"有利于需役地"。不同国家和地区民法典对"便宜"加以明确规定者并不多见，大多数要么不对"便利"进行概括或者列举式的规定，要么仅作出不动产役权不得违反公共秩序的限制性规定。所以，物权立法必须使用一个相对抽象的概念对"通行""采光""通信""眺望"等各种具体的有用性进行表述，抽象的概念则为"便宜"或者"效益"。学术界在解释"便宜"或者"效益"时，提出了抽象判断标准，认为对于需役不动产有利，不必是财产价值上的有利，精神上的、美观上的利益也无不可，如对观望的保护、对安宁享受的保护等。〔2〕我国台湾地区"民法"在第851条将不动产役权之目的直接界定为"供自己不动产通行、汲水、采光、眺望、电信或其他特定便宜之用"，说明不动产役权需有利于须役不动产而非有利于需役不动产之所有人或者个别使用人。

理论界曾有观点认为，不动产役权作为一种权利，不能被需役不动产行使，需役不动产不过是一种客体，只有主体才享有权利，作为客体的需役不动产不享有不动产役权。因此，不动产役权只能为人的利益设立而非为某一需役不动产的利益而设立。我们认为，这种观点看到了不动产役权提高需役

---

〔1〕 参见谢在全：《民法物权论》（中册），中国政法大学出版社2011年版，第503页。

〔2〕 参见［德］鲍尔、施蒂尔纳：《德国物权法》（上册），张双根译，法律出版社2004年版，第714页。

不动产之"效益"的最终目的是能够给需役不动产所有人或者使用人带来利益，具有一定的科学性。但是，立法上不能直接将不动产役权之目的从为"需役不动产利益"变更为"需役不动产人的利益"。究其原因，需役不动产之所有权人或使用权人因享有需役不动产之所有权或者使用权，当然享有不动产役权，此乃不动产役权从属于需役不动产的权利特征所决定的。如果将"有利于需役不动产"界定为"有利于需役不动产人"，不动产役权存在的目的在于特定人的利益而非特定不动产之利益，"不动产役权"则成为"人役权"，需役不动产之后继所有权人不得行使不动产役权，这与不动产役权之本质相悖。因此，不动产役权必须为需役不动产之利益而设定，不能离开需役不动产之利益而设立不动产役权。

（二）为何将"有利于需役不动产"作为不动产役权构造的目的

对此问题的规定，不同国家和地区物权法并无差别。在所有的不动产役权种类中，均要求不动产役权负担须"有利于权利人土地之使用"。换言之，不动产役权应当能使需役不动产受益，并且它的使用应当只以此为目的。[1]例如，采石不动产役权只能为满足在需役地盖房的需要而行使，所采取的石料不得出卖或在其他地方使用；汲水不动产役权只能为满足需役地对水的需要，而不能滥用役权。如此规定的目的在于：一方面可使不动产役权内容尽可能具有精确性与长期确定性；另一方面也保障受负担人免受随需役地上所有权关系变化而不断变更之需求的影响。[2]有利于需役不动产，意味着不动产役权只能为需役不动产带来利益，而不仅仅是为需役不动产的现时所有人带来利益。此观点被罗马法及继受罗马法的法国、德国、瑞士、日本等国法学家视为至明之理，却为我国有些研究者所不解。在他们看来，把土地的利益和人的利益区别开来是不可能的，也完全没有必要；土地的利益其实就是人的利益，因此，所谓"有利于需役不动产"，其实就是为了不动产所有人或使用人的利益。该观点的最大弊端在于，以对不动产役权之法效果的观察取代了对不动产役权法律构造事实的思考。[3]对此，有学者明确提出"需役地

---

〔1〕　参见［英］巴里·尼古拉斯：《罗马法概论》，黄风译，法律出版社 2000 年版，第 151 页。

〔2〕　参见［德］鲍尔、施蒂尔纳：《德国物权法》（上册），张双根译，法律出版社 2004 年版，第 714 页。

〔3〕　参见朱广新：《地役权概念的体系性解读》，载《法学研究》2007 年第 4 期。

之存在成为不动产役权概念的构造核心。没有需役不动产的利益需要，即无不动产役权之存在"。[1]可见，有利于需役不动产是不动产役权的内在要求，也是不动产役权得以存在的基础。缺少了有利于需役不动产的目的，不得设立不动产役权或者不动产役权归于消灭。

（三）有利于需役不动产的判断

不动产役权是概括性的概念，其下设有不同的类型，且各不动产役权的设定目的迥异。因此，判断"有利于需役不动产"采取客观标准还是主观标准是一个非常值得讨论的问题。便于需役不动产的通行属于有利于需役不动产、便于需役不动产排水也属于有利于需役不动产，诸如此类。这些不动产役权有一个最本质的目的——"满足不动产的需要"。因此，有利于需役不动产的判断是看不动产役权有无为需役不动产提供便利，增加需役不动产之价值。"便宜""价值"虽然具有客观性，但也是一个主观概念。因此，对于有利于需役不动产应采取主客观相结合的方式加以判断，还应立足于个案审查。因此，是否供需役地便宜之用，应就特定需役地人判断之，不以客观上有此必要为要件。[2]

三、不动产役权是在供役不动产上设定的负担

不动产役权之存在离不开供役不动产，没有供役不动产则无客体的存在。不动产役权是存在于供役不动产上的权利。那么，不动产役权是在供役不动产上设定的负担还是利用供役不动产的权利？对此不同国家和地区立法采取了不同的模式。

《德国民法典》《意大利民法典》《荷兰民法典》对不动产役权的内容界定时使用了"负担"一词——不动产役权是在供役地上设定的"负担"而非"利用"供役地。而我国台湾地区"民法"与《日本民法典》使用了"便宜之用"来表述不动产役权的内容。为了宣示权利神圣，我国《民法典》从不动产役权人的角度出发，于第 372 条使用了不动产役权是"利用他人的不动产"而不是"在供役地上设定负担"的立法语言，其目的在于昭示不动产役

---

〔1〕 参见朱广新：《地役权概念的体系性解读》，载《法学研究》2007 年第 4 期。
〔2〕 参见王泽鉴：《民法物权》(2)，中国政法大学出版社 2001 年版，第 72 页。

权是权利人支配供役地的权利。从民法是权利法的角度看，我国《民法典》使用"利用"而非"负担"一词，非常传神。难道这些差别仅仅在措辞方面而毫无制度信息的不同？我们认为，供役不动产上的负担，可以是不动产役权人对供役不动产的占有性排他使用，例如道路通行不动产役权，也可能是为供役不动产设定一项不得建造高层建筑物的负担。而"利用""便宜之用"等词都是从需役不动产人的角度界定不动产役权，体现了权利人对供役不动产的支配。然而对供役不动产的支配并不限于"利用"，还包括限制供役不动产人的行为以及权利的行使等。因此，"负担"一词包含的制度信息远远大于"利用""便宜之用"。有学者认为，为了使"利用"包含更多的制度信息，我国《民法典》第 372 条规定的"利用他人的不动产"中的"利用"必须作扩大解释，该词并非仅指需役不动产人以积极的作为方式支配供役不动产，尚包括以消极的不作为方式"利用"供役不动产。例如，限制供役不动产人在供役不动产上建设高层建筑、限制供役不动产人排放污染气体、噪音等。[1] 我们认为，"负担"的信息量要远大于"利用"，且从德国等民法来看，也是使用"负担"这一概念。因此我国未来之《民法典》"物权编"在界定不动产役权时使用"负担"这一概念可能更科学。

四、我国《民法典》"物权编"关于不动产役权概念的规定

按照我国《民法典》第 372 条的规定，不动产役权人利用他人的不动产，目的在于提高自己的不动产的效益。该规定侧重于对不动产役权制度经济功能的发挥。有学者认为："这种规定固然体现了不动产役权的基本内容，但未免片面。这是因为，不动产役权的内容不必是财产价值上的利益，精神上或感情上、美观上的利益亦无不可，如对观望的保护、对安宁享受的保护等。有时不动产役权的内容不仅不是为了提高不动产的使用效益，反而是基于非经济目的限制不动产的利用。"[2] 我们认为，不动产役权之功能是为了满足需役不动产，其或者能够为需役不动产之经济价值之提高，或为满足需役不动产利用人之精神上之享受，或为满足其生活之便利，等等。因此，我国《民

---

〔1〕　参见李遐桢：《我国地役权法律制度研究》，中国政法大学出版社 2014 年版，第 42 页。

〔2〕　参见房绍坤、严聪：《民法典物权编应如何规定地役权》，载《河南社会科学》2018 年第 8 期。

法典》"物权编"应将不动产役权之目的设定为"为满足需役不动产之需要"。不动产役权是存在于供役不动产和需役不动产之间的一种用益物权，它是为了满足需役不动产之需要而在供役不动产上设定的负担。我们认为，我国未来之《民法典》"物权编"应将不动产役权界定为：不动产役权是为了满足需役不动产之需要而在供役不动产上设定的负担。享有权利的不动产称为"需役不动产"，负担义务的不动产称为"供役不动产"。此处的"不动产"包括土地、建筑物、海域甚至特定的空间等。

第四章

不动产役权的本质

第一节　学界对不动产役权本质的论争

不动产役权的本质是理解不动产役权制度的核心路径。就不动产役权的本质问题，学术界存在以下几种不同的看法：[1]

一、需役不动产所有权延长说

有的学者认为，不动产役权是为了需役不动产的便利而存在。因此，不动产役权增加了需役不动产权利的范围，不动产役权在本质上为需役不动产所有权在他人土地上的延伸。

我们认为，这种观点至少存在以下缺陷：首先，该观点直接来自相邻权的本质是所有权的限制或者延伸，有将不动产役权与相邻关系混淆之嫌。其次，《德国民法典》《意大利民法典》等对不动产役权内涵的界定多限定为"供役不动产的负担"，即不动产役权是对供役不动产的限制，而非需役不动产所有权的延长。因此这种观点不符合以德国为代表的传统国家民法对不动产役权内涵的界定。最后，具体到我国而言，不动产役权的设定主体多为建设用地使用权、土地承包经营权以及宅基地使用权，"需役不动产"也多为建设用地使用权等用益物权，所有人设定不动产役权的可能性很小，因此，认为不动产役权的本质是需役不动产所有权的延长的观点与我国现实不符。

---

〔1〕 参见［日］三潴信三：《物权法提要》（上、下卷），孙芳译，中国政法大学出版社 2005 年版，第 129 页。

二、供役不动产所有权限制说

这种观点认为，不动产役权为"以限制供役不动产所有权的作用为内容的他物权"。[1]不动产役权在本质上不过是对供役不动产所有权的限制。王卫国教授对需役不动产效力延长说及供役不动产所有权限制说有一个非常经典的评论："无论是需役不动产方面的权利延伸，还是供役不动产方面的权利限制，都是一种法律现象，即不动产役权效力的不同表现。应该说，这两种现象，在不动产役权制度中并存。单独以其中一种来说明不动产役权的本质，既是表面的，也是不全面的。"[2]

我们认为，这种观点如同从需役不动产的角度来说明不动产役权的性质一样，也存在需役不动产效力延长说的缺陷。

三、需役不动产价格增加说

有的学者认为，不动产役权使需役不动产的利用价值增加，从而增加其市场价格，而供役不动产因受到限制而其价值也就相应减少。所以，将不动产役权的本质界定为"提升需役不动产价值"是符合不动产役权的内在属性的；同时，也符合社会发展趋势的要求——不动产役权所包含的内容不断扩充。[3]

我们认为，按照我国《民法典》第372条的规定，不动产役权以增加需役不动产的效益为目的，因此，不动产役权确实具有增加需役不动产价值的效果或作用。但是，作用并不是本质，以作用或效用作为界定不动产役权本质的标尺并无道理，且"仅仅是为了增加自己财产价值而利用他人财产或者限制他人的财产利用，这样的利益需求是广泛存在的，而法律并不一概地对这些利益需求加以承认和保护"。[4]所以，增加需役不动产价值的方式多种多样，不动产役权不过是其中之一，用需役不动产价值增加来解释不动产役权的本质并不严谨。

---

〔1〕 参见史尚宽：《物权法论》，中国政法大学出版社2000年版，第225页。
〔2〕 参见王卫国：《中国土地权利研究》，中国政法大学出版社1997年版，第216页
〔3〕 参见陈耀东、赵秀清：《地役权本质与存在原则的法律与经济分析——兼评〈物权法（草案）〉关于地役权的规定》，载《政法论丛》2006年第2期。
〔4〕 参见王卫国：《中国土地权利研究》，中国政法大学出版社1997年版，第216页。

四、需役不动产权利主体说

有的学者认为，不动产役权是为一块被称作需役不动产的土地而设立的，它几乎被视为该需役不动产的附属品和它的一种品格。这种权利当然归需役不动产及其所有主所有，权利人随需役不动产所有主的更迭而更迭。[1]我国有学者指出："从原初意义上看，地役权的主体应是土地，即地役权是为一块土地的便宜使用而产生的役使另一块土地的权利。"[2]这种观点将需役不动产作为一个具有法人人格，能够享有权利的主体，不动产役权的主体是需役不动产，不动产役权属于需役不动产的权利，需役不动产则成为不动产役权关系的"债权人"，供役不动产成为不动产役权关系的"债务人"。卡尔波尼埃（Carbonnier）批判性地指出："要想找出一种脱离于土地所有人利益的不同利益并使之形成法律人格，这是不可能的。"[3]马洛里（Malaurie）和埃勒斯（Aynes）认为："一项债务被设置于某物，这是不正确的。"[4]凯尔森（Hans Kelsen）也认为："权利或义务并不是一个可以和其他东西联在一起的东西。权利和义务是个人对别人的特定关系。"[5]

我们认为，这种观点看到了不动产役权附属于需役不动产的性格，但仅执不动产役权之从属性一牛耳，具有片面性。具有权利能力的才是民事主体，从各国民法规定来看，唯有自然人与法人具有民事主体资格，法律尚未赋予需役不动产权利能力，因此需役不动产只能是权利的客体而不是主体。

不动产役权确实能够增加需役不动产的价值，也能够通过在供役不动产上设定负担的方式使需役不动产的所有权加以延伸。因此，不动产役权确实是为了需役不动产的利益而存在。但是，不动产役权制度设立的目的绝对不止于此，它还有更进一步的理由。这更进一步的理由就是土地利用的社会性、广泛性和多重性，而不动产役权制度的本质在于实现不同主体在同一土地上

---

〔1〕 参见［意］彼德罗·彭梵得：《罗马法教科书》，黄风译，中国政法大学出版社1992年版，第253页。

〔2〕 参见耿卓：《地役权基本范畴重述》，载《西部法学评论》2014年第4期。

〔3〕 转引自尹田：《法国物权法》，法律出版社1998年版，第416页。

〔4〕 参见尹田：《法国物权法》，法律出版社1998年版，第416页。

〔5〕 参见［奥］凯尔森：《法与国家的一般理论》，沈宗灵译，中国大百科全书出版社1996年版，第97页。

的利用需要的并存和调和。[1]

第二节　认定不动产役权为物权的难点

在物权的内容与类型法定的前提下，我们通过对不动产役权有关特性的分析会发现，将不动产役权的本质定性为物权将会遇到很多困难。

一、从不动产役权的内容来看，不动产役权不符合物权法定原则的要求

不动产役权的内容可以由当事人通过意思自治在遵守一些基本原则的前提下自主约定。尽管承认役权法定这一原则，古典法时期的法学家们却认为役权是一系列类似权利的总称。[2]不动产役权人可以按照不动产役权设定合同约定的方式使用供役不动产，而不动产役权设定合同要体现私法自治、契约自由，这与物权法定原则要求的"物权内容法定"相去甚远。因此，从不动产役权的内容来看，不动产役权并不符合物权法定原则的要求，换言之，从不动产役权的内容可以自由约定的角度来看，不动产役权不是一种物权。

二、从不动产役权的种类来看，不动产役权不符合物权法定原则的基本要求

至少在立法者看来，不动产役权的内容完全由当事人自由约定，明确规定不动产役权的类型非常困难。我国《民法典》并没有对不动产役权的类型作出规定，不动产役权只不过是"从属于需役不动产"而支配供役不动产的权利的统称，它是符合"提高需役不动产的效益"这一特征的所有物权的上位概念。因此，不动产役权的功能不可能是单一的。从罗马法以来，立法确实类型化了一些役权，但是当事人可以根据实际需求通过约定对这些类型的役权作出调整与补充，这已经类似于合同了。[3]因此，从不动产役权的种类

---

〔1〕　参见王卫国：《中国土地权利研究》，中国政法大学出版社 1997 年版，第 216 页。

〔2〕　参见《学说汇纂·地役权》（第 8 卷），陈汉译，中国政法大学出版社 2009 年版，序第 15 页。

〔3〕　参见《学说汇纂·地役权》（第 8 卷），陈汉译，中国政法大学出版社 2009 年版，序第 15 页。

来看，不动产役权的类型也没有实现"法定"的要求。

三、从不动产役权登记的效力来看，不动产役权不像物权

关于不动产物权登记的效力主要存在两种立法模式：其一，登记是不动产物权变动的生效要件，不经登记物权不发生变动。按照该种立法模式，未经登记，不动产役权不能设立。其二，登记是不动产物权的对抗要件。不经登记，不动产物权的变动不具有对抗效力，那么不具有对抗效力的权利还是物权吗？[1] 我国《民法典》第 374 条规定，不动产役权未经登记，不具有对抗善意第三人的效力。据此，如果一项不动产役权未经登记，就不具有对抗效力。而物权与债权的区别之一就在于物权具有对世效力，债权则不具有。在采纳登记对抗主义的日本，也会发生未登记的不动产役权和租借性质的不动产役权很难区别等问题。[2] 所以，在登记对抗要件主义下，非登记的不动产役权和租借性质的不动产役权之间的界限在很多情况下并非泾渭分明。[3]

四、从消极不动产役权来看，不动产役权与债权似无区别

按照不动产役权的行使方式是以"作为"或"不作为"为标准，不动产役权可以分为积极不动产役权与消极不动产役权。积极不动产役权也称为作为的不动产役权，是不动产役权人在供役不动产上通过一定的积极行为行使的不动产役权。例如通行不动产役权、汲水不动产役权等。消极不动产役权也称为不作为的不动产役权，是指不动产役权人不为一定行为的不动产役权。例如，可以设定禁止建造建筑或种植植物以避免妨碍采光、通风或眺望的不动产役权；如果事先存在着妨碍采光、通风或眺望的障碍，在设定不动产役权之后，供役不动产人必须将障碍移走。[4] 消极不动产役权不以占有供役不动产为权利的行使要件，而不作为同样可以成为债务关系标的的给付，如果一块土地的所有人对于担心景色眺望会受影响的邻人负担不营造自己土地的

---

〔1〕　关于登记对抗主义的缺陷，可参见李永军：《我国民法上真的不存在物权行为吗?》，载《法律科学》1998 年第 4 期。

〔2〕　参见［日］近江幸治：《民法讲义Ⅱ物权法》，王茵译，北京大学出版社 2006 年版，第 207 页。

〔3〕　参见朱广新：《地役权概念的体系性解读》，载《法学研究》2007 年第 4 期。

〔4〕　J. David Reitzel, Robert B. Bennett, Jr., Michael J. Garrison, "American Law Real Estate", *South-Western of Thomson Learning* 2002, p. 97.

义务，那么这里所涉及的也是一种不作为，但这是债的关系。[1]因此，消极不动产役权（例如于距离疆界一定范围内不得为高层之建筑），只是供役不动产之所有人暂时部分丧失其固有的自由使用权，限制了供役不动产人的行为。如果从负有义务的角度观察，不动产役权将丧失物权性，而与债权毫无差别。所以，有的学者进而认为："就纯理论言之，消极不动产役权，既仅系以土地所有人服从不动产役权人之禁止行为为特色（即以不为一定行为而达不动产役权之目的），究与地上权、永佃权系因地上权人、永佃权人积极使用为权利目的之土地，而使土地所有人丧失自由使用之权能者，有所不同，故谓此种消极不动产役权系以土地所有者之服从一定禁止（即不为一定作为）为内容，亦无不可。其与债权之性质殊少分别，但此究为例外状态，不采通说之主张者，殆欲严格区别债权与物权之性质欤？"[2]不动产物权通过登记予以公示，但是，不动产役权却采纳登记对抗主义，也即当事人对设定的不动产役权如果没有进行登记，不动产役权将无法公示。如果说占有型不动产役权还可以通过一定的外观表现出来，在一定程度上能够"公示"，那么那些非占有型且没有进行登记的消极不动产役权，与当事人之间设定的具有"秘密状态"的合同有何区别？

五、从排他效力来看，不动产役权与"一物一权"存在一定程度的冲突

按照传统民法理论，物权的排他性是指在同一物上不能同时存在两个内容不相容的物权。所有权的排他性最为强烈，其次是用益物权，担保物权的排他效力最弱。这要求在一个特定的物上只能存在一个所有权，不能同时存在两个内容不相容的他物权。地上权、永佃权、典权等用益物权不能同时并存于同一不动产之上，但是不动产役权的排他效力较弱，具有共容性。不动产役权的共容性是指需役不动产人对供役不动产的使用并不绝对排斥供役不动产人的使用，在一定情况下，供役不动产人可以和需役不动产人一起使用供役不动产，共同分享土地的利用价值。[3]不动产役权的共容性体现在以下

---

〔1〕 参见［德］迪特尔·梅迪库斯：《德国债法总论》，杜景林、卢谌译，法律出版社2004年版，第5页。

〔2〕 参见曹杰：《中国民法物权论》，中国方正出版社2004年版，第119页。

〔3〕 参见刘乃忠：《地役权法律制度研究》，中国法制出版社2007年版，第20页。

两个方面：

第一，供役人可以在不损害需役人利益的前提下使用供役不动产，甚至可以进行与需役人相同的使用。不动产役权是对所有权的限制。因此，原则上，供役人不能自己使用，也不能再授权他人使用不动产。但是，按照各国法律的规定，如果当事人没有特别约定，在不妨碍不动产役权行使的范围内，供役人也可以进行与需役人相同的使用。当然，需役人要优先于供役人使用供役不动产。例如通行役权，需役人优先通行，同时，在不妨害通行权的范围内，供役人也可以通行。这一点与地上权、永佃权、典权等用益物权不同。[1]

第二，在不损害已经存在的不动产役权的基础上，供役人可以于其供役不动产上设定地上权、永佃权、典权或者新的不动产役权。当然，如果在同一供役不动产上设定数项同种不动产役权，应依设立时间的先后决定各不动产役权人之优先顺位，即先设立的效力优于后设立的不动产役权。

不动产役权可以与建设用地使用权等其他用益物权并存，例如多个以通行为内容的不动产役权可以同时存在于同一土地上。有学者疑惑地指出："一般用益物权是不能并存于同一不动产之上的，而不动产役权却可以。这说明不是用益物权内在不统一，就是不动产役权的定性不准确，我们认为原因在于不动产役权的定性。……不动产役权不能简单地定性为用益物权。"[2]可见，不动产役权的共容性有碍于不动产役权物权属性的确认。尹田先生在介绍法国物权法时也认为："不动产役权的性质越来越复杂和深奥，起初，对于不动产役权，人们仅仅单纯地认识其'地产'之特点；后来，人们又认识到在不动产役权中，供役不动产所有权的一个要素（使用）被赋予需役不动产所有权，因此，便进一步将不动产役权作为所有权的一种派生权利；最后，人们又发现不动产役权事实上表现了供役不动产所有人与需役不动产所有人之间的一种法律关系。"[3]虽然，法国学术界关于不动产役权本质的认识的复杂性与其不区分不动产役权与相邻关系有关，但这绝对不是主要原因。

---

〔1〕 参见［日］三潴信三：《物权法提要》（上、下卷），孙芳译，中国政法大学出版社2005年版，第143~144页。

〔2〕 参见彭诚信：《现代意义相邻权的理解》，载《法制与社会发展》1999年第1期。

〔3〕 参见尹田：《法国物权法》，法律出版社2009年版，第416页。

因在明确区分不动产役权与相邻关系的国家，也存在关于不动产役权本质的争论。可见，在物权法定原则下，将不动产役权界定为物权具有一定的理论难度。

第三节　不动产役权物权性的认定

现代学者认为，不动产役权是以限制供役不动产所有权之作用为内容的用益物权。这种观点成为目前的主流。我们也赞同不动产役权的本质是物权的观点。

一、内容的自由约定性以及类型的多样性并不能否认不动产役权的物权性

不动产役权的内容可以由当事人自由约定，因此，不动产役权的具体功能存在多样性，不动产役权的具体类型也应当是多样的。这确实与物权法定原则的要求存在很大出入。但是，这些并不能作为否定不动产役权物权性的根据。

（一）不动产役权在内容上的自由约定性并不能妨碍不动产役权物权性的承认

不动产役权的内容确实可以由当事人自由约定，但是这并不能从根本上抹杀不动产役权的物权性。这是因为：首先，传统欧陆国家的民法典中不乏内容不确定的用益物权。例如，用益权虽然为法国、德国、瑞士、意大利等国家民法典明确规定，但是用益权人对物的使用方式等具体内容也不是法定的，而是由当事人自由约定。作为大陆法系标志的用益权属于物权，这毫无争议。其次，役权作为役使他人之物的制度，法律在"役权"——使物"役"于他人也——这个概念之下，概括了全部已分离的用益物权。[1] 因此，不仅不动产役权、人役权等以"役权"命名的权利是对他人之物的役使，从历史上来看，"直到优士丁尼时期，地上权被视为一种独立的他物权，在此之

---

[1] 参见［德］鲍尔、施蒂尔纳：《德国物权法》（上册），张双根译，法律出版社2004年版，第42页。

前，曾被看作为一种不动产役权。"〔1〕而且，地上权、永佃权等也是对他人之物的役使，只不过地上权、永佃权对他人之土地的使用目的已经法定了而已。从这个意义上讲，地上权、永佃权与不动产役权、人役权一样，都属于役权之列。

在2007年《物权法》通过之前，我国曾经长期使用"土地使用权"的概念，但土地使用权的权利内容为何，学术界历来存在争议。有的学者认为，土地使用权是权利人使用土地的权利；也有学者认为，土地使用权是国有土地使用权的意思，意指在国有土地上进行建造建筑物的权利。而在我国立法上，土地使用权的含义到底为何，也存在模棱两可的情形。因此，虽然对于土地使用权的内容为何，法律规定得并不清晰，它可能是以他人土地进行建筑，也可能是以他人土地进行农业生产。但是，我们从来没有否认土地使用权的物权性。再如，我国《海域使用管理法》中规定了海域使用权，意指权利人在一定期限内使用海域的权利。学术界认为，海域使用权在本质上是用益物权。但是，崔建远教授已经明确指出，海域使用权缺乏权利目的和功能，应当弃而不用。〔2〕我们认为，虽然崔建远教授的看法非常正确，但海域使用权是一种用益物权，我想这一点是没有争议的。因此，权利的具体内容不确定并不能作为否认某种权利是物权的根据。房绍坤先生对此明确指出："有的由法律直接规定定限物权的诸项权能，有的由法律以规定权利人的权利和义务人的义务的内容方式确定。"〔3〕不动产役权就是一种仅有法定权利权能而没有法定权利人权利与义务人义务的他物权，所以，不动产役权的权利内容虽然不确定，但也一样不能作为否认不动产役权是物权的根据。

（二）不动产役权在一定意义上符合物权类型法定原则的要求

从不同国家和地区有关规定来看，物权法定原则并不是绝对的。尤其是在欧陆国家，物权法定原则仅具有相对性，且为一种学理上的见解，立法上并没有明确。相反，在立法上明确规定物权法定原则的恰恰是东亚地区的以日本为代表的民法典，尤其是在我国，物权法定原则不但要求种类法定，还

〔1〕　D. H. van. zyl, *History and Priciples of Roman Private Law*, p. 194. 转引自张鹏：《役权的历史渊源与现代价值定位》，载梁慧星主编：《民商法论丛》（第18卷），法律出版社1998年版，第422页。

〔2〕　参见崔建远：《海域使用权制度及其反思》，载《政法论坛》2004年第6期。

〔3〕　参见房绍坤、吴兆祥：《论物权法定原则》，载《法律科学》1996年第6期。

要求内容法定，坚持了全面且绝对的物权法定原则。这种做法的缺陷前文已有探讨，在此略而不论。但是，我们必须承认这样一个事实：欧陆国家虽然也承认物权法定原则，但它们主要强调物权种类法定，内容是否法定并不是物权法定的主要内容。且不同国家和地区物权法上应当规定哪些类型的用益物权以及类型化的程度是不同的。例如，在《德国民法典》中明确规定的物权类型是所有权、役权、先买权、物上负担、抵押权、土地债务、定期土地债务，而役权又次类型化为不动产役权、用益权、限制的人役权，限制的人役权又进行了更详细的类型化：使用权与居住权。此外，《德国地上权法》规定的地上权也是用益物权。在《法国民法典》中，明确规定的物权类型是所有权、用益权、使用权与居住权、役权与不动产役权。[1]《瑞士民法典》规定的物权类型包括所有权以及限制物权，限制物权包括役权及土地负担、不动产担保和动产担保；役权细化为不动产役权、用益权、居住权、建筑权。《日本民法典》规定的物权类型主要包括所有权、地上权、永佃权、不动产役权、留置权、先取特权（优先权）、抵押权、质。我国台湾地区"民法"规定的物权类型为所有权、地上权、农用权、不动产役权、典权、留置权、抵押权与质权。我国《民法典》规定的物权类型包括所有权、建设用地使用权、土地承包经营权、宅基地使用权、居住权、地役权、抵押权、质权与留置权。因此，不同国家和地区关于物权的具体类型的规定并不一致，其类型化的标准极不相同。譬如，单就用益物权的类型化而言，德国民法上并无以进行农业生产为目的而使用他人土地的永佃权，而日本、我国台湾地区则有明确规定；再如，欧陆国家的民法典在役权之下设不动产役权与人役权，而日本、我国台湾地区则认为，由于东西方习惯不同，人役权废而不采；我国《民法典》虽然没有使用人役权概念，但规定了"居住权"这一重要的人役权。既然类型化的标准不同，用益物权类型化的程度也就存在差异，不动产役权之具体类型虽然没有法定化，但不动产役权作为一种物权类型被不同国家和地区法律明确规定。且从历史上看，不动产役权是一种已经类型化了的物权，只不过类型化的程度较地上权、永佃权等用益物权弱而已。

---

[1] 法国学术界对抵押权、优先权是不是物权，存在争论。

（三）从其他国家关于不动产役权内容的规定来看，不动产役权基本符合物权法定原则的要求

德国民法对不动产役权的法定内容作了抽象性规定，不动产役权的内容虽然具有可约定性，但是，对于不动产役权的主要内容，法律还是作出了原则性规定。而德国学者普遍认为，物权法定主要是物权类型强制以及物权的主要内容法定。因此，在德国，不动产役权完全符合物权法定原则的要求。相反，我国《民法典》第116条明确规定"物权的种类和内容，由法律规定"，施行严格的物权法定主义；而对不动产役权的主要内容却未作任何法定，因此不动产役权是不是物权在我国就很容易受到质疑。我们认为，地上权、永佃权、不动产役权是东亚地区规定的传统用益物权，地上权、永佃权都可以在漫长的历史演化中找到本国历史的痕迹，固有法性更为强烈。但是，不动产役权则是一个较为纯粹的舶来品，在移植不动产役权过程中，将不动产役权的很多传统内涵都省略殆尽，可以说，东亚地区的不动产役权与欧陆传统不动产役权存在很大差别，这种差别体现在不动产役权的内涵与外延等多个方面。在此需要指出的是，东亚地区关于不动产役权的内容毫无法律规定已经说明了在界定不动产役权性质上的困难。解决问题的途径非常简单：推翻现有的规定，对不动产役权的内容作出规定。当然，不动产役权的类型千差万别，法律不可能穷尽所有不动产役权的内容，最好的解决方案是：抽象！抽象出不动产役权的主要内容，实现法定。

我们认为，有必要深刻讨论的并非不动产役权的本质是不是物权，而是不动产役权作为一种役使他人土地的权利，为何属于用益物权而不是债权利用权。也正因为不动产役权之内容的自由约定性，不动产役权具备了集物权和债权两项制度的优势为一体的特点。

二、从不动产役权的渊源来看，不动产役权属于用益物权

据学者考证，不动产役权最早出现在《十二表法》，主要论据在于《十二表法》中已经有关于通行等的规定。我们认为，《十二表法》中规定的通行等是法律的明确规定，显然属相邻权的范畴，但在严格区分相邻关系与不动产役权的我国，不能认为不动产役权最早出现在《十二表法》之中。当然，如果将相邻权作为一种法定不动产役权看待，《十二表法》确实是最早规定不动

产役权的。就古罗马的原始文献来看，不动产役权显然是最早产生的一种对物之诉的权利，这毫无争议。在古代社会，意大利是一个干旱的国家，这就是为什么不动产役权有必要成为一种永久性的物权的原因。[1]但是，罗马法上并无物权与债权的区分，那么后人认为不动产役权在罗马法上就是一种用益物权的观点是否可靠？这需要从物权与债权的区分谈起。罗马法上并没有明确提出抽象的物权与债权的概念，这是必须首先明确的史实。所以，在罗马法上并无物权与债权的概念，更不可能存在物权与债权的区分，因此，罗马法上也就不可能将不动产役权界定为物权。但是，现代学者一致认为，不动产役权作为一种用益物权，最早产生于罗马法。不动产役权首先出现在乡村，而其中最重要的原因与意大利人对水的利用密切相关。

（一）物权与债权区分的历史进程

罗马法是大陆法系的历史源泉，因此，寻找物权与债权区分的理论基础应从罗马法开始。按照朴素的自然法原理，整个世界由三部分构成：人、物和诉讼。盖尤斯的《法学阶梯》以此为理论基础，设人、物、诉讼三编。优士丁尼的《法学阶梯》按照盖尤斯的《法学阶梯》的模式，将整个私法体系分为四卷：第一卷主要是关于人的规定；第二卷关于物的规定；第三卷关于债的规定；第四卷关于侵权之债与诉讼的规定。[2]因此，优士丁尼的《法学阶梯》已经蕴涵了物权与债权区分的母体。罗马法将物与债对立规定的理论基础源于其朴素的自然法观念：一个人的财产非常复杂，但都可归于拥有与应当拥有之中，一个人的财产可以是他所拥有的房屋和家具，也可以是他应当拥有的银行存款等，拥有的财产是物，应当拥有的财产是债。[3]拥有与应当拥有之间的区别被罗马法学家表述为对物之诉与对人之诉之间的区别。任何诉讼请求或者是针对物的，或者是针对人的，在这两种诉讼之间存在着不可抹杀的界限。对物之诉维护的是人与物的关系，对人之诉维护的是人与人的关系。罗马人是从诉讼的角度而不是从权利的角度考虑问题，但实际上，

---

〔1〕 参见尹田：《法国物权法》，法律出版社 2009 年版，第 415 页。

〔2〕 徐国栋教授翻译之优士丁尼著《法学阶梯》，共分四卷，就四卷的内容来看，大致相当于我们认为的那样：第一卷"人法"、第二卷"物法"、第三卷"债"及第四卷"侵权之债与诉讼法"。具体可参见［古罗马］优士丁尼：《法学阶梯》，徐国栋译，中国政法大学出版社 1999 年版。

〔3〕 参见［英］巴里·尼古拉斯：《罗马法概论》，黄风译，法律出版社 2000 年版，第 102 页。

一种诉讼是在主张针对某物的权利，另一种诉讼是在主张针对某人的权利。[1]由此产生了对物权与对人权之间的划分，这就是后世物权与债权区分的前奏。历史法学派的开路人胡果（G. Hugo）对《法学阶梯》的法学体系的第二部分研究认为，应该在这部分中区分出有关对物的物法与有关对人的债法。胡果曾在1789年出版了有关当代罗马法的第一版教科书，当时这本书还叫作《法学阶梯》。早在这本书中，胡果就"将不涉及家庭关系和继承关系的物上权利与债权完全分开。后经过十余年的思考与研究，1812年，胡果在《论（合法）名义加取得形式理论》发表的两个月前，得出研究结论——认为'债……（应属于）私法的最后一部分（第三部分）'"[2]。胡果之所以得出第三部分是债的结论，主要基于以下两方面的理由：一方面是出于该观点内在蕴含于优士丁尼的《法学阶梯》和罗马法精神本身的原因；另一方面也是根据《法学阶梯》的马勒维尔（Maleville）的论述，甚至可以说是法学阶梯真正作者的论述。优士丁尼曾任命狄奥菲尔（Diophil）为《法学阶梯》写注释，该注释首先按人、物和诉讼的体系讨论了人和物，然后围绕债展开。狄奥菲尔之所以这样做，实是因为"讨论债，也就是在不出声地讨论诉讼。债为诉讼之母"。并且，在胡果看来，狄奥菲尔认为从《法学阶梯》第三卷第13章转向债的部分起，就不再是《法学阶梯》体系的第二部分物了。也就是说，第三编从此开始的内容就已经属于《法学阶梯》的诉讼部分了。由此，债法成了诉讼法的基础，而规范程序中行动的法即程序法成了债法的附属部分。如此，从实体法的角度观察，债法成了与物权法并列的体系，实体法的三部分：人—物—债。胡果为债权与物权的区分找到了历史渊源。[3]因此，现代社会的物权来自罗马法上的对物之诉。

（二）罗马法上的不动产役权属于对物之诉

罗马五大法学家之一的乌尔比安对不动产役权的性质有一个明确的界定。乌尔比安在《论告示》第17卷中指出："就役权而言，我们有权（比照适用

---

〔1〕　参见［英］巴里·尼古拉斯：《罗马法概论》，黄风译，法律出版社2000年版，第102~103页。

〔2〕　参见［德］霍尔斯特·海因里希·雅科布斯：《十九世纪德国民法科学与立法》，王娜译，法律出版社2003年版，第182页。

〔3〕　参见［德］霍尔斯特·海因里希·雅科布斯：《十九世纪德国民法科学与立法》，王娜译，法律出版社2003年版，第182页。

于用益权的诉讼）提起对物之诉——排除妨碍之诉与确认之诉。""该诉讼是对物之诉而非对人之诉，就像所有其他役权一样，不能由别的人而只能由需役房屋的所有人提起，且只能对供役房屋的所有人提起。"[1]因此，从乌尔比安的论述来看，在罗马法上，不动产役权在本质上属于对物之诉，用现代的话来讲，不动产役权是物权。

三、不动产役权具有物权的支配性

役权的本质不是要求供役不动产所有人做某事，比如耕除花草或者让景观更宜人，或者为此目的而（在建筑物上）绘画，而是要求他容忍他人的某一行为或者自己不作为。[2]物权是直接支配物的权利。"直接支配"是指物权人能够占有、使用、收益与处分物。其中，用益物权人仅享有物的使用、收益权能。不动产役权作为一种用益物权，也以使用、收益作为对物的支配方式。不动产役权的支配性是指权利人为需役不动产的利益而支配供役不动产。需役不动产人行使不动产役权时，一般不要求供役不动产人作为，否则不动产役权将成了对他人行为的支配而不是对他人之物的支配，不动产役权作为用益物权的本质将不复存在。这种支配性的表现方式主要有三种：其一，通过不动产役权人的积极行为（占有）获得不动产役权的实现。这种对供役不动产的支配又分两种方式：①持续占有型不动产役权，即不动产役权的行使以持续占有供役不动产为要件。例如，架设电线、电缆不动产役权、道路通行不动产役权。②非持续占有型不动产役权，即无需占有供役不动产即可行使不动产役权。例如，汲水不动产役权、未形成通道之通行不动产役权等。其二，通过限制供役不动产人的行为实现对供役不动产的支配。例如，眺望不动产役权、采光不动产役权等就是通过限制供役不动产人行使其不动产物权而实现对供役不动产的支配。其三，通过排斥供役不动产人基于相邻关系等享有的权利而实现对供役不动产的支配。例如，约定相邻一方承受一定噪音的不动产役权等。

---

〔1〕 参见［意］桑德罗·斯奇巴尼选编：《物与物权》，范怀俊译，中国政法大学出版社1999年版，第159页。

〔2〕 参见《学说汇纂·地役权》（第8卷），陈汉译，中国政法大学出版社2009年版，第15页。

四、不动产役权具有物权的排他效力

传统大陆法系民法理论认为，排他性是指同一物上不能同时存在两个内容不相容的物权，尤其是不能同时存在两个或两个以上的所有权。[1]尹田教授曾正确地指出："物权的直接支配性与排他性，实质上是从两种不同的角度对物权进行观察的结果。"所以，"'排他'应当理解为'排斥'之意，即某人支配某物，即排除他人支配之可能性。"[2]英美财产法理论则认为，财产的排他性实际上就是财产的支配性，即特定财产在特定时刻只能由一个主体支配。[3]可见，不论英美法系还是大陆法系，关于物权排他性的认识并无本质区别。非占有型不动产役权因没有直接占有供役不动产，因此对供役不动产的支配较弱，但并不能以此说明该类不动产役权就不具有排他效力。其实，非占有型不动产役权人仍有权禁止在供役不动产上从事一定的行为，不论该供役不动产之所有人发生何种变化，不动产役权人都可以主张。所以，非占有型不动产役权人支配的对象是土地本身而不是供役不动产的权利主体。占有型不动产役权则直接体现为对供役不动产的占有、使用，其排他性无需做更多论述。

五、不动产役权的期限较一般债权利用权的期限长

不动产役权是否具有永久性原因，这尚有争议。有的学者认为，不动产役权原则上继续存在，即其具有永久性，[4]原因有二：其一，《德国民法典》第 1018 条规定，不动产役权为需役不动产之各时所有人。因此，只要依原所确定之不动产役权内容，对不动产役权仍可以行使，则在需役不动产或供役不动产上发生事实关系的变化时，该变化不影响不动产役权的存续。[5]其二，由于不动产役权依附于土地，故其通常与土地共生共灭。由于土地具有永久

---

〔1〕 尹田教授对学术界关于排他性概念的理论进行了详细总结。参见尹田：《物权法理论评析与思考》，中国人民大学出版社 2004 年版，第 37~39 页。

〔2〕 参见尹田：《物权法理论评析与思考》，中国人民大学出版社 2004 年版，第 28~39 页。

〔3〕 See Charles Blazer, "The Five of Virtual Property", *Pierce Law Review*, Vol. 5, 2006, p. 143.

〔4〕 参见陈朝璧：《罗马法原理》，法律出版社 2006 年版，第 310 页。

〔5〕 参见［德］鲍尔、施蒂尔纳：《德国物权法》（上册），张双根译，法律出版社 2004 年版，第 718 页。

性，故不动产役权也具有永久性。对此，法国有些判例甚至夸张地宣称："永久性是不动产役权的本质。"不动产役权的这一特征使之与所有权的其他派生性权利如使用权、用益权等相区别。[1]但事实上，永久性并非不动产役权的根本特征，这是因为：首先，当事人之间的协议可以赋予不动产役权以暂时性的特征。其次，在需役不动产与供役不动产之权利人例如供役不动产之地上权人，能够设定不动产役权的条件下，不动产役权的存续期限原则上不能超过地上权的剩余存续期限。例如，我国《民法典》第 377 条明确规定，不动产役权的存续期限不能超过供役不动产之建设用地使用权等用益物权的剩余期限。我国《民法典》对宅基地使用权没有规定期限，应解释为无期限，而土地承包经营权、建设用地使用权虽然有期限限制，但期限却非常长，因此，不动产役权的存续期限也很长，远超过债权利用权的期限。法律之所以将不动产役权设定为一项物权，其目的在于使权利人能够受到法律更为强烈的保护，能够更为有效地支配他人之土地。

正因为不动产役权具备物权的基本效力，原则上也能够符合物权法定原则的要求，各国民法都承认不动产役权是"一种与设置了此种权利的两个不动产相关联的物权，不论该不动产转至何人之手，也不论其所有权发生任何变动"[2]。

---

〔1〕 参见尹田：《法国物权法》，法律出版社 2009 年版，第 416~417 页。
〔2〕 参见罗结珍译：《法国民法典》（上），法律出版社 2005 年版，第 507 页。

第五章

不动产役权的制度价值
——兼论与相邻关系之间的关系

第一节　不动产役权的制度价值

一、不动产役权具有充分发挥不动产价值的功能

无论将不动产役权界定为"负担"还是"权利",不同国家和地区民法均规定不动产役权制度的基本目的是通过在供役不动产上设定地役权从而提高需役不动产的效用。供役地承受不动产负担,需役不动产享有设定不动产役权带来的通行、排水等"便利"。供役不动产和需役不动产之权利人之所以能够达成设定不动产役权之协议,主要原因在于他们能够在各自利益衡量的基础上作出判断,按照理性人的要求,当事人之间订立不动产役权能够满足双方利益最大化需求,从而实现不动产价值最大化。所以,不动产役权具有充分发挥不动产价值的功能。

二、不动产役权具有弥补相邻关系的不足的功能

不动产役权与相邻关系均具有调节邻近不动产利用的功能。相邻关系基于不动产相邻近的事实而产生,对于不动产之间的利用调节以最低必要限度为限,是一种法定义务,一般无需支付对价。不动产役权通常是由相邻不动产的权利人设定的,但并不以相邻不动产为限,也不以最低必要限度为限。不动产役权可由当事人以约定的方式设定,于不违反强制性规定或公序良俗的范围内,对于不动产役权的内容,当事人之间有充分约定的空间。而且生活中的相邻关系纠纷纷繁复杂,随着时代的发展不断产生新的类型,法律规

范不可能穷尽相邻关系的所有内容。与相邻关系相比,不动产役权更能体现当事人双方的意思自治和适应社会的发展。可有偿设立的不动产役权与无偿的相邻关系相比,还能够提高守约的自觉性,预防纠纷的发生。

三、不动产役权具有优于建设用地使用权的一面

从制度功能上来看,不动产役权和建设用地使用权都有在他人土地上建造设施并保有所有权的目的及功能。二者差异在于,建设用地使用权的主要目的及功能,在于利用他人土地建造建筑物、构筑物及其附属设施并保有所有权,而不动产役权的目的及功能多种多样,即使出现利用他人土地建造构筑物及其附属设施的情形,也只是辅助的或次要的目的及功能,主要目的及功能在此之外。[1]因此,建设用地使用权往往需要占有、支配、主导土地的利用,而不动产役权不以占有不动产为必要。不动产役权通常对标的物不具独占性,设定不动产役权后,供役不动产仅于实现不动产役权目的必要范围内受到限制。除此之外,供役不动产之用益仍然存续,还可与需役不动产共享不动产役权,例如为通行权所设置之道路,双方均可通行。随着地价不断上涨,土地和房屋等不动产的价值往往巨大,直接购买或设立建设用地使用权往往非一般百姓所能承受。设定不动产役权所需成本要比购买不动产役权、设定建设用地使用权要低,能够以有限成本实现提升不动产利用效率,可以较低的成本利用供役不动产提升需役不动产的价值。同时,由于不动产役权不具独占性,供役不动产的权利人,仍然可以继续对不动产进行利用,可以充分发挥物尽其用的价值。例如,“川气东送”工程中,如果采用不动产役权来获取经过农地的权利,农民可以继续从事原来的生产经营,不用搁置土地,致其荒芜。因此,较好替代方案是“公共地役权”。[2]

四、不动产役权具有调整营业的功能

罗马法设定不动产役权的最初目的在于调节相邻不动产之间对水的利用,在古代社会,意大利是一个干旱国家,不动产役权首要的任务是调整乡村对水的利用(引水渠、汲水槽、取水装置、牲畜饮水槽、下水道等)。后来,不

---

〔1〕 参见崔建远:《地役权的解释论》,载《法学杂志》2009 年第 2 期。
〔2〕 参见孙鹏、徐银波:《社会变迁与地役权的现代化》,载《现代法学》2013 年第 3 期。

动产役权被引入到城市，产生了城市不动产役权。到了 19 世纪，地役权的发展则与工业相联系。[1]20 世纪以来，在欧洲若干国家，出现了营业竞争限制不动产役权。营业竞争限制不动产役权，指对供役不动产上的营业或销售行为予以限制的不动产役权。在此种不动产役权中，不动产役权人有权禁止供役不动产上从事相同的营业或出售相同、相类似的某种商品，或者要求供役不动产上仅为某种特定的销售行为。按照此类不动产役权的内容划分，可分为五种类型：一是竞业禁止不动产役权，即不动产役权人与供役人之间约定，禁止在供役不动产上经营与需役不动产上相同或相类似的某种营业；二是销售约束不动产役权，即不动产役权人与供役人之间约定，不得在供役不动产上销售与需役不动产现有的营业范围内相同或相类似的某种商品、不得为某种特定的销售行为；三是销售商品不动产役权，即不动产役权人与供役人之间约定，供役不动产上只能为某种特定的销售行为或只能销售某种特定的商品；四是独家经营不动产役权，即不动产役权人与供役人之间约定，不动产役权人享有在供役不动产上经营一家餐馆或加油站的独断性权利；五是远距离供暖不动产役权，即不动产役权人与供役人之间约定，供役不动产上不得建造产暖设施。在德国实务中，其现代化运用形式有啤酒订购役权、加油站役权、远距离供暖役权。[2]在法效果上，营业竞争限制不动产役权之次类型中的销售商品役权，突破了罗马法中的"役权无作为存在""于作为不成立役权"原则。[3]在欧陆若干国家，不动产役权借此重获生机，有学者称之为不动产役权的第二春。[4]

借由此种不动产役权，不动产役权人可以保证需役不动产上的营业销售，达到限制自由营业竞争与维持自己商业利益的目的，实现不动产役权对自由营业竞争予以限制、调整营业之功能。例如，甲地上有一家百货商店，可在

---

〔1〕　尹田：《法国物权法》，法律出版社 2009 年版，第 414~415 页。

〔2〕　参见［德］鲍尔、施蒂尔纳：《德国物权法》（上册），张双根译，法律出版社 2004 年版，第 715~716 页。

〔3〕　此一原则在罗马法中表述为"servitus in faciendo consistere nequit"。参见谢在全：《民法物权论》（中册），中国政法大学出版社 2011 年版，第 534 页；［意］彼德罗·彭梵得：《罗马法教科书》，黄风译，中国政法大学出版社 2005 年版，第 190 页；黄风：《罗马私法导论》，中国政法大学出版社 2003 年版，第 224 页。

〔4〕　参见王泽鉴：《民法物权》（第 2 版），北京大学出版社 2010 年版，第 327 页。

邻地乙地上设立一项禁止建造百货商店为内容的不动产役权。此种不动产役权，还可以使上述限制自由竞争内容的债权性约定获得物权性的担保效力，从而使其不受合同最长有效期限的限制，具有稳定性。另外，在德国，上述以限制自由竞争为内容的营业竞争限制不动产役权可以免受垄断法上严格的审查。在德国，根据物权行为无因性原则，卡特尔法上的审查一般不及于物权行为，仅在不动产役权的担保效果对竞争产生持久影响时，才对不动产役权本身发生效力。[1]

有疑问的是，以限制自由竞争为内容的营业竞争限制不动产役权，是否会违反公平竞争，导致垄断，造成公共利益的损害？不动产役权与其他用益物权的主要区别之一在于其主要是依据当事人之间的合同约定设立的。基于平等主体之间的意思自治生成的不动产役权，虽限制了邻地的自由竞争，但是属于非强迫的，所以一般不会违反公平原则。而要达到垄断程度，需与"相关市场"内的所有的不动产所有人或使用人签订营业竞争限制不动产役权合同，涉及主体过多，成本过高，一般在实践中难以出现此种情况。在德国司法判例中，不允许将受负担的供役人的行为物权性的限制于唯一的可能性上，营业竞争限制不动产役权的内容也要有一定的限制，如不能禁止销售不动产役权人销售的产品之外的其他产品，此种限制保证了营业竞争限制不动产役权是为了需役不动产的利益，也保证了营业竞争限制不动产役权内容的可控性。

五、不动产役权可以免除侵权责任

不动产役权的设立在给予需役不动产权利人方便与利益的同时，会给供役不动产权利人施加负担。供役不动产权利人因此而要承担的负担包括：允许需役不动产权利人使用其不动产，容忍需役人对其不动产某种程度的损害，放弃对自己不动产的部分权利，放弃部分相邻权。例如，《德国民法典》第1018 条规定，不动产役权是在供役不动产上设定的负担，而此处的负担不仅限于直接支配并使用供役不动产，还包括禁止供役不动产为一定使用，以及排除基于所有权而生之权利的行使。因此，在法律允许的范围内，双方当事

---

〔1〕 参见 〔德〕鲍尔、施蒂尔纳：《德国物权法》（上册），张双根译，法律出版社 2004 年版，第 715~718 页。

人可以通过不动产役权协商同意免除侵权责任。例如，相邻建筑物越界，可以通过不动产役权达成协议，向相邻不动产所有人支付一定的对价，换取其容忍义务，以免除行为的侵权性；机场飞机起飞降落的噪音巨大，航空公司通过与周围居民达成不动产役权，支付合理对价，在法律上其侵权责任可得免除。[1]由此，不动产役权可具有排除供役不动产所有人行使物权请求权的功能和免除侵权责任的功能。[2]借此，可经由不动产役权的设定，使得违法状态正当化。

六、不动产役权具有弥补公法规范的功能

（一）以不动产役权实现公法目的的运用场景

在我国，可补充公法功用的不动产役权，至少可在公共基础设施、自然资源保护、生态环境保护、城市规划、历史文化古迹保护、农地保护等方面发挥作用，以下列的运用场景为例：

1. 不动产役权在公共基础设施中的运用

为维持现代社会的正常运转，各种公共基础设施的建设必不可少。例如，公共道路、邮电通信设备、水利工程、水电工程、能源基础设施等。这些大型基础设施建设项目，往往需要占用一定的土地进行修建并需要长期的养护，涉及国土面积广泛，对人民的日常生活品质和生产工作影响巨大。由于事关公共利益，各种公共基础设施的用地目前一般通过征收或出让取得建设用地使用权。而不动产役权在公共基础设施中，至少可以有以下利用：

铺设管道、电缆以及架设电线等基础设施，一般无需利用地表，而是利用地下空间或上空，通过设立建设用地使用权的方式取得用地，成本高昂，而且会造成地表的利用浪费。对于这些不占用地面的基础设施，通过不动产役权来进行修建和维护最为合适。将不动产役权的客体扩张至空间后，可为地下空间和地上空间的利用夯实基础。

公共基础设施建设完毕后，还需要对有关设施或沿途线路进行经常性的

---

〔1〕　参见［美］理查德·A. 波斯纳：《法律的经济分析》（上），蒋兆康译，中国大百科全书出版社 1997 年版，第 78~79 页。

〔2〕　参见王泽鉴：《民法物权》（第 2 版），北京大学出版社 2010 年版，第 326 页。

维护。为此，我国法律上规定了电力线路保护区、架空电力线路保护区、电缆保护区、水利工程保护范围、微波干线通道净空控制范围等，以保护已建基础设施的良好、安全运行。[1]但这些法规却忽视了对有关保护区的土地权利人的利益保护。征收或出让取得的仅仅是公共基础设施所占用的土地，该用地不包含为保护相关设施所需要的保护区域用地。[2]虽然通过相邻关系可以赋予基础设施对相邻土地利用限制一定的合法性，但是相邻关系仅限于最低限度的利用限制，并不足以为有关的保护区提供完全的合法性。若设立不动产役权，则能为后续进入保护区域进行设施养护和限制区域内的权利主体为一定行为提供法律依据，能较好地平衡公共利益、项目方和土地所有人（用益物权人）之间的利益。

而且，随着技术的更迭、经济及人口密度的变化，公共基础设施的地理位置布局和设备都需要更新重置，老旧的公共基础设施会随之废弃停用。例如，随着城镇化和乡村空心化的发展，许多乡镇的公路被废弃或改道。这些废弃的公共基础设施，常常无人管理，其占用的土地也随之荒废。若这些必要的、长期的但非永久性的利用土地的建设项目，采用不动产役权，在这些公共基础设施没有必要或土地利用规划被修改时，可以终止、消灭不动产役权，从而恢复土地的原权利状态，有利于集体组织的管理。这可以较低的成本保障公共利益的实现，减少集体土地不必要的流失，协调经济发展和土地集约利用的矛盾。[3]总之，在此类用地上，不动产役权在某些方面，较建设用地使用权更优。[4]

2. 不动产役权在自然环境保护中的运用

工业革命和城市的发展，为人类带来巨大的经济财富的同时，也造成了严重的环境问题。人们逐渐意识到，只有良好的自然生态环境，人类的生活才能舒适、健康、可持续发展，公民的环境权益保护问题逐渐受到关注。为了保护环境资源的可持续利用，我国出台了诸多法律法规，如《环境保护法》《水污染防治法》《大气污染防治法》等，对生态环境、自然资源进行公法

---

〔1〕 例如，《电力设施保护条例》第 8 条规定的发电设施、变电设施的保护范围，第 10 条规定的电力线路保护区。根据《水法》第 43 条规定的水工程保护范围。

〔2〕 参见张鹤：《地役权研究：在法定与意定之间》，中国政法大学出版社 2014 年版，第 154 页。

〔3〕 参见张鹤：《地役权研究：在法定与意定之间》，中国政法大学出版社 2014 年版，第 153 页。

〔4〕 参见崔建远：《地役权的解释论》，载《法学杂志》2009 年第 2 期。

保护。

公法规范对于环境保护具有非常大的作用，但也存在一定的局限性：其一，环境法律规范的立法和修法通常具有一定的滞后性，不能立刻、及时满足社会需求。其二，环境保护的公法规范，多注重社会整体利益，难免存在权利模糊区域，难以满足居民主观的环境多样化的需求感受。其三，环境保护的公法规范多具有强制性，人们只能被动地接受义务。而采用不动产役权保护公民的生态环境利益，能够通过自主协商达到利益最大化，可以满足个体性需求，预先防范纠纷，促进及时有效的权利主张，补充国家行政公权力的不足，实现环境利益的再分配。正如美国学者所言，在自然资源保护方面，与单纯依靠行政管制模式相比，采用由私法调整的不动产役权模式会产生更好的实施效果，因为后者是通过合同自愿产生的。[1]随着环境保护观念和意识的日益普及化，愿意参与到环境保护中的个体、民间公益团体和其他组织也越来越多，通过私法上的不动产役权来进行环境保护，可以拓展参与主体的范围，实现环境保护中的多方互动。

从设立目的来看，保护公民的环境利益，是为了人的利益，而非为了需役不动产的利益。从客体来看，保护公民环境的不动产役权，不一定存在需役不动产。河水、阳光、空气等自然生态环境要素，并非土地或不动产。从设立眺望役权、采光役权、通风役权的直接目的来说，是为了人们的健康、审美等需求利益的满足，但可间接解释成为建筑物的通风和采光。于大片土地、森林或草坪、空间等之间设立不动产役权，不但可以提升该地区的生态环境，也会影响该地区的不动产价值。[2]良好的环境有助于提升一地区的不动产价值。因此，也可解释为具有需役不动产。

3. 不动产役权在城市规划中的运用

城市规划，是指对城市的空间布局、土地利用、基础设施建设等进行综合部署和统筹安排，是为了公共利益以国家公权力手段对私人不动产使用进行调和、限制。不动产役权则是以他人不动产供自己不动产的方便和利益之

---

〔1〕　See James D. Timmons, "Conservation Easements: Windfall or Straitjacket?", *Law and Land*, 2007, Fall.

〔2〕　参见张鹤：《地役权研究：在法定与意定之间》，中国政法大学出版社2014年版，第175~177页。

用的权利，既可以供役不动产供需役不动产使用，也可以限制供役不动产为某种使用。在限制不动产的私人利用、提高不动产的利用效率上，二者的目的、内容和功用具有较大的重合。客体扩张后，建筑物、空间、土地等均可以通过不动产役权进行调节利用，不动产役权将与城市规划的调整范围产生较大程度的重合，对城市规划的调节补充作用更为明显。例如，与城市规划一样，不动产役权也可用于对土地用途和建筑形态、高度、间距等的限制上。

从不动产役权和城市规划的发展历程来看，二者一直互相影响。不动产役权制度作为早期城市规划法律规范的雏形，对调整古罗马城中房屋建造的高度、材料、结构方式以及与道路的距离、与相邻建筑的关系，引水、排污、倾倒垃圾等城市管理发挥了重要作用。随着城市规划的不断发展，城市土地的开发利用越来越受到政府控制，城市规划对城市土地、空间的作用越来越大。一些原由不动产役权调整的问题逐渐纳入城市规划的范畴，当事人可自由约定的内容越来越少，不动产役权的运用逐渐式微。在我国，由于城市规划中存在一定的行政色彩，故不动产役权在城市的使用更为稀少。在当下我国城市规划更加法治化的趋势下，重新发掘不动产役权在城市规划中的功用，有重要意义：

首先，城市规划有变更、废弃和例外适用的可能性，由当事人主导设立的不动产役权，有利于确保供役不动产持续、稳定的运用。其次，城市规划存在不明确、模糊之处时，设定不动产役权可以弥补其不足。城市规划多注重城市的整体布局及道路、街道等的规划格局，对于邻里之间微观层面的不动产之间的调整不乏模糊之处。再次，城市规划多注重社会整体利益，对于市民的个人性的、主观性的利益很难兼顾。允许以不动产役权来实现城市规划的目的，可以构建规划局、建筑物所有者（不动产役权者）、建筑物所有者（供役不动产权利人）三方关系，平衡社会公众和私人的利益，缓和城市规划的僵硬。例如，相邻不动产所有人约定双方特定部分不为建筑；不得开启某特定窗户；供役不动产所有人仅能建筑特定种类或风格的房屋，此类不动产役权具有以私法补充公法上建筑法规的功能。[1]又次，不动产役权可以于城

---

〔1〕 参见王泽鉴：《民法物权》（第2版），北京大学出版社2010年版，第326页。

市规划的事前、事中、事后全程发挥作用。大陆法系中的自己不动产役权、英美法系中的消极不动产役权，均可以于事前对社区、房地产开发项目进行预为规划，以确保发展计划或规划的实施；于规划过程中，以私人协商的方式，对城市规划作出局部变更；于规划完成后、居住利用阶段限制已入住或未来入住的所有区分所有权人的行为，以保障社区的整体建筑风貌或生活环境，保持不动产的价值。最后，不动产役权是基于平等主体之间的意思自治达成的，有利于预防纠纷，督促被规制不动产的所有者依合同约定履行义务，能为不动产役权人提供除公法救济以外的私法救济手段，有助于有效贯彻城市规划，加强对周围居民的保护。

可见，不动产役权制度可以在优化城市空间格局方面发挥很大作用。不动产役权运用于参与城市空间的调节，可以补充城市规划对土地、建筑物和空间、景观利用的调整功能；可以丰富城市空间利益分配的途径，构建复合、多方位的空间利益分配系统；可以缓和城市规划的僵硬性，也能实现不动产役权的现代活用。在德国，可运用不动产役权对供役不动产的用途和建筑位置、样式、方式进行限制，以使供需役不动产一同营造良好的社区环境。[1]虽然德国已经建立了严谨而先进的城市规划系统，但是不动产役权仍然可以发挥一定的作用。在我国司法实务中，也已经出现城市规划方案采纳私人之间的不动产役权协议，对原本的规划方案进行局部变更的案例。例如，通过不动产役权合同变更房屋之间的规划间距。[2]肯认这类不动产役权的设定、存续和效力，使其得与城市规划一同调整城市空间利益的分配格局，有重要的理论和现实意义。

---

〔1〕　参见〔德〕鲍尔、施蒂尔纳：《德国物权法》（上册），张双根译，法律出版社 2004 年版，第 713 页。

〔2〕　按照规划要求，甲方开发的商品楼房与乙方孟某的房屋之间，房屋间距应不小于 6 米，双方签订协议约定，乙方孟某同意甲方在距离其房屋 3.3 米处施工建设商品楼，可能导致乙方房屋的采光、墙体开裂等问题，为保证乙方正常生活，甲方承诺以开发建设的小区住房一套补偿给乙方。县规划局称按照当时的规划要求，该小区 3 号楼与燕某的房屋间距应不小于 6 米，在孟某与燕某签订协议后，规划局才设计了规划图，规划图设计的 3 号楼西墙与燕某房屋间距为 3.51 米，规划图中附有双方协议。后因甲方将房屋全部出售而没有依约向乙方交付房屋，燕某诉至法院。法院认为，双方之间签订的地役权合同不违反法律规定，是双方真实意思表示，开发公司应按照合同约定履行义务。参见江苏省沛县人民法院（2010）沛民初字第 0693 号民事判决书；参见江苏省徐州市中级人民法院（2012）徐民终字第 710 号民事判决书。

相较于不动产役权制度，城市规划对于城市大规模的土地、建筑物利用、空间调控具有较大的优势，但其具有的行政色彩，导致在调控私人土地、房屋等财产时，难免发生冲突。随着民众的财产权意识的不断增长，许多城市规划项目的合法性和合理性开始受到质疑。对现有不动产役权制度进行革新，发展特殊不动产役权制度，如公共不动产役权、自己不动产役权等，可以解决当前城市规划中的诸多难题，如城市建设管线架设、社区统一风貌和格局、竞业禁止、"街区制"改革等，可以更多地体现出对私人财产权利的尊重，同时，可以使我国不动产役权制度借由此焕发出新的盎然生机。但不动产役权与城市规划之间并非相互代替，而是相互补充、共同协作的关系。大范围不动产间的利用主要依靠城市规划的调整、布局，而不动产役权则更适合私人之间、一定范围内的不动产利用调整。而且，不动产役权在城市规划中发挥作用，往往需要以相关相邻关系和相关技术规范标准的约束作为交易和协商的基础。二者可以共同构建不动产利用的复合系统，以公私法协同作用的多样化途径共同调整不动产间的利用，最大限度地发挥不动产的经济效用和社会价值。

此外，在我国城市化速度放缓、由增量规划向存量规划转型的背景下，[1]交通恶化、环境污染、社会冲突、居住困难等"城市病"日渐突出，已不能靠征收扩张来缓解这些问题，而需要更为灵活、个性化、精细化的调节手段。[2]我国城市规划的"定制时代"已经来临，城市规划需要更为差异化、复杂化、个性化、精准化、实用化的解决方案。[3]不动产役权的特点能更好地满足这一时代需求。不动产役权人既可以籍不动产役权重新分配调整自己与供役不动产权利人之间的权利义务关系，重新对城市空间利益进行分配，也可以籍不动产役权使自己对于供役不动产的利用权利进一步的具体化、可操作化和独立化、物权化，并且得到强化和稳固。在我国城市规划转型过程中，不动产役权将有更为广阔的运用空间。

---

〔1〕 增量规划，指以新增建设用地为对象、基于空间扩张为主的规划，主要通过征收农业用地转化为城市建设用地的方法实现。存量规划，指以城市更新等手段促进建成区功能优化调整的规划。

〔2〕 参见陈勇：《地役权在城市规划中的影响与作用》，浙江大学 2016 年博士学位论文。

〔3〕 参见《2016 年中国城市规划年会》，载 http://sanwen.net/a/gnynopo.html，最后访问日期：2016 年 12 月 30 日。

(二) 以不动产役权弥补公法规范的法理基础

不动产役权之所以具有弥补公法规范的功能，能够以私法手段实现公法上的目的，根源在于不动产役权在内容功用上与公法具有一定的契合性。不动产役权，既可以供役不动产供需役不动产为使用收益，如通行、引水，也可禁止或限制供役不动产为某种使用，于此情形，供役不动产所有人负有不作为义务。[1]此与公法上对不动产的利用与限制，具有相同机能。现代法学理论认为，财产负有一定的社会义务，因此对私人财产的利用与限制也成了现代公法重要的内容之一。虽然公法对私人财产的使用多为消极的限制，即要求私人财产负有一定的不作为义务，但也存在为了公共利益而利用私人财产的情形。不动产作为人类最为重要的财产形式之一，自然会为公法所规制。

不动产役权的公法化运用，是否能为不动产役权的现有构成要件所容许，在法理基础层面，还有以下几点值得思考：

第一，一般而言，不动产役权的设立是为了私人的利益，以追求城市规划目标和环境保护目标等公法上目的为内容的不动产役权是否可行？有学者认为，若不动产役权以实现公共利益为目的，就具有了公法性，已不是私法上的不动产役权。学界对于公法和私法的划分标准，主要有利益说（目的说）、主体说和性质说。[2]其中，利益说即是以法律规范的目的是为了保护公共利益还是私人利益为区分标准。但此种学说存在以下问题：公共利益和私人利益本身界定困难，不便具体应用；存在着同时兼顾社会利益和私人利益的情形，此种情形该学说无法归类。[3]作为一项私法权利，不动产役权的设

---

〔1〕　参见王泽鉴：《民法物权》（第 2 版），北京大学出版社 2010 年版，第 326 页。

〔2〕　利益说，是按照权利保护的利益或目的而划分的，认为私法是指涉及私益（个人利益）的法，公法是指涉及公益（公共利益）的法。主体说，以法律关系的主体为区别标准，认为凡规定国家之间或国家与私人之间关系的为公法，规定私人之间关系的则为私法。性质说，是以法律关系的性质为区别标准，其具体又可分为三种观点：一是权力关系说，认为规范不平等关系即权力服从关系的为公法，规范平等关系的为私法；二是统治关系说，认为规范国家统治权关系的为公法，规范非统治权关系的则为私法；三是生活关系说，认为规范私生活关系的为私法，规范社会公的生活关系的则为公法。此外，还有应用说和理念说等学说。应用说认为"公法不得为私人简约所变通"，不允许私人意思自由抛弃或变通的为公法，反之则为私法。理念说认为，符合"一般的正义""分配的正义"的为公法，符合"平均的正义"的为私法。参见 ［意］ 彼德罗·彭梵得：《罗马法教科书》，黄风译，中国政法大学出版社 1992 年版，第 9~10 页；郑玉波：《民法总则》，三民书局 1979 年版，第 2~3 页。

〔3〕　参见龙卫球：《民法总论》（第 2 版），中国法制出版社 2002 年版，第 7 页。

立通常以私人之间的利益为目的，但并不排除与此同时实现公共利益，大多数时候，个人在实现自我利益的同时是可以兼顾社会利益的。保持住宅街区的安静，营造舒适的生活环境，既是城市规划的目标，也同时可为不动产役权设定之目的。因此，与公法追求相同的公共利益的不动产役权，是否为私法，不能仅以其目的是否为公益或私益来判断，还是应综合考察。若不动产役权的设定，是在平等主体之间的，具有意思自治空间的，虽然可以实现一定的公益，仍应属于私法上的不动产役权。而且，不动产役权作为私权，是实现特定公共利益的手段和途径，不能混淆手段与目的。当不动产役权为了公共利益而对私人财产加以利用时，[1]并不能改变不动产役权本身的私法属性。

第二，传统大陆法系的不动产役权法理认为，需有供役不动产与需役不动产两笔不动产，才能设立不动产役权。而一些公益性役权，往往并不存在需役不动产，体现出较强的为人的利益，可否设立？正如学者所指出，为需役人的利益与为需役不动产的利益，实际上难以区分。物与物之间的关系，实际上是人与人之间的关系，只不过是通过物表现出来。[2]因此，并不存在完全脱离于人的利益，所谓的为了需役不动产的利益，实际上也是为了需役人的利益。[3]有学者建议，可通过增加无需役不动产的不动产役权类型来满足实践的需求。我们认为，即使坚持不动产役权必须是为了需役不动产的利益，也可以通过一定的解释使之具有需役不动产。例如，为了景观观赏、审美而设立的眺望役权，虽然是为了需役人的主观利益，但是可以通过解释认为是为了需役不动产的客观经济利益，因为良好的风景环境实际上也是有助于房屋价值的提升的。

第三，一般而言，公法上对不动产之间的利用调节，多为对不动产的利用限制，使不动产权利人负有一定的义务，这种消极的不作为义务，是否能成为我国不动产役权的内容？有学者认为，我国《民法典》对于不动产役权内容的界定，使用的是"利用"一词，是从不动产役权人角度出发，体现的是权利人对供役不动产的积极支配，并不能包括限制供役不动产人的

---

〔1〕 参见梅夏英：《财产权构造的基础分析》，人民法院出版社 2002 年版，第 121 页。

〔2〕 参见周枏：《罗马法原论》，商务印书馆 1994 年版，第 392 页。

〔3〕 参见尹田：《法国物权法》，法律出版社 2009 年版，第 431 页。

行为及权利行使的消极不作为类型的不动产役权，此与《德国民法典》《意大利民法典》《荷兰民法典》对于不动产役权的内容界定使用的是"负担"一词不同，"负担"一词包含的制度信息远大于"利用"，不仅包括积极作为方式的利用，也包括消极不作为方式的利用。[1]我们认为，"利用"宜不仅限于积极的利用，还包括消极的利用，这是不动产役权能为公法性运用的前提条件。

第四，民法相邻关系和建筑公法等规定不动产所有人于一定场合的容受义务、不作为义务为法定义务，以这些法定义务为内容的不动产役权是否可以允许设立？当事人可否通过不动产役权对公法上规定的法律义务内容进行重新约定与分配？法定义务是指由法律明文规定的义务。从法定义务所属的法律领域来看，既有民事法律规定的，也有公法规定的。从法定义务的内容来说，通常为一般性的不作为义务，但也有要求法律主体必须为一定行为的作为义务。通过法律对法律主体的义务作出规定，可以明晰行为人之间的权利义务关系，为行为人提供行为指导和基本准则。虽然法定义务最重要的特征就在于法定性，但是依然可以在遵循既存法定义务的前提下，由法律主体对法定义务的具体内容和履行方式进行约定，从而使相对抽象概括的法定义务具体确定。[2]而且，在不违反公序良俗和法律强制性规定的前提下，允许将法定义务转化为约定义务，尊重了当事人的意思自治，也可以使公私法协力发挥规范社会生活的功能。

以相邻关系为例。有学者认为，作为一种法定权利，相邻权一般不得用约定的方式加以排除或变更。[3]也有学者认为："民法相邻关系所作的物权调整虽皆为强制规定，但除少数具有行为禁止规范性质者，尚非不得由当事人在其调整的基础上为私法的再调整，包括不动产役权的设定，或单纯债权的约定。"[4]不应排除当事人之间在物权调整性规范的前提下的"意思自治"，相邻关系问题，当事人在不违反"法定"的基础上是可以为"债的约定"

---

[1]　参见李遐桢：《我国地役权法律制度研究》，中国政法大学出版社2014年版，第41~42页。
[2]　参见张辉：《民法中法定义务再约定研究》，北京化工大学2012年硕士学位论文。
[3]　参见王俊主编：《相邻关系纠纷案件审判要旨》，人民法院出版社2005年版，第29页。
[4]　参见苏永钦：《私法自治中的经济理性》，中国人民大学出版社2004年版，第247页。

的。[1]法律之所以要明确相邻关系的法定性，立法宗旨在于，以最方便、最经济的方式解决相邻关系纠纷，从而保障相邻不动产权利人最基本的权利，降低社会成本和司法成本。但是由于日常生活纷繁复杂，法律不可能一一作出具体规定，意思自治不可避免地成为补充相邻关系的一种有效方式，只要不违反法律的强制性规定和公序良俗，民事主体之间根据实际生活的需要，通过协商约定相邻关系中的权利义务的内容，法律都应该承认其合法有效性。[2]相邻关系与不动产役权对不动产间的利用调整，处于一种交叉重叠的状态，多数情况下，不动产役权合同可能也是相邻权利人和相邻义务人对法定相邻义务的再约定。因此，不动产役权的设定可排除相邻关系中非行为禁止规范性的内容。[3]

同理，对于公法上的法定义务，在法律所允许的空间内，在不违反法律的强制性规定和公序良俗的前提下，可以通过约定进行一定的再调整。公法上对不动产利用的限制，也可经由不动产役权合同进行再次约定。不动产役权可具有弥补民法相邻关系和建筑法规等公法规定的作用。具体而言，不动产役权在实现公法目的时，不动产役权的权利内容与公法上对不动产利用限制规范的关系，存在着两种可能性：不动产役权对供役不动产施加的负担与公法规范上的限制相同、不动产役权对供役不动产施加的负担比公法上的限制更为严苛。当不动产役权对供役不动产施加的负担比公法规范上的限制标准低时，通常涉及违反有关法律的效力强制性规范，因而不能设立。一般而言，不动产役权对供役不动产施加的负担会比公法上的限制更为严苛，不动产役权人可借此重新分配、调整自己与供役不动产之间的权利义务关系。不动产役权对供役不动产施加的负担与公法上的限制相同时，是否有存在的必要，则不无疑问。在德国，起初学界认为，"法律上的现有的所有权限制不能成为不动产役权的对象"，因此，民法相邻关系和建筑公法规定的土地所有人于一定场合的容受义务、不作为义务，设定与之相同内容的不动产役权是不

---

[1] 参见李文静：《相邻关系——在法定和约定之间》，载《黑龙江省政法管理干部学院学报》2010年第8期。

[2] 参见张辉：《民法中法定义务再约定研究》，北京化工大学2012年硕士学位论文。

[3] 参见苏永钦：《法定相邻权可否预先排除》，载苏永钦主编：《民法物权争议问题研究》，清华大学出版社2004年版，第118~119页。

允许的。[1]但后来，在司法实践中，法院逐渐认可与之内容相同的不动产役权，认为其构成上述原则的例外。[2]公法规范和不动产役权为同一内容时，是公法上的义务加上私人间独立设定的私法上的义务，通过私法上的不动产役权对公法上课以私人所有权的限制的再次确认，可实现公法义务物权化。[3]在我国，这项原则并未被声明。而且，此类不动产役权可使需役人的权利独立化、物权化、具体化，并且得到强化和稳固，并非完全没有意义，宜承认此类不动产役权的效力。

（三）以不动产役权弥补公法规范的必要性

相对于公法规制，不动产役权作为一种私权利，具有诸多私权属性上的优势，同时还具有诸多不动产役权此一权利类型的特殊优势。具体而言，不动产役权可具有以下几个方面的优势：

第一，通过不动产役权的合同机制，能够引入市场机制，缓和公法手段

---

〔1〕　在德国，虽然法律没有明文规定，但是学说认为，法律上的现有的所有权限制不能成为不动产役权的对象。理由在于，这会给土地带来不必要的负担，不利于登记申请者的权利保护。依据《德国土地登记法》第53条第1项，违反这一原则不动产役权将不能被登记。然而，即使公法等法律已经对所有权课以限制，但当事人对不动产役权的登记有正当利益的，可以例外地设定不动产役权。具体情形包括：①法律上的所有权限制存在与否或适用范围有疑问，相关的法律状况不明确。例如，法律虽规定了相邻关系中的容忍义务，但这一容忍义务的范围并不是总是明确的，从《德国民法典》第912条来看，在邻地建筑物越界纠纷中，所有权所负的限制的范围是不明确的，这是设定不动产役权的典型场合。此外，公法上的建筑规范有疑问时，也可以设定不动产役权予以明确化。②权利人于不动产役权上存在正当利益。起初学者多认为，与城市规划同内容的不动产役权，仅是公法限制内容和效果的重复而已，抵触了上述原则，应予以排除。参见［日］秋山靖浩：《ドイツにおける都市計画と併存する地役権——都市空間の制御における地役権の意義を探るために》，载早稻田大学法学会编：《早稻田法学》2005年第1期。

〔2〕　起先，法院认为，对于权利人于不动产役权是否存在正当的利益，需要针对个案采取具体的探索态度。后来，法院开始采取抽象的态度，认为城市规划存在逸脱可能性和变更可能性，私人间不动产役权的设立，可以维持不动产限制的稳定性，有存在的必要性。现在，法院已认为，不动产役权的设立，只要不与法律强制性规范和限制相抵触，就应有效，通过私法上的不动产役权对公法上课以私人所有权的限制的确认，应该得到一般性的认可。在司法判例中，供役不动产所有人，以不动产役权的内容与都市计划（日本的都市计划实质上就是我国的城市规划——笔者注）的限制内容一致，主张撤销不动产役权的，均不被承认。参见BayObLGZ 1930, 414；OLG Hamm FGPrax 1996, 171. 参见［日］秋山靖浩：《ドイツにおける都市計画と併存する地役権——都市空間の制御における地役権の意義を探るために》，载早稻田大学法学会编：《早稻田法学》2005年第1期。

〔3〕　参见［日］秋山靖浩：《ドイツにおける都市計画と併存する地役権——都市空間の制御における地役権の意義を探るために》，载早稻田大学法学会编：《早稻田法学》2005年第1期。

的强制性和僵化性。公法的施行是以国家公权力为支撑的，具有强制性，通过直接的公法规范来处理不动产利用有关问题，采用的是"命令—控制"机制，不动产私法上的权利人通常只能被动地接受公法义务。而私法上的不动产役权，主要是由当事人之间以合同方式约定取得的，是通过市场机制来调和不动产的利用，从而实现不动产的社会价值和效益。

第二，可以拓展主体范围，以私人力量实现不动产利用的社会义务。公法的实施，主要依靠国家或地方政府的推行，而不动产役权的当事人，可以为国家、地方政府、公益性组织或者企业、个人。[1]通过私法上的不动产役权来对不动产的使用进行限制，可以将多方主体纳入调整范围，发挥社会大众的力量，减轻政府机关实现公益的压力。

第三，不动产役权具有以较低成本实现不动产之间的利用调和的功用，可以在节约成本的同时充分发挥不动产的价值效用。主要原因在于，不动产役权不具独占性，可以与不动产所有人、其他用益物权人一同对不动产进行利用。由此，一方面，取得不动产役权，相较于取得具有完全权能的所有权与取得其他具有占有排他性的用益物权相比，成本要低；另一方面，于不动产役权设定后，不动产役权人仅需就不动产役权的目的范围内为有关附属设施的设置和维持管理，不必如同所有人和其他用益物权人一般，对不动产进行更为广泛的管理，也就节约了不动产的维持和管理的成本。而且，为了互相之间的方便利益，私人之间还可以设立无偿的不动产役权在不动产之间互为利用，以最低的成本实现共同利益的最大化。此时，即使无对价，不动产权利人也并不会因此产生被剥夺感。再者，不动产之上可以兼容不动产役权和其他权利人对不动产的共同利用行为，各方权利主体可以依据各自的需要利用不动产役权，借此不动产之上可以层叠多方主体的多层利用需求与利用方式，从而实现对不动产的最大利用。

第四，相较于公法规制，不动产役权具有意思自治的特点，具有灵活性、针对性、个体性、及时性、稳定性等诸多优势。公法规范，多需要在一国、某一地区或某种事务上普遍适用，不能就社会生活中千变万化的情形一一作出详细的规定，也不能考虑居民个体的不同需求，因此具有一定的僵化性。

---

〔1〕 不仅个人、企业可以成为不动产役权的权利主体，国家或地方政府等公权力机关也可以作为私法主体，以平等的身份参与民事法律关系，成为不动产役权的主体。

公法规范的立法、修法通常也具有一定的滞后性，不能及时地回应社会变化和需求。不动产役权可以通过自由协商的方式设定，能够充分体现当事人之间的意思自治，不动产役权拥有其他物权和公法规制所不能比拟的灵活性。不动产役权人可以根据不动产的利用目的而灵活地约定不动产役权的内容，对于不动产的利用和限制的程度、方式、对价、期限等在合同中作出符合自己个体需要的具体约定与阐明。即使公法规范上存在一定的不明确、模糊之处，也可以设定不动产役权使之明晰化、确定化。另外，不动产役权具有从属性，权利和负担"随地而走"，可以约束供役不动产的受让人，从而有利于确保不动产的利用与限制的稳定性，即使公法规范事后被废弃或变更，只要不发生与之效力强制性规范相抵触或者违反公序良俗的情形，当事人之间对不动产的利用和限制可以继续存续下去。

第五，在不动产役权中，权利主体事前达成协议，并订立不动产役权合同，有利于预防纠纷。事后不动产役权的救济也更容易实现。当不动产受到侵害时，不动产之上的权利人，包括不动产役权人、所有人或用益物权人，均可以请求停止侵害，主张权利救济。同时，不动产役权人可以根据情况选择通过合同编、物权编或侵权责任编来保护自己的权益，而不必被动地等待公权力机关的救济。

第六，平衡多方利益。公法规范多就涉及社会公共利益的事项作出规定，难免忽视个体的权利保障，会为社会多数人的利益牺牲少数人的利益。而不动产役权的内容和对价等多为当事人协商的结果，是在充分尊重当事人的意愿和自主决定的基础上完成的，更有利于保障私人的权利。另外，不动产役权合同的对价可以直接支付给受有负担的供役人，对于合同对价的数额，可以根据不同的情况单独予以确定，避免了统一标准在不同情况下的适用问题，更为公平。

此外，值得额外说明的是，我国在现阶段，为了公共利益而利用私人的不动产，或者对私人不动产的使用进行限制或施加负担，通常采用征收、征用的方式或依靠相邻关系来实现。征收是为了公共利益的需要，依照法律规定的权限和程序，取得集体所有的土地和单位、个人的房屋及其他不动产的法定方式，是一种具有强制性的公权力。征收也是当前我国公益用地的唯一法定方式。从法律效力上来说，征收作为一种特殊的物权变动形式，会导致征收对象的物权变动，集体所有的土地和单位、个人所有的房屋及其他不动产，会由私人所有变为国家所有。因此，征收是一种剥夺他人财产所有权最为严厉的措施。为了限制征收的适用范围，我国要求征收需要"以公共利益为目的"和进行"足额补偿"，以保护私人的财产权利。但是，对于公共利益的内涵外延的界定并非易事，我国现行法律并未对此作出具体的规定，学界对此也争议纷呈，对于足额补偿也难有统一标准。面对复杂而模糊的征收标准、程序及补偿标准，征收过程中难免出现重视公共利益而对私人财产权利保护不足的现象，引发社会冲突与矛盾。另外，在很多情况下，通过征收私人不动产实现公用的目的，并不经济，例如铺设管道设施，架设高架线，仅需要从地下或上空通过，并不会影响土地地表的正常使用，因此而征收不动产，容易造成土地资源的浪费。[1]征用是因抢险、救灾等紧急需要，依照法律规定的权限和程序，取得单位、个人的不动产或动产。被征用的不动产或动产在使用后，应当返还征用人。由于征用的适用范围仅限于"因抢险、救灾等紧急需要"，所以并不能在生活中广泛运用。我国还有学者提出，采用相邻关系的方式可以解决私有土地公用之目的。[2]在实务中，各种公共基础设施所形成的保护区也通常被定性为相邻关系。但正如前文所说，相邻关系有其自身的适用范围和局限。

与上述方式相比，不动产役权是由双方当事人主导的私法性权利，通过双方当事人约定取得的，双方可就用地面积、权利内容、行使方式、对价、支付方式等进行平等的协商，较能体现双方当事人的意思自治和主观意志。私法上具有弹性的不动产役权，可以缓和征收、征用和相邻关系适用范围上的法定性和僵硬性。与征收相比，不动产役权作为一种非独占性、从属性的他物权，可与供役不动产的权利人共同使用供役不动产，不会改变供役不动产的归属状况；而且当不动产役权消灭时，原权利自动恢复圆满状态，有利于不动产的保护和利用，避免公共利益达成后的荒废和管理问题。不动产役权在以较低成本实现不动产之间的利用方面，对上述几种实现不动产的社会义务的途径有重要的补充价值。

---

〔1〕 参见李遐桢：《我国地役权法律制度研究》，中国政法大学出版社 2014 年版，第 41~42、240 页。

〔2〕 参见王利明：《物权法论》，中国政法大学出版社 2003 年版，第 502 页。

总之，不动产役权制度作为由当事人协商主导的不动产利用、调整的私法手段，可以在不动产的社会义务实现上发挥重要作用。不动产役权可以与公法相互补充，以公私法协同作用的多样化途径共同调整不动产间的利用，最大限度发挥不动产的经济效用和社会价值。目前我国自然资源保护、公共基础设施、城市规划等主要依靠公法和政策途径实现，而公法管制在维持社会公共秩序和公共利益方面发挥重要作用的同时，也存在很多制度缺陷。而且，不动产的社会义务不能单纯依靠公法模式，应当充分发挥各种制度的优势和作用，充分运用公私相结合的保护模式。正如学者所言，"没有任何一项政策工具是普遍有效的，混合的政策工具具有更高的效率并可以实现多种目标。"[1]在这样的现实背景下，以私法上的不动产役权实现公法之目的具有重要价值。

为了进一步发挥不动产役权在实现公共利益方面的作用，我国已有学者提出，可以考虑引入自然资源保护不动产役权制度或公共不动产役权制度。对于此种不动产役权的权利性质，学界存在很大的争议。例如，美国的《役权法重述》认为，包括保护不动产役权在内的役权，是一种产生随地而走的利益的私法手段，属于私权。[2]在我国，很多学者依据公共不动产役权以实现公共利益为目的及国家主体的特点，认为公共不动产役权属于公权。不管如何定性此种新型的权利，无疑问的是，正是由于其具有私权的特点，能够彰显国家对不动产权利人财产和自由的尊重，有利于最大化地保障不动产权利人的权利，才使其在多个国家备受欢迎。

第二节　不动产役权与相邻关系的划分

一、不动产役权与相邻关系划分的历史考察

据考证，不动产役权与相邻关系的完整性规定最早出现在罗马法中，因此，研究不动产役权与相邻关系之间关系的历史起点就是罗马法。准确把握罗马法上的不动产役权概念，对理解不动产役权与相邻关系具有重要价值。

---

〔1〕 参见唐孝辉：《我国自然资源保护地役权制度构建》，吉林大学 2014 年博士学位论文。

〔2〕 See The American Law Institute, *Restatement of the Law, Third, Property (Servitudes)*, 2000, § 1 introduction.

（一）《十二表法》第七表的规定是否为不动产役权

通常认为，有关不动产役权与相邻关系的法律规定，最早可以追溯到《十二表法》。因此，对于《十二表法》中的有关规定的理解，直接决定了学者们对不动产役权与相邻关系的历史形成及二者之间关系的看法。我国很多学者认为，罗马法上的不动产役权最早出现于《十二表法》，虽然当时没有形成不动产役权的概念，但《十二表法》第七表就已经有关于通行、导水的规定，这些规定就是关于不动产役权的规定。还有些学者认为，《十二表法》规定的是相邻关系，是对所有权的限制，但又是不动产役权的起源。[1]

从《十二表法》第七表的具体内容来看，关于"土地和房屋"的规定，共 10 个条文，其中有 4 个条文是关于通行权的规定。该表第 1 条规定："建筑物的周围应有二尺半宽的空地，以便通行。"第 4 条规定："相邻田地之间，应留空地五尺，以便通行和犁地，该空地不适用时效的规定。"第 6 条规定："在他人土地上有通行权的，其道路宽度，直向为八尺，转弯处为十六尺。"第 7 条规定："如供役不动产人未将道路保持在可供通行的状态时，则有通行权者得把运货车通过他认为适宜的地方。"从内容来看，这些条文全是强制性规定，毫无当事人自主意思可言，是对土地利用的必要的限制，是城市土地利用管理的简单规定。因此，以现代私法观念严格区分不动产役权与相邻关系的眼光来观察《十二表法》，它不但没有形式上的不动产役权，也没有实质意义上的不动产役权。当然，如果以相邻关系是法定不动产役权的眼光来观察《十二表法》，得出不动产役权产生于罗马时代《十二表法》的结论并不过分。因此，要判断罗马法上的不动产役权产生于什么时期，还需要明确罗马法上的不动产役权是否包含法定不动产役权。

（二）罗马法关于不动产役权的规定

1. 优士丁尼之《法学阶梯》关于不动产役权的规定

优士丁尼的《法学阶梯》第二卷第 3 题专门规定了不动产役权。详细如下[2]：①L2.3Pr 对乡村不动产的权利有这些：通行权、驱畜通行权、用路权

---

[1] 参见周柟：《罗马法原论》，商务印书馆 1994 年版，第 325、394 页。

[2] 参见〔古罗马〕优士丁尼：《法学阶梯》，徐国栋译，中国政法大学出版社 2005 年版，第 239 页。

和导水权。通行权是人的通行和散步之权，但不是驱赶驮畜或车辆（通过）之权；驱畜通行权是驱赶驮畜或车辆的（通行）之权。因此，享有通行权的人，并不享有驱畜通行权。享有驱畜通行权的人，也享有通行权，他不带驮畜，也可行使此权。用路权为通行、驱畜通行和散步之权。事实上，用路权本身既包括了通行权，也包括了驱畜通行权。导水权为借助他人土地导引水流之权。②L2.3.1 对都市不动产的权利，是固着于建筑物之上的役权。之所以被说成是对都市不动产的权利，乃因为所有的建筑物，即使它们被建造于乡间，都被叫作都市不动产。同样，对都市不动产的役权有这些：此邻人支持彼邻人（房屋）的负担；允许在自己的墙上由邻人支搭梁木；某人在自己的房屋或庭院接受或不接受檐滴或水流；某人不加高自己的房屋，以免阻挡邻人的光线。③L2.3.2 有些人正确地认为，取水、饮畜、放牧、烧石灰、挖沙权，应正当地被算作对乡村不动产役权。④L2.3.3 而这些权利之所以被称为对不动产的役权，乃因为没有不动产它们就不可能被设立。事实上，任何人，除非他有不动产，都不能获得对都市或乡村不动产的役权；任何人，除非他拥有不动产，也不会对都市或乡村不动产役权承担义务。⑤L2.3.4 如果某人希望为邻居设立某种权利，他应以简约和要式口约做此事。某人也可在遗嘱中迫使其继承人不加高（自己的房屋），以免阻挡邻人房屋的光线；或容忍（邻人）在墙上支搭梁木或接受檐滴；或容忍邻人步行或驱畜通过土地；或从土地导水。

从《法学阶梯》的规定来看，至少在优士丁尼那里，没有区分相邻关系与不动产役权，而是将相邻关系纳入不动产役权的行列，作为不动产役权的一种。与此相对应，不动产役权有法定不动产役权与约定不动产役权之分。

2. 优士丁尼之《学说汇纂》关于不动产役权的规定

优士丁尼的《学说汇纂》D.39,3 专门论述了雨水及排放雨水之诉；D.43,27 则论述了应砍伐的树木；D.43,28 则对土地通行权作了规定。[1] 而这些论述主要是关于相邻关系的，它们在本质上是对所有权的限制。优士丁尼的《学说汇纂》（D.8,1~3;3,34）则是关于役权，尤其是不动产役权的规定。因此，《学说汇纂》在体系上对相邻关系与不动产役权作了区分，不动产役权

---

〔1〕　可分别参见［意］桑德罗·斯奇巴尼选编：《物与物权》，范怀俊译，中国政法大学出版社1999年版，第80、96、110页。

作为役权的一种，在本质上是用益物权。相邻关系则在本质上是对所有权的限制或延伸，是所有权的内容。

(三) 罗马法上不动产役权与相邻关系之间关系的小结

从优士丁尼的上述论断来看，在罗马法上，至少在优士丁尼那里，没有对相邻关系与不动产役权之间的关系作出一个明确的界定和划分。这也许就是现代学者关于不动产役权与相邻关系之争的历史基础。

按照《法学阶梯》的相关论述，罗马法上的不动产役权包含法定不动产役权，即相邻关系属于不动产役权的有机组成部分。因此，客观地讲，罗马法的主流学者是将法定不动产役权作为不动产役权。从法定不动产役权属于不动产役权出发，认为不动产役权产生于《十二表法》是准确的，也比较符合罗马法的现实，优士丁尼将役权的概念扩大到对所有权的限制（法定役权）之中。[1]所以，罗马法上并没有明确区分不动产役权与相邻关系，最初的乡村不动产役权实际上就是相邻关系。

当然，正因罗马法对不动产役权与相邻关系之间的关系认识不清，学者对不动产役权的很多特性无法形成一致的意见。例如，按照《法学阶梯》的规定，不动产役权包括法定不动产役权，它没有期限性。所以，有的学者认为"其时的不动产役权具有永久性"。[2]但也有学者认为，不动产役权是否应当有永久性，也就是说，按照最合理的解释，它是否应当满足需役不动产的永久需要或足以永久满足需要，尚有争议。[3]其实，如果认为不动产役权包括相邻关系，有些不动产役权当然具有永久性；如果认为不动产役权不包括相邻关系，那么不动产役权是有期限的，不具有永久性。

二、不动产役权与相邻关系划分的比较法考察

(一) 《法国民法典》关于不动产役权与相邻关系的规定

《法国民法典》中的不动产役权是指，为使用与便利属于另一所有权人的

---

〔1〕 参见［意］彼德罗·彭梵得：《罗马法教科书》，黄风译，中国政法大学出版社1992年版，第244页。

〔2〕 参见屈茂辉：《用益物权制度研究》，中国方正出版社2005年版，第192页。

〔3〕 参见［意］彼德罗·彭梵得：《罗马法教科书》，黄风译，中国政法大学出版社1992年版，第254页。

不动产而对某项不动产强制所加的一种负担。[1]不动产役权，或者因场所的自然位置而产生，或者因法律规定的义务而产生，或者由诸所有权人之间的约定而产生。可见，《法国民法典》中的不动产役权分为三类：

（1）自然不动产役权。因场所之自然位置产生的不动产役权，是由土地的具体地理环境决定的，不动产役权的设定不需要相邻土地所有权人的合意即可设立，是自然的不动产役权，该种不动产役权实际上就相当于我国的相邻关系，主要包括：分界和围隔、围墙、自然排水。由于自然不动产役权为自然需要的结果，故其与法定不动产役权及协议不动产役权不同，不会导致任何的补偿，这一原则的立法理由是：当事人不应为自然界承担责任。当然，并非任何情形当事人都不承担补偿责任，《法国民法典》第641条第2款规定："如因利用雨水或疏导排水加重第640条所指的水流下排之自然役权，对低地位土地的所有权人应当给予补偿。"这就是一种例外。

（2）法定不动产役权。为公共利益、市镇行政区利益，或者个人利益，按照法律的直接规定可以设定不动产役权，此为法定不动产役权。[2]它主要包括：共有分界墙和分界沟、某些建筑应当留有的距离与中间设施、对相邻人的财产的眺望、檐滴、通行权。

（3）约定不动产役权。由诸所有权人之间的约定而产生的不动产役权，相当于我国《民法典》上的不动产役权制度。

从民法典的编纂体例看，《法国民法典》采纳的是教科书式的《法学阶梯》模式，这一点不仅体现在整部民法典的篇章体系结构上，对不动产役权的影响也是非常清楚的。从上述优士丁尼《法学阶梯》关于不动产役权的规定来看，不动产役权与相邻关系是不分的，相邻关系属于不动产役权。《法国民法典》直接将其移植过来。当然，《法国民法典》在制定不动产役权制度时，也考虑到了本国的地理环境、历史传统等。因此，法国民法并不区分不动产役权与相邻关系，将相邻关系作为不动产役权加以规定。

由于《法国民法典》规定的不动产役权包含的范围太广，在如此众多的不动产役权中抽象出共性是非常困难的，这使得法国学者对不动产役权的性质争论颇多。学界存在不动产役权是所有权的"限制"与不动产役权是财产

---

[1]　《法国民法典》第637条。

[2]　参见尹田：《法国物权法》，法律出版社1998年版，第413页。

更好的利用、"不动产役权固定不变"与"不动产役权应当发生变化"以及"不动产役权具有持久性"与"不动产役权具有暂时性"等相对立的学说。同时，在农村不动产役权与城市不动产役权、私人的不动产役权与公众的不动产役权、设定不动产役权的法律与协议，以及时间对不动产役权产生的两种不同效力（权利取得与权利消灭）之间，均存在不小的争议。法国不动产役权的性质显得复杂和"深奥"。[1]

当然，法国通过判例的方式发展了相邻关系，在司法实践中，对相邻关系与不动产役权作了区分。"对于所有人或者占有人而言，存在着一种不对邻人造成过分干涉的特殊义务。"[2]这种义务基于相邻关系而产生，某一不动产的所有人——他有权这样做——选择了某种特定的方式使用某财产，他造了一建筑物，设立了一个工厂并安装开动了机器。在此情况下，其邻居们遭受了或多或少的不适，建筑物的阴影使得邻人的院子成了"井底"，产生了烟尘，或恶臭，或噪音，判例认为："上述不适的制造者应当向受害者赔偿损失，如果这些不适超出了相邻关系产生的正常不便。"[3]《法国民法典》虽然将相邻关系作为法定不动产役权而存在。但是，尹田教授在其《法国物权法》一书中，对相邻关系和地役权分别进行了介绍。相邻关系主要涉及分界和围隔、围墙、种植、光照与眺望以及被围土地的通行权。地役权制度可以对相邻关系作出限制，如围隔。[4]法国民法学家泰雷（Francois Terre）、森勒尔（Philippe Simler）在《法国财产法》一书中也分别对"相邻关系"和"地役权"进行了研究，在所有权部分研究相邻关系，而在分解的所有权部分研究地役权。[5]所以，《法国民法典》确立的不动产役权制度开始解体，司法实践和民法理论朝着德国民法的方向发展。

---

〔1〕 参见尹田：《法国物权法》，法律出版社 1998 年版，第 401 页。

〔2〕 参见 [法] 雅克·盖斯旦、吉勒·古博：《法国民法总论》，陈鹏等译，法律出版社 2004 年版，第 710 页。

〔3〕 参见 [法] 雅克·盖斯旦、吉勒·古博：《法国民法总论》，陈鹏等译，法律出版社 2004 年版，第 709 页。

〔4〕 参见尹田：《法国物权法》，法律出版社 2009 年版，第 390 页。

〔5〕 参见 [法] 佛朗索瓦·泰雷、菲利普·森勒尔：《法国财产法》，罗结珍译，中国法制出版社 2008 年版，第 352~414、1007~1077 页。

（二）《德国民法典》关于不动产役权与相邻关系的规定

《德国民法典》在"所有权的内容"一节对相邻关系作了规定，在立法上，将不动产役权与相邻关系作了分别立法，单列不动产役权一节，对不动产役权与相邻关系进行了明确的界分。

虽然《德国民法典》对相邻关系与不动产役权作了明确区分，但目前德国的相关立法、判例及学者对此问题的论述显示，不动产役权与相邻关系之间的区分并不是绝对的。譬如，有的德国学者在论述不动产役权时，提出了不动产役权的法定特殊形式，即必要通行权（《德国民法典》第917条以下），或者各州法上的必要管线导引权（比如《巴登-符腾堡州相邻关系法》第7e条）。对法定特殊不动产役权，部分准用《德国民法典》第1018条以下之规定。[1]所以，法定特殊不动产役权是因法律规定产生的不动产役权，从产生上看，它与其他相邻关系一样。但除此之外，应适用不动产役权的规定。因此，德国民法上的相邻关系与不动产役权虽然有明确区分，但在司法实践及有关州的立法中，不动产役权与相邻关系并不是泾渭分明的。

《德国民法典》明确区分不动产役权与相邻关系，所以，德国学者对不动产役权问题的争论远没有法国学者激烈。例如，《德国民法典》第924条规定了相邻权的无时效性，故法国学者对不动产役权是否具有永久性的争论，在德国就不存在。《法国民法典》虽然不承认相邻关系与不动产役权的区分，但司法实践的做法已经发生了动摇，走上了德国式的道路。这从一个侧面说明德国民法对不动产役权与相邻关系的处理远胜法国民法一筹。

《德国民法典》对不动产役权与相邻关系的处理，直接影响了《瑞士民法典》《日本民法典》及我国台湾地区"民法"。这些民法典对相邻关系与不动产役权也作了明确区分。要论证《德国民法典》对不动产役权与相邻关系的处理为什么有如此大的影响，而很少有国家走上法国式的道路，只能从相邻关系与不动产役权的差异出发，从不动产役权具有独立的存在价值出发，寻找答案。

---

〔1〕　参见［德］鲍尔、施蒂尔纳：《德国物权法》（上册），张双根译，法律出版社2004年版，第710页。

（三）我国《民法典》对不动产役权与相邻关系的处理

2007 年我国《物权法》引入地役权制度，地役权作为一个全新的法律概念被移植过来，由此产生了相邻关系与地役权之间的关系问题。

《物权法》颁布之前，虽然有的人认为，我国《民法通则》规定的相邻关系包含了不动产役权的内容，但多数学者认为，我国《民法通则》并没有规定不动产役权，仅对相邻关系作了规定。《民法通则》第 83 条规定："不动产的相邻各方，应当按照有利生产、方便生活、团结互助、公平合理的精神，正确处理截水、排水、通行、通风、采光等方面的相邻关系。给相邻方造成妨碍或者损失的，应当停止侵害，排除妨碍，赔偿损失。"可见，《民法通则》不但没有规定不动产役权，而且对相邻关系的规定也较为粗糙、单薄。

最高人民法院按照该条的规定，在司法实践中发展了相邻关系的主要类型：[1]①相邻一方土地的施工临时占用权。相邻一方因修建施工临时占用他方使用的土地，占用的一方如未按照双方约定的范围、用途和期限使用的，应当责令其及时清理现场，排除妨碍，恢复原状，赔偿损失。②自然流水权。一方擅自堵截或独占自然流水影响他方正常生产、生活的，他方有权请求排除妨碍；造成他方损失的，应负赔偿责任。③排水权。相邻一方必须使用另一方的土地排水的，应当予以准许；但应在必要限度内使用并采取适当的保护措施排水，如仍造成损失的，由受益人合理补偿。相邻一方可以采取其他合理的措施排水而未采取，向他方土地排水毁损或者可能毁损他方财产，他方要求致害人停止侵害、消除危险、恢复原状、赔偿损失的，应当予以支持。④通行权。一方必须在相邻一方使用的土地上通行的，应当予以准许；因此造成损失的，应当给予适当补偿。对于一方所有的或者使用的建筑物范围内历史形成的必经通道，所有权人或者使用权人不得堵塞。因堵塞影响他人生产、生活，他人要求排除妨碍或者恢复原状的，应当予以支持。但有条件另开通道的，也可以另开通道。⑤滴水权。处理相邻房屋滴水纠纷时，对有过错的一方造成他方损害的，应当责令其排除妨碍、赔偿损失。⑥相邻一方在自己使用的土地上挖水沟、水池、地窖等或者种植的竹木根枝伸延危及另一

---

〔1〕 参见《最高人民法院关于贯彻执行〈中华人民共和国民法通则〉的若干问题的意见（试行）》第 97～103 条的相关规定。

方建筑物的安全和正常使用的，应当分别情况，责令其消除危险，恢复原状，赔偿损失。

我国《民法通则》规定的相邻关系是对所有权的最低程度的限制，也是对财产自由权的限制，这种限制应当由法律作出明确规定。但是，我国的法律却没有对其明确化，这不利于处理因相邻关系发生的纠纷，致使相邻关系在协调权利冲突方面发挥不了应有的作用。因此，人民法院根据司法实践创设了不同类型的相邻关系，这虽然为司法实践处理该类问题提供了法律基础，但是法院负担起创设法律的功能，并且由司法解释来限制权利，妥适性值得思考。

2007年之《物权法》规定了不动产役权，也规定了相邻关系。从《物权法》的规定来看，不动产役权规定在用益物权部分，在性质上属于用益物权；相邻关系规定在所有权部分，在性质上属于所有权的内容。性质不同的不动产役权与相邻关系貌似没有联系，其实不然。作为调整相邻不动产之利用的制度，功能上的相似性又拉近了二者的距离。从我国《物权法》来看，相邻关系之规定属于最低限度的对相邻不动产利用的限制性规定，甚至是双方"互役"；不动产役权则是对相邻不动产之超过必要限度的使用，因当事人之间约定产生，其可以对相邻关系之规定作出限制或者扩展。前者如甲与乙相邻，双方约定，甲可以建设影响了乙采光、通风的高层建筑，但甲给予乙补偿。后者如甲与乙约定，乙可在甲之建设用地上拓展供通行的道路。我国《民法典》沿袭了这一规定，相邻关系与不动产役权之间的关系同于《物权法》。

当然，相邻关系是对所有权的限制，相邻关系类型化立法之后，我们又必须面对另外的困难：所有权是不是仅受法律明确规定之相邻关系的限制？对于法律没有规定但确实有必要对不动产作出限制的情形，是否可以类推适用关于相邻关系的规定？如果从保护所有权的角度出发，所有权仅受来自法律明确规定的相邻关系的限制，如果法律没有作出规定，所有权将不受任何限制；如果从利益衡量的角度来说，所有权是否应受限制，主要在于相邻关系保护的权利所得利益是否大于相邻一方因负担该义务而遭受的损失，在前者大于后者时，所有权受到来自非法定的相邻关系的限制符合经济效率；反之，则否。因此，上述问题的答案应属立法政策衡量的范畴。

三、不动产役权与相邻关系划分的理论基础

（一）学术界关于不动产役权与相邻关系划分的争论

1. 相邻关系说

相邻关系说认为，就我国而言，法律应明确赋予相邻权以天然附属于不动产利用提供方便的从属性物权效力，包括两方面内容：一为从属于不动产自身法定的自然权利（原来狭义上的相邻关系的内涵）；二为不排除不动产使用人双方在此基础上的约定并经登记来强化该从属性物权效力（即一般意义上的不动产役权内容），从而建立起以相邻关系吸收不动产役权并明确赋予相邻关系从属性物权效力的物权立法模式。其基本理由有如下几点：[1]首先，不动产役权与相邻权调整范围的一致性。不动产役权就其基本内涵来讲与相邻权并无实质不同，亦即为自己不动产之便宜而使用他人所有或使用的不动产或对他人所有或使用的不动产的特定使用方式进行限制的权利。其次，制度的选择，首先要符合本国的民情和习惯。这样才容易被本国民众理解和接受，才容易培养人们对法律的自觉遵守、自觉完善的法治环境。我国古代法上有"不动产役权"调整之内容，但无不动产役权制度之传统，而对此使用"相邻"关系的概念并不陌生。再次，实践告诉我们，脱离习惯引进不动产役权制度不会成功。"不动产役权之设定究有多少，难以确知，但应属不多。"[2]最后，不动产役权也有自身不易被人们接受之弱点：①不动产役权成立的程序过于复杂；②严格意义上的不动产役权制度以需役不动产的便利为必要，大大限制了其适用范围，诸如采矿权、不动产用益役权、动产使用、消费借贷、租赁等新的制度逐渐从役权制度中独立出来，不动产役权制度呈现出衰落趋势；③不动产役权起源于相邻关系之调整。

相邻关系说有以下不足：

首先，不动产役权与相邻关系虽然在很多方面是一致的，例如，相邻土地的排水关系，相邻关系作为法定调整方式加以控制，不动产役权也可以进行调整；再如，相邻土地的通行关系，相邻关系和不动产役权也都可以进行

---

〔1〕 参见彭诚信：《相邻权与地役权的物权立法选择》，载《私法研究》2001年第1期。
〔2〕 参见王泽鉴：《民法物权》(1)，中国政法大学出版社2001年版，第26页。

调整。但是，当事人可以自由约定不动产役权的具体内容，这种约定可能会与相邻关系的类型发生重合，例如上述两种法律关系，但当事人完全可以约定相邻关系类型之外的不动产役权类型，所以不动产役权与相邻关系的调整范围并不总是一致的。

其次，相邻关系是法律出于社会利益的考量而对相邻土地作出的最低限度的限制，但当事人可以出于自身利益的考量而超越这个限度作出另外的约定。所以，它们二者存在的制度依据并不相同：前者的立法依据是社会利益，后者的依据则是自身利益。正因相邻关系保护的是社会利益，所以原则上当事人不能约定排除法律对相邻关系的规定。

再次，民情和习惯固然重要，但民情和习惯有正确与错误之分，有好习惯也有坏习惯，且随着社会的发展，习惯也要扬弃。我国经历了长期的封建社会，私权神圣的观念并未形成，当事人的意志被排斥在法律之外，而国家对所有权的干预却是无处不在。因此，我国古代法上对"相邻"关系的概念并不陌生，这是我们的习惯。从古至今，我国对相邻关系并不陌生是正确的：但是，从清末变法图强以来，我国社会制度、经济制度、政治制度、思想观念等都发生了剧烈嬗变，不动产役权早就被引入我国，且培植成功。[1]因此，保持单一的相邻关系的习惯随着社会的发展已变成了我们追求进步的羁绊，这样的习惯只能舍弃而不能作为论证问题的论据。

又次，相邻关系说认为不动产役权制度在我国台湾地区设立的并不太多，原因在于"脱离习惯引进不动产役权制度不会成功"，但是正如苏永钦教授所言，台湾地区不动产役权制度之所以遭到冷遇，主要原因在于不动产役权登记的困难，笔者非常赞同这种看法。这是因为，不动产役权最能反映当事人的意志，其具体内容由当事人约定，这不方便登记，但我国台湾地区却又采纳登记生效主义，所以不动产役权登记制度流于形式，当事人登记设定不动产役权的数量自然会少。

最后，如前所述，任何一种法律制度都是有缺陷的，没有缺陷的、完美的法律制度仅存在于人们美好的想象之中。不动产役权也是一样，它确实存在很多缺陷，但我们可以不断改进这些缺陷，从而进一步完善它，我们不能

---

[1] 我国台湾地区地役权制度的存在可以作为明证。

因不动产役权制度存在一些缺陷就否定它存在的价值。

2. 不动产役权说

不动产役权说以《法国民法典》《意大利民法典》为立法例，认为我国在制定《民法典》时，应当将相邻关系纳入不动产役权的范畴，由不动产役权统一调整，在法定不动产役权与协议不动产役权的基础上构筑不动产役权制度。依此，我国未来的物权法中的不动产役权分为法定不动产役权与约定不动产役权。法定不动产役权实际上就是相邻关系；约定不动产役权实际上就是《德国民法典》中的不动产役权。

这种观点虽然有立法例可以遵循，但不能为我国所采纳，这是因为：其一，《法国民法典》制定之时，自由主义处于兴盛时期，罗马法上曾经出现的"权利应受限制的思想"受到压制，所以，《法国民法典》不可能明确规定相邻关系是所有权的内容、是对所有权的限制，否则，与其宣称的私权神圣格格不入。因此，在当时的历史条件下，将相邻关系置于不动产役权之中，作为不动产役权的一种从权利的角度进行立法，将所有权负担的义务——相邻关系作为权利进行规定，在当时的大背景下，是合适的。但是，在权利本位为主体，而社会本位为辅的现代社会，这种做法是否仍有其合理性有进一步思考的空间。其二，《法国民法典》虽然承认法定地役权与意定不动产役权的划分，但现在司法实务界与理论界都承认相邻关系的概念，这至少从另一个方面说明用不动产役权来统领相邻关系与不动产役权是不合适的。其三，我国没有法定不动产役权的传统。从清末立法开始，我国就走上了相邻关系与不动产役权并存的道路，中华人民共和国成立后颁行的《民法通则》中第83条明确规定了相邻关系，而没有关于法定不动产役权的规定。最后，虽然不动产役权与相邻关系在功能上具有相似性，但它们之间在很多方面存在明显的区别，不动产役权统一说忽视了相邻关系与不动产役权的区别。

3. 不动产役权与相邻关系并存说

不动产役权与相邻关系并存说认为，我国《民法典》中不仅应当规定相邻关系，而且应当规定不动产役权。持这种观点的学者理由如下：其一，《德国民法典》将相邻关系与不动产役权作了明确区分，《瑞士民法典》《日本民法典》继之，有立法例可以遵循。并且，我国台湾地区"民法"也采纳了这种做法，我国有明确区分相邻关系与不动产役权的传统。其二，不动产役权

和相邻关系是有区别的，不能将不动产役权与相邻关系混同，我国《民法典》必须正视这种区别：[1]

（1）相邻关系与不动产役权的本质是不同的。相邻关系在本质上是对所有权的限制或延伸，是所有权的内容。不动产役权在本质上是物权，是用益物权而不是所有权的内容。

（2）是否需要通过当事人的约定来设立不同。相邻关系是法律为了维护社会生活的正常秩序而对另一方的所有权或使用权实施必要的限制而产生的，换言之，相邻关系是因法律规定产生的。不动产役权则是由当事人约定产生的。从上引德国学者的论述中我们可以得出，至少在德国，法律创设不是相邻关系与不动产役权的根本区别；至于法国、意大利等国家明确承认法定不动产役权，更说明在这些国家法律创设不是不动产役权与相邻关系的根本区别。我国学者将不动产役权与相邻关系是否通过法律创设作了泾渭分明的区分，并且将其作为二者区别的重要依据，这是否合适，值得研究。德国判例及地方立法之所以将通行权等作为法定不动产役权，一个重要的原因是考虑到它们主要适用关于不动产役权的规定，且这些都是关于"权利"的规则，与相邻关系作为"所有权的限制"的本质不符。

（3）是否需要通过登记。相邻关系不是独立的物权，不需要登记。不动产役权是用益物权，需要登记。

（4）在提供便利的内容上有区别。根据相邻关系的规定，法律要求一方必须为另一方提供便利，这种便利实际上是他人为了使自己的权利得到正常的行使，或者使自己能够维持正常的生活和生产，从而对相邻的另一方提出了提供便利的最低要求。不动产役权设立的目的并不是为了满足不动产权利行使过程中的最低要求，而是为了使自己的权利得到行使，而对对方提出了更高的提供便利的要求，对他们的不动产将要作出较大的限制。这种便利的获得是为了使自身获得更大的权利和利益，这并不意味着不提供这种便利，自己的不动产权利就不能得到行使。

（5）相邻关系强调相邻，不动产役权不一定相邻。

（6）相邻关系是事后发生作用，即发生纠纷以后才适用，在性质上属于

---

〔1〕　参见王利明：《物权法论》，中国政法大学出版社2003年版，第501～505页。

裁判规范。而不动产役权通常是事先通过订立合同的方式来加以约定，从而能够将未来可能发生的纠纷事先作出安排，而相邻关系常常是双方很难通过合同来作出安排的。

（7）相邻权的取得都是无偿的，而不动产役权的取得大多是有偿的。正是由于这些不同，不动产役权与相邻关系在调整不动产之间关系上的地位和作用也逐渐形成了合理的分工，不能以其中的一个作为反对另一项制度的理由。因此，我国《民法典》效仿《德国民法典》，规定相邻关系与不动产役权两种不同的制度。

（二）不动产役权与相邻关系进行明确划分的必然性

从上文对罗马法、法国法以及德国法的分析至少可以得出"德国法对相邻关系与不动产役权的处理远胜法国法一筹"的结论。并且，从理论上讲，不动产役权与相邻关系确实存在很多差异，并且这些差异是根本性的。

《十二表法》对相邻关系就作了规定，它是法定的义务，是土地的负担；《法国民法典》制定之时，自由主义正处于兴盛时期，罗马法上曾经出现的"权利应受限制的思想"受到压制，所以《法国民法典》不可能明确规定相邻关系是所有权的内容，而是将相邻关系置于不动产役权之中，作为不动产役权的一种作了规定。《德国民法典》诞生在垄断资本主义的形成阶段，绝对的自由主义思想受到挑战，所有权应当承担义务的思想渐渐深入人心，而义务本身已经成了所有权的内容，相邻关系作为对所有权的限制，自然就成了所有权的内容。所以，不论是法国法还是德国法，它们对相邻关系与不动产役权的处理，都符合它们所处的时代的要求，站在历史的角度衡量，无法判断它们的优劣。但是，《法国民法典》在财产所有权中只体现了所有权个体方面，而所有权社会方面，即公共利益所指向的方面则在财产使用中有所体现。[1]今天主张社会本位修正了权利本位，实际上是继续了《德国民法典》开创的道路，并且在它的基础上更进一步。因此，在一个社会义务充斥于民法典的时代，相邻关系是所有权的内容的观点更符合社会现实。

相邻关系中，所有人的义务，恰恰就是另一个人的权利。相邻关系是对一方所有权的限制，这就是与之相对一方的权利，这种权利因法律的规定而

---

〔1〕 参见［德］G. 拉德布鲁赫：《法哲学》，王朴译，法律出版社 2005 年版，第 143 页。

产生。相邻关系限制了所有权，但它又使所有权的内容增加了，因为法律同时也限制了别人的所有权。但不动产役权就是另外的情形了，不动产役权的设立，使一方的物权显著增加，受限的一方并没有使自己的物权增加，他最多不过取得契约之债权。

当然，不动产役权与相邻关系并存，作为一项独立的法律制度，根本原因还是在于其有独立的制度价值，此乃不动产役权存在的生命，也是不动产役权制度存在的根本目的。所以，从权利构造上看，地役权不同于相邻关系，具有独立的法律地位。[1]

第三节　相邻关系与不动产役权之间的关系

一、认定不动产役权与相邻关系之关系的困难所在

我国《物权法》在 2007 年引入了不动产役权概念，将不动产役权作为一种用益物权，又在所有权部分规定了相邻关系。因此，我国关于不动产役权的立法模式显然采纳了以德国为代表的分离主义立法例，明确区分不动产役权与相邻关系。并且，为了有效区分不动产役权与相邻关系，我国及日本学者在论述不动产役权或者在论述相邻关系的时候，都会对不动产役权与相邻关系的不同进行详细说明，它们之间的差别是本质上的。但是，不动产役权与相邻关系之间还是存在某种内在联系的，正是因为如此，《法国民法典》才会将相邻关系规定为法定不动产役权，德国理论界才会承认通行权这一法定特殊形式的不动产役权。只是要把握二者之间的关系存在一定的难度。

（一）功能上的相似性是二者难以划清界限的重要原因

早在罗马法时期，人们就已经认识到，对不动产所有权的绝对性必须给予必要的限制，以避免所有人绝对行使其权利而妨碍其他土地所有人的权利。所以，罗马法《十二表法》第七表就是通过相邻关系对土地所有权的行使进行了限制，以德国为代表的国家也都以相邻关系来限制不动产所有权的行使。作为一种限制物权，不动产役权是对所有权的限制，能够有效调节土地所有

---

〔1〕　参见常鹏翱：《回归传统：我国地役权规范的完善之道》，载《清华法学》2018 年第 5 期。

人之间因不动产的利用发生的冲突。因此，不动产役权与相邻关系都有调整不动产利用的功能，差别在于：相邻关系的创设旨在使相邻各方存在于不动产之上的权利行使得以正常化，使物尽其应有的惯常效用，维持正常的生产、生活秩序，保障基本的社会生活，借此保证公益的实现。而不动产役权设定的目的并不是为了满足自己土地的惯常效用，而是要在现有惯常效用的基础上，增加自己土地的利益。不动产役权是对相邻关系的一种"度"的突破。[1]因此，相邻关系与不动产役权都具有调整不动产利用的功能，二者在功能上具有相似性，这正是难以明确区分不动产役权与相邻关系的根本原因。

（二）具体类型的相似性进一步混淆了二者之间的区别

不论将相邻关系作为所有权的限制或者延伸而将其视为所有权的内容，还是将相邻关系作为法定不动产役权，作为对不动产利用的最低限度的调整，各国法律对相邻关系的具体类型都作了较为详细的规定。虽然很多国家对不动产役权的具体类型未作任何规定，但正因二者在功能上的相似性，导致不动产役权的具体类型与相邻关系的具体类型基本类似，甚至可以说，相邻关系的类型就是不动产役权的类型。

二、从功能论的角度看，不动产役权与相邻关系之间的关联性

相邻关系在本质上是所有权的内容，是所有权的限制或延伸。法律规定相邻关系旨在达到物尽其用，维护正常的基本生活、生产关系，相邻关系只是对相邻不动产的利用所作的最低限度的调节，只能满足土地所有人为自己土地使用方便而利用邻人土地的最低限度。因此，未达到必要利用的程度，相邻关系无适用空间。此时，为使用自己土地便利而使用他人土地可以通过两种途径解决：其一，通过合同调整，即通过债权利用权利用相邻土地；其二，通过物权调整，即通过不动产役权利用相邻土地。因此，设定不动产役权就有"补充"相邻关系不足的功能。这种功能决定了相邻关系的主要类型也就是不动产役权的主要类型，主要包括通行、引水、排水等。

物权法定原则实际上限制了当事人的意思自治，然而从各国法律规定来看，各种不动产役权的具体内容是不同的，它能够充分体现当事人的意志，

---

[1] 参见崔建远主编：《我国物权立法难点问题研究》，清华大学出版社 2005 年版，第 196 页。

所以，在所有的用益物权中，不动产役权最能体现当事人的意志。作为理性动物的人，在设定不动产役权时，往往从自己利益的最大化出发，因此不动产役权制度远比其他用益物权更具效益性。甚至在特殊情况下，相邻关系可能反而造成资源效益的降低，此时设定排除相邻关系的不动产役权，又有修正相邻关系的功能。[1]当然，不动产役权"修正"相邻关系不能违背公序良俗，否则无效。

三、不动产役权与相邻关系在类型上的关联性

（一）相邻关系具体类型的差异

1. 德国民法上相邻关系的主要类型

《德国民法典》规定的相邻关系的具体类型包括：①对超过法定范围的"不可量物"侵入的排除请求权；②对邻地上有危害威胁的设施的除去请求权；③要求相邻权人排除其土地上可能对自己造成危险的建筑物的权利；④限制邻地挖掘的权利；⑤对邻地伸入的树木枝根的权利；⑥自落的果实属于土地；⑦越界建筑；⑧通行权；⑨疆界。[2]同时，在司法实践中，以通行权为基础，发展出必要的能源供应管道权。[3]

2. 日本民法上相邻关系的主要类型

《日本民法典》规定的相邻关系的类型主要包括：①邻地进入权；②围绕地通行权；③自然排水的容忍义务；④疏通工事权；⑤预防工事请求权；⑥雨水泄注的禁止；⑦水流变更权；⑧污水排泄权；⑨流水用工作物的使用权；⑩堰的设置、利用权；⑪界标、围障设置权；⑫疆界线上的物；⑬共有墙；⑭越界竹木；⑮疆界线附近的建筑、挖掘。

因此，从德国、日本等国家的规定来看，相邻关系的具体类型存在一定差异。其实，这种差异性集中体现在欧陆国家的民法与东亚地区的民法之间。例如，在德国，相邻权设立的目的是尽可能地确保相邻人之间的和睦关系，法律关于相邻权的规定是在为相邻关系提供一个"理智的界限"。所以，德国

---

〔1〕　参见苏永钦：《重建役权制度——以地役权的重建为中心》，载苏永钦：《走入新世纪的私法自治》，中国政法大学出版社 2002 年版，第 250 页。

〔2〕　参见孙宪忠：《德国当代物权法》，法律出版社 1997 年版，第 196~197 页。

〔3〕　参见〔德〕M. 沃尔夫：《物权法》，吴越、李大雪译，法律出版社 2004 年版，第 167 页。

法上的相邻权是因为权利人所处的自然位置而自然产生的权利。[1]而以日本为代表的东亚地区，相邻关系的类型非常庞杂，列举非常详细。

3. 东亚地区重视相邻关系的原因分析

东亚地区对相邻关系格外重视，究其原因在于：东亚地区从历史上来看就有相邻关系调整不动产利用的传统，而不动产役权作为舶来品并不受重视。相比较而言，东亚地区远较德国重视相邻关系，东亚地区的相邻关系法非常发达，相邻关系在很大程度上代替了不动产役权发挥调节不动产利益的功能。并且，东亚地区以团体为本位（以家族为本位）的思想根深蒂固，个人自由的阳光刚刚照耀这片土地，却很快就受到热衷于权利限制的思想的钳制。我们认为，相邻关系是一种基于相邻而产生的权利义务关系，"相邻"并非一定相互毗邻，远距离的不动产也可能受到相邻法的调整，只要其不动产的影响能够延伸到远距离的不动产。[2]可见，相邻关系强调不动产的自然位置对私法的影响。因此，相邻关系的类型主要是相邻不动产的分界、自然之水的排泄等，并不强调供役不动产与需役不动产，相邻关系中也不区分何为供役不动产、何为需役不动产。因此，日本民法中规定的很多相邻关系的类型实际上包含了法定不动产役权的内容。

（二）法定特殊形式的不动产役权

在德国，法定通行权之供役不动产与需役不动产的区分非常明显，因此，通行权虽然属于相邻关系的范畴，但德国学者却认为通行权以及司法实践中的必要管线引导权"这属于一种法定特殊形式的不动产役权"，部分准用《德国民法典》关于不动产役权的规定。[3]在英美法中，不动产役权可依当事人的意志而产生，也可依法律规定而产生。[4]意大利民法也承认强制不动产役权，即依照法律的规定，土地的所有权人有权在他人土地上设定不动产役权。[5]《日本民法典》中规定的很多相邻关系，例如通行关系等也属于这种法

---

〔1〕 参见孙宪忠：《德国当代物权法》，法律出版社 1997 年版，第 196 页。

〔2〕 参见［德］M. 沃尔夫：《物权法》，吴越、李大雪译，法律出版社 2004 年版，第 154 页。

〔3〕 参见［德］鲍尔、施蒂尔纳：《德国物权法》（上册），张双根译，法律出版社 2004 年版，第 710 页。

〔4〕 Diane Chappelle, *Land Law*, Longman UK Ltd., 1992, p. 236.

〔5〕《意大利民法典》第 1032 条，参见费安玲等译：《意大利民法典》，中国政法大学出版社 2004 年版，第 253 页。

定特殊形式的不动产役权。我国《民法典》第291条规定的通行关系、第292条规定的管线铺设关系也属于这种法定特殊形式的不动产役权，除适用相邻关系的规定外，应当准用不动产役权的有关规定。

（三）不动产役权的类型与相邻关系的类型

既然不动产役权是相邻关系的度的突破，那么，在具体类型上，不动产役权的类型不过是相邻关系的类型的进一步发展。很多学者认为，相邻关系的类型也就是不动产役权的类型。我们赞同此种观点，相邻关系是一种权利义务关系，不强调供役不动产与需役不动产，但并不排除受限制的不动产与受限制不动产的对方，它们在法律地位上非常类似于供役不动产与需役不动产。且在多数情况下，不动产役权的成立是以相邻关系为基础的。[1]但是，不动产役权的类型却不限于相邻关系的类型，这不仅从不动产役权的历史观察中可以得到印证，从不动产役权与相邻关系相互联系的角度观察，答案也是一样的。[2]

1. 与相邻关系的类型一致的不动产役权

各国民法多规定了用水、排水、通行、铺设管线、通风、采光、日照以及禁止不可量物侵入等多种类型的相邻关系。如此一来，民事主体可以设定用水、排水、通行、铺设管线、通风、采光、日照以及禁止不可量物侵入等类型的不动产役权。但是，并非任何类型的相邻关系都有相对应的不动产役权类型。例如，在越界建筑中，可能的私法调整则为被越界土地所有人与越界土地所有人为移去或变更建筑物的约定，就此显然已经超过土地间的"便宜之用"而无法设定不动产役权。[3]

2. 排除相邻关系的不动产役权

相邻关系是所有权的内容，相邻关系的规定当事人可否通过约定而排除其适用？对此，不同国家和地区立法及学术界所持态度并不相同。

我国台湾地区"民法"规定的相邻关系是否可由当事人约定排除，存在

---

〔1〕 参见王卫国：《中国土地权利研究》，中国政法大学出版社1997年版，第217页。

〔2〕 在罗马法上，地役权的类型包括取土权等，它们就不是相邻关系。从功能论的角度观察，地役权是对相邻关系的"修正"，修正可能是补充，也可能是扩大或缩小。

〔3〕 参见苏永钦：《法定相邻权可否预先排除？》，载苏永钦主编：《民法物权争议问题研究》，清华大学出版社2004年版，第118页。

激烈的争论。1986 年台上字第 947 号判例谓:"'民法'第 787 条第 1 项所定之通行权,其主要目的,不仅专为调和个人所有之利害关系,且在充分发挥袋地之经济效用,以促进物尽其用之社会整体利益,不容袋地所有人任意预为弃。"[1]史尚宽先生认为:"然此等规定非强行规定,相邻人订立与此相异之债权契约者,自受其拘束。"[2]谢在全教授认为我国台湾地区"民法"关于相邻关系的规定"期使不动产均能物尽其用,以增进社会经济之公益,故因该项规定而享有利益者,不得预先抛弃"[3]王泽鉴教授认为,我国台湾地区"民法"关于相邻关系的规定,原则上非属强制性规定,主要理由在于:"民法关于相邻关系的规定旨在规范相邻土地所有人间利害冲突,虽涉及公益,多属间接,应容留当事人私法自治空间,自行调整其权利义务关系,较诸将其权利义务关系强行化,更能充分发挥土地的经济效用,以促进物尽其用的社会整体利益。"[4]苏永钦教授也认为,相邻关系规定的内容虽多为"不得"或"应",其性质真正属于行为禁制规范者毕竟还是少数,大多数规定仅属单纯物权调整规范,当事人如为相异约定,虽仍可能因其他原因而不生法律效力,至少不是因违反强行法而无效。[5]因此,在我国台湾地区,学术界的主流观点认为,有些相邻关系的规定并非强制性的,当事人可以通过设定不动产役权而加以排除。但是,当事人可以排除哪些相邻关系的规定,就很有深入研究的价值。

《德国民法典》虽然没有对当事人能否约定排除相邻关系的规定作出明确规定,但我们认为,《德国民法典》关于相邻关系的规定,当事人通常是可以约定排除的,主要原因在于:

第一,《德国民法典》是极力排除公法对私法过分干涉的,因此相邻关系虽然是法定的权利义务关系,但这些规定并不具有公法规范的强制性,也就是说,私法上的相邻关系是在民法的框架内解决不动产的利用冲突。德国著名法学家沃尔夫指出:"在相邻领域的妨害通常只直接妨害到居民的利益,可

---

〔1〕 转引自王泽鉴:《民法物权》(1),中国政法大学出版社 2001 年版,第 212 页。

〔2〕 参见史尚宽:《物权法论》,中国政法大学出版社 2000 年版,第 87 页。

〔3〕 参见谢在全:《民法物权论》(上册),中国政法大学出版社 1999 年版,第 172 页。

〔4〕 参见王泽鉴:《民法物权》(1),中国政法大学出版社 2001 年版,第 212~213 页。

〔5〕 参见苏永钦:《法定相邻权可否预先排除?》,载苏永钦主编:《民法物权争议问题研究》,清华大学出版社 2004 年版,第 116 页。

以让单个的人自己决定是否以及如何保障其权利，这里没有涉及足够的公共利益。因此，在这种场合，最好由私法调整。"〔1〕鲍尔、施蒂尔纳这二位著名的法学家也认为："不动产役权可服务于对相邻关系的具体构造，比如可由此而扩大可允许侵入之范围，或对侵入范围进行限制。"〔2〕因此，属于私人之间的相邻关系自然可以约定排除。

第二，《德国民法典》第1018条在对不动产役权界定时，对不动产役权的内容进行了勾画，不动产役权的内容包括：①使用对方土地；②一定的行为不得在该土地上行使；③某项权利的行使被排除。如果相邻关系的内容是限制一方使用对方的土地，当事人就可设定使用对方土地的不动产役权；如果相邻关系的内容是一方可以在另一方土地上实施某种行为，当事人就可设定排除该种行为行使的不动产役权；如果相邻关系的内容是某项权利的行使，则当事人可以设定排除某项权利行使的不动产役权。因此，从《德国民法典》关于不动产役权内容的规定来看，相邻关系的规定也是可以约定排除的。

第三，相邻关系中的有些规定，有时会牵扯到公众利益，其中不可量物的侵扰最为典型。例如，对水污染或大气污染所妨害到的受害者是无法用数字来统计的，大众的利益被侵害了。此时，当事人能否约定排除民法关于"不可量物的侵扰"的规定？对此，苏永钦教授认为，除了少数侵入与承受者都特定的情形，当气响的侵入涉及的范围往往较广，可能在一个大社区内会有多数侵入者与多数承受者，从而发生少数人的契约无法把所有成本效益内部化的问题，勉强为之，也可能产生相当高的交易成本。因此，苏永钦教授提出"团体契约"模式补充个人契约模式以解决诸如气响侵入之类涉及公众利益的相邻关系，通过"环境权"的交易来实现利益的最大化。〔3〕所以，在苏永钦教授看来，气响侵入类的相邻关系也是可以通过当事人的约定加以排除的，这符合经济效益的原则。但是，沃尔夫教授认为："纯粹的经济分析，正如经济分析法学家们所倡导的法律适用模式所表明的那样，将导致只考虑经济上的好处和更高的生产价值，从而损害无法用金钱衡量的、被市场经济

〔1〕　参见［德］M.沃尔夫：《物权法》，吴越、李大雪译，法律出版社2004年版，第168页。

〔2〕　参见［德］鲍尔、施蒂尔纳：《德国物权法》（上册），张双根译，法律出版社2004年版，第540页。

〔3〕　参见苏永钦：《法定相邻权可否预先排除？》，载苏永钦主编：《民法物权争议问题研究》，清华大学出版社2004年版，第117页。

体制所遗忘的环境利益。因此，公法可以将那些被市场忽略的利益作为公众利益而作为调整对象。"[1]在沃尔夫教授看来，气响等不可量物侵入的通常情况下，当事人可以通过约定排除民法关于相邻关系的规范，但是，当气响等不可量物的侵入涉及公共利益时，公法的调整就很有必要。我们认为，因气响侵入涉及的受害者众多，有时不可确定，"团体契约"中的"团体"代表的究竟是何人就很难确定。例如，在大气污染的情况下，虽然可以通过确定受污染地域的范围来确定受害者的大致范围，但人的流动性造成了实际人群的难以确定性。此时，从保护受害者、保护环境等角度出发，公法对不可量物侵入的介入是非常有价值的。但是，这些公法的介入并不能取代私法上的相邻关系的规定，它们是对相邻关系的公法修正，是以特别行政法的形式存在并对私人生活产生影响的，而民法上的相邻关系属于私法的范畴，当事人自然可以约定排除。因此，私法上的相邻关系因为属于"私"的范围，如果不可量物的侵入仅限于私人之间而无关公共利益，当事人自然可约定排除。近年来经济发展迅速，人口拥挤，公寓林立，住宅区内混杂商店工厂，资源过度利用，造成生活品质的恶化。为期改善，宜应加强公法规范。最近几年台湾地区陆续公布实施的"空气污染防治法""水污染防治法""噪音管制法""废弃物清理法"等环保法规，与土地相邻具有密切关系，在某种意义上可称为公法上相邻关系的规定。[2]这种公法上的相邻关系牵扯到公共利益，当事人自然不能约定排除。

3. 补充相邻关系的不动产役权

不动产之相邻关系相当复杂，我国《民法典》仅用 9 个条文对相邻关系做了勾画，规定极为简练，显然不能满足面积大且地理环境错综复杂的我国的实际需要。尤其在土地利用已由平面向空间发展之际，高楼大厦连云起，使得相邻关系更为参差错综，实有增加规定之迫切需要。[3]因此，增加新的相邻关系类型势在必行。但在修法之前，相邻不动产之所有人、用益物权人不妨设定不动产役权，以增进不动产的利用，并增加不动产的效用。

---

〔1〕　参见 [德] M. 沃尔夫：《物权法》，吴越、李大雪译，法律出版社 2004 年版，第 169 页。

〔2〕　参见王泽鉴：《民法物权》(1)，中国政法大学出版社 2001 年版，第 216 页。

〔3〕　参见谢在全：《民法物权论》（上册），中国政法大学出版社 1999 年版，第 173 页。

四、我国不动产役权与相邻关系的类型之间的关系

具体到我国《民法典》规定的各种相邻关系，是不是当事人都可约定排除并设定相应类型的不动产役权？我们认为，我国《民法典》关于相邻关系的规定，很多是不能约定排除的，但有些是可以约定排除的，究其原因在于：我国《民法典》在起草过程中，对公法上的相邻关系与私法上的相邻关系并没有进行明确区分，受到行政的干扰过大，将很多属于行政法调整的公法上的相邻关系也纳入《民法典》。例如，我国《民法典》第293条规定："建造建筑物，不得违反国家有关工程建设标准，不得妨碍相邻建筑物的通风、采光和日照。"而国家关于工程建设的标准恰恰就是公法，具有强制性，当事人不能约定排除。据此，在我国，违反国家有关工程建设标准的通风、采光和日照受相邻关系的调整，当事人不能设定违反国家标准的通风、采光和日照不动产役权，但可以约定设立高于国家标准的通风、采光和日照不动产役权。所以，在没有违反国家标准的范围内，当事人可以约定通风、采光和日照不动产役权或者禁止通风、采光和日照不动产役权。可见，必须对我国《民法典》规定的相邻关系的类型进行具体分析，以决定何种相邻关系可以被当事人约定排除。

（一）用水、排水权

按照《民法典》第290条的规定，不动产权利人应当为相邻权利人用水、排水提供必要的便利。对自然流水的利用，应当在不动产的相邻权利人之间合理分配。对自然流水的排放，应当尊重自然流向。如果自然流水涉及的主体特定，当事人自然可以约定排除，设定改变自然流水方向的不动产役权或债权性的权利。例如，两块相邻土地因自然流水的流向达成协议，处于高位置的土地不再将雨水流入低位置的土地，低位置土地的所有人给高位置土地所有人合理的对价，这时法律没有加以限制的理由。因此，当事人可以设定禁止排水、禁止用水的不动产役权。当然，当事人也可以设定超越相邻关系范围的用水、排水不动产役权。但是，自然流水，例如长江、黄河等大江大河，历史悠久，牵扯到社会公共利益，当事人就不能通过特别约定修改自然流水的方向。

（二）通行权

我国《民法典》第 291 条规定，不动产权利人对相邻权利人因通行等必须利用其土地的，应当提供必要的便利。当事人能否通过特约排除袋地通行权？对此，我国台湾地区学术界的争论非常激烈。我们认为，通行权牵扯袋地的通行，袋地所有人是否可以抛弃自己的通行权，或者将自己的通行权转让给提供承受通行的土地一方，属于私人利益问题，无关社会公共利益，即使体现社会公益，也是间接的。因此，通行权的规定是可以通过约定加以排除的。以相邻关系产生的通行权为基础，当事人约定可以产生以下两种不动产役权：①排除法定通行权之不动产役权；②扩大通行权之不动产役权。

（三）铺设管线权

我国《民法典》第 292 条规定，不动产权利人因建造、修缮建筑物以及铺设电线、电缆、水管、暖气和燃气管线等必须利用相邻土地、建筑物的，该土地、建筑物的权利人应当提供必要的便利。超越"必须利用"的范围，可以设定铺设管线不动产役权，也可设定禁止铺设管线之不动产役权。因此，须存在一个"必须利用"的判断标准。例如，甲承包了一处远离村庄的水库，为提高水库的经济价值，欲将电从村庄输送到水库。此时，需要经过乙、丙、丁三人的承包地，甲能否基于相邻关系取得架设电线的权利？如果不能，甲可设定何种类型的权利以满足自己的需要？如果能，甲可否与乙、丙、丁约定抛弃自己的权利而要求乙、丙、丁给予补偿？我们认为，在我国，"必须利用"的判断标准应当是当地通行的，即铺设管线在当地是通行的，才可构成必须利用。在上述案例中，如果当地通常认为应当为水库输送电力，甲即可依据"必须利用"基于相邻关系而取得铺设管线权，甲如果抛弃自己的权利，乙、丙、丁由此受益，应当给予适当的补偿。反之，甲可通过设定铺设管线不动产役权或债权利用权的方式使用他人土地。

（四）禁止不可量物入侵

我国《民法典》第 294 条规定："不动产权利人不得违反国家规定弃置固体废物，排放大气污染物、水污染物、土壤污染物、噪声、光辐射、电磁辐射等有害物质。"从该条的措辞来看，我国《民法典》严格禁止"违反国家规定的不可量物"侵入他人之生活。因此，凡违反国家规定排放的污染物因与国家的公法规范相抵触，[1]当事人不能约定排除该条款的适用，也即相邻当事人不能约定超过国家规定标准的不可量物侵入不动产役权。[2]如果不可量物的侵入超过国家规定的界限，当事人虽然不能设定不可量物侵入之不动产役权，但可以设定禁止不可量物侵入不动产役权。如果不可量物的侵入尚未达到违反国家规定的程度，当事人之间可以设定不可量物侵入不动产役权或者禁止不可量物侵入不动产役权以规制互相的生活空间。

---

　　[1]　《大气污染防治法》《水污染防治法》等都属于公法规范，当事人不能约定排除。
　　[2]　在德国等国家，不可量物的侵入是否适用相邻关系，采纳的判断标准是"当地是否通行"，也即不可量物的侵入如果是当地通行的，一般认为就是可以忍受的；反之，可以基于相邻关系要求不可量物制造者采取适当措施。在我国，不可量物的侵入是否适用相邻关系，采纳的判断标准是"违反国家规定"，体现了公法对私人生活的过多干预。

第六章

CHAPTER 6

不动产役权的内容

第一节　物权法定原则与不动产役权内容的关系

一、物权法定原则是不同国家和地区物权法普遍采纳的一项基本原则

我国《民法典》第 116 条规定："物权的种类和内容，由法律规定。"该条被称为物权法定原则，又被称为物权法定主义。《日本民法典》第 175 条规定："物权，除本法及其他法律所规定者外，不得创设。"我国台湾地区"民法"第 757 条、《韩国民法典》第 185 条也作了相同或近似之规定。《德国民法典》虽然没有明确规定物权法定原则，但理论与实务均认为物权法定原则是物权法的基本原则，已是不争的事实。[1]《德国民法典》没有明确规定物权法定原则的原因在于："物权类型的封闭性属于我国法律秩序中公理性质的基础理论。该理论根深蒂固地存在于法律人的意识中，以至于成为一个不言自明的理论。"[2]因此，在德国学术界，物权法定原则是一项公理性的原则，无需在法典中明确规定。瑞士、奥地利虽然也没有明确规定物权法定原则，然而判例学说肯定之。[3]因此，物权法定原则是大陆法系国家或地区物权法普遍遵循的一项基本原则。

---

〔1〕 参见［德］罗伯特·霍恩、海因·科茨：《德国民商法导论》，楚建译，中国大百科全书出版社 1996 年版，第 187 页。

〔2〕 参见［德］沃尔夫冈·维甘德：《物权类型法定原则——关于一个重要民法原理的产生及其意义》，迟颖译，载张双根、田士永、王洪亮主编：《中德私法研究》（2006 年第 2 卷），北京大学出版社 2007 年版，第 87 页。

〔3〕 参见谢在全：《民法物权论》，中国政法大学出版社 1999 年版，第 40 页。

二、物权法定原则内涵考察

（一）日本、我国台湾地区物权法定原则内涵考察

虽然从《日本民法典》、我国台湾地区"民法"关于物权法定原则的条文中，我们只能察知"物权的种类（类型）法定"，而不能当然得出结论认为"物权的内容法定"。但是，日本在学理解释上普遍认为，物权法定原则是指物权的种类和内容需由法律决定。[1] 可见，日本学者认为物权法定原则包括物权类型法定与物权内容法定，也即非依民法，或其他法律，不得创设新种类的物权，并不得变更物权之内容，盖变更内容，即间接创设新种类之物权也。[2] 我国台湾地区学者也多认为，物权法定主义者，乃物权之种类与内容，均以"民法"或其他法律所规定者为限，当事人不得任意创设之谓。[3] 所以，当事人不得创设物权是指当事人不能创设新的物权，新的物权只能由法律规定，但是当事人享有设立物权的自由，即当事人享有是否设定物权以及在物权法定的前提下选择设定何种类型的物权的自由。当事人的契约自由——确切地说，是契约内容形成的自由受到了限制。当事人虽然享有设立自由——仍可自由决定是否要设立一项物权，但有哪些类型的物权可供他们选择，以及这些物权具有哪些内容，则是由（多为强制性的）法律来规定的，当事人没有——即使有，也是极有限的内容形成自由。因此，在日本、我国台湾地区，物权法定原则包括物权类型法定与物权内容法定两个方面。

（二）德国物权法定原则内涵考察

《德国民法典》没有明确规定物权法定原则，但德国学术界始终认为，物权法定原则也属于物权法的一项基本原则。按照德国学者的看法："物权法中所有可能的物权性权利，都必须在法律中固定下来，此即所谓的类型法定原则。在类型法定原则之下，依类型法定原则所可能成立的权利，其内容至少在轮廓上须由法律强制性地予以确定，此即内容法定原则。"[4] 正如鲍尔、施

---

[1]　参见［日］近江幸治：《民法讲义 II 物权法》，王茵译，北京大学出版社 2006 年版，第 6 页。

[2]　参见［日］三潴信三：《物权法提要》（上、下卷），孙芳译，中国政法大学出版社 2005 年版，第 14 页。

[3]　参见谢在全：《民法物权论》（上册），中国政法大学出版社 1999 年版，第 42 页。

[4]　参见鲍尔、施蒂尔纳：《德国物权法》（上册），张双根译，法律出版社 2004 年版，第 7 页。

蒂尔纳正确指出的那样:"物权的内容由法律规定,但也不是可以无限度地予以规定的。"[1]国民也不想要整齐划一的、压制性的法律制度。法律过分僵硬的安排往往会剥夺当事人的创造能力而无法发挥物的应有价值。因此,在德国,内容强制并不是绝对的,而是指物权的内容的大体轮廓是法定的。例如,地上权的主要内容是为了在他人土地上建造并保有建筑物;除此之外的内容,由设定地上权的当事人根据意思自由自主决定。如此一来,地上权方能因满足不同主体的需求而具有更强的生命力。因此,《德国地上权法》在明确了地上权类型法定之后,接着对地上权的内容进行了轮廓式界定。但是,《德国地上权法》为了克服过分僵硬带来的不利后果,特别规定,当事人可以自由约定地上权的存续期间,甚至可以约定地上权不得抵押等。可见,物权内容的法定并不是绝对的,它在类型固定的前提下给当事人更多自由支配意志的空间。所以,德国民法上的物权法定原则尤其是内容法定原则并非绝对,当事人意志自由的空间更加广泛。

(三) 对日本、我国台湾地区与德国关于物权法定原则内涵的比较

如果仔细比较一下日本学者、我国台湾地区学者与德国学者关于物权法定原则的界定,我们会发现他们之间存在一些细微差别:德国学者多乐意使用"类型强制原则"来代替表达"物权法定原则",物权的内容仅在轮廓上是法定的。首先必须指出,不论是在日本、我国台湾地区,还是在德国,物权类型强制是绝对性的,当事人不能创设其他类型的物权,类型强制的实现途径是法律对物权内容的明确规定。因此,从逻辑推理的角度看,内容强制是类型强制的应有之意,更准确地说应当属于目的强制(功能强制),即法律按照不同的目的(功能),对物权进行了分类,因此,物权的类型化是建立在功能强制的基础之上的,每一种物权的功能都来自法律规定,而法律之所以规定这一种物权,也是因为这种物权具有其他物权所不具备的功能,功能强制要求物权的内容必须确定(内容法定)。因此,物权内容法定必须坚守。但另一方面,物权内容的过分法定,将使本已十分僵化的物权类型法定更加强化,限制了当事人的意志自由,对私人财产权是一个伤害。因此,在功能特

---

〔1〕 参见 [德] 鲍尔、施蒂尔纳:《德国物权法》(上册),张双根译,法律出版社2004年版,第7页。

定化与保障私人财产自由平衡下，物权之内容法定在德国倒是不怎么被坚持，这在一定程度上克服了物权法定原则的僵化性。

对于物权法定原则的内涵，我国学术界主要有两种观点：一种观点认为，物权法定原则是指物权的种类和内容由法律规定；[1]另有一种观点认为，物权法定是指物权类型、内容和效力、公示方法由法律规定。[2]在《物权法》颁布后，前者成了我国学界的通说，认为我国物权法定原则的范围，不及于物权的创设方式、变动方式、效力及公示方法、行使物权的方法等方面。[3]因此，在我国，物权法定原则的内容主要包括两个方面：一是当事人不得创设法律所不认可的新类型的物权，即类型强制；二是当事人不得创设与法定物权内容不同的物权，即类型固定。[4]这意味着当事人只能依法律的规定，采用明文规定的物权类型、名称、要件和内容，不能通过合同约定直接设定权利为物权，否则不产生法律效力。

三、物权法定原则所面临的挑战

（一）物权法定原则面临的挑战

物权法定原则对整理旧物权，保护交易安全等发挥着重要的作用。但是，从产生之日起，物权法定原则就一直受到学者批评。基尔克强调指出："（《德国民法典》——笔者注）草案的非德意志原理，即在物权法领域内，不给当事人留有实施创设性行为空间的理论，必须取消它阻碍了未来法律发展的命脉，并且具有使我们的法律陷于保守和僵化的危险。"[5]因此，物权法定原则的僵化性难以满足"鉴于科技和一般经济关系的进步以及无法预见的发展，

---

〔1〕　参见尹田：《论物权法定原则的解释及其根据》，载《河南省政法管理干部学院学报》2002年第4期。

〔2〕　参见王利明：《物权法基本原则探讨》，载吴汉东主编：《私法研究》（第2卷），中国政法大学出版社2002年版，第94页。

〔3〕　参见张鹤：《我国物权法定原则与地役权：宏观法定与微观意定之融合》，载《法学杂志》2007年第6期。

〔4〕　参见陈华彬：《民法物权论》，中国法制出版社2010年版，第78页。

〔5〕　参见［德］基尔克：《民法草案中的人的集合体和财产典范》，第50页。转引自［德］沃尔夫冈·维甘德：《物权类型法定原则——关于一个重要民法原理的产生及其意义》，迟颖译，载张双根、田士永、王洪亮主编：《中德私法研究》（2006年第2卷），北京大学出版社2007年版，第102页。

未来将会产生准许其他类型物上权利的需求"。[1]我国台湾地区的苏永钦教授
也认为："物权走向开放是新世纪无法阻挡的趋势，而当债权也可如物权一样
可籍登记而发生一定追及效力及公示效果后，债权与物权的区隔将会发生相
当程度的动摇，物权法与债权法同样属于财产流转的交易法，物权法定主义
自然因物权的自由化而不复存在。"[2]可见，物权法定原则与财产自由是一对
天敌。为了缓和物权法定原则与财产自由之间的矛盾，我国台湾地区学术界
提出了各种克服物权法定原则僵化性的措施，[3]在我国台湾地区，"物权法定
主义的正当性真的在不断减弱中"，"物权法定主义早已松动"。[4]日本学术界
为了缓和物权法定原则，对习惯法上的物权也持肯定态度。[5]可见，为了缓
解物权法定与财产自由之间的矛盾，有必要松动物权法定原则。

（二）在物权法定的角度下审视不动产役权制度

我国民法学界始终坚持物权法定原则。但是，关于物权法定原则的内容
却存在不同的见解，主要存在以下两种观点：有的学者认为，物权法定原则
是指物权的内容与种类法定；[6]还有的学者认为，物权法定原则包括物权的
种类、内容、效力以及公示方法法定。[7]第一种观点成为我国学术界的通说。
我国《民法典》第116条明确规定："物权的种类和内容，由法律规定。"我
们必须指出，《日本民法典》虽然明确规定物权法定原则，但这部法典中并没
有明确规定物权内容法定，可以说物权法定原则是学术界逻辑推理的结果，
但我国《民法典》对此却作了明确规定。因此，我国《民法典》第116条采
纳了最为严格的物权法定主义。按照物权内容法定的要求，我国《民法典》
对用益物权的权利期限、权利的处分——如哪些建设用地使用权可以抵押、

〔1〕 参见［德］沃尔夫冈·维甘德：《物权类型法定原则——关于一个重要民法原理的产生及
其意义》，迟颖译，载张双根、田士永、王洪亮主编：《中德私法研究》（2006年第2卷），北京大学
出版社2007年版，第102页。
〔2〕 参见苏永钦：《民事财产法在新世纪面临的挑战》，载《人大法律评论》2001年第1期。
〔3〕 参见谢在全：《民法物权论》，中国政法大学出版社1999年版，第46~48页。
〔4〕 苏永钦：《物权法定主义松动下的民事财产权体系》，载苏永钦：《民事立法与公私法的接
轨》，北京大学出版社2005年版，第235、226页。
〔5〕 ［日］近江幸治：《民法讲义Ⅱ物权法》，王茵译，北京大学出版社2006年版，第9页。
〔6〕 参见梁慧星主编：《中国物权法研究》（上），法律出版社1998年版，第67页。
〔7〕 参见刘乃忠：《地役权法律制度研究》，中国法制出版社2007年版，第27~28页。

如何抵押，哪些权利不能抵押等都作了非常具体明确的规定，且这些规定都是强制性的，物权法定原则在我国《民法典》中被置于一个至高无上的地位，物权内容被面面俱到地加以法定化，这种过于僵化的物权法定原则将会对社会经济生活产生怎样的负面效应，还有待实践检验。

（三）不动产役权对物权法定原则的弥补

物权法定原则要求物权的种类必须法定，法的稳定性必然不能满足社会发展的需求，它具有僵化的一面。针对物权法定原则的僵化性，学者提出了各种改良方案，归纳起来主要有：①物权法定无视说；②习惯包含说；③习惯物权有限承认说；④物权法定缓和说。[1]我国有的学者认为，物权法定原则使当事人在土地利用中协议自由受到很大限制，不动产役权具有权利内容不确定的特点，为当事人协议利用土地提供了空间，对物权法定原则起到很大的补充作用。[2]但是，另有学者认为，无论如何，不动产役权都不是针对物权法定主义出现的物权制度，即使在不动产役权的内容方面存在与其他的物权类型不同的地方即内容的确定具有意定性，基于对物权法定主义概念内核的完整把握，不能认为不动产役权是对物权法定主义的补充。[3]我们认为，不动产役权相较其他物权而言，权利内容的确定方面更能体现当事人的意志性，它在一定程度上确实能够弥补物权法定原则的刚性。但一般情况下，不动产役权的存在要有需役不动产，不动产役权必须是为使用需役不动产而设，不动产役权的内容也要围绕需役不动产的利用而展开，那么当事人对不动产役权内容的约定也不是信马由缰。

与其他内容明晰、确定的用益物权相比，不动产役权的内容具有意定性，在不违反法律强制性规定和公序良俗的情况下，不动产役权的内容可由当事人之间自由约定，这为当事人提供了较大的协商与选择空间。一些无法归入既有物权类型体系的物权可以通过不动产役权予以保护。[4]例如，瑞士民法中的建筑权、引取泉水权，日本民法中的入会权，美国的堤坝不动产役权、

〔1〕　参见梁慧星主编：《中国物权法研究》，法律出版社 1998 年版，第 69~70 页。

〔2〕　参见刘乃忠：《论地役权对物权法定原则漏洞的补充》，载《武汉大学学报（社会科学版）》2001 年第 3 期。

〔3〕　参见屈茂辉：《用益物权制度研究》，中国方正出版社 2005 年版，第 184 页。

〔4〕　参见刘乃忠：《地役权法律问题研究》，武汉大学 2000 年博士学位论文。

保全不动产役权、采矿权，均是通过不动产役权的名义实现物权化。[1]借此，不动产役权可以发挥填补法律漏洞的制度优势，协调物权法定原则与物的利用方式多样性之间的矛盾。有学者指出，发生在用益物权领域的物权法定原则变更情形较少，重要原因之一就在于役权的缓和作用。

　　对于我国社会中出现的一些新的权利形式，也有学者主张以不动产役权的方式纳入法律体系。例如，有学者主张将实践中出现的地票、土地指标交易等作为一种不动产役权；[2]有学者认为，作为土地开发权的容积率指标交易，当前可以不动产役权制度进行解释规制，[3]将不动产役权作为物权法定下权利扩展的过渡形式。物权法体系中，其他各种用益物权和相邻关系，在类型与内容上均已固定，难以开展不动产间的现代活用，经由不动产役权的此种功能，可以实现不动产役权的不断发展与历久弥新。也有学者认为，不动产役权并非针对克服物权法定主义之弊端而出现的物权制度，即使在不动产役权的内容方面存在与其他的物权类型不同的地方——即内容具有意定性，基于对物权法定主义概念内核的完整把握，不能认为不动产役权是对物权法定主义的补充或缓和。[4]我们认为，一方面，不动产役权作为物权法固定的物权类型，具有意定性，具有相当程度的意思自治空间，虽说不动产役权的内容并非无边无际，但是已在一定程度上、一定领域之内可以缓和物权法定原则的僵化性。另一方面，不动产役权内容为广泛的"便宜"，其概念下涵括的各种具体类型的不动产役权种类还在不断发展中，也给物权法定原则中内容固定的要求带来了挑战。不动产役权的相对类型化，"不啻为一种软化物权

---

　　[1]　《瑞士民法典》虽未将建筑权、引取泉水权确定为法定物权形式，但是第674、779、780条却赋予当事人可以地役权名义创设此两种权利并予以登记。第674条规定：土地上的建筑或其他设施的上部突出至他人土地之上时，仍为其所在地的土地的组成部分。但土地所有人对该建筑物无物权的，不在此限。对前款突出建筑物的权利，得以地役权登记于不动产登记簿。第779条规定：在土地的地上或地下建造或保留建筑物的权利，可设定为役权。第780条规定：对在他人土地上的泉水的权利，得使泉的所有地负担先占及导引泉水的役权；前款的权利，如无特别的约定，得让与并继承；对泉水的权利，如为永久并独立的，得作为不动产在不动产登记簿上登记。再如，《日本民法典》中入会权不能作为独立物权种类予以登记，而是通过地役权来适用，其第294条规定：关于无共性质的入会权，除从各地方的习惯外，准用本章的规定。

　　[2]　参见黄忠：《地票交易的地役权属性论》，载《法学》2013年第6期。

　　[3]　参见张先贵：《容积率指标交易的法律性质及规制》，载《法商研究》2016年第1期。

　　[4]　参见屈茂辉：《用益物权制度研究》，中国方正出版社2005年版，第184页。

法定原则并满足该原则刚性要求的妥适路径"[1]。

因此，物权法定原则虽然要求不动产役权的内容与类型法定化，但是，不动产役权类型化并非为了适应物权法定原则的要求，恰恰相反，我们主张的类型化是为了更好地指导当事人设定和适用不动产役权而作出的一种指导性总结，它更能弥补物权法定原则之不足而增加财产自由的筹码。

第二节　不动产役权的内容

权利的内容是一项权利区别于另一项权利的根本所在。因此，一种不动产役权区别于另一种不动产役权也应从内容上进行判断。所以，研究不动产役权必须研究不动产役权的内容。

一、不动产役权内容的比较研究

不动产役权作为一项用益物权，按照物权法定原则，其内容也应由法律作出专门的规定。但是，从各国关于不动产役权的规定来看，主要规定了不动产役权的定义、不动产役权的设立、不动产役权行使的方式、不动产役权的特性以及不动产役权的消灭等，很少有国家的物权法对不动产役权的内容作出明确规定。各国物权法如此规定的原因在于：不动产役权不像那些功能、目的非常明确的用益物权，例如，建设用地使用权的内容仅局限于在国有土地上建造建筑物及其附属设施；土地承包经营权的内容仅局限于在农村土地上进行耕作、牧畜等农业活动，不动产役权的内容无法穷举，为了使用自己不动产的便利而"利用"供役不动产的方式是多种形式的，其具体内容为何也就具有多样性。但是，有些国家的民法典还是对不动产役权的内容作出了或较为抽象或较为具体的规定，研究这些国家关于不动产役权内容的立法对发展完善我国不动产役权制度的价值不言而喻。

（一）不动产役权的法定内容

《德国民法典》并未细化各种不动产役权而分别对其内容进行明确规定，

---

[1]　参见陈国军：《论我国役权制度的完善——以民法典编纂为视角》，载《政治与法律》2016年第12期。

仅是一般性地规定不动产役权可允许之内容，并未排除对供役不动产所有人造成过于泛滥的负担；规定不动产役权之内容，仅限于对供役不动产特定方面的使用可能性，使用应对供役不动产本身有利，最后还规定不动产役权人必须保全性地行使不动产役权。按照《德国民法典》第1018条的规定，不动产役权是在供役不动产上设定的"负担"，而此处的"负担"不仅限于直接支配并使用供役不动产，还包括供役不动产使用之禁止及排除基于所有权而生之权利的行使两个方面。《瑞士民法典》第730条也作了类似规定："甲地所有人为乙地的利益，可允许乙地所有人进行某些特定方式的侵害，或为乙地所有人的利益，在特定范围内，不行使自己的所有权，以使自己的土地承受负担。"因此，德国法、瑞士法上的不动产役权的法定内容包括：[1]其一，需役人可对供役不动产在特定方面予以使用。例如，导水权人使用供役不动产导水。其二，禁止供役人使用供役不动产的全部或部分。例如，眺望权人可以约定供役人不得在供役不动产上建设高层建筑。其三，排除基于所有权而生的权利的行使。例如，来自需役不动产的烟气与炭黑，即使超出了容忍的限度，当事人也可以约定供役人不能提起不作为之诉，除非该种约定违背了公序良俗或者法律的强制性规定。在此必须明确，不动产役权的法定内容虽然有三，但是并非任何具体类型的不动产役权都必须具备这三项内容，而是说明，当事人可以约定上述三种内容之一的不动产役权，即《德国民法典》第1018条的规定，不过是总结了各种不动产役权之后的一个抽象思维的产物，不论当事人约定的不动产役权的类型怎样，不得超越上述内容。

但从前述日本、中国等东亚地区的立法看，不动产役权的内容与德国、瑞士的规定存在较大出入。东亚地区过于强调不动产役权内容的自由约定性而忽视了不动产役权内容的一般性规定，难以起到引导当事人设定不动产役权的目的，制度设计非常不合理。

《奥地利民法典》关于不动产役权内容的规定非常有特色，该法典在将不动产役权类型化为房屋不动产役权与土地不动产役权的基础上，又分别规定了各种具体的不动产役权，并明确了各项不动产役权的具体内容。

因此，不动产役权内容是否法定以及法定的程度，各国立法存在较大差

---

〔1〕 参见［德］鲍尔、施蒂尔纳：《德国物权法》（上册），张双根译，法律出版社2004年版，第712~713页。

异的，有的国家对不动产役权的内容不作任何规定，有的国家对不动产役权的内容仅作原则性规定，有的国家对不动产役权的内容作了较为详细的规定。有学者正确指出："不动产役权的内容十分复杂，法律若仅对其进行概括式规定，将会导致当事人对不动产役权内容认识模糊，这既不利于不动产役权作用的发挥，也无法呈现公示的效果。因此，立法上宜对不动产役权的内容通过列举加概括的方式加以明确，对于常见的不动产役权内容加以列举，如通行、汲水、采光、眺望等；同时，通过概括方式对其他不动产役权的内容加以确认。"[1]

（二）不动产役权的内容不得表现为供役人的作为

1. 作为之上不能成立不动产役权

有法言云："于作为不成立役权。"因此，不动产役权者，需役不动产所有人，为某事，使供役不动产所有人容忍之，或以不作为为内容，非以积极行为为内容。[2]因此，役权不得表现为要求供役不动产人作为，人们不得要求供役不动产人实施某一行为，只能要求他避免实施某一行为，或者要求他允许需役不动产的所有主在供役不动产上实施某一行为。之所以如此规定，主要基于以下两方面的考虑：其一，不动产役权是物权，当然体现为对供役不动产的支配，无需借助供役不动产人的积极行为即可实现其权利；其二，防止早期的劳役与徭役制度借助不动产役权制度复活。在法国（大革命之前）和欧洲其他国家，封建劳役制度可以要求供役不动产的所有主提供一定的个人劳作，或者提供一定种类或者数量的来自供役不动产的产品。"于作为不成立役权"可以限制封建劳役的东西的发展。[3]所以，供役不动产的所有人原则上不承担任何旨在使不动产役权人能够行使权利的作为义务。但是供役地权利人应当按照合同约定，允许地役权人利用其不动产，不得妨害地役权人行使权利。

2. 供役人的附属作为义务

不动产役权的内容不得表现为供役不动产人的作为义务。但是，当事人

---

〔1〕　参见房绍坤、严聪：《民法典物权编应如何规定地役权》，载《河南社会科学》2018年第8期。

〔2〕　参见［日］三潴信三：《物权法提要》（上、下卷），孙芳译，中国政法大学出版社2005年版，第129页。

〔3〕　参见［英］巴里·尼古拉斯：《罗马法概论》，黄风译，法律出版社2000年版，第151页。

可以通过合同或者法律的特别规定，使供役人承担某些以作为为内容的义务，但这种义务必须是附随性的义务，而不能是设定不动产役权的目的。例如，当事人可以约定，供役人可以负有以其费用为不动产役权的行使设置或维修工作物的义务。供役人之作为义务的负担，如果登记于供役不动产之登记簿，对该供役不动产之特定承受人，亦生效力。如果拒绝履行义务，不动产役权人可请求其履行。供役不动产的所有人，可以随时将供役不动产所需要土地部分的所有权委弃于不动产役权人，而免除其负担。[1]我国台湾地区对此委弃权未作任何规定。有的学者认为，应当作出肯定性的解释；但也有学者认为既然我国台湾地区"民法"未作规定，解释上应否定供役人通过委弃行为而抛弃负担。[2]我们认为，原则上负担不能抛弃。但是，供役人抛弃自己之不动产所有权，供役不动产人之负担消灭，但抛弃之不动产上存在的不动产役权因具有附属性，因此抛弃供役不动产的行为并不影响不动产役权的存续，应准许供役人通过委弃权而免去负担。

二、不动产役权内容的自由约定性

《日本民法典》第 280 条规定："不动产役权人，依设定行为所决定的目的，有以他人土地供自己土地便宜之用的权利，但不得违反第三章第一节中关于公共秩序的规定。"因此，按照《日本民法典》的规定，不动产役权的内容完全取决于当事人的自由约定，但不得违背公共秩序。我国台湾地区"民法"第 851 条系直接借鉴《日本民法典》第 280 条而来，规定了称不动产役权者，谓以他人土地供自己土地便宜之用之权。可见，我国台湾地区"民法"也完全省略了关于不动产役权内容的规定而交由当事人自由约定。《荷兰民法典》第五编"物权"第 73 条也规定："不动产役权的内容和行使方式由设立不动产役权的契据规定。"我国《民法典》第 372 条第 1 款则规定："地役权人有权按照合同约定，利用他人的不动产，以提高自己的不动产的效益。"该条规定，与日本、荷兰等的民法典的规定基本一致，也明确规定不动产役权人利用供役不动产的内容由合同约定。因此，不动产役权的内容由当事人自由约定已经成为很多国家和地区的通例。

---

〔1〕《日本民法典》第 287 条、《法国民法典》第 699 条、《意大利民法典》第 1070 条。
〔2〕参见史尚宽：《物权法论》，中国政法大学出版社 2000 年版，第 245 页。

学术界对此问题的看法也基本一致，多数学者认为，与其他的物权权利内容相比，不动产役权内容的不确定性是不动产役权的特征之一。不动产役权内容的不确定性来自不动产役权内容的自由约定性。日本学者三潴信三认为："为不动产役权内容之便宜，其目的常需确定。日本民法不认法定不动产役权之观念，故其一定之目的为何，除因时效取得者外，概依设定行为定之。"[1]谢在全先生认为，不动产役权的内容概得由当事人之意思订立之，但仍不得违反法律之强制规定或公共秩序、善良风俗。[2]王泽鉴先生认为，在物权法定下，关于不动产役权的内容形成，当事人享有相当程度私法自治的空间，以调节土地的利用。[3]史浩明、张鹏先生认为："通过对不动产役权的定义与其他物权定义的比较，可以发现不动产役权权利内容是较宽泛而不确定的，虽是利用、役使他人不动产的权利，然利用范围有多大，可为何种性质利用，无明确界定，留给权利人广泛空间。"[4]申卫星先生也认为："不动产役权的具体内容相当繁多，均由双方当事人基于意思表示达成一致予以约定，而非基于法律的明确规定。只要其约定不违反法律的强行性规范，不违背公序良俗，即可受到法律的保护。"[5]

因此，不论在立法上，还是在学理上，不动产役权的内容须由当事人自由约定，换言之，不动产役权的内容具有不确定性，而不动产役权内容的自由约定性决定了不动产役权内容的多样性。

当然，任何自由都是有限制的，当事人设定不动产役权内容的自由也是一样，当事人约定的不动产役权内容不得违反下列规定：首先，不动产役权的内容不得违反公序良俗与法律的强制性规定。其次，法律设定物权，各有其功能，故不动产役权的内容也不得以建设用地使用权、土地承包经营权、宅基地使用权为内容，例如不动产役权的内容不得以在他人土地上耕种或者牧畜为目的，也不得以在他人土地上建造建筑物为目的，因为它们分别为土地承包经营权、建设用地使用权或宅基地使用权所涵盖。我国《民法典》对

---

〔1〕 参见［日］三潴信三：《物权法提要》（上、下卷），孙芳译，中国政法大学出版社 2005 年版，第 130 页。

〔2〕 参见谢在全：《民法物权论》（中册），中国政法大学出版社 2011 年版，第 503 页。

〔3〕 参见王泽鉴：《民法物权》（2），中国政法大学出版社 2001 年版，第 72 页。

〔4〕 参见史浩明、张鹏：《地役权》，中国法制出版社 2007 年版，第 31 页。

〔5〕 参见申卫星：《地役权制度的立法价值与模式选择》，载《现代法学》2004 年第 5 期。

不动产役权内容的自由约定性未设任何限制性规定，原则上也应作同样的解释。但设定不动产役权的法律行为如果对不动产役权的内容没有明确规定的，基于为需役不动产而存之不动产役权之性质决定不动产役权的内容范围。[1]

三、不动产役权的具体内容

不动产役权的内容有两层含义：其一，不动产役权的内容是指具体不动产的内容，如通行权的内容，它多与不动产役权的具体类型相联；其二，不动产役权的内容是对所有不动产役权进行总结、抽象而得出的一般意义上的权利义务。此处所使用的"不动产役权的内容"是指后者，即不动产役权人的权利与义务。

（一）不动产役权人的权利

1. 使用供役不动产的权利

不动产役权是用益物权，不动产役权人最重要的权利是使用供役不动产的权利。然因不动产役权的内容千奇百怪，故其使用之方法、范围与程度等不一而足。所以，不动产役权人如何使用供役不动产应由具体的不动产役权来决定。例如导水不动产役权人使用供役不动产导水就是其基本的权利；通行不动产役权人于供役不动产上通行就是其基本的权利。行使权利的主体不仅限于需役不动产的所有权人，还包括地上权人、永佃权人、典权人、租赁权人等。

（1）何谓"使用"。"使用供役不动产"的"使用"到底是何意义？《日本民法典》、我国台湾地区"民法"对"使用"未作任何界定，但从学者的见解来看似不仅仅限于直接地支配并使用供役不动产，还应包括限制供役人行使供役不动产或限制供役人行使基于供役不动产而产生的各种权利。从《德国民法典》第1018条的规定看，此处的"使用"不仅仅限于直接支配并使用供役不动产，还包括供役不动产使用之禁止及排除基于所有权而生之权利的行使两个方面。二者可谓不谋而合。所以，"使用"应作扩大解释，也即使用供役不动产的"使用"应包括：其一，需役人可对供役不动产在特定方面予以使用。例如，导水权人使用供役不动产导水。其二，禁止供役人使用

---

〔1〕 参见曹杰：《中国民法物权论》，中国方正出版社2004年版，第127页。

供役不动产的全部或部分。例如，眺望权人可以约定供役人不得在供役不动产上建设高层建筑。其三，排除基于所有权而生的权利的行使。例如，来自需役不动产的烟气与炭黑，即使超出了容忍的限度，当事人也可以约定供役人不能提起不作为之诉，除非该种约定违背了公序良俗或者法律的强制性规定。

（2）"使用"的限制。不动产役权人应当按照合同约定的方法、范围与程度使用供役不动产，不得超出这一范围而扩张该项役权的内容。为了平衡当事人之间的利益，充分发挥不动产的价值，防止不动产役权人行使不动产役权对供役不动产人造成不必要的损害，我国《民法典》第376条规定："地役权人应当按照合同约定的利用目的和方法利用供役地，尽量减少对供役地权利人物权的限制。"

如果设定不动产役权的当事人对权利的行使范围未作约定的，依不动产役权的性质决定其范围。[1]在对不动产役权的范围和行使方式产生疑问时，应当按照既满足需役不动产的需要又最少增加供役不动产的负担而行使（《意大利民法典》第1065条第2款）。不动产役权因时效取得时，依时效进行中行使的方法决定不动产役权的范围。[2]

2. 进行必要的附随行为

需役人可以在供役不动产上建设为行使不动产役权所必需的设施，例如建设工作物、开挖引水沟渠、开辟必要通道等。但是，需役人进行这些行为时，应当选择最少给供役人造成不便的时间和方式进行；如果造成不可避免的损害，应由供役人承担。需役人为其不动产役权的行使，有时取得行使附随之不动产役权的权能。例如，在汲水役权中，当然有通行役权。[3]因此，需役人为行使不动产役权，可以在供役不动产上进行必要的附随行为，甚至能够取得一项附随性质的不动产役权。

3. 处分不动产役权

不动产役权具有从属性，虽然不能单独让与，但是，需役人可以将其与需役不动产之所有权或使用权一起让与或供作其他权利的标的。需役不动产

---

〔1〕　参见史尚宽:《物权法论》，中国政法大学出版社2000年版，第241页。
〔2〕　参见史尚宽:《物权法论》，中国政法大学出版社2000年版，第241页。
〔3〕　参见史尚宽:《物权法论》，中国政法大学出版社2000年版，第242页。

因继承等事实原因所有权或使用权发生移转的，不动产役权也随之移转，自不待言。

4. 优先利用的权利

前文已经论述，有些不动产役权之不动产役权人使用供役不动产，不具排他效力。因此，原则上，在同一不动产上可能同时存在所有权人、地上权人以及其他不动产役权人。如果上述权利存在冲突，原则上用益物权优先于所有权；用益物权之间则以设定先后顺序而定其效力。所以，上述权利的效力可细分为两种：①不动产役权优先于所有权。不动产役权是对所有权的限制，因此，原则上需役人要优先于供役人使用供役不动产。如果在当事人没有特别约定的情况下，在不妨碍不动产役权行使的范围内，供役人也可以进行与需役人相同的使用。例如，在通行役权，需役人优先通行，同时，在不妨害通行权的范围内，供役人也可以通行。这一点与地上权、永佃权、典权等用益物权不同。[1]②不动产役权与其他用益物权的效力按照设定时间的先后而定。如果地上权等用益物权优先于不动产役权而设定，后设定之不动产役权不能与先设定的用益物权相抵触，否则无效；后设定之不动产役权与先设定的用益物权在内容上如果没有冲突，可以并存于同一不动产上。如果不动产役权设定在先，供役人可以在其土地上设定地上权、永佃权、典权或者设定新的不动产役权，但是，它们不能损害已经存在的不动产役权；如果在同一供役不动产上设定数项同种不动产役权，应依设立时间之先后决定各不动产役权人之优先顺位。

如果当事人约定了用水役权的用途并就使用顺序作出特别约定的，按照约定。如果没有限定用途而设定用水不动产役权时，则不论为家用或为农业、工业用水，需役人按照其用途可以使用。当然，供役人对需役人并不负有供给其所必要之水的债务。如因不可抗力，水量短缺时，供役人不负有供给其不足的义务。如果用水不足以供供役不动产与需役不动产使用时，应当如何调节其两不动产的使用，《日本民法典》第 285 条对此作了专门的规定：①如果用水役权的供役不动产之水，不能够满足需役不动产与供役不动产的需要时，依各地的用途决定，先供家用，剩余的供他用。但是，当事人有另外约

---

〔1〕 参见 [日] 三潴信三：《物权法提要》（上、下卷），孙芳译，中国政法大学出版社 2005 年版，第 143~144 页。

定的，按照约定，该特约未经登记，不得对抗第三人。所谓"家用"是指饮用、洗涤、沐浴等用。②在同一供役不动产上，设定数项用水役权的，先设定的先用，后设定的后用。

按照我国台湾地区"水利法"第 15 条的规定，用水的顺序为：第一次序为家用及公共给水，第二次序为农田用水，第三次序为工业用水。

5. 物权请求权

不动产役权属于物权，当不动产役权受到妨害或者有受妨害之虞的，不动产役权人享有物权请求权，有权请求停止侵害、排除妨害、预防妨害。但是，不动产役权人是否享有返还请求权呢？对此，不同国家和地区立法及理论上存在不同的看法。德国、韩国民法上，不动产役权不适用返还请求权。在日本，通说认为，不动产役权无独占性而具有共用性，故不动产役权无返还请求权的适用。在我国台湾地区，多数学者持肯定态度，认为不动产役权人享有返还请求权。其实，不动产役权的具体种类非常复杂，有的不动产役权含有占有权能，有的不动产役权不含有占有权能；含有占有权能的不动产役权，有的占有权能具有独占性，有的不具有独占性，含有独占性占有权能的不动产役权，不动产役权人享有返还占有请求权。[1]

（二）不动产役权人的义务

1. 承担行使役权的费用

倘若不动产役权是有偿的，应向供役人支付价金。在供役不动产上设置、维修工作物的，需役人应当承担工程的全部费用，另有约定的除外。

2. 维修供役不动产上之设置物义务

为使用供役不动产，需役不动产人有时需要在供役不动产上设置物或者其他设施，例如工作物、沟渠等。需役不动产人须承担维修其在供役不动产上的设置物之义务。

3. 行使权利不能超过必要限度

需役人应按照合同的约定行使权利；行使权利不能以损害他人为目的，否则，可能构成权利滥用，即权利的行使必须在"达到不动产役权目的的必要范围内"。并且，需役人应在对"供役不动产损害最少之范围内"行使

---

〔1〕　参见房绍坤：《物权法·用益物权编》，中国人民大学出版社 2007 年版，第 286 页。

权利。

(三) 供役人的权利

1. 不动产役权设定地点变更请求权

原则上, 供役人不可以将原来确定的不动产役权行使地点移往他处。在原地点继续行使不动产役权会加重供役不动产的负担或者妨碍供役人的正常活动、维修或者土地改良的, 供役人可以向需役人提供另外一处同样方便的行使地点, 需役人不得拒绝 (《意大利民法典》第 1068 条)。也即, 供役人在有利于己而无损于需役人利益的前提下, 可以请求需役人变更不动产役权设定的地点。变更设定地点所需费用由请求人承担。

2. 委弃权

供役人通过抛弃所有权于需役人而消灭其负担。

3. 移转不动产的权利

设定不动产役权后, 供役人可以移转供役不动产的所有权; 或者可以在不损害需役人利益的前提下, 在该供役不动产上设定其他用益物权或多项不动产役权。

4. 工作物使用权

供役人在不妨碍需役人行使不动产役权的范围内, 可使用需役人于其土地上因行使权利而设置的工作物。但是, 供役人应按照其受益的程度, 分担维持该设置之费用。

5. 价金请求权

倘若不动产役权的设置为有偿, 供役人有向需役人请求支付价金的权利。

6. 设施使用权

对不动产役权人在供役不动产上所修建的设施, 供役不动产权利人在不影响不动产役权行使的范围内, 有权使用之。之所以赋予供役地权利人以这种权利, 主要系出于经济利益的考虑, 以节省供役地权利人再行修建设施的费用。[1]

---

〔1〕 参见房绍坤、严聪:《民法典物权编应如何规定地役权》, 载《河南社会科学》2018 年第 8 期。

（四）供役人的义务

1. 忍受及不作为义务

供役不动产的所有权人及利用人，负有容忍需役人的行为或不为一定行为的不作为义务。如果违反了这一义务，供役人应当负担除去妨害、消除危险、承担恢复原状或赔偿损失等义务；在需役人需占有供役不动产时，还应当返还占有。所以，供役人不得进行妨碍他人行使或者使他人难以行使不动产役权的任何行为（《瑞士民法典》第737条）。

2. 工作物设置或维修之义务

为防止早期的劳役与徭役制度借助不动产役权制度复活，有法言云："于作为不成立役权。"因此，原则上供役不动产的所有人不承担任何旨在使不动产役权人能够行使权利的作为义务，即当事人不能约定以供役人的作为实现权利目的的役权；法律或者设立文件另有规定的除外。也即，当事人通过合同或者法律的特别规定，使供役人承担某些以作为为内容的义务必须是附随性的。例如，当事人可以约定，供役人可以负有以其费用为不动产役权的行使设置或维修工作物的义务。供役人之作为义务的负担，如果登记于供役不动产之登记簿，对该供役不动产之特定承受人，亦生效力（《日本民法典》第286条）。如果拒绝履行义务，不动产役权人可请求其履行。

供役不动产的所有人，可以随时将供役不动产所需要土地部分的所有权委弃于不动产役权人，而免除其负担（《日本民法典》第287条、《法国民法典》第699条、《意大利民法典》第1070条）。我国台湾地区对此委弃权未作任何规定。有的学者认为，应当作如《日本民法典》第287条相同的解释；但也有学者认为既然台湾地区"民法"未作规定，解释上应否定供役人通过委弃行为而抛弃负担。[1]我们认为，原则上负担不能抛弃。但是，供役人抛弃自己之土地所有权而给予不动产役权人，实际上是通过让渡所有权于需役人而免除其义务，从经济角度衡量，对需役人更为有利，此时应准许供役人通过委弃权而免去负担。当然，如果供役不动产之价值小于供役人负担之价值，供役人委弃权的行使应经需役人的同意方可生效。

---

〔1〕参见史尚宽：《物权法论》，中国政法大学出版社2000年版，第245页。

3. 分担设施维修费用

供役不动产权利人使用不动产役权人所修建设施的，为公平起见，应当按照其受益程度分担维持设施的相关费用，是为费用分担义务。[1]

从上述分析来看，不动产役权与传统的其他用益物权不同，虽然有些国家或地区的法律规定了不动产役权的法定内容，但是不动产役权的主要内容还是由当事人自由约定，甚至在当事人自由约定的情况下，根据事实关系的变化，法律还会对不动产役权的范围作出适当的调整，由此导致不动产役权的内容具有不确定性，不动产役权内容的不确定性影响了不动产役权性质的认定、不动产役权的类型化、不动产役权登记制度等。

---

〔1〕 参见房绍坤、严聪：《民法典物权编应如何规定地役权》，载《河南社会科学》2018 年第 8 期。

第七章

不动产役权的变动

不动产役权的变动是指不动产役权的发生、变更或者消灭，简言之，就是不动产役权的得、丧、变更。本章将对不动产役权的取得、不动产役权的变更以及不动产役权的消灭制度结合我国物权法的实际立法进行分析。

第一节　不动产役权的取得

不动产役权的发生是指物权与主体的结合，从主体角度而言，属于不动产役权的取得。不动产役权的取得是指不动产役权归属于特定的权利主体，不动产役权取得制度是不动产役权法律制度的核心内容之一，不动产役权的取得包括不动产役权的原始取得与继受取得。原始取得是指非基于他人既存的权利，而独立取得不动产役权，例如不动产役权的善意取得。继受取得是指以他人的权利为基础而取得不动产役权。继受取得又进一步分为移转型继受取得和创设型继受取得。通过不动产役权的移转而取得不动产役权的，为不动产役权的移转型继受取得；供役人与需役人通过不动产役权设立合同的方式取得不动产役权的，为创设型继受取得。不动产役权的取得制度中，最为核心的内容乃不动产役权取得方式，不动产役权的取得方式也是各国物权法中不动产役权法律制度的重要内容。综观各国物权法，不动产役权的取得方式主要有合同、合同之外的其他单方法律行为如遗嘱、继承、依法强制设立等，依据我国《民法典》第372、373条的规定，我国《民法典》仅规定了不动产役权的合同取得方式，而对其他取得方式没有作出规定。这显然不利于不动产役权的设立，也与通过法定继承或遗嘱继承能够取得不动产役权的现实情况不符，更与不同国家和地区关于不动产役权取得方式之多样化规定存在差距。本章将对不动产役权的合同取得、时效取得、不动产役权的继承取得、强制性取得等取得方式进行分析，以期对我国民法典的解释适用提供理论支撑。

一、不动产役权的合同取得

早在罗马法时就规定，"如某人有意为邻人的利益设定不动产役权，他必须以约定和要式口约的方式为之。"[1]所以，法律行为是不动产役权取得的传统方式之一。不动产役权可以通过法律行为取得，法律行为分为单方法律行为与双方法律行为。以单方法律行为设定不动产役权的典型是以遗嘱的方式设定不动产役权；以双方法律行为设定不动产役权则是以不动产役权合同设立不动产役权。从我国《民法典》的规定看，不动产役权只能以不动产役权合同取得，而不能通过遗嘱取得。我们认为，供役不动产人可以通过遗嘱为需役不动产设定一项不动产役权。因此，遗嘱应为不动产役权取得的方式。但鉴于以合同方式取得不动产役权乃不动产役权取得的主要形态，我们将主要对以合同方式取得不动产役权进行研究。学术界对不动产役权合同设立问题进行了很多研究与讨论，并取得了一系列成果，但不动产役权的合同取得尚有以下几个方面的问题需要进一步澄清：其一，谁可以为需役不动产设定不动产役权，谁又有权为供役不动产设定不动产役权负担？其二，不动产役权设立合同的内容包括哪些？其三，按照我国《民法典》第 374 条的规定，地役权自地役权合同生效时设立。当事人要求登记的，可以向登记机构申请地役权登记；未经登记，不得对抗善意第三人。那么，谁为善意第三人？

（一）需役不动产人

有的学者认为，不动产役权从属于需役不动产，需役不动产具有独立的法律地位，是民事主体。因此，不动产役权的主体是需役不动产。但是，享有权利者必须具备权利能力，在法律没有承认需役不动产为权利主体的情况下，不动产役权的主体是需役不动产的各时之所有人。学者普遍认为，在已

---

[1] 参见［古罗马］查士丁尼：《法学总论——法学阶梯》，张企泰译，商务印书馆 1989 年版，第60 页。

经设有不动产役权的需役不动产上，地上权人、永佃权人、典权人、不动产租赁权人[1]在其权利存续期间享有不动产役权。例如日本的判例认为，需役不动产所有权，不动产役权之受让人，得以所有权之移转，对抗供役不动产所有人亦得以不动产役权之移转，对抗供役不动产所有人。[2]

地上权人、永佃权人、典权人能否于不超过其权利存续期间为其使用的土地设定不动产役权，不同国家和地区立法并不相同。《德国地上权法》第11条规定，地上权准用关于土地的规定。因此，德国法承认地上权人能够为自己使用的需役不动产设定役权。《日本民法典》第267条规定，地上权准用相邻关系的规定，但没有地上权人准用不动产役权的规定，这为学者留下了争论的余地。有的学者认为，民法关于不动产役权的规定重在保障不动产所有人的利益，且《日本民法典》直接规定"地上权人准用相邻关系之规定"，而法律没有明文规定地上权人能够准用不动产役权，地上权人、永佃权人自然不能以其使用的不动产为需役不动产设定役权。有的学者认为，《日本民法典》虽然没有明文规定，但是应作同于德国法的解释，承认地上权人、永佃权人能够设定地役权，这种观点已经成了日本的通说。[3]原来我国台湾地区的"民法"与《日本民法典》一致，规定了地上权人对相邻关系的准用而没有规定对不动产役权的准用。但是，我国台湾地区的通说始终认为，地上权人、永佃权人、典权人能够设定不动产役权。[4]且我国台湾地区"民法"修订中明确增订用益权人之不动产役权，承认需役不动产人可以为"以使用收益为目的之物权或租赁关系而使用需役不动产不动产者"。我们认为，不动产役权是以调整不动产的利用为目的的权利，因此，应当对此予以认可。

关于租赁权人能否设定不动产役权，学说上也存在不同观点。有的学者认为鉴于土地租赁权物权化的倾向，就不动产役权之关系，亦应与地上权人

---

〔1〕　不动产租赁权人与租赁权人存在天渊之别，不动产役权仅存在于不动产之间。因此，租赁权人也必须限定于不动产租赁权人。

〔2〕　参见［日］三潴信三：《物权法提要》（上、下卷），孙芳译，中国政法大学出版社2005年版，第132页。

〔3〕　参见［日］三潴信三：《物权法提要》（上、下卷），孙芳译，中国政法大学出版社2005年版，第133页。

〔4〕　参见史尚宽：《物权法论》，中国政法大学出版社2000年版，第229页。曹杰：《中国民法物权论》，中国方正出版社2004年版，第120页。

同等视之。我国台湾地区最近新修订的"民法"物权编第 859 条规定："基于以使用收益为目的之物权或租赁关系而使用需役不动产者，亦得为该不动产设定不动产役权。"因此，我国台湾地区"民法"已经承认物权人或租赁权人可以其使用的不动产为需役不动产而设定役权，就是这种观点在立法上的体现。我们认为，不动产租赁权人对不动产的利用在性质上与地上权、永佃权已经非常类似，因此，应当允许他们设定不动产役权。我国台湾地区有的学者进而认为，观念上既已打破由所有人自己设定的原则，又为什么要限制"使用者"来设定范围，而使用者中又排除了借贷人、买受人乃至占有人呢？开放非所有权人的买受人和利用人设定不动产役权即可，没有必要对其范围作任何限制。[1]我们对此深表赞同。需役不动产是享受役权的不动产，不动产役权能给需役不动产之权利人带来利益，即使设定不动产役权的需役不动产人不是该不动产的所有权人也不会产生不良影响。因此，原则上需役不动产人，他可以是不动产的任何权利人，包括所有权人、用益物权人、不动产的债权利用人等，而没有必要将其限定为用益物权人，也没有必要将债权利用人仅限于租赁关系者，可以将其扩大至不动产之借用人等。所以，需役不动产的债权利用人也完全可以设定并享有不动产役权。我国《民法典》第 377 条虽然是关于用益物权人设定地役权之期限的规定，但该规定从侧面说明需役不动产之用益物权人可以为需役不动产设定不动产役权，而债权利用人则不包括在内。我们认为从立法论上，我国《民法典》应该将需役人扩大至债权利用人。[2]

（二）供役不动产人

保罗（Paul）在《论告示》第 21 卷 D. 8,2,1,1 认为："如果我拥有所有权而你拥有用益权的建筑物将支撑邻居（的建筑物），那么只能向我提起诉

---

〔1〕 参见苏永钦：《重建役权制度——以地役权的重建为中心》，载苏永钦：《走入新世纪的私法自治》，中国政法大学出版社 2002 年版，第 264~265 页。

〔2〕 有学者认为，需役不动产之承租人，为了提高需役不动产的效益而要利用供役不动产，可以设定不动产役权，但不能成为权利人，因为主体物化的结果标准只限定于前述的需役不动产权利人，此外的人不能纳入其中，否则就不是主体物化。参见常鹏翱：《回归传统：我国地役权规范的完善之道》，载《清华法学》2018 年第 5 期。我们认为，需役不动产之债权利用人等也可以为需役不动产设定不动产役权，但一旦设定，该不动产役权即具有需役不动产之性格，而债权利用人可以享受不动产役权之便利。

讼，对你则没有任何方式起诉。"[1]可见最初，仅有所有权人可以为自己的不动产设定不动产役权，其他权利人不论是用益物权人还是其他债权利用人都没有在其使用的他人不动产之上设定不动产役权的权利。我国台湾地区虽然将不动产役权之客体扩大至建筑物，承认用益权人之不动产役权，但仍主张"对供役不动产得设定不动产役权之人，仍仅限于该不动产之所有人，而不及于该不动产之用益物权人、承租人"。这是因为，不动产役权之设定行为乃为处分行为，故须对供役不动产有处分权之人始得为之，此为民法之基本原则。盖不动产役权之设定，足使供役不动产造成负担，对供役不动产所有人不利，而现行法又未授予地上权人、农育权人、典权人或承租人此项权能，是自非此等用益权人所能为，因之此等用益权人均不得就其用益之不动产为他人不动产之便宜，设定不动产役权。[2]结合我国《民法典》第 377、379 条的相关规定，尚有如下问题需要进一步思考：其一，不动产所有人设定不动产役权的，是否需要取得用益物权人的同意？其二，建设用地使用权人、土地承包经营权人、宅基地使用权人设定不动产役权时是否需要取得土地所有人的同意？

1. 不动产所有人设定不动产役权原则上无需取得用益物权人的同意

不动产役权的设定毕竟是在供役不动产上的一项负担，后设立的不动产役权可能对用益物权人使用收益产生不利影响。所以，我国《民法典》第 379 条规定："土地上已经设立土地承包经营权、建设用地使用权、宅基地使用权等用益物权的，未经用益物权人同意，土地所有权人不得设立地役权。"根据本条的规定，不动产所有人设定用益物权后，再设定不动产役权时，应当取得用益物权人的同意。否则，其无权设立不动产役权，坚持设立的，用益物权人可以起诉到人民法院保护自己的合法权益，人民法院应该根据这一规定，认定土地所有人与第三人设立的合同因违反法律的规定无效。[3]我国已经有学者认识《民法典》到第 379 条之规定存在的缺陷，认为"在土地上已经存在用益物权（地役权除外）时，一刀切地严格禁止所有权人设立地役权

---

〔1〕　参见《学说汇纂·地役权》（第 8 卷），陈汉译，中国政法大学出版社 2009 年版，第 21 页。

〔2〕　参见谢在全：《民法物权论》，中国政法大学出版社 2011 年版，第 519 页。

〔3〕　参见最高人民法院物权法研究小组编著：《〈中华人民共和国物权法〉条文理解与适用》，人民法院出版社 2007 年版，第 484 页。

是不科学的。一般情况下，之所以作此限制是因为各用益物权都以占有为前提因而难以共存，这是用益物权的性质、特征决定的。但我们也不能绝对化，并且不应忽视地役权的特质——部分地役权不以占有为权利行使、实现的必要条件，这样地役权与其他用益物权就有了共存的空间，如在一块土地上设立土地承包经营权后，还可以就近设立以眺望为权利内容的地役权"。所以，有学者提出我国原《物权法》第163条应该修改为："在土地上已设立土地承包经营权、建设用地使用权、宅基地使用权等权利时，后设立的不动产役权影响用益物权人行使权利的，未经用益物权人同意，土地所有权人不得设立。"[1]我们认为，原《物权法》第163条之规定对用益物权人赋予了更多保护，限制了所有权人设定不动产役权，与传统不动产役权理论不一致，也不符合现实，且查各国并无要求取得用益物权人同意之立法，该条有进一步修订的空间，原因如下：

首先，不动产所有人于其不动产设定用益物权后，并未丧失其处分权能，仅系在处分后，该不动产上存有用益物权之负担或限制，一旦用益物权消灭，所有权又恢复原状，此正系所有权弹力性之特征。例如，用益物权设定后，可再设定抵押权，或设定抵押权后，无碍于所有人之抵押物让与，或于设定抵押权、典权后，所有权人仍具有标的物之让与权，即可见其然。[2]所以，传统不动产役权理论认为，只有供役不动产的所有人可以设定不动产役权。此其一。

土地所有权人在土地上设定建设用地使用权、土地承包经营权或者宅基地使用权后，所有权人再设定不动产役权的，并不必然有害于供役不动产之用益物权人，甚至有些国家物权法规定，供役不动产所有人或者用益人在不妨碍不动产役权人行使不动产役权下，也有权使用供役部分，例如供役不动产用益物权人在不妨碍需役不动产人通行的情况下，有权使用设定通行不动产役权之道路通行。这时，对用益物权人无害而有利，设定不动产役权又何以要取得用益物权人的同意呢？此其二。

如果后设立的不动产役权对在先设立的用益物权产生不利影响，通常因与物权的排他效力相违背，而不动产役权不得设立。例如，供役不动产上设

---

[1] 参见耿卓：《比较法视野下的我国乡村地役权及其立法》，载《当代法学》2011年第5期。

[2] 参见谢在全：《民法物权论》，中国政法大学出版社2011年版，第521~522页。

定建设用地使用权后，土地所有人再设定以占有为内容之不动产役权时，基于物权的排他效力，应禁止该不动产役权的设立。此其三。

在现代社会，土地分层利用已经是一个不争的事实，地下、地表、地上皆可单独设定用益物权。例如，土地所有人在地下设定通行不动产役权，在地上设定建设用地使用权等。从实践来看，法律也没有禁止土地所有权人在设定用益物权之后再设定不动产役权的恰当理由。此其四。

值得一提的是，供役不动产所有人在将供役不动产出租后，设立不动产役权的，该不动产役权可能对租赁权人造成损害，甚至导致租赁权不能行使，法律上反而没有规定"应当取得租赁权人的同意"，其中缘由不得而知。此外，供役不动产尚有其他债权利用方式，那么，所有人在设定不动产役权时，是否也要取得这些"用益人"的同意呢？我们认为，"买卖不破租赁"的基本规则说明在一项不动产上，租赁权与所有权、其他用益物权的效力应该按照其设定时间的先后确定，如果后设立的不动产役权对先设立的租赁权的行使产生妨害的，不动产役权人不得行使权利。而对于其他债权利用人，不动产役权人仍可以行使不动产役权，受害人可以债权利用合同向供役不动产所有人主张赔偿责任。

所以，我国台湾地区"民法"第851条之一规定："同一不动产上有不动产役权与以使用收益为目的之物权同时存在者，其后设定物权之权利行使，不得妨害先设定之物权。"该条规定明显比《民法典》第379条的规定先进，其承认同一不动产上可以同时存在不动产役权与其他用益物权。借鉴我国台湾地区的规定，《民法典》第379条可作如下修订：土地上已设立土地承包经营权、建设用地使用权、宅基地使用权、租赁权等权利的，土地所有权人可以设立不动产役权，但后设立的不动产役权不得妨碍权利的行使。但本条在适用上应该注意以下两个方面的问题：

（1）本条没有区分不动产役权与其他用益物权在权利内容上是否冲突，如果冲突，则有悖物权排他效力，则不动产役权与其他用益物权不得同时设立，自然无本条之适用。

（2）如果后设立的不动产役权对在先设立的用益物权之行使产生不利影响，但该不动产役权的设立不违反物权之排他效力的，这时应取得用益物权人的同意以设定不动产役权。例如，土地所有人在设定用益物权之后，又为他人设定雨水排放不动产役权时，该不动产役权之设定对先设立的用益物权人之利益有碍，应当取得其同意。但所有人擅自设定不动产役权的，该设定行为虽然有效，不动产役权纵然有效设立，但不动产役权的行使不得妨碍先设立的其他用益物权，否则对用益物权人造成损害的，应当承担责任。

2. 供役不动产的用益物权人是否有权设定不动产役权

我国之土地要么属于国家，要么属于集体，而海域只能属于国家。如果将供役不动产人仅限定为所有权人，每设定一笔以土地或海域为标的物的不动产役权都要与国家或集体组织签订合同，可行性微乎其微；更何况，国家只有一个，集体组织虽然不少，但远比法人、自然人数量少，如将供役不动产人限定为所有权人，不动产役权的设定数量势必更少，不动产役权制度还有什么意义？因此，符合我国国情的做法是承认不动产物权人可以作为供役不动产人。我国《民法典》第 377 条规定："地役权期限由当事人约定；但是，不得超过土地承包经营权、建设用地使用权等用益物权的剩余期限。"本条虽然是关于不动产役权存在期限的规定，但从另一侧面说明用益物权人可以成为不动产役权的供役不动产人。但是，按照"役权之上不能设定役权"的规则，不动产役权人不能在役权之上设定不动产役权。我们认为，在土地公有制下，土地所有人设定不动产役权的现象比较少，在我国建设用地使用权、土地承包经营权、宅基地使用权等用益物权已经承担起所有权的部分功能，实现了不动产在市场上的流通。因此，建设用地使用权等用益物权人可以在他人之不动产上设定不动产役权。

从我国《民法典》的规定来看，用益物权人在使用的他人不动产上设定不动产役权时，无需取得不动产所有权人的同意。有学者认为，这是因为"至于建设用地使用权人等何以有权以他人所有的土地上为需役不动产人设立不动产役权，可以解释为土地所有权人已经向建设用地使用权人等用益物权人授予了设立不动产役权的权利"。[1]我们认为，不动产役权是存在于不动产之上的用益物权，在用益物权之上通常不得再设定用益物权，也即用益物权不可能成为不动产役权的客体，不动产役权的客体只能是土地或者建筑物本身。例如，通行不动产役权是在供役不动产上通行的权利，搭梁不动产役权

[1] 参见崔建远：《地役权的解释论》，载《法学杂志》2009 年第 2 期。

是在供役建筑物上搭梁的权利。它们是对土地或者建筑物的使用，而非对用益物权的使用。所以，不动产役权是在不动产之上设定的负担，用益物权人在他人之不动产上设定不动产役权的，应当取得供役不动产所有权人的同意。但是，是不是用益物权人在供役不动产上设定的所有的不动产役权都需要经其所有权人的同意呢？我们认为，只有在供役不动产上设定的负担对所有权人产生"实质性"影响时，才需要取得供役不动产所有人的同意。否则，用益物权人在其使用的他人不动产上设定不动产役权时，无需取得所有人的同意。例如，建设用地使用权人在取得建设用地使用权后为需役不动产设定眺望不动产役权而限制自己建造的建筑物高度，则该不动产役权与土地所有权人没有关系，该眺望不动产役权没有对所有权人之利益产生"实质性"影响，这时建设用地使用权人设定该眺望不动产役权的，无需取得土地所有权人的同意。但是，建设用地使用权人在取得建设用地使用权后，为他人设立道路通行不动产役权时，如果道路通行不动产役权之行使所建道路将对所有权人之所有权的行使产生"实质性"影响，该不动产役权之设立需要土地所有权人的同意。

（三）不动产役权设立合同的内容

按照《民法典》第373条的规定，设立地役权，当事人应当采用书面形式订立地役权合同。地役权合同一般包括下列条款：①当事人的姓名或者名称和住所；②供役地和需役地的位置；③利用目的和方法；④地役权期限；⑤费用及其支付方式；⑥解决争议的方法。

1. 不动产役权合同双方当事人的姓名或者名称和住所

有相互负有义务和享有权利的当事人，是合同成立的必要条件，合同具有相应当事人，才能构成完整的法律关系。因此，不动产役权合同首先要包括合同的当事人，包括合同当事人的姓名和住所。

2. 供役不动产和需役不动产的位置

明确供役不动产和需役不动产的位置，是为了使双方供役不动产和需役不动产特定化，为实现不动产役权落实物质基础。因此，不动产役权合同中需要明确约定需役不动产和供役不动产的位置。

3. 利用目的和方法

不动产役权是一个概括性的用益物权，其缺乏具体的内容。因此，不动产役权合同中需要对不动产役权利用的目的和方法等不动产役权的内容作出约定，便于当事人按照合同约定的内容行使权利、履行义务，便于登记机关进行不动产役权登记。

4. 利用期限

不动产役权是为需役不动产而存在的，它与所有人没有关系，所有人仅享受不动产役权带来的利益，所有人生命的有限性并不影响不动产役权的存续。因此，罗马法上允许设定永久性的不动产役权。对此问题，学术界也存在不同的认识。谢在全教授认为："此自近代用益物权为限定物权，存续期间应属有限，俾与所有权之永久性无违之理论而言，自应持否定之见解，然基于罗马法以来得设永久不动产役权沿革之理由，以及不动产役权对于所有权之限制程度甚低，并不全然剥夺所有人对供役不动产之利用，故通说均承认得设定永久之不动产役权，不动产役权之作用既在调节土地之利用，肯定之见解应属正当。"〔1〕我国不动产役权主要由用益物权人设定，但也不排除土地所有人设定不动产役权的可能。然而，有学者提出，我国民事立法应该明确规定"不动产役权不得为永久期限的约定"，一是因为这样规定并不违反《宪法》的相关规定，二是也有利于其他法律法规的制定和执行。〔2〕

（1）不动产所有人之间是否有权设定永久性不动产役权。不动产范围甚广，但主要包括土地、海域以及房屋。在我国，土地属于国家或者集体所有，海域属于国家所有，在允许自己不动产役权的背景下，土地或海域的所有权人出于不动产役权具有规划不动产利用的功能的实际需要，在理论上不能排除所有人设定永久性不动产役权的可能，如果设定，应当认为有效。

房屋多有存续期限，房屋所有人可否设立永久性不动产役权则很有疑问。我们认为，"永久性"是指不动产役权得与供役不动产和需役不动产共命运，只要存在供役不动产与需役不动产，不动产役权继续存在；供役不动产或者需役不动产灭失的，不动产役权消灭。据此，在我国，建设用地使用权的有期限性决定了我国城镇房屋所有权存在的有限性，但这并不能作为说明房屋所有人不可以设立永久性不动产役权的根据，房屋所有人可以就自己的房屋

---

〔1〕 参见谢在全：《民法物权论》，中国政法大学出版社 2011 年版，第 520~521 页。

〔2〕 参见陈耀东、赵秀清：《地役权本质与存在原则的法律与经济分析——兼评〈物权法（草案）〉关于地役权的规定》，载《政法论丛》2006 年第 2 期。

为他人房屋设定搭梁不动产役权或者管线铺设不动产役权等，并约定其期限为永久。该约定应有效，永久性不动产役权仍可设立。

（2）需役不动产之用益权人[1]设定不动产役权的期限。需役不动产之所有人设定的不动产役权，其期限可以为永久。但是，需役不动产之用益物权人或债权利用人设定不动产役权时，所面临之问题为：用益权人所设定之不动产役权，究系为需役之不动产所有权人而设，抑或系为自己而设？其若为自己而设，是否用益权消灭时，不动产役权亦随之消灭，例如承租人为租赁之需役不动产设定不动产役权后，于租赁关系消灭时，不动产役权是否亦随之消灭？其若为不动产所有权人而设者，是否用益权消灭时，不动产役权仍为需役之不动产继续存在？

我国《民法典》第 377 条规定："地役权期限由当事人约定；但是，不得超过土地承包经营权、建设用地使用权等用益物权的剩余期限。"这里所谓"剩余期限"，是指设定不动产役权的供役不动产和需役不动产在设定不动产役权时其用益物权所剩余的年限。[2]准此一言，用益物权人之间设定不动产役权的，只能取其中剩余期限最短的期限作为不动产役权的存续期间。例如，设定不动产役权时，甲之建设用地使用权剩余 20 年，乙之建设用地使用权剩余 30 年，不论甲、乙之建设用地使用权何者为供役不动产或需役不动产，不动产役权的存续期间为 20 年。所以，不论用益物权人作为需役不动产人设定不动产役权还是作为供役不动产人设定不动产役权，该不动产役权随用益物权的消灭而消灭，土地所有人物权享受不动产役权或承受不动产役权负担。

从《民法典》第 377 条的规定来看，用益物权人设定的不动产役权，不是为需役不动产设立的，而是为自己的利益设定，需役不动产之用益物权人设定的不动产役权期限不得超过用益物权的剩余期限。在土地承包经营权人、建设用地使用权人或宅基地使用权人以其承包地、建设用地或宅基地作为需役不动产而设立不动产役权的场合，按照《民法典》第 377 条的规定，当事人约定的地役权期限不得超过土地承包经营权、建设用地使用权等用益物权

---

〔1〕　这里为了行文的方便而使用了"用益权人"的概念，意思是指通过用益物权或者债权利用他人不动产的人。下文的"用益权"则包括用益物权或者债权。

〔2〕　参见最高人民法院物权法研究小组编著：《〈中华人民共和国物权法〉条文理解与适用》，人民法院出版社 2007 年版，第 479 页。

的剩余期限。因为土地承包经营权、建设用地使用权等用益物权的存续期限届满，用益物权归于消灭，承包地、建设用地或宅基地不再是需役不动产，不动产役权因无需役不动产而归于消灭。这也体现出不动产役权的从属性。可见，约定不动产役权的存续期限超过土地承包经营权等用益物权的剩余期限没有意义，不会有积极的法律价值。[1]我国台湾地区"民法"第859条之三第2项规定："前项（指用益权人之不动产役权）不动产役权，因以使用收益为目的之物权或租赁关系之消灭而消灭。"

但《葡萄牙民法典》第1575条规定："用益权人设定之积极不动产役权不因用益权之终止而消灭；同样，永佃权人设定的积极或消极不动产役权亦不因租地退还给地主而消灭。"我们认为，不动产役权是从属于需役不动产之权利，一旦设定就与需役不动产不可分离。所以，当用益物权人或债权利用人设定不动产役权后，该不动产役权不因用益物权或债权之消灭而消灭。

用益物权人、租赁权人可以作为需役不动产人设定不动产役权，这一点已经得到很多国家立法与实务的支持。但是，用益物权人、租赁权人作为需役不动产人设定不动产役权后，该不动产役权就脱离了设立人而依附于需役不动产，不动产役权怎么可能因为用益物权或租赁权的消灭而消灭呢？如果允许其随着需役不动产之上用益物权或租赁权的消灭而消灭，不动产役权岂不成了为特定人设立的"人役权"了？所以，用益物权人或租赁权人作为需役不动产人设立不动产役权的，该不动产役权在用益物权或者租赁权消灭后仍应存续，其存续期间为当事人约定的不动产役权存续期间。当事人约定的不动产役权的存续期间可以长于需役不动产上用益物权的剩余期间。

（3）需役不动产所有人与供役不动产之用益物权人设定不动产役权的期限问题。我国有学者指出，《民法典》第377条的规定不应适用于土地所有权人以其土地作为需役地而设立地役权，以及以建筑物、构筑物及其附属设施作为需役地而设立地役权的场合。因为，于此场合土地承包经营权等用益物权因存续期限届满而消灭时，需役地依然存在，不动产所有权人和供役人约定的地役权存续期限长于土地承包经营权等用益物权的存续期限，也不妨碍地役权的目的及效能。[2]我们认为，这种看法确实有道理，它说明《民法典》

---

〔1〕 参见崔建远：《地役权的解释论》，载《法学杂志》2009年第2期。

〔2〕 参见崔建远：《地役权的解释论》，载《法学杂志》2009年第2期。

第 377 条的规定有其适用范围上的限制。那么，如果用益物权人以自己使用的他人不动产作为供役不动产与土地所有权人以其土地作为需役不动产而设立不动产役权，以及以建筑物、构筑物及其附属设施作为需役不动产而设立不动产役权的，不动产役权存在的期限仍应该受到《民法典》第 377 条的限制，不动产役权存续期间不得超过供役不动产之用益物权的剩余期限。

但作为一项负担，供役不动产之用益物权人设定不动产役权时，其期限不能长于用益物权的剩余期间，否则将该负担由土地所有人承受，自然不公平。供役不动产之用益物权人取得所有权人同意而设定不动产役权时，这时同于供役不动产所有人设定不动产役权，不动产役权期限可以长于供役不动产之剩余期限。

（4）供役不动产所有人与需役不动产之用益物权人设定不动产役权的期限：需役不动产之用益物权人与供役不动产所有人设定不动产役权的，作为负担义务的一方，所有人可与需役不动产之用益物权人设定任意期限的用益物权，甚至可以设定永久性不动产役权。这是因为，不动产役权对需役不动产之土地所有人有益而无害，即使需役不动产上之用益物权期限届满，其所有人仍可行使该不动产役权。这时，显然不受《民法典》第 377 条的限制。

虽然法律对宅基地使用权的期限没有作出明确规定，但其作为一种用益物权自应有期限，而且现行《土地管理法》并未绝对禁止宅基地使用权的有限流动，再考虑到宅基地使用权制度变革趋势，应作上述修改。本条原有规定如果有意把宅基地使用权排除在外，既有违逻辑也不合现实需求；反之，如果是立法疏忽，从解释论的角度，应作目的性扩张，在条文中的"等"字上做文章。[1]而《民法典》第 377 条规定，地役权期限由当事人约定，但不得超过土地承包经营权、建设用地使用权等用益物权的剩余期限。所以，第 377 条应改为：地役权期限由当事人约定；但是，不得超过供役不动产之土地承包经营权、建设用地使用权、宅基地使用权等用益物权的剩余期限。

5. 费用及其支付方式

不动产役权合同可以是有偿的，也可以是无偿的，但一般来讲，不动产

---

〔1〕　参见耿卓：《比较法视野下的我国乡村地役权及其立法》，载《当代法学》2011 年第 5 期。

役权合同是有偿的。不动产役权合同为有偿时，合同当事人得对设定不动产役权的费用以及支付方式作出约定，这是不动产役权合同的主要条款和主要内容。

6. 解决争议的方法

不动产役权合同的双方当事人在履行合同的过程中，难免会产生纠纷。在合同条款中约定解决争议的方法，有利于当事人继续履行合同。一旦产生纠纷，也便于纠纷的解决。

7. 不动产役权合同的内容不得违背公序良俗及法律的强制性规定

公序良俗原则是公共秩序与善良风俗原则的简称，是现代民法的一项重要法律原则。很多大陆法系国家都在民法典中确立了公序良俗原则。《日本民法典》第 90 条规定，以违反公共秩序和善良风俗的事项为标的的法律行为，无效。我国《民法典》第 8 条规定："民事主体从事民事活动，不得违反法律，不得违背公序良俗。"第 153 条第 2 款又规定："违背公序良俗的民事法律行为无效。"《德国民法典》虽然没有确立公共秩序的概念，但是该法典第 138 条规定违反善良风俗的行为，无效；第 826 条"违反善良风俗的方法对他人故意施加损害的人，对受害人负有赔偿损害的义务"也确立了善良风俗原则。但对公序良俗原则的具体含义，学者的看法迥异。我们认为，公序良俗原则，是指民事法律行为的内容及目的不得违反公共秩序或善良风俗。具体到不动产役权，如果不动产役权的内容或目的违反了公序良俗，该不动产役权即无效。例如，设定了一项旨在使供役人承担徭役义务的不动产役权，或者设定不动产役权的目的是为了需役不动产从事一项不符合公序良俗的行为，如为开设赌场而使用邻地作为停车场。

设定不动产役权也不得违背法律的强制性规定。法律的强制性规定与任意性规定的区分具有重要意义。因为，违反强制性法律规定的法律行为是无效的；反之，则为有效。但是，一个法律条文是属于强制性规定还是任意性规定，进行严格的区分是相当困难的，更何况还存在一些强制性规范与任意性规范的中间地带。但是，还是有学者对此做了一些尝试性的工作，认为强制性规范包括三类：①规定私法自治以及私法自治行使的要件的规范，如行为能力、意思表示生效的要件以及合法的行为类型（限于对行为类型有强制规定的情况）；②保障交易稳定、保护第三人之信赖的规范；③为避免产生严重的不公平后果或为满足社会要求而对私法自治予以限制的规范。[1]《民法典》第 153 条第 1 款规定："违反法律、行政法规的强制性规定的民事法律行为无效。但是，该强制性规定不导致该民事法律行为无效的除外。"所以，此处的"法律"仅指全国人大及其常委会制定的法律和国务院制定的行政法规，不包括地方性法规、行政规章。这里的"强制性规定"，是指效力性强制性规定。何谓"效力性规范"，有的学者指出，应当根据不同情况区别对待：①法律明确规定为无效的，应当无效。②法律未明确规定为无效的，应区分该强制性规范的性质：如属管理性规范，则不能当然认定为无效，如属违反效力性规范，则应认定其无效。[2]也就是说，民事法律行为违反民法上的强制性规范的，除非法律明确规定该行为无效，否则不能当然认定无效，而应根据该强制性规范的立法目的是否为效力性规范加以确定，如果是效力性规范则无效；反之，应解为有效。例如，《城市房地产管理法》第 54 条规定："房屋租赁，出租人和承租人应当签订书面租赁合同，约定租赁期限、租赁用途、租赁价格、修缮责任等条款，以及双方的其他权利和义务，并向房产管理部门登记备案。"该条的规定就不是效力性规定，房屋租赁合同没有采用书面形式或者没有办理登记备案的，合同仍有效。通常情况下，为了保护社会公共利益或者国家利益而制定的强制性法律规范都属于效力性规范。《民法典》"物权编"中的规定大部分是强制性规范，这是因为物权几乎总是会涉及第三人的利益。如果不动产役权的设置违背了上述强制性规范，无效，且不能因当事人的补正而为有效。

（四）不动产役权设定合同的形式

1. 合同形式的宗旨

（1）形式有利于维护法律行为当事人的利益。形式能够有效防止法律行为当事人操之过急而受损害；形式为法律行为的成立与内容提供证据。

（2）形式有利于维护第三人的利益。第三人虽然不是法律行为的当事人，但是有些法律行为与他们存在利害关系。例如，物权的对世效力要求物权公之于众，以使第三人对物权的状态有清晰的认识。

---

〔1〕　参见［德］卡尔·拉伦茨：《德国民法通论》，王晓晔等译，法律出版社 2003 年版，第 43 页。
〔2〕　参见魏振瀛主编：《民法》，北京大学出版社、高等教育出版社 2010 年版，第 166 页。

(3) 形式有利于维护公共利益，如有利于档案管理或审批程序的监控，有利于征收税金。

2. 合同形式的类型

按照形式的来源可以分为法定形式与约定形式；而按照形式的表现手段，可以分为口头形式、书面形式、公证证书。当然，不同国家因立法政策的选择不同，对法律行为的形式也存在一些差别。例如，德国规定法律行为的形式包括书面形式、电子形式、文本形式、裁判上的和解、公证证书、公证认证及当事人约定的形式等。而在我国，法律行为的形式主要是口头形式、书面形式、电子形式及公证形式。

3. 合同形式瑕疵的法律后果

形式存在瑕疵，各国法律作出了不同的规定。例如《德国民法典》第125 条规定："不使用法律所规定的形式的法律行为，无效。不使用法律行为所定的形式，有疑义时，同样导致无效。"也即，如果违反了法律规定的形式，原则上无效；在缺少当事人约定的形式，发生疑义时，也无效。有的学者认为，"如果当事人一方明知法律规定应当采用特定的形式并且利用这种形式进行恶意欺诈，以达到不承担有效义务的目的。此时，应当按照诚实信用原则进行补正：虽然合同不应当完全有效，即欺诈人也有权要求履行合同；但是，被欺诈人应当有权在合同无效和有效之间作出选择。如果双方当事人都知道形式要件存在瑕疵，那么其从事的法律行为就应毫无例外地无效。如果双方约定遵守一定的法定形式，但由于疏忽大意而没有遵守，原则上也是无效的。"[1]当然，德国学者对此问题的看法也不是铁板一块、毫无争议：有些学者认为，凡不具备法律规定之形式的法律行为，都是无效的；有的学者指出，在解释形式的规定时，应当特别强调立法者所追求的目的，如果形式的目的仅仅是为了保护一方当事人免受操之过急带来的危害，那么，如果他已经履行了他应承担的义务，形式瑕疵即可补正。[2]

我国有的学者认为，如果形式的立法目的在于维护社会公共利益或者第

---

〔1〕 参见 [德] 迪特尔·梅迪库斯：《德国民法总论》，邵建东译，法律出版社 2000 年版，第 470~474 页。

〔2〕 参见 [德] 卡尔·拉伦茨：《德国民法通论》，王晓晔等译，法律出版社 2003 年版，第 556 页。

三人利益，那么，违反形式就不能因为履行了合同义务而成为有效。[1]因此，当事人之间的法律行为违背了法律规定的形式，其效力并不当然无效，这时应按照立法目的进行解释：如果立法目的涉及社会公共利益或第三人利益，是绝对无效，不能因履行而补正；反之，则可因履行而得以补正。我国《民法典》第490条的规定应作如此解释。

当事人约定必须采用特定形式的，如果当事人违反了，其效力如何呢？我们认为，原则上当事人可以通过协议予以补正。如果无法达成补正意见的，有的学者认为，其效力如何应当按照约定形式的目的进行解释，如果当事人约定特定形式的目的是作为权利义务存在的证据时，就不能认为合同不生效力。其次，即使形式是作为合同生效的要件，当事人可以明示或默示的方式改变或者废止先前的有关形式的约定，以避免无效后果的发生。[2]

4. 不动产役权设定合同的法定形式

我国《民法典》第373条第1款规定，设立地役权，当事人应当采用书面形式订立地役权合同。但是，法律没有规定，如果当事人不具备书面合同时，其效力状态如何。很多国家对不动产役权设立合同的形式及违背形式的后果作了明确规定。《瑞士民法典》第732条规定："关于设定地役权的合同，必须采用书面形式，始生效力。"甚至有些国家对地役权设定合同的形式采取了更为严格的态度。例如，按照《德国民法典》第873条第2款规定，地役权的设立合同仅在已将意思表示做成公证证书时，当事人才受合意的约束。[3]应予注意，要求不动产役权之设立或移转应采纳书面形式的国家，多认为如果不采用即为无效，如上述的瑞士、德国。但是，在欠缺法律规定的形式要件时，其效力可以通过履行得以补正，我国《民法典》第490条第2款也有类似之规定。我们认为，法律之所以规定不动产役权设立合同应采纳或书面或公证证书等形式，主要是因为不动产役权与第三人或社会利益有莫大关系，因此，原则上不能通过当事人的履行行为而补正；但是，在不动产役权之设立已经完成登记之后，公示方式即已完成，第三人对不动产役权的

---

〔1〕　参见李永军：《合同法》，法律出版社2004年版，第241页。

〔2〕　参见李永军：《合同法》，法律出版社2004年版，第242页。

〔3〕　公证证书是《德国民法典》中最为严格的形式，指的是全部合同条文由公证人做成证书，它是一种严格的书面形式；而公证证书的做成是当事人受到其合意约束的标志。

存在即可从外部予以察觉，此时即使没有书面形式，也应认为不动产役权设立合法有效。

而《日本民法典》则对不动产物权的设定或移转的形式未作专门规定。我们注意到，上述要求不动产物权之设立或移转采用书面形式的国家都要求登记作为不动产役权设立或移转的形式；而采纳登记对抗主义的日本则对不动产役权之设定或移转的形式采取了更为宽松的态度。这种"严则更严、宽则更宽"的对立是否隐含着什么，确实是个值得认真思考的问题。

（五）不动产役权设立合同是否因不动产役权设立而消灭

不动产役权合同之目的在于设定物权性的不动产役权，按照我国《民法典》第 374 条之规定，地役权自地役权合同生效时设立，不动产役权设立后，不动产役权合同是否因该合同之目的已经达成而消灭呢？按照合同基本理论，合同因履行而消灭，不动产役权的设立乃供役人的一项基本义务、需役不动产人的一项基本权利，该项权利与义务因不动产役权的设定而使合同中关于不动产役权设立部分的内容因为履行而消灭。那么，不动产役权合同是否还继续存在呢？从《民法典》第 384 条的规定来看，在地役权设立后，供役地权利人可以基于以下两种情形解除地役权合同：①需役不动产人违反法律规定或者合同约定，滥用不动产役权；②需役不动产人没有按照约定的付款期限付款，在合理期限内经两次催告仍未支付费用。从该规定来看，不动产役权合同并未因不动产役权之设立而消灭，该合同在当事人之间仍然具有约束力。该合同的约束力体现为两个方面：其一，不动产役权人应当按照合同的约定行使不动产役权；其二，不动产役权人应当按照合同的约定支付费用。人民法院在李某诉姚某三人不动产役权纠纷案[1]中也持肯定性

---

〔1〕 2001 年 7 月 25 日，姚某、张某、朱某为拓宽道路便于通行，提高自己不动产效益，同李某签订协议约定拆除李某部分房屋。姚某、张某、朱某承诺与李某审批一所 100 平方米的宅基地，并补偿李某损失 4000 元，如一方违约，违约方应赔偿对方损失费 5000 元，承担相应的法律责任。协议签订后，李某按照约定履行了自己的义务，并督促姚某、张某、朱某履行义务，但姚某、张某、朱某未能履行为李某办理宅基地的义务，给李某造成了很大的经济损失。故李某诉至法院，请求：①解除原告李某与三被告姚某、张某、朱某之间的不动产役权合同；②判令被告姚某、张某、朱某排除妨害，恢复原状；③三被告姚某、张某、朱某赔偿原告李某自 2001 年 7 月 25 日至 2009 年 7 月 25 日的租金损失 8000 元；④三被告姚某、张某、朱某按照协议向原告李某承担违约金 5000 元；⑤诉讼费由三被告姚某、张某、朱某承担。人民法院经审理后认为，我国《物权法》规定，地役权人有权按照合同约定，利用他人的不动产，以提高自己的不动产的效益。三被告姚某、张某、朱某为自身出行便利，通过

态度。

我们认为，本条之规定尚有如下几个问题需要进一步厘清：①不动产役权合同对需役不动产之受让人或供役不动产受让人是否有约束力，即（民法典）第384条规定之不动产役权人是否限于与供役不动产人订立合同的不动产役权人，是否包括不动产役权移转而享有不动产役权之人？供役不动产权利人是否限于与需役不动产人订立合同者，是否包括供役不动产之受让人？②不动产役权一旦登记，不动产役权合同中关于不动产役权内容的规定是否对当事人还有约束力，该约束力是否及于需役不动产的受让人？③不动产役权登记内容与合同约定内容不一致的，以何者为准？

1. 不动产役权合同约束合同当事人

合同具有相对性，因此不动产役权合同仅对订立合同的当事人具有约束力。所以，《民法典》第384条中规定的"地役权人"应该是订立不动产役权合同的不动产役权人，不动产役权之受让人不受不动产役权合同的约束。而本条中的"供役地权利人"也应作同样的解释。

2. 不动产役权合同对受让人的约束力

不动产役权之受让人是否需要按照合同的约定行使不动产役权呢？我们认为，不动产役权虽然可以随需役不动产的移转而发生移转，但不动产役权之受让人取得的不动产役权与转让人之不动产役权的范围一致。如果受让人滥用不动产役权的，属于权利滥用的行为，根据民法上"权利不得滥用，否则将失去权利"的规则，供役不动产权利人可以请求法院去除不动产役权，但这时并非地役合同的解除问题，因为该不动产役权合同对不动产役权之受让人无约束力，这时属于物权滥用问题。

不动产役权合同中，当事人关于相关费用的约定对需役不动产或者供役不动产之受让人是否具有约束力呢？相关费用一次性支付的不动产役权，需役不动产的受让人自然无费用支付义务，供役不动产的受让人不能再向不动产役权人请求（因负担不动产役权，通常土地的买卖价款会减少）。日本有判

与原告李某自愿协商，拆除了原告李某住宅的东夏房，拓宽了通行道路。双方之间的协议是双方真实意思表示，没有违反法律相关规定，双方应当遵守。双方在履行该协议中产生纠纷，属地役权纠纷。三被告姚某、张某、朱某应当按照合同的约定补偿原告李某损失。可见，在本案中，人民法院也认为，地役权设立后，地役权合同仍然有效，当事人仍应当按照合同的约定履行义务。

例认为，分期支付相关费用的，地租支付义务不构成不动产役权的内容，所以有偿的不动产役权不能对抗第三人。[1]我们认为，不动产役权合同是需役不动产人与供役不动产人之间订立的合同，按照合同效力相对性理论，需役不动产之受让人无按照合同约定支付不动产役权合同中费用之义务。如果设定不动产役权之人没有按照合同的约定支付费用的，供役不动产权利人可以解除不动产役权合同，消灭不动产役权。那么，不动产役权之受让人可否以自己的行为代替原不动产役权人支付相关费用而保有不动产役权呢？从立法政策上衡量，应该允许。在不动产役权登记的情形下，供役不动产之受让人虽然也承受不动产役权负担，但其并非不动产役权合同的当事人，因此其无权要求不动产役权人支付相关费用。且在不动产役权已经登记或不动产役权虽然未登记但供役不动产受让人明知存在不动产役权仍受让供役不动产的，供役不动产之上存在的负担已为受让人所知，取得该供役不动产之价款定有所考虑。所以，只有订立供役不动产合同的供役不动产人才有费用支付请求权，受让人则无此项权利。

3. 不动产役权登记的内容效力上高于不动产役权合同的约定

不动产役权设立登记时，合同当事人多同时到登记机关办理登记。登记机关应该按照不动产役权合同的约定进行登记，记载不动产役权设定的目的和范围、权利行使方式等内容。不动产役权登记内容与不动产役权合同中关于不动产役权之约定应该保持一致。因此，不动产役权设立登记后，不动产役权人应当按照登记行使权利，尤其是在需役不动产发生移转的情形下，不动产役权人并非合同当事人，只能按照不动产役权登记的内容行使权利。

登记乃国家公权力对不动产役权内容的确认，具有严肃性，登记机关登记时需要征询当事人的意见，为保障登记机关的权威性。如果不动产役权登记内容与不动产役权合同之约定不一致时，应以登记之内容为准。

（六）不动产役权的设立登记

关于不动产役权设立是否必须登记以及登记的效力如何，不同国家和地区规定并不一致。有的规定，不动产役权的设立不仅需要一个设立合同，还需要办理不动产役权登记这一事实行为，不动产役权方可有效设立，例如瑞

---

〔1〕　参见〔日〕近江幸治：《民法讲义Ⅱ物权法》，王茵译，北京大学出版社 2006 年版，第 212 页。

士。有的基于债权行为与物权行为的分离，认为不动产役权的设立需要债权合同与一个以登记为表征的物权合同，登记是不动产役权设定的生效要件，例如德国、我国台湾地区即是。[1]不论如何，上述立法皆认为不动产役权必须经登记方可有效设立。但是，法国、日本等将登记作为对抗要件，如果不登记，不妨碍不动产役权的设定，但是不能对抗第三人。我国《民法典》第374条规定："地役权自地役权合同生效时设立。当事人要求登记的，可以向登记机构申请地役权登记；未经登记，不得对抗善意第三人。"可见，我国《民法典》"物权编"就不动产役权设立登记的效力定位为登记对抗主义，与日本民法做法相同。鉴于不动产役权登记制度的复杂性与特殊性，笔者将在我国不动产役权登记制度一章做专门研究，在此不再展开。

二、不动产役权时效取得

自罗马法设时效制度以来，时效即包括取得时效与消灭时效，且从罗马法历史上观察，取得时效在前，消灭时效在后。[2]取得时效是指无权利的人以一定的状态占有他人的财产或者行使他人的财产权利，经过法律规定的期间，即依法取得其所有权或其他财产权的制度。[3]该法律规定的期间为取得时效，以时效而取得所有权或者其他财产权利的，为时效取得。梅因曾正确地指出："时效取得实在是一种最有用的保障。""法学专家制定的这个时效取得，提供了一个自动的机械。通过这个自动机械，权利的缺陷就不断得到矫正，而暂时脱离的所有权又可以在尽可能短的阻碍之后重新迅速地结合起来。"[4]所以，时效取得具有维护物的新的归属、使用秩序的价值，为很多国

[1]　在物权行为主义下，对法律行为形式的规定是指债权行为还是物权行为就很有研讨的必要。而物权行为与登记之间的关系也很难进行界定。有的学者认为，物权行为是以设定、移转或消灭物权为目的的法律行为；有的学者认为，物权行为是以登记或移转占有为外在表现形式，以设定、移转或消灭物权为目的的法律行为。关于是物权契约还是债权契约适用书面形式的争议，可参见王泽鉴：《民法物权》(1)，中国政法大学出版社2001年版，第103页。关于登记与物权契约的关系之争论，参见王泽鉴：《民法学说与判例研究》，北京大学出版社2009年版，第241页。

[2]　取得时效源于《十二表法》，消灭时效源于裁判官的命令。至中世纪，注释法学派与教会法始将二者合称为"时效"。参见李太正：《取得时效与消灭时效》，载苏永钦主编：《民法物权争议问题研究》，清华大学出版社2004年版，第90页。

[3]　参见梁慧星、陈华彬：《物权法》，法律出版社2016年版，第142页。

[4]　参见[英]亨利·萨姆奈·梅因：《古代法》，高敏、瞿慧虹译，九州出版社2007年版，第359~361页。

家物权法所明确规定。我国《民法典》没有规定取得时效制度，此为重要缺憾，在立法论上应给予否定性评价。因此，讨论不动产役权的时效取得有其积极意义。

不动产役权的时效取得是指需役不动产人为了提高自己土地的效益而在供役不动产上设定了一项负担，该负担即使没有取得供役不动产人的同意，但该项负担持续一段时间之后，需役不动产人即可取得该项不动产役权。不动产役权的时效取得是法律基于利益衡量的一种制度安排，它实际上以牺牲供役不动产人的利益为代价保护现有的财产使用秩序。因此，不动产役权的时效取得必须有严格的构成要件。从不同国家和地区关于不动产役权时效取得构成要件的规定来看，不动产役权时效取得构成要件包括：

（1）时效取得的适用对象有严格的限制。时效取得适用的对象限于"持续且为表见性的不动产役权"。例如，我国台湾地区"民法"第852条规定：不动产役权因时效而取得者，以继续并表见者为限。《法国民法典》第690条也规定：持续的、表见的役权，依证书取得，或者依30年占有而取得。非持续与表见的不动产役权以及持续与非表见性不动产役权都不能适用取得时效。《日本民法典》第283条也作了类似的规定。

（2）时效取得需要一定期间的经过。时效取得不动产役权需要一定期间的经过，该期间的长短由法律明确规定。该"期间"是否考虑取得人主观上是否存在恶意或者善意，则存在不同的立法例。有的立法不问取得人主观上是否存在善意或者恶意，适用统一的长期时效。例如《法国民法典》规定时效取得的期间为"必须经过30年"。有的立法则考虑取得人主观上的善意与否，善意者取得时效短，恶意者取得时效长。例如，我国澳门地区民法规定，占有属善意者，由登记日起计继续达10年；占有即使属恶意者，由登记日起计继续达15年。

需役不动产人对供役不动产的使用经过了取得时效期间，且在此期间内没有发生时效中断或中止的事由。

（3）时效取得中"占有"的要求。时效取得中要求取得人占有供役不动产，占有必须是善意占有、和平占有、持续占有。

三、不动产役权的善意取得

为保障交易安全，保护善意第三人的合法权利，多数国家和地区的民法确立了善意取得制度。最初，善意取得是动产所有权的取得方式，但后来很多国家和地区基于登记制度的公示公信力，也承认不动产物权的善意取得。不动产役权的善意取得实际上是以限制原所有权人的利益来保护善意第三人的利益。因此，不动产役权之善意取得必须具备一定的要件，通过要件限制第三人的善意取得，在原权利人与善意第三人之间寻找平衡。

我国《民法典》第 311 条将不动产善意取得与动产善意取得合并规定，这与境外立法仅承认动产物权善意取得差别较大。我国《民法典》承认不动产物权善意取得受到法学界的赞赏。[1]但是，不动产役权作为不动产物权的一种，是否也可以被善意取得，学者之间有不同的认识。有的学者认为，在不动产登记仅仅具有对抗效力的法制下，不承认善意取得，在法理上说得通。[2]不动产役权登记具有对抗效力，不具有公信力，不适用善意取得。[3]也有学者认为，采登记对抗主义的不动产物权可以适用善意取得。[4]不动产登记具有双重法律效果：一方面登记能够公示不动产物权的状态，具有公示效力。另一方面登记能够公示物权变动过程。在不动产役权善意取得中要讨论两个不同的登记：其一，供役不动产登记在无处分权之供役不动产人名下；其二，不动产役权设立登记是否为需役不动产人善意取得不动产役权的要件。我们注意到有些学者混淆了这两个登记的作用和价值：前者是登记公信力问题，即供役不动产之无权处分人是供役不动产登记簿上记载的权利人，能够从登记簿中使需役不动产人相信其有处分权。所以，登记公信力主要解决的是善意取得人对无权处分人的信赖。当然，供役不动产未登记在供役不动产人名下的，并非意味着需役不动产人主观上就无善意，关于这一点在第二部分将详细进行阐释。后者是不动产役权设立公示，不动产役权登记对抗主义解决的是物权变动问题，是需役不动产人善意取得的不动产役权具有对抗效力问题，它与判断需役不动产人是否有"善意"没有关系。以我国不动产役权采纳登记对抗主义从而否认不动产役权适用善意取得的观点是对两种不同

---

〔1〕　参见崔建远：《物权：规范与学说——以中国物权法的解释论为中心》，清华大学出版社 2011 年版，第 220 页。

〔2〕　参见崔建远：《物权：规范与学说——以中国物权法的解释论为中心》，清华大学出版社 2011 年版，第 219 页。

〔3〕　参见余泽波：《地役权善意取得问题探析》，载《人口·社会·法制研究》2013 年第 1 期。

〔4〕　参见崔艳峰：《物权公示与善意取得之辩证》，载《法学杂志》2016 年第 6 期。

登记的效力的误解。所以，不动产役权能够善意取得。我国《民法典》第311条规定了不动产所有权或动产所有权善意取得的构成，而不动产役权作为一种用益物权，其成立要件参照不动产所有权善意取得的成立要件，因不动产役权具有自身特性，如何参照仍有进一步研究的空间。

不动产役权善意取得需要下列要件：

（一）"善意"是不动产役权善意取得的灵魂要件

善意取得的灵魂是"善意"，没有需役不动产人的善意就没有不动产役权的善意取得。"善意"是指受让人对处分人没有处分权不知情或者不应当知情。[1]不动产役权善意取得中的"善意"是指需役不动产人对供役不动产人没有处分权不知情或者不应当知情。

1. 需役不动产人对何人的信任才可适用善意取得

"善意"在于第三人对标的物权利外观的信赖。[2]标的物权利外观的信赖主要包括两部分内容：其一，对标的物权利归属外观的信赖；其二，对标的物权利内容外观的信赖。不动产役权是设定在供役不动产上的负担，供役不动产是不动产役权的客体。作为负担承受者，供役不动产所有权人可以在自己的不动产上设定不动产役权。但用益物权人能否以用益物权作为供役不动产而设定不动产役权，学界有不同的观点：有的学者认为，建设用地使用权人、宅基地使用权人、土地承包经营权人可以允许他人在自己权利上设立不动产役权，从而使自己的权利成为供役不动产。[3]但也有学者认为，权利之上不得设定不动产役权。[4]我国《民法典》第377条规定："地役权期限由当事人约定；但是，不得超过土地承包经营权、建设用地使用权等用益物权的剩余期限。"本条虽然是关于不动产役权存在期限的规定，但从另一侧面说明用益物权人可以成为不动产役权的供役不动产人。用益物权人在供役不动产上设定的负担对所有权人产生"实质性"影响时，才需要取得供役不动产所

---

[1] 参见孟勤国、蒋光辉：《论不动产善意取得的善意标准及善意认定》，载《河南财经政法大学学报》2013年第3期。

[2] 参见倪桂芳：《不动产物权善意取得制度若干问题研究》，载《中国不动产法研究》2015年第1期。

[3] 参见王利明、尹飞、程啸：《中国物权法教程》，人民法院出版社2007年版，第401页。

[4] 参见崔建远：《地役权的解释论》，载《法学杂志》2009年第2期。

有人的同意。否则，用益物权人在其使用的他人不动产上设定不动产役权时，无需取得所有人的同意。[1]我国台湾地区"民法"也作了类似规定。供役不动产之所有人或者用益物权人为需役不动产人设定不动产役权，需役不动产人要"善意取得"不动产役权，需要信赖无处分权之供役不动产人享有所有权或用益物权，即只有信赖供役不动产之登记权利人有处分权才可善意取得，需役不动产人对供役不动产之债权利用人享有债权的信赖，并不能使其善意取得不动产役权。

供役不动产的范围如何，不同国家和地区立法存在差别。罗马法、法国法、德国法在立法上始终承认建筑物能够成为不动产役权的客体；而日本、我国台湾地区将不动产役权的客体限定于土地，明显缩小了不动产役权的适用空间。[2]我们认为，不动产役权之客体包括土地、房屋以及海域等。[3]善意取得的不动产役权可以存在于土地所有权或用益物权上，也可存在于房屋之上，甚至还可能存在于海域所有权或者海域使用权之上。因此，需役不动产人只有对土地所有权、用益物权、海域所有权、海域使用权、房屋所有权登记簿上记载的权利人和权利内容的信任，才属于善意取得中有效的"信任"。

2. 供役不动产登记在无权处分人下时需役不动产人的"善意"的判断

法律规定善意取得制度实源于对交易中的第三人信赖利益的保护以及由此展开的价值衡量。[4]善意取得之目的在于保护"信赖"，在供役不动产已经登记在无权处分人名下时，其是否具有公信力，从而使受让人产生"信赖"？这要以我国立法为研究的出发点。我国《民法典》第216条第1款规定："不动产登记簿是物权归属和内容的根据。"本条是否确立了不动产登记的公信力？有的学者认为，我国确立了"登记的权利正确性推定原则"，而权利正确性推定原则正是公信力的核心内容。[5]有的学者认为，我国没有确立不动产

---

〔1〕　参见李遐桢：《地役权从属性与我国地役权法律制度的修正》，载陈小君主编：《私法研究》（第17卷），法律出版社2015年版，第88页。

〔2〕　参见李遐桢：《我国地役权法律制度研究》，中国政法大学出版社2014年版，第25~30页。

〔3〕　参见李遐桢：《我国地役权法律制度研究》，中国政法大学出版社2014年版，第25~30页。

〔4〕　参见程新文、司伟：《善意取得的构成要件与适用排除解释》，载《人民法院报》2016年5月4日，第7版。

〔5〕　参见曹士兵：《物权法关于物权善意取得的规定与检讨——以抵押权的善意取得为核心》，载《法律适用》2014年第8期。

登记的公信力。[1]我国司法实践已将对登记簿的信赖推定为买受人的善意。[2]

我国登记的效力分为登记对抗主义和登记生效主义两种。在登记生效主义时，不动产受让人不登记，不能取得物权，登记具有公信力；在登记对抗主义的场合，不动产权利人不登记的，虽享有物权，但该物权不能对抗善意第三人，登记不具有公信力，但具有权利推定效力。[3]供役不动产登记在无权处分人名下时，不论该登记系出于对抗善意第三人而登记还是出于发生物权变动效果而登记，登记皆具有推定无权处分人有处分权利的效果，除非有相反的证据推翻登记内容。所以，供役不动产登记在无权处分人名下，登记有两种可能：其一，登记生效主义，例如建设用地使用权登记在供役不动产人名下；其二，登记对抗主义，例如土地承包经营权登记在供役不动产人名下。无权处分人取得供役不动产所有权或者用益物权时是登记生效主义还是对抗主义，这时应推定供役不动产人有设定不动产役权的权利，需役不动产人对供役不动产登记的权利主体和内容的信任就为"善意"。

在认定善意时，是否要求需役不动产人查阅登记资料？学术界有不同的看法：一种观点认为，需要查阅，不查阅登记资料的，没有善意，不能善意取得；[4]另一种观点认为，这实际上修改了我国《民法典》的善意取得要件，将主观善意改成了法定的查阅义务，是否查阅登记资料不影响善意的认定。[5]我们认为，需役不动产人主张善意取得的，应该承担举证责任，要证明其在主观上为善意，需役不动产人通过查询登记资料，从而证明自己为善意，即登记资料查询是需役不动产人证明自己主观上有善意的义务。当然，这里的"登记资料"不限于登记机关保存的登记资料，还应包括供役不动产人提供的登记簿原件或复印件。

---

〔1〕 参见孟勤国、蒋光辉：《论不动产善意取得的善意标准及善意认定》，载《河南财经政法大学学报》2013年第3期。

〔2〕 参见《北京市高级人民法院关于审理房屋买卖合同纠纷案件适用法律若干问题的指导意见（试行）》第19条、《上海市高级人民法院关于审理房地产买卖与抵押、租赁交叉纠纷若干问题的意见》第1条。

〔3〕 参见〔日〕田山辉明：《物权法》，陆庆胜译，法律出版社2001年版，第43页。

〔4〕 参见王利明：《不动产善意取得的构成要件研究》，载《政治与法律》2008年第10期。

〔5〕 参见孟勤国、蒋光辉：《论不动产善意取得的善意标准及善意认定》，载《河南财经政法大学学报》2013年第3期。

因登记具有权利推定的效力，供役不动产已经登记在供役不动产人名下的，需役不动产人之"恶意"判断，采纳"故意或重大过失"这一标准，一般过失不影响其"善意"的认定，即需役不动产人出于对登记的信赖而设定不动产役权的，除非需役不动产人明知供役不动产人无处分权或者应当知道无处分权，否则即认定其主观上为"善意"，可以善意取得。

3. 供役不动产未登记于无处分权人名下时需役不动产人的"善意"的判断

我国《民法典》区分了基于合同引起的不动产物权变动和基于合同之外的法律事实引起的不动产物权变动两种情形。基于合同引起不动产物权变动的，采纳登记生效主义或者登记对抗主义；而合同之外的法律事实引起的物权变动则不需要办理登记。换言之，现实生活中，存在大量没有登记在供役不动产人名下但供役不动产人有所有权或者处分权的情形，例如因法院判决、继承等取得不动产所有权或者采登记对抗主义而未办理登记的，即使供役不动产人未办理不动产物权登记，也不能否认供役不动产人有以自己的不动产为他人设定不动产役权的权利。在供役不动产人对供役不动产没有处分权，但能够提供人民法院判决、建设审批文件或者继承关系证明等合法文件从而证明其对供役不动产有处分权时，需役不动产人对上述证据的信赖也应予以保护。实务中不乏依据农村登记体系不完备、村委会见证、当地风俗习惯裁判第三人善意取得标的房屋所有权的案件。[1]如果供役不动产人有足以使需役不动产人信赖其有所有权或用益物权的外在表征，其主观上即有善意。

占有不动产是否能够使需役不动产人产生信赖而适用不动产役权善意取得呢？不动产的占有是否具有权利推定的效力，学者之间有不同的看法。有的学者认为，不动产因其本质属性不适宜交付占有，占有不动产不产生公信力。[2]有的学者认为，应把不动产占有现状的考察与第三人是否善意且有无重大过失的判断联系起来，不能仅信赖登记簿而不信赖占有。[3]有学者进一步指出，对那些不以登记为生效要件的不动产物权变动的情形当中，登记簿

---

〔1〕　参见徐万鑫、郑智杨：《未经登记的农村房产的有效转让和善意取得》，载《人民司法》2010年第12期。

〔2〕　参见曹士兵：《物权法关于物权善意取得的规定与检讨——以抵押权的善意取得为核心》，载《法律适用》2014年第8期。

〔3〕　参见姚艳：《论我国不动产善意取得制度的完善》，载《河南师范大学学报（哲学社会科学版）》2012年第6期。

并非权利表象，所以更受重视的是占有，即不动产善意取得乃是以占有的权利表象作用为基础的。[1] 我们认为，不动产之占有并非不动产权利的公示方式，其不具有不动产权利的推定作用，但供役不动产人占有不动产这一外在表象确实可以作为需役不动产人信赖其有处分权的证据之一。

因供役不动产没有登记在供役不动产人名下，缺少可以直接推定供役不动产人为不动产所有人的具有公信力的登记，需役不动产人要尽到更高的注意义务，查明供役不动产人是否有处分权，这时对需役不动产人善意的判断标准更高，这时需役不动产人有一般过失即应推定其主观上具有恶意，不能善意取得。例如，在继承关系中，不能仅以供役不动产人有继承关系而认定需役不动产人有善意，需役不动产人要综合各种因素判断供役不动产人是否有处分权。

（二）书面合同生效是不动产役权善意取得的唯一外在表征

物权变动需要有外在的表征，受让人善意取得不动产物权，要有物权从无权处分人转移至受让人的外在表征，这就是公示。所以，对于采纳登记生效主义的不动产物权善意取得，以登记作为善意取得的构成要件。不动产役权的设立采纳登记对抗主义，那么不动产役权登记是否为善意取得的构成要件呢？

1. "登记"并非不动产役权善意取得的构成要件

对采纳登记对抗主义的不动产物权，其善意取得需要办理登记吗？学者之间存在不同的认识。有的学者认为，采纳登记对抗主义的不动产物权善意取得的，不动产物权要完成交付才能善意取得。[2] 也有学者认为，未登记的不动产、采登记对抗制的不动产则以"已经交付"为善意取得的要件之一。[3] 有学者指出，登记而非交付是善意取得不动产的必要条件，不能办理登记或者未登记的不动产转让的，受让人不能善意取得系争不动产的所有权。[4] 由此引申，不动产役权作为不动产物权，其善意取得也要办理登记，

---

〔1〕 参见程啸：《论不动产善意取得之构成要件——〈中华人民共和国物权法〉第 106 条释义》，载《法商研究》2010 年第 5 期。

〔2〕 参见王利明、尹飞、程啸：《中国物权法教程》，人民法院出版社 2007 年版，第 150 页。

〔3〕 参见孟勤国、蒋光辉：《论不动产善意取得的善意标准及善意认定》，载《河南财经政法大学学报》2013 年第 3 期。

〔4〕 参见甄增水：《双轨制：我国善意取得制度设计的应然路径——兼析〈中华人民共和国物权法〉第 106 条》，载《法商研究》2014 年第 4 期。

不登记不能善意取得。有学者直截了当地指出：不动产所有权的善意取得要办理登记，如果不登记，即便已经交付，也不发生善意取得之法律后果。[1]

我们认为，从我国《民法典》第311条的"或"字来看，不动产之善意取得并非必须办理登记，在登记对抗主义模式下的物权变动，是否登记由当事人决定，显然"依照法律规定应当登记的已经登记"中的"应当"已经排除了采纳登记对抗主义的物权，即采纳登记对抗主义的不动产物权或动产物权善意取得，不以登记为要件。我国《民法典》第374条关于不动产役权设立采纳了登记对抗主义，那么不动产役权之善意取得不需要办理登记。

按照《民法典》第232条的规定，通过法律文书、人民政府征收、继承、合法建造等法律事实取得不动产物权的，依照法律规定需要办理登记的，未经登记，不发生物权效力。供役不动产人虽无权处分，但有证据证明系通过上述行为取得供役不动产的，需役不动产人要善意取得不动产役权的，是否需要办理登记手续？我们认为，我国《民法典》对不动产役权采纳登记对抗主义，未办理登记的，不影响不动产役权的善意取得，但该不动产役权不能对抗善意第三人；如果无权处分之供役不动产人与需役不动产人约定办理不动产役权登记的，应办理登记手续。这时，按照《民法典》第232条之规定，应先将该不动产之所有权或用益物权登记在供役不动产人名下，然后再办理不动产役权登记。

2. "交付"供役不动产亦非不动产役权善意取得的构成要件

不动产役权之善意取得是否需要无处分权之供役不动产人将供役不动产"交付"给需役不动产人呢？有的学者持肯定态度；[2]有的学者持否定态度。[3]我们认为不动产役权善意取得不以供役不动产交付给需役不动产人为要件，理由如下：

（1）我国《民法典》未将交付供役不动产作为不动产役权设立的要件。《民法典》第374条规定："地役权自地役权合同生效时设立。"从本条规定来

---

[1] 参见崔建远：《物权：规范与学说——以中国物权法的解释论为中心》，清华大学出版社2011年版，第219页。

[2] 参见孟勤国、蒋光辉：《论不动产善意取得的善意标准及善意认定》，载《河南财经政法大学学报》2013年第3期。

[3] 参见崔建远：《物权：规范与学说——以中国物权法的解释论为中心》，清华大学出版社2011年版，第219页。

看，我国不动产役权的设立采纳意思主义，不动产役权合同生效时即可设立不动产役权，不以供役不动产人将供役不动产交付给需役不动产人为要件。善意取得是与无权处分相对应的，除了供役不动产人没有处分权之外，需役不动产人要善意取得不动产役权，应完成同于有权处分的物权变动公示行为，但不动产役权设立采纳意思主义，不需要公示，不动产役权善意取得的，不需要办理不动产役权登记或者交付供役不动产于需役不动产人。

（2）非占有型不动产役权在性质上也无法交付。按照不动产役权的行使方式是以"作为"或"不作为"为标准，不动产役权可以分为积极不动产役权与消极不动产役权。消极不动产役权也称为不作为不动产役权，是指不动产役权人不为一定行为的不动产役权。例如，可以设定禁止进行建筑或种植植物以避免妨碍采光、通风或眺望的不动产役权。[1]消极不动产役权不以占有供役不动产为权利的行使要件。如果占有型不动产役权还可以通过一定的外观表现出来，在一定程度上能够"公示"不动产役权，那些非占有型的消极不动产役权，根本就没有办法交付供役不动产，也无需交付供役不动产。所以，在积极不动产役权时，可以将供役不动产交付给需役不动产人占有，但消极不动产役权时，不以需役不动产人占有供役不动产为权利行使条件，其善意取得无需交付。如果积极不动产役权善意取得需要"交付"，而消极不动产役权善意取得不需要"交付"，则割裂了不动产役权善意取得要件的统一性。

（3）将"交付"作为不动产役权善意取得的要件也没有比较法上的根据。不动产役权作为一种不动产物权，在采不动产物权变动登记生效主义的立法例下，登记才可善意取得不动产役权，这时的善意取得实际上是登记的公信力；在采不动产物权变动登记对抗主义的立法例下，因登记不具有公信力，不动产役权不能善意取得。但不论何种不动产物权变动模式，都没有将"交付"作为设立不动产役权的要件。所以，从比较法观察将交付作为不动产役权善意取得的构成要件与不动产役权作为不动产物权的属性相违背。

3. 书面合同有效是不动产役权善意取得的要件

民法学界的代表性学者都对无权处分他人之物的合同效力进行了分析，

---

[1] J. David Reitzel, Robert B. Bennett, Jr., Michael J. Garrison, "American Law Real Estate", *South-Western of Thomson Learning*, 2002, p. 97.

有不同的结论：有些学者认为，无权处分他人之物的合同效力待定，在原权利人追认或者无权处分人事后取得处分权之后，合同有效。反之，合同无效。[1]有些学者认为，第三人善意取得是效力待定的合同向有效合同转化的原因，第三人善意取得财产后，合同视为有效。[2]有些学者认为，无权处分他人之物的合同是有效的。[3]还有学者在不同物权变动模式下分析无权处分他人之物的合同效力，认为"意思主义下的物权变动，是由一个与公示无关的法律行为单独引起的"，并以此宣称："（意思主义物权变动模式下）无权处分下的土地承包经营权合同、不动产役权合同和动产抵押合同无效。"[4]日本民法物权变动模式采纳意思主义，但其著名学者四宫和夫则认为："就他人之物所成立之买卖契约并非无效，只是因处分权欠缺，不发生处分效果而已。"[5]可见，即使在意思主义物权变动模式下，无权处分他人之物的合同效力仍有探究的必要。

《民法典》第597条第1款规定："因出卖人未取得处分权致使标的物所有权不能转移的，买受人可以解除合同并请求出卖人承担违约责任。"但不能由此得出无权处分他人之物的合同有效。无权处分他人之物的合同在缔约当事人之间并非无效，其效力应从当事人是否具有行为能力、意思表示是否真实、内容是否合法等方面认定。无权处分人在明知无处分权而为处分时，构成欺诈，受让人有撤销权，不撤销的合同有效；无权处分人不知无权处分而处分时，可能构成重大误解，无权处分人有撤销合同的权利，合同不撤销的，合同有效；受让人明知无权处分而订立合同的，受让人具有恶意，合同无效；无权处分人与受让人恶意串通而损害原权利人利益的，合同无效；受让人在订立合同时存在欺诈、胁迫等情形时，合同可撤销。[6]从《民法典》第215

〔1〕　参见崔建远主编：《合同法》（第5版），法律出版社2010年版，第119页。

〔2〕　参见李先波、杨志仁：《善意取得中转让合同效力问题研究》，载《湖南师范大学社会科学学报》2007年第6期。

〔3〕　参见刘家安：《善意取得情形下转让行为的效力》，载《法学》2009年第5期。

〔4〕　参见甄增水：《双轨制：我国善意取得制度设计的应然路径——兼析〈中华人民共和国物权法〉第106条》，载《法商研究》2014年第4期。

〔5〕　参见［日］四宫和夫：《日本民法总则》，唐晖、钱孟姗译，五南图书出版有限公司1995年版，第162页。

〔6〕　参见李遐桢：《无权处分他人之物转让合同效力的展开》，载《甘肃政法学院学报》2015年第1期。

条规定来看，当事人之间订立有关设立、变更、转让和消灭不动产物权的合同，除法律另有规定或者当事人另有约定外，自合同成立时生效；未办理物权登记的，不影响合同效力。所以，无权处分他人不动产之供役不动产人与需役不动产人订立的合同是否有效，应从合同本身来判断，无处分权以及对此是否知情则是判断供役不动产人和需役不动产人主观上是否有恶意的因素从而影响不动产役权合同的效力。

不动产役权善意取得是否需要以不动产役权合同有效为前提呢？有的学者认为，对于不动产役权等适用登记对抗主义的不动产，由于权利往往自合同生效之时产生，因此没有必要规定只有在登记以后才发生善意取得的问题。[1]但也有学者采取了逆推方式，认为无权处分他人之物的合同本来效力处于待定状态，只有第三人善意取得的，合同才有效。[2]还有很多学者认为，转让合同有效并非善意取得的构成要件，善意取得仅与无权处分有关，且在合同有效的情况下，受让人可以通过一个有效的合同即可继受取得物权，无需借助善意取得。[3]最高人民法院《关于适用〈中华人民共和国民法典〉物权编的解释（一）》第 20 条认为，善意取得需转让合同有效，转让合同无效或者被撤销的，不能善意取得。我们认为，不动产役权合同无效，则不存在一个值得保护的交易，不动产役权善意取得制度则失去存在的价值。因此，不动产役权人以供役不动产人无处分权为由主张欺诈而撤销合同，或者供役不动产人因需役不动产人存在欺诈、胁迫或者乘人之危导致的显失公平等法定事由而撤销不动产役权合同，或者不动产役权合同因违反《民法典》第153 条等有关规定被认定无效的，需役不动产人不能善意取得不动产役权。所以，不动产役权善意取得时，既不需要登记，也不需要交付，而书面形式存在的不动产役权设立合同生效是不动产役权善意取得的唯一形式要件。

4. 未登记而善意取得之不动产役权的效力

合同有效是不动产役权善意取得的要件，是否登记并不是不动产役权善意取得的要件。我国《民法典》第 374 条对不动产役权设立登记的效力进行

---

〔1〕 参见王利明：《不动产善意取得的构成要件研究》，载《政治与法律》2008 年第 10 期。

〔2〕 参见李先波、杨志仁：《善意取得中转让合同效力问题研究》，载《湖南师范大学社会科学学报》2007 年第 6 期。

〔3〕 参见崔建远：《物权法》，中国人民大学出版社 2009 年版，第 87 页。

了规定：未经登记的不动产役权不能对抗善意第三人。未登记可以对抗"从同一出让人处合法取得存在冲突权利的第三人"。[1]此处的"善意第三人"范围如何，应作以下理解：

（1）未登记之不动产役权可以对抗原权利人之普通债权人。不动产役权是物权，即使需役不动产人善意取得不动产役权没有办理登记，根据物权优先于债权的原则，需役不动产人可以不动产役权对抗原所有权人之普通债权人。

（2）未登记之不动产役权不能对抗取得供役不动产物权之善意第三人。取得供役不动产物权之善意第三人是指不知或不应知道供役不动产上存在不动产役权者，第三人是否为善意，应从不动产役权是否登记、不动产役权是否能够从外部感知等客观方面加以认定。善意第三人不仅包括供役不动产之"受让人"，还包括取得供役不动产用益物权或者担保物权的善意第三人。供役不动产转让给善意第三人时，学界对不动产役权是否因此而消灭有不同认识：有的人认为，供役不动产已经转让给善意第三人，供役不动产上的负担已经不再存在，失去了供役不动产，不动产役权还有何意义？因此，在解释上，应当认定不动产役权消灭，即不动产役权随供役不动产的转让而消灭。有的人认为，未登记的不动产役权之供役不动产转让的，不动产役权仍然存在，但因没有登记不能对抗善意第三人。因此，在供役不动产转让给善意第三人时，不动产役权仅是不能行使，但不影响其存在。在不动产役权未经登记的情况下，一旦不动产役权人以善意第三人受让的土地使用权负担有不动产役权而要求善意第三人承担供役义务时，善意第三人可以依法进行抗辩，拒绝负担不动产役权义务。[2]我们认为，不动产役权登记对抗主义，实际上是指不动产役权没有登记，不能对抗善意第三人，因此，不动产役权并不因此而消灭，不动产役权还存在，只是不动产役权不具有对抗效力而已。一旦供役不动产再次流转给原供役不动产人时，不动产役权自行恢复。因此，上述第一种观点比较科学。

（3）未登记的不动产役权不能对抗已经登记的原权利人。未登记的不动

---

〔1〕 参见曹士兵：《物权法关于物权善意取得的规定与检讨——以抵押权的善意取得为核心》，载《法律适用》2014年第8期。

〔2〕 参见最高人民法院物权法研究小组编著：《〈中华人民共和国物权法〉条文理解与适用》，人民法院出版社2007年版，第474页。

产役权能否对抗原权利人，则非常有必要探讨。有学者认为，既然未登记的不动产役权善意第三人都不能对抗，其未经登记，就更不能对抗原权利人了。[1]我们认为，因登记的物权在效力上优于未登记的物权，如果原权利人对供役不动产之权利已经办理了登记，则善意取得之不动产役权不能对抗原权利人；如果原权利人对供役不动产之权利未办理登记，则善意取得之不动产役权可以对抗原权利人。

（三）不动产役权善意取得要件中的"合理的价格"无需支付

《民法典》继承《物权法》将"以合理的价格转让"作为动产或者不动产所有权善意取得的要件之一，不动产役权善意取得也应作相同解释。最高人民法院《关于适用〈中华人民共和国民法典〉物权编的解释（一）》第18条规定：《民法典》第311条第1款第2项所称"合理的价格"，应当根据转让标的物的性质、数量以及付款方式等具体情况，参考转让时交易地市场价格以及交易习惯等因素综合认定。这对判断价格是否合理，适用善意取得制度具有重要的指导意义。但是，"合理的价格"是否要求"支付"，学者间有不同的认识。有的学者认为，"作为构成善意取得要件之一的价格合理，既指受让人已经向转让人付清了合理的价款，也包括受让人尚未实际付款，但合同约定了合理的价格。"[2]也有学者认为，受让人受让财产必须已经支付了对价，如果没有支付价款，则无法适用善意取得。[3]最高人民法院《关于章春云等与张文斌房地产确权纠纷案的复函》中将买受人"全部履行了付款义务"作为善意取得的条件，是否恰当，值得反思。我们认为，不动产役权善意取得的，"合理的价格"不以支付为条件，主要原因在于：一方面，不动产役权合同中对价格约定分期支付或者一次性支付，需役不动产人按照约定的付款期间付款即可，而无需对"合理的价格"作出更为严格的解释，要求必须"支付"，无疑增加了善意取得的难度，也与不动产役权价款可以分期支付的实际相悖。另一方面，不动产役权合同有效是善意取得的要件，如需役不动产人未按照不动产役权合同付款的，供役不动产人可以要求需役不动产人承

---

〔1〕 参见王利明：《不动产善意取得的构成要件研究》，载《政治与法律》2008年第10期。

〔2〕 参见崔建远：《物权法》，中国人民大学出版社2009年版，第87页。

〔3〕 参见王利明：《物权法研究》（上卷），中国人民大学出版社2013年版，第335页。

担违约责任，或者在"约定的付款期间届满后在合理期限内经两次催告未支付费用"的，可以解除不动产役权合同。

四、不动产役权的强制取得

不动产役权的强制取得是指不动产役权以法律强制性方式在他人之供役不动产上设立。以此种方式取得的不动产役权称之为强制不动产役权。强制不动产役权所指就是当需役不动产权利人对供役不动产的利用具有重大利益，但是，供役不动产权利人又不愿意以合理的条件与需役不动产权利人协商达成设立有关不动产役权的安排时，可以根据需役不动产权利人的请求，在供役不动产上强制设立不动产役权，同时由不动产役权人向供役不动产的权利人支付合理费用的制度安排。[1]法律规定强制不动产役权之目的在于法律对相邻不动产当事人之间利益的衡平。我国有学者正确指出："在这些情况下一概要求不得到邻人的同意，则不能对邻人的不动产进行利用，似乎在利益的衡量上又过于偏向邻人，因为的确在不少情况下，当事人除利用邻人不动产之外，别无其他选择。强制地役权的设立既解决了对他人不动产的有效利用，有利于整体经济效益的提高，又保障了供役地权利人的合法利益，不要求其作出过分的牺牲。"[2]

我国《澳门民法典》对不动产役权的强制性取得进行了规定，例如第1422条规定："①地上权之设定，导致为工作物之使用及收益所必需之地役权亦被设定；在设定地上权之有关凭证中未指定行使地役权之地点及其他条件者，依协议定出，无协议时，则由法院定出。②仅在设定地上权时，属其标的之房地产已属被包围者，方可在第三人之房地产上强制设定通道地役权。"所以，为了保障地上权的实现，地上权人享有相应的不动产役权，其取得方式属于特殊的法定取得。详言之，某一主体在行使地上权时，如果使用的工作物及收益必须利用他人土地时，可以设定不动产役权。至于不动产役权的地点和条件可在地上权的有关凭证中注明，否则依协议适用，无协议时，则

---

〔1〕　参见薛军：《地役权与居住权问题——评〈物权法草案〉第十四、十五章》，载《中外法学》2006 年第 1 期。

〔2〕　参见薛军：《地役权与居住权问题——评〈物权法草案〉第十四、十五章》，载《中外法学》2006 年第 1 期。

由法院规定。另外在设定地上权时，如果其标的之房地产已被包围，可在第三人之房地产上强制设定通道不动产役权。[1]

土地本自然之物，浑然不分。虽然被出让或被转让使用权的土地已标明界线，但在利用该土地时，存在需要支配他人土地的情形，如通道、汲水等。特别是公共设施，如电缆、输油管道等的建设不借助于邻地是不能有效地实现目标的。虽然，相邻关系也是调整相邻不动产之利用关系的制度，但类似项目的建设对邻地的使用是相邻关系不能承受之重。有效地实现建设用地使用权的目的，应规定建设用地使用权人可以取得与之相应的不动产役权。此类型的不动产役权是根据法律的规定而直接取得。

五、基于取得需役不动产的所有权而取得

我国原《物权法》第162条规定："土地所有权人享有地役权或者负担地役权的，设立土地承包经营权、宅基地使用权时，该土地承包经营权人、宅基地使用权人继续享有或者负担已设立的地役权。"本条的规定有两个方面的含义：其一，不动产役权从属于需役不动产，是需役不动产上的一项权利，土地所有人因享有需役不动产的所有权而享有不动产役权，土地所有人在该需役不动产上设定土地承包经营权、宅基地使用权时，土地承包经营权人、宅基地使用权人也享有不动产役权。其二，不动产役权是供役不动产上设定的负担，土地所有人将自己的土地设定不动产役权负担的，土地所有人在该供役不动产上设定土地承包经营权、宅基地使用权的，该土地承包经营权人、宅基地使用权人继续负担已设立的不动产役权。

本条存在以下几个方面的问题：为何不包括建设用地使用权？如果不动产役权未登记的，供役不动产的土地承包经营权人、宅基地使用权人是否需要承受不动产役权负担？

（1）需役不动产之物权利用人或债权利用人都可附随取得不动产役权。不动产役权是从属于需役不动产的一项用益物权，谁使用需役不动产，谁就享有不动产役权。因此，土地所有人在该需役不动产上设定土地承包经营权、宅基地使用权、建设用地使用权时，土地承包经营权人、宅基地使用权人、

---

[1] 参见张鹤：《澳门地役权取得方式的思考及借鉴》，载《政法论丛》2013年第5期。

建设用地使用权人也享有不动产役权。在土地承包经营权等用益物权转让的场合，受让人也享有不动产役权。需役不动产的债权利用人如承租人，因租赁合同而对需役不动产加以利用，也应该享有不动产役权。所以，原《物权法》第 162 条有进一步扩大适用范围的空间。正因我国原《物权法》第 162 条存在适用空间的狭窄性，我国《民法典》第 378 条将其范围扩展至全体"用益物权"。

（2）役不动产之物权利用人或债权利用人要负担不动产役权。不动产役权是在供役不动产上设定的负担，供役不动产上设定不动产役权后再设定土地承包经营权、建设用地使用权或宅基地使用权等用益物权后，用益物权人需要承受不动产役权负担。供役不动产以债权方式由他人使用的，例如供役不动产人将供役不动产出租给他人使用的，承租人也要承受不动产役权负担。当然，按照《民法典》第 374 条之规定，地役权未经登记，不得对抗善意第三人。供役地的受让人、用益物权人或承租人都属于第三人的范畴，他们是否为"善意第三人"则需要根据个案进行判断。

第二节　不动产役权的变更

不动产役权的变更有广义与狭义之分。广义的变更是指不动产役权主体的变更、客体的变更或者内容的变更。狭义的变更则是指不动产役权的客体与内容的变更。由于主体的变更实际上是指不动产役权的取得或者消灭。因此，不动产役权的变更通常是指狭义的变更，即客体与内容的变更。客体的变更是指不动产役权在标的物量上的变动，即增加或者减少，如供役不动产面积增加等；如果需役不动产或者供役不动产发生变更，将导致新不动产役权之设定及旧不动产役权之消灭。[1]不动产役权内容的变更则是不动产役权在质上的变化，如当事人约定将不动产役权的期限延长或缩短等。按照变更的原因不同，不动产役权的变更分为当事人约定变更与依法变更。

一、不动产役权的协议变更

协议变更是指不动产役权当事人通过合意方式变更不动产役权的内容或

---

〔1〕《葡萄牙民法典》第 1545 条第 2 款。

不动产役权标的物。它是最常见的一种变动方式。

二、不动产役权的法定变更

鉴于不动产役权的特殊性，很多国家的民法典都对不动产役权的法定变更作了规定。例如《葡萄牙民法典》第 1568 条规定："①供役地所有人不得妨碍地役权之行使，但得随时要求将之转移至有别于原来所定之地点或其他房地产上，只要该转移既对供役不动产所有人有利又不损害需役地所有人之利益，且供役地所有人支付有关费用；如获得第三人同意，则可将地役权转移至该人之房地产上。②地役权之转移亦得应需役地所有人请求及由其负担费用而作出，只要该转移对需役地所有人有利且不损害供役地之所有人。③只要符合以上两款所指之要件，行使地役权之方式及时间亦得应供役地或需役地之所有人之要求而改变。"再如《荷兰民法典》第五编第 80 条规定："因不可预见的情形，地役权永久性或暂时不能行使的，或者需役地所有权人在地役权上所享有的利益发生较大减少的，法官可以根据需役地所有权人的请求，以能够恢复行使地役权的可能性或恢复需役地所有权人的初始利益的方式变更地役权的内容，但此种变更须为根据合理和公平准则可以施加于供役地所有权人。"同时该法典第 78、79 条也对不动产役权的法定变更或废止作了规定。从上述规定来看，不动产役权的法定变更主要是指客观情势变化引致不动产役权变更。

三、事实关系之变化与不动产役权的变更

在通行权设定之时，需役不动产人经营的，是拥有 6 匹马的搬运公司，而如今他孙子经营的，是拥有 5 辆卡车的搬运公司。[1]这时是否可以调整不动产役权的适用范围？

需役不动产与供役不动产之间的事实关系发生变化时，不动产役权的内容是否会随之发生适当的调整，学术界的看法并不一致。《德国民法典》第 1019 条规定："地役权只能给需役不动产的使用带来利益的负担。不得超出这一范围而扩张该项役权的内容。"因此，从法律条文的规定来看，不动产役权

---

〔1〕 该案例来源于［德］鲍尔、施蒂尔纳：《德国物权法》（上册），张双根译，法律出版社 2004 年版，第 718 页。

只能在"能够为需役不动产的使用带来利益"的范围内行使。即使事实关系发生变化，鲍尔、施蒂尔纳认为："地役权原则上存在。地役权只要依原所确定之内容，对地役权仍可以进行行使，则在需役地或供役地上发生事实关系之变化时，该变化不影响地役权之存续。"[1]但是，事实关系的变化会影响不动产役权的范围，这是因为，不动产役权范围之确定，是以需役不动产各时之需求为准，而不是以不动产役权设定之时的情势为准。若需役不动产上事实关系之变化，因权利人之任意而引起，或对变化完全无法预见，则就该变化而产生的对供役不动产之使用，供役人不需忍受。[2]德国判例也持这一观点。

《瑞士民法典》第739条规定："即使需役地的需要发生变更，亦不得增加义务人的负担。"可见，按照《瑞士民法典》的规定，即使需役不动产的事实关系发生变化，原则上不影响不动产役权的内容。但是，作为例外，如果需役不动产或者供役不动产灭失，不动产役权消灭，不动产役权的内容也即不复存在。《意大利民法典》第1067条也规定："需役地的所有人不得进行加重供役地负担的变更。供役地的所有人也不得进行减少地役权的行使范围或者使地役权行使不便的事项。"可见，瑞士、意大利民法主张如果增加供役不动产负担或者供役不动产人减少自己的负担的，应以设定时的使用范围为标准确定不动产役权的范围，不允许随着需役不动产或供役不动产的需要的变化而有所变化。

东亚地区对此问题没有明确规定，日本学者三潴信三认为："日本民法无明文规定，原则不应依需要之增减，而变更其范围，应依当事人意思解释定之，系事实问题。"[3]我国台湾地区学术界的看法并不一致。史尚宽先生认为："以余所见，需役不动产之需要，自然的增加时，不动产役权之范围，亦随而增大。例如因人口之增加，而增加汲水量。因工厂之扩张，而扩大道路之宽度。但需役不动产需要之增加，系因土地利用之变更而生者，不得要求

---

〔1〕参见〔德〕鲍尔、施蒂尔纳：《德国物权法》（上册），张双根译，法律出版社2004年版，第718页。

〔2〕参见〔德〕鲍尔、施蒂尔纳：《德国物权法》（上册），张双根译，法律出版社2004年版，第719页。

〔3〕参见〔日〕三潴信三：《物权法提要》（上、下卷），孙芳译，中国政法大学出版社2005年版，第146页。

相当于其增加部分之不动产役权行使之扩张。"[1]谢在全先生认为："不动产役权为不动产物权，应依登记内容为其效力范围，故惟于登记内容就不动产役权具体范围有所约定时，按照约定，没有约定时，在需求自然增长之情形下，不动产役权之扩大应得为之。"[2]王泽鉴教授也认为："应认设定行为已明确订定其使用目的范围者，依其所定。其未明确订定者，需役不动产的需要自然增加时，不动产役权的范围也随之扩大。"[3]因此，在我国台湾地区，学者普遍认为，不动产役权的范围因自然原因而导致需役不动产需要的变化而变化，但人为因素引起的事实关系的变化而增加需役不动产的需要的，不动产役权的范围不受影响。

我国大陆地区有学者认为："若不动产役权的利用范围已经登记的，则不动产役权人应按登记范围利用供役不动产，不能随意增加其利用范围，除非供役不动产权利人同意；若不动产役权的利用范围没有登记的，则需役不动产的需求自然增加的，不动产役权的利用范围应随之增加，无需供役不动产权利人的同意，但由此造成的损失应由不动产役权人承担。"[4]也有学者认为，在不动产役权已经登记的情况下，应当按照登记确定不动产役权的范围。在未办理登记的情况下，应依当事人的约定处理；无约定时，可以按照公平原则，根据具体情况加以确定；有的需要供役不动产权利人同意，有的需要增加费用。[5]我们认为，事实关系的变化包括两个方面：其一，需役不动产事实关系的变化；其二，供役不动产事实关系的变化。因此，应从这两个方面分析论证事实关系的变化对不动产役权范围的影响：

第一，需役不动产事实关系的变化对不动产役权范围的影响。

自然原因引起需役不动产事实关系发生变化的，如果这种变化增加供役不动产的负担，原则上应当取得供役人的同意；在无法取得供役人同意的情况下，此时，不动产役权的范围可否扩张确实是一个不能回避的问题。我们认为，不动产役权是为需役不动产的特定目的之使用而存在，如果目的发生

---

[1] 参见史尚宽：《物权法论》，中国政法大学出版社 2000 年版，第 242 页。

[2] 参见谢在全：《民法物权论》，中国政法大学出版社 2011 年版，第 528 页。

[3] 参见王泽鉴：《民法物权》（2），中国政法大学出版社 2001 年版，第 88 页。

[4] 参见房绍坤、严聪：《民法典物权编应如何规定地役权》，载《河南社会科学》2018 年第 8 期。

[5] 参见崔建远：《物权法》（第 4 版），中国人民大学出版社 2017 年版，第 359 页。

变更而增加供役不动产的负担的，供役不动产人有权拒绝需役不动产人行使权利。例如，需役不动产人与供役不动产人约定了一项日常出入的通行不动产役权，但后来，需役不动产人将自己的房屋改造成餐馆，此时，增加了供役不动产的负担，对增加的部分，供役不动产人有权拒绝继续提供供役不动产，并要求需役不动产人赔偿损失。但是，如果不动产役权的目的发生变更而没有增加供役不动产负担的，此时不动产役权仍然存在，且不受影响。例如，需役不动产人在自己的土地上开设了一家影院，需役不动产人与供役不动产人约定了一项影院通行不动产役权，但后来，需役不动产人将自己的土地改造成餐馆，此时，设定通行不动产役权的目的虽然发生变更，但供役不动产的负担并未因此而增加，通行不动产役权不受任何影响。当然，设定不动产役权的目的未发生变更，而因自然原因导致不动产役权负担加重的，供役不动产人应当容忍。因此，在通行权设定之时，需役不动产人经营的，是拥有 6 匹马的搬运公司。而如今他孙子经营的，是拥有 5 辆卡车的搬运公司。因在需役不动产上经营之营业，就其类型来说仍保持一致，故而，供役人对搬运公司拖斗卡车之通行，必须容忍。反之，若在需役不动产人将原来 6 匹马的搬运公司改造为一家大型停车场，则供役人对其通行，无需忍受。[1]

需役不动产因事实关系的变化可能导致负担减轻，此时，供役人依其情势，可请求供役不动产负担范围之变更。例如，我国台湾地区"民法"第859 条规定，不动产役权无存续之必要时，法院经供役不动产人之申请，得宣告不动产役权消灭。当然，需役人能够证明变更不动产役权行使地点可以给自己带来显著的利益并且不会给供役不动产造成损害的，为保证不动产的充分利用，需役人可以提出变更不动产役权设定地点的请求。

第二，供役不动产事实关系的变化对不动产役权范围的影响。

供役不动产事实关系发生变更的，原则上不应影响不动产役权。但是，供役不动产灭失的，不动产役权消灭。

供役不动产被分割，不动产役权不受影响，不动产役权的行使被限制于供役不动产特定部分的，在行使范围以外的部分免除该项不动产役权。《德国

---

〔1〕　该案例来源于［德］鲍尔、施蒂尔纳：《德国物权法》（上册），张双根译，法律出版社 2004年版，第 718 页。

民法典》第 1026 条、《日本民法典》第 282 条第 2 款都作了如此规定。我国《民法典》第 383 条对《物权法》第 167 条作出修正,其规定:"供役地以及供役地上的土地承包经营权、建设用地使用权等部分转让时,转让部分涉及地役权的,地役权对受让人具有法律约束力。"

四、不动产役权设定地点的法定变更

需役不动产的需要自然增加的,需役人可以要求扩张不动产役权的范围。需役人能够证明变更不动产役权行使地点可以给自己带来显著的利益并且不会给供役不动产造成损害的,为保证不动产的充分利用,需役人可以提出变更不动产役权设定地点的请求(《意大利民法典》第 1068 条第 3 款)。《葡萄牙民法典》第 1568 条对供役不动产所有人之不动产役权设定地点变更请求权作了规定。我国《民法典》对此没有规定,在解释论上应当持肯定态度。

第三节 不动产役权从属性与不动产役权的变动

一、不动产役权从属性的含义

何谓不动产役权的从属性,学术界存在不同的认识。有的学者认为不动产役权的从属性是指不动产役权依附于需役不动产,与需役不动产共命运,当需役不动产所有权或使用权转移时,即使双方当事人未声明不动产役权是否转移,不动产役权也当然随之转移于他人。[1]不动产役权的存续以需役不动产的存在为前提,与需役不动产的所有权或其他不动产物权同其命运,与抵押权、质权或留置权从属于主债权而存在的情形正属相同。[2]也有学者认为,不动产役权虽为服务土地,但土地毕竟为权利客体而非权利主体,对于土地之利用,得享受其利益者,应为权利主体之土地所有权人,而非土地,因此所谓不动产役权从属于土地者,应系指从属于土地"各时"之所有权

---

〔1〕 参见朱广新:《地役权概念的体系性解读》,载《法学研究》2007 年第 4 期。
〔2〕 参见谢在全:《民法物权论》(中册),中国政法大学出版社 2011 年版,第 514 页。

人。[1]还有学者认为，不动产役权从属于需役不动产之所有权。[2]

前两种观点的差别之处在于：第一种观点认为，不动产役权是从属于需役不动产的；第二种观点认为，不动产役权是从属于需役不动产人的。那么，不动产役权是从属于需役不动产还是从属于需役不动产人呢？我们认为，从权利的归属角度而言，第二种观点具有科学性。这是因为，只有民事主体才享有民事权利，作为一种民事权利，不动产役权应该是需役不动产人享有的用益物权。但不动产役权并不能脱离需役不动产而存在，因此不动产役权依附于需役不动产从而归属于需役不动产人。但是，从与其他用益物权比较的角度而言，与建设用地使用权等其他用益物权不同，不动产役权是一项从属于需役不动产的权利，它与需役不动产共命运，离开了需役不动产，不动产役权将失去存在的价值，而建设用地使用权等其他用益物权则不存在一块被称为"需役不动产"的土地，仅存在一块承受负担的土地。所以，传统民法理论认为不动产役权的从属性是指不动产役权从属于需役不动产而非从属于需役不动产人。第三种观点认为，不动产役权乃从属于需役不动产所有权，这种观点与第二种观点非常相似。但是，所有权人有权为自己的不动产的利用设定不动产役权，用益物权人甚至债权利用人也有权就其使用的他人之不动产的利用设定不动产役权，且按照《民法典》第382条的规定，需役地以及需役地上的土地承包经营权、建设用地使用权等部分转让时，转让部分涉及地役权的，受让人同时享有地役权。这是否说明不动产役权之从属性包括了不动产役权从属于需役不动产之用益物权或利用债权呢？我们认为，不动产役权是从属于需役不动产的权利，并非从属于需役不动产上的权利，所以不宜将不动产役权之从属性界定为"从属于需役不动产之所有权"。

当然，还有学者指出："地役权总是附属于有关的土地，它们不可能直接或者间接地与土地分离：需役地的用益权人或抵押权人由地役权而获得利益，供役地的用益权人或抵押权人则承受其不利益。"[3]我国《民法典》第383条规定："供役地以及供役地上的土地承包经营权、建设用地使用权等部分转让

---

[1]　参见苏永钦：《重建役权制度——以地役权的重建为中心》，载苏永钦：《走入新世纪的私法自治》，中国政法大学出版社2002年版，第265页。

　[2]　参见［日］近江幸治：《民法讲义Ⅱ物权法》，王茵译，北京大学出版社2006年版，第208页。

　[3]　参见尹田：《法国物权法》，法律出版社2009年版，第419页。

时，转让部分涉及地役权的，地役权对受让人具有法律约束力。"本条虽然是对不动产役权不可分性的规定，但本条是否说明不动产役权的从属性也包含"不动产役权从属于供役不动产"的因素呢？不动产役权是在他人不动产之上存在的负担，没有供役不动产则无不动产役权赖以设定的不动产基础。因此，供役不动产也是不动产役权不可缺少的因素。但是，我们认为，不动产役权并非从属于供役不动产的一项用益物权，而是在供役不动产上设定的负担。我国《民法典》第383条规定，供役地转让的，受让人仍要承受地役权负担，这实际上是对物权追及效力适用于地役权的细化规定。换句话说，不论供役不动产流转给何人，需役不动产人都可追及至受让人并向其主张权利。因此，不动产役权的从属性并不包括"不动产役权从属于供役不动产"之内容。

二、不动产役权从属性的体现

从《民法典》第380、381条的规定来看，不动产役权的从属性体现为：其一，转让的从属性，即不动产役权不得单独转让；其二，不动产役权不得单独成为其他权利的客体。我们认为，不动产役权的从属性的外延主要体现为上述两种情形，但不以此为限。不动产役权的从属性尚包括设立上的从属性、消灭上的从属性等。

（一）不动产役权设立的从属性

不动产役权是从属于需役不动产的权利，离开需役不动产则缺少不动产役权的服务对象，则无法设定不动产役权。因此，不动产役权的设定具有从属性。当事人违反不动产役权的从属性而设定不动产役权的，其法律效果如何呢？不动产役权的从属性属于不动产役权本身的性格，属于物权法定的重要内容，如果违反物权法定原则，不能设定不动产役权，但这时是否意味着当事人之间的不动产役权合同仍然有效呢？我们认为，违反物权法定原则虽然不能发生物权法上的法律效果，但不影响当事人之间的债权合同的效力，一方可以依照不动产役权合同的约定要求对方承担违约责任。但不动产役权之从属性说明，如果允许不动产役权设立合同有效，其后果是一方当事人可以按照合同的约定要求另一方履行合同内容，但这种履行显然因不存在"提高效益"的不动产而毫无意义。因此，不存在需役不动产而订立的不动产役权合同本身就不成立。

离开需役不动产不得设立不动产役权，但并不妨碍为将来之需役不动产设定不动产役权，此为"将来不动产役权"。将来不动产役权是指为尚未存在的未来的不动产的利益而设定的不动产役权。罗马时期的著名法学家彭波尼在《论萨宾》第 33 卷中论述道："人们可以为一栋尚不存在的未来的建筑物设定或取得役权。"[1]拉贝奥（Attius Labeo）在《雅沃伦整理拉贝奥遗作》第 4 卷 D.8，1，19 也认为："我认为可以在一块即将出售的土地上设立一项役权，即使对设立人没有任何利益。"[2]因此，在罗马法时期，就已经存在将来不动产役权。《意大利民法典》第 1029 条第 2 款规定："在待建建筑物上或者在将要取得的土地上设立不动产役权也同样被允许；但是，上述地役权的设立仅自完成建筑或者取得土地之日起生效。"因此，意大利也承认了不动产役权的预先设定。不动产役权的预先设定是否说明不动产役权可以脱离需役不动产而独立存在？我们认为，承认不动产役权能脱离需役不动产的预先设定，从深层分析，该种不动产役权仍然没有脱离"需役不动产"而成为"人役权"，因为这种不动产役权设立的目的仍然是为了某一不动产的使用而不是为了某一人的利益，且承认不动产役权脱离需役不动产的预先设定能够适应社会生活的不同诉求，[3]也是对不动产当事人财产自由的尊重。但是，不动产役权的预先设定，并非意味着不动产役权可以脱离需役不动产而独立存在，而仅仅说明不动产役权可以先于需役不动产的存在而设定，但当事人预先设定的不动产役权要发生效力，必须以需役不动产的客观存在为要件，因此，不动产役权的预先设定不过是以需役不动产的客观存在为停止条件。将来不动产役权更能满足人们的现实需求，虽然我国《民法典》没有明确规定将来不动产役权，但可以通过扩大解释需役不动产的范围的方式达到承认将来不动产役权的目标。

（二）不动产役权不得单独转让

《民法典》第 380 条规定："地役权不得单独转让。土地承包经营权、建

---

[1]　参见［意］桑德罗·斯奇巴尼选编：《物与物权》，范怀俊译，中国政法大学出版社 1999 年版，第 158 页。

[2]　参见《学说汇纂·地役权》（第 8 卷），陈汉译，中国政法大学出版社 2009 年版，第 17 页。

[3]　例如，开发商在房屋尚未建成之前，即与其周围的土地所有人约定"禁止建设高层建筑以阻挡将来建成的房屋之采光、通风等不动产役权"，以满足将来之需要。

设用地使用权等转让的，地役权一并转让，但是合同另有约定的除外。"本条之理解存在很大困难，集中体现在以下三个方面：其一，不动产役权不得单独转让之具体含义为何？其二，第二句与第一句是什么关系？其三，"合同另有约定"是什么意思？

1. 不动产役权不得单独转让的含义

不动产役权要求存在两个不动产：一为需役不动产，一为供役不动产。这里的"地役权不得单独转让"是指不动产役权不能脱离需役不动产而单独转让还是不能脱离供役不动产而单独转让，抑或是二者都包括在内？我们认为，作为一种权利，不动产役权从属于需役不动产。因此，不动产役权不得单独转让是指不动产役权不能脱离需役不动产而单独转让。不动产役权人违反该条关于"地役权不得单独转让"的规定，不动产役权的转让无效，受让人不能取得不动产役权，不动产役权仍为需役不动产而存在。[1]

2. "用益物权转让的，不动产役权一并转让"的含义

不动产役权的从属性说明，不动产役权随需役不动产之移转而移转，"不动产役权不得单独转让"。但是《民法典》第 380 条第二句又规定"土地承包经营权、建设用地使用权等转让的，地役权一并转让"，乍看之下，本条的意思是：不动产役权只能随土地承包经营权、建设用地使用权等的转让而转让，不包括不动产役权随需役不动产所有权的移转而移转这种情形。这句话是否可以作这种理解呢？我们认为，结合我国《民法典》上下文来看，这句话应该作如下理解：其一，不动产役权从属于需役不动产，随需役不动产移转而移转；其二，需役不动产人在设定不动产役权后，又在需役不动产上设定用益物权或其他债权利用权的，用益权人也享有不动产役权；其三，土地承包经营权人等用益物权人以使用的不动产为需役不动产而设定用益物权的，在其将用益物权转让给他人时，受让人也享有不动产役权；其四，用益物权或债权转让时，不动产役权一并转让，需役不动产的物权利用人或债权利用人也有权行使不动产役权。可见，第二句是对第一句的特殊规定，它是针对"不动产役权从属于需役不动产上之用益物权"而作出的特别规定。

---

[1] 参见崔建远：《地役权的解释论》，载《法学杂志》2009 年第 2 期。

3．"合同另有约定"

我国有学者从五个方面论证了不动产役权之从属性是不动产役权的固有属性。[1]我们也认为，不动产役权在本质上是从属于需役不动产的一种用益物权，其从属性是不动产役权的固有特征。离开了需役不动产，不动产役权将不再存在。因此，当事人之间不能作出违背不动产役权从属性的约定，如果承认这种约定的效力，将产生一项不依赖于需役不动产的不动产役权。这与不动产役权存在于两块不动产之间的固有特征相矛盾。因此，当事人之间关于不动产役权不得随需役不动产的转让而转让的约定通常是无效的。但是，我国《民法典》第380条规定的"合同另有约定的除外"，那么这里的"合同"是谁与谁订立的合同呢？从第380条的规定来看，本条隐含了两个合同：其一，不动产役权合同；其二，需役不动产上之建设用地使用权、土地承包经营权等用益物权转让合同。

（1）不动产役权合同中关于不动产役权不随需役不动产移转之约定的效力分析。如果不动产役权合同中约定"不动产役权不得随需役不动产的移转而移转"或者"需役不动产之用益物权人不享有不动产役权"，那么，这种约定是否有效呢？从不动产役权依赖于需役不动产的固有属性角度观察，不动产役权合同当事人之间的约定显然违背了不动产役权的固有属性，行为无效；但是，从现实角度而言，如果当事人作出上述约定，需役不动产被移转的，需役不动产受让人是否取得不动产役权呢？这时可以有两种不同的解释：一种解释是当事人之间的约定是无效的，不动产役权的从属性不因当事人之间的约定而受影响，需役不动产的受让人仍可以取得不动产役权；另一种解释

---

〔1〕　其一，从不动产役权的概念入手，不动产役权乃为需役不动产的便宜而存在的权利。由此决定，不动产役权不得与需役不动产分离而单独存在，换言之，不动产役权为需役不动产的从权利。其二，从构成着眼，不动产役权的发生恒以存在两个土地为前提，否则，不动产役权无以成立。其三，从历史审视，不动产役权滥觞于罗马法，《法学阶梯》1.2.3.3规定：不动产役权等役权"之所以被称为对不动产的役权，乃因为没有不动产它们就不可能设立。事实上，任何人，除非他有不动产，都不能获得对都市或乡村不动产的役权；任何人，除非他拥有不动产，也不会对都市或乡村不动产役权承担义务"。由此可见不动产役权离不开需役不动产。其四，从本质揭示，不论对不动产役权之本质作何种界定，关于不动产役权本质的各种学说十分明显地反映出没有需役不动产便无不动产役权的现象和道理。其五，就不动产役权与相关权利的关联观察，没有需役不动产，奴役供役不动产而成立的权利，要么是人役权，要么是债权，不会是不动产役权。参见崔建远：《物权：规范与学说——以中国物权法的解释论为中心》（下册），清华大学出版社2011年版，第617~618页。

是在需役不动产及其权属转让的场合，而约定不动产役权仍保留于不动产役权人之手，需役不动产权属的转让固然有效，但不动产役权失去了存在的根基，产生了消灭的原因。[1]《日本民法典》第281条第1款规定："地役权，应该作为需役地（指不动产役权人的土地从他人土地得到便利者）的所有权的从属权利，随其所有权移转，或者作为需役地上存在的他项权利的标的。但以设定行为作出特别约定时，不在此限。"可见，日本民法在例外的情形下允许不动产役权合同当事人通过约定排除不动产役权的从属性，且该约定是有效的。我们认为，从属性虽然是不动产役权的固有属性，但是不动产役权合同当事人之间关于不动产役权不随需役不动产移转而移转的约定并不违背不动产役权的从属性，而应将其解释为不动产役权消灭的原因。

（2）需役不动产上之建设用地使用权、土地承包经营权等用益物权转让合同中关于不动产役权不随用益物权移转之约定的效力分析。用益物权人享有不动产役权，该不动产役权可能是需役不动产所有人设立的，也可能是用益物权人本人设立的，用益物权人在将其用益物权转让给第三人时，如果与第三人约定"地役权不随之移转"，该不动产役权是否因缺少存在的需役不动产而丧失呢？我们认为，这时应该具体分析不动产役权设立合同由何人订立：如果不动产役权是需役不动产所有权人订立的，用益物权人与第三人之间的约定并不能导致不动产役权的消灭，而仅产生用益物权之受让人不能行使不动产役权的效果，需役不动产所有人仍有权行使不动产役权。当需役不动产上设定用益物权时，需役不动产人可与用益物权人约定保留不动产役权，这时因土地所有权没有移转，需役不动产仍然存在，土地所有权人保留其不动产役权的约定没有违反不动产役权从属于需役不动产的性质，故该约定应当有效。[2]如果不动产役权是需役不动产之用益物权人与供役不动产人订立的，该不动产役权一旦设定，即属于需役不动产的从权利，而不是用益物权的从权利，在解释论上仍为"用益物权之受让人不能行使不动产役权的效果，但不动产役权仍存在于需役不动产上，待用益物权消灭后，需役不动产所有人

---

〔1〕 参见谢在全：《民法物权论》，中国政法大学出版社2011年版，第514页。

〔2〕 参见崔建远：《地役权的解释论》，载《法学杂志》2009年第2期。

仍有权行使不动产役权"。[1]

那么，"合同另有约定"中的"合同"是用益物权人与第三人之间合同中的约定还是需役不动产人与供役不动产人在不动产役权合同中的约定呢？从《日本民法典》第281条第1款"设定行为作出特别约定"这一用语看，这里的合同显然仅指"不动产役权合同"。我们认为，这里的合同包括上述两种合同，且这两种合同关于不动产役权从属性的约定从根本上并不违背不动产役权的从属性。因此，其效力并非无效而是有效的。

(三) 不动产役权不得单独成为其他权利的客体

我国《民法典》第381条规定："地役权不得单独抵押。土地经营权、建设用地使用权等抵押的，在实现抵押权时，地役权一并转让。"而《日本民法典》第381条第2款规定："地役权不能与需役地分离作为其他权利的标的。"显然，日本民法之规定具有更高的抽象性。我国《民法典》第381条的规定直接继承了原《物权法》第165条的规定。有学者指出，《物权法》第165条的列举性规定并不周延，未能明确涵括不动产役权能否单独"质押"或"出租"等全部有悖从属性之情形。

首先，不动产役权不能脱离需役不动产而成为其他权利的标的，例如不动产役权不得单独抵押等。其次，需役不动产成为其他权利标的的，基于从属性，不动产役权也成为其他权利的标的。例如，需役不动产抵押的，不动产役权一并抵押。但是，当事人在不动产役权合同中作出特别约定或者抵押合同中约定不动产役权不能随之抵押的，不动产役权不是抵押财产。最后，需役不动产之上存在的建设用地使用权等用益物权抵押的，不动产役权是否随之抵押呢？我们认为，不动产役权是需役不动产的性格而非用益物权的性格，因此不动产役权并未随之抵押，抵押人在行使用益物权时，仍有权行使不动产役权。当抵押权人行使抵押权时，建设用地使用权被依法转让的，受

---

[1]　但是，也有学者认为，如果不动产役权系土地承包经营权人、建设用地使用权人或宅基地使用权人为其承包地、建设用地或宅基地的便宜而设立的场合，土地承包经营权、建设用地使用权或宅基地使用权转让，当事人以合同特约不动产役权不随之转让，则违反了不动产役权从属于需役不动产的性质，应当归于无效（参见崔建远：《地役权的解释论》，载《法学杂志》2009年第2期）。我们认为，这种观点实际上将不动产役权作为用益物权的从权利了。其实，不动产役权不论由何人设立，它都是需役不动产的从权利，用益物权人转让用益物权而约定不动产役权不随之转让的，不动产役权仍存在于需役不动产之上，该约定为有效约定。

让人也享有不动产役权，但抵押权人对不动产役权的价值不得优先受偿。当然，需役不动产设定抵押的，不动产役权也一并设定抵押的，抵押权人对不动产役权的价值享有优先受偿权。因此，我国《民法典》第 380 条第二句之规定显然将地役权视为土地承包经营权、建设用地使用权等用益物权的从权利，其合理性有待进一步考证。

（四）不动产役权消灭的从属性

不动产役权消灭的从属性是指不动产役权随需役不动产之消灭而消灭。不动产役权合同中约定不动产役权存续期间的，如果在存续期间，需役不动产灭失的，不动产役权也随之灭失。有学者指出，在土地承包经营权人、建设用地使用权人以其承包地、建设用地或者宅基地作为需役不动产而设立不动产役权的场合，按照《民法典》第 377 条的规定，当事人约定的不动产役权的期限不得超过土地承包经营权、建设用地使用权等用益物权的剩余期限。因为土地承包经营权、建设用地使用权等用益物权的存续期限届满，用益物权归于消灭，承包地、建设用地或宅基地不再是需役地，地役权因无需役地而归于消灭。这也体现出地役权的从属性。[1]我们认为，需役不动产之土地承包经营权人或建设用地使用权人可与供役不动产人设定期限超过需役不动产剩余期限的不动产役权，且不动产役权从属于需役不动产，需役不动产之物权使用人甚至债权利用人与供役不动产人约定不动产役权的期间为用益物权或债权的存续期间的，在用益物权或债权存续期间届满时，不动产役权消灭，这时并非因用益物权或债权灭失而导致不动产役权消灭，并非不动产役权的从属性使然，而是不动产役权因存续期间届满而消灭。如果需役不动产之物权使用人或债权利用人与供役不动产人约定不动产役权的期间超过用益物权或债权的存续期间的，这种约定仍然是有效的，在土地承包经营权、建设用地使用权等用益物权消灭后，不动产役权仍然存在。

第四节　不动产役权的不可分性与不动产役权的变动

不动产役权的不可分性，从需役不动产角度看，毋宁说是不动产役权从

---

〔1〕　参见崔建远：《物权：规范与学说——以中国物权法的解释论为中心》（下册），清华大学出版社 2011 年版，第 621 页。

属性的另一延伸。因为不动产役权既然从属于需役不动产而存在，自系从属于全部而非特定的某部分。[1]我国《民法典》第382、383条被看作是我国不动产役权不可分性的主要立法根据。但是，这两条规定并不能反映不动产役权不可分性的全貌，而仅是其中的两个方面。

一、不动产役权不可分性的概念

不动产役权的不可分性，是指不动产役权的发生、消灭或享有应为全部，不得分割为部分或仅为一部分而存在。有学者指出，我国不存在土地共有，不动产役权的不可分性仅发生于需役不动产、供役不动产的使用权为共有的场合。[2]我们认为，不动产役权之不可分性固然主要体现为需役不动产或者供役不动产共有的场合，但不动产役权是从属于需役不动产的一项用益物权，需役不动产的任何使用人或者共有人都有权行使不动产役权，需役不动产之部分使用人或所有权人也有权行使全部不动产役权。同时，不动产役权又是在供役不动产上设定的负担，不动产役权应该及于供役不动产的全部。又由于供役不动产和需役不动产均可为建筑物、构筑物及其附属设施，建筑物等共有的现象并不鲜见，不动产役权的不可分性在这些场合也发挥着作用。[3]所以，在我国研究不动产役权的不可分性仍具有重要意义。

二、不动产役权不可分性的表现

（一）不动产役权设立的不可分性

不动产役权设立的不可分性主要体现在两个方面：一方面，需役不动产为共有的，共有人不能仅为自己之专有部分设定不动产役权，一旦设定不动产役权，该不动产役权将及于需役不动产的其他部分，其他共有人也享有不动产役权。例如，共有人之一因时效取得不动产役权的，其他共有人也一同取得不动产役权。不动产役权是为需役不动产的便宜而设定，自不可能为需役不动产之一部分而存在，也不能为特定人而存在，也即需役不动产人不能

---

〔1〕　参见谢在全：《民法物权论》（中册），中国政法大学出版社2011年版，第515页。

〔2〕　参见王利明、尹飞、程啸：《中国物权法教程》，人民法院出版社2007年版，第406页。

〔3〕　参见王利明、尹飞、程啸：《中国物权法教程》，人民法院出版社2007年版，第406页。

仅为自己之部分土地设定不动产役权。另一方面，不动产役权之设立应该基于供役不动产的全部，当供役不动产为数人共有时，其中一个共有人在共有不动产之应有部分上设定不动产役权的，该不动产役权将及于供役不动产之全部。其道理在于，不动产役权是对供役不动产具体性的直接利用，不可能存在于抽象的"物"上，而应有部分系所有权享有的一定比例，是抽象的，故不动产役权只能设立于供役不动产的整体上，不会设立于应有部分。[1]当然，不动产役权之行使可仅及于供役不动产的一部分。我国《民法典》对不动产役权设立中的不可分性未作规定，在解释上应当予以确认。

乌尔比安在《论告示》第17卷中指出："共有建筑物的共有人之一不能单独（在共有物上）设立役权。"[2]我们认为，共有之供役不动产设定不动产役权的，属于对供役不动产的处分行为。我国《民法典》将共有物区分为按份共有物与共同共有物。根据《民法典》第301条的规定，共有人之一在共同共有之不动产上设定不动产役权的，需要取得其他共有人的一致同意；在按份共有之不动产上设定不动产役权的，应当经占份额三分之二以上的按份共有人同意。如果共有人设立不动产役权没有取得其他共有人同意，且不符合《民法典》第301条的要求时，如果需役不动产人符合不动产役权善意取得构成要件，则仍取得不动产役权，且该不动产役权将及于供役不动产的全部。

（二）需役不动产分割中的不动产役权不可分性

需役不动产分割中的不动产役权不可分性是指需役不动产分割时，不动产役权具有不可分性，即需役不动产分割为若干部分的，需役不动产各部分之所有人都享有不动产役权。但是，如果不动产役权的行使仅涉及部分需役不动产，不动产役权将仅对该部分而存在。我国《民法典》第382条规定，需役地以及需役地上的土地承包经营权、建设用地使用权等部分转让时，转让部分涉及地役权的，受让人同时享有地役权。学者认为，本条承认了不动产役权在享有上的不可分性。[3]本条可以细化为以下三种情形：其一，需役

---

〔1〕 参见姚瑞光：《民法物权论》，海宇文化事业有限公司1995年版，第185页。

〔2〕 参见《学说汇纂·地役权》（第8卷），陈汉译，中国政法大学出版社2009年版，第3页。

〔3〕 参见崔建远：《物权：规范与学说——以中国物权法的解释论为中心》（下册），清华大学出版社2011年版，第624页。

不动产部分转让的，转让部分涉及不动产役权的，受让人同时享有不动产役权；其二，需役不动产上的土地承包经营权、建设用地使用权部分转让时，转让部分涉及不动产役权的，受让人同时享有不动产役权；其三，需役不动产之一部分为他人设定土地承包经营权、建设用地使用权的，该部分如果涉及不动产役权的，受让人同时享有不动产役权。我国台湾地区"民法"第856条规定："需役不动产经分割者，其不动产役权为各部分之权益仍为存续。但不动产役权之行使，依其性质只关于需役不动产之一部分者，仅就该部分仍为存续。"崔建远教授指出，为使该条规定的适用更加合理，不妨将所谓"转让部分涉及不动产役权的"解释为含有"如果不动产役权的行使，依其性质只关于需役不动产的一部分的，不动产役权仅就该部分继续存在"之义。[1]

（三）供役不动产分割中的不动产役权不可分性

供役不动产分割中的不动产役权不可分性是指供役不动产被分割的，不动产役权就其各部分继续存在。我国《民法典》第383条关于"供役地以及供役地上的土地承包经营权、建设用地使用权等部分转让时，转让部分涉及地役权的，地役权对受让人具有法律约束力"的规定，已经承认了不动产役权在负担上的不可分性。本条也具有以下三层含义：其一，供役不动产部分转让时，转让部分涉及不动产役权的，不动产役权对受让人具有约束力。其二，供役不动产上的土地承包经营权、建设用地使用权部分转让时，转让部分涉及不动产役权的，不动产役权对受让人具有约束力。其三，供役不动产之一部分上设定土地承包经营权、建设用地使用权等用益物权时，该部分涉及不动产役权的，不动产役权对用益物权人具有约束力。我国台湾地区"民法"第857条规定，供役不动产经分割者，其不动产役权为各部分之权益仍为存续。但不动产役权之行使，依其性质只关于供役不动产之一部分者，仅就该部分仍为存续。崔建远教授指出，为使该条规定的适用更加合理，不妨将所谓"转让部分涉及不动产役权的"解释为含有"如果地役权的行使，依其性质只关于供役地的一部分的，地役权仅对该部分继续存在"之义。[2]

---

〔1〕 参见崔建远：《地役权的解释论》，载《法学杂志》2009年第2期。
〔2〕 参见崔建远：《地役权的解释论》，载《法学杂志》2009年第2期。

（四）不动产役权消灭上的从属性

不动产役权是为需役不动产而存在的，需役不动产部分灭失的，不动产役权不受影响而仍然存在。不动产役权对个别需役不动产共有人消灭的，该消灭的效力不及于其他需役不动产的共有人。就共有人中一人发生的混同，不动产役权也不消灭。

供役不动产人系以供役不动产的全部为需役不动产设定的负担，所以供役不动产之共有人也不得按其应有部分除去不动产役权的负担。

第五节　不动产役权的消灭

一、不动产役权消灭的原因

不动产役权是不动产物权的一种，不动产物权消灭的原因对其自然适用。但是，不动产役权又具有从属性、不可分性等特征，甚至有些不动产役权具有非占有性的特征。故物权之共通消灭原因适用于不动产役权，亦有稍异其趣之处。[1]

（一）不动产征收

不动产征收是国家通过强制性手段取得不动产，属于物权的原始取得，不动产一旦被征收，其上存在的所有负担均归于消灭。因此，当供役不动产被依法征收时，不动产役权自难逃消灭之命运。[2]但古罗马时期的保罗在《论萨宾》第 15 卷 D.8,3,23,2 认为："如果一块供役地或者需役地被没收，役权仍然存在。因为土地在被没收后，其所处的法律地位不变。"[3]我们认为，不动产役权之情形比较复杂，有些不动产役权不以占有为要件，尤其在征收不动产之使用目的与不动产役权内容不冲突的情形下，这时不动产役权是否因征收而消灭是一个非常值得研究的问题。从充分发挥物之经济效用的角度观察，应该容许特定条件下的不动产役权继续存在。被征收者为需役不动产时，需役不动产具有从属性，国家在取得需役不动产之所有权的同时，

---

〔1〕　参见谢在全：《民法物权论》，中国政法大学出版社 2011 年版，第 536 页。

〔2〕　参见谢在全：《民法物权论》，中国政法大学出版社 2011 年版，第 536 页。

〔3〕　参见《学说汇纂·地役权》（第 8 卷），陈汉译，中国政法大学出版社 2009 年版，第 93 页。

也取得不动产役权。

(二) 存续期间届满

在罗马法上，不动产役权具有永久性特征。但是，现代民法多承认不动产役权的有期限性，即不动产役权合同中可以约定不动产役权的存续期间。且在我国，土地公有，建设用地使用权等发挥着代替土地所有权流通的功能，用益物权人设定不动产役权的现象自不在少数，如果用益物权人以自己使用之不动产作为供役不动产设定不动产役权时，不动产役权的期限不得超过用益物权的剩余期限。因此，在我国，不动产役权多具有期限性，期限届满的，不动产役权消灭。

(三) 当事人约定的消灭事由成就

当事人约定以特定事由之发生为不动产役权消灭原因的，在该特定事由成就时，不动产役权归于消灭。

(四) 混同

需役不动产与供役不动产同归一人所有时，不动产役权因混同而消灭。我国土地公有，在供役不动产与需役不动产皆为土地的情形下，不动产役权因混同而消灭的可能性几乎不存在；当供役不动产与需役不动产皆为建筑物时，不动产役权将因需役不动产与供役不动产同归一人而消灭；当需役不动产之用益物权与供役不动产之用益物权归一人所有时，不动产役权是否因混同而消灭呢？我们认为，这时应该考虑不动产役权之存续是否对所有人或第三人有法律上之利益，如果存在法律上之利益，不动产役权不因混同而消灭。例如《荷兰民法典》第五编第83条规定："当需役地和供役地归同一人所有时，如果第三人租赁了其中的一块土地或者对其中的一块土地上享有其他的具有人身性质的使用权，则仅在第三人的权利消灭时，地役权才因混同而消灭。"[1]

如果供役不动产之一部分转让给需役不动产人的或者需役不动产之一部分转让给供役不动产人的，不动产役权并不因此而混合，不动产役权仍然得

---

[1] 但也有民法典直接规定，需役不动产与供役不动产同归一人所有的，不动产役权消灭。例如，《葡萄牙民法典》第1569条、《西班牙民法典》第546条。

到保留。

(五) 抛弃

需役人抛弃需役不动产的，不动产役权也随之消灭。需役人也可以随时对不动产役权单独抛弃。但是，抛弃不动产役权的，应当及时通知供役人，以防不动产之荒废，造成社会浪费。有的学者认为，不动产役权的取得为有偿，应当支付全部对价。[1]我们认为，不动产役权既已抛弃，供役人取得供役不动产的全部使用价值，如果让需役人支付全部对价，似乎不妥，需役人赔偿的范围应以其因抛弃不动产役权而致供役人受到的实际损失为限。当需役不动产设定抵押时，抛弃可能影响抵押权人的利益。抛弃时应当取得抵押权人的同意。

(六) 因需役不动产灭失而消灭

不动产役权从属于需役不动产，需役不动产灭失的，不动产役权消灭。但需役不动产部分灭失的，不动产役权仍存在于需役不动产的剩余部分，此为不动产役权的不可分性使然。例如，我国台湾地区"民法"第 895 条第 2 款规定："不动产役权因需役不动产灭失或不堪使用而消灭。"

(七) 裁判废止

人民法院可以裁判方式废止不动产役权。例如《荷兰民法典》第五编第 78 条规定："在下列情形下，根据供役地所有权人的请求，法官可以变更或废止地役权：①由于不可预见的情形，根据合理和公平准则，不能再向供役地所有权人要求原有的地役权保持不变；②如果自地役权设立经过至少 20 年，并且将原有的地役权保持不变有悖于整体利益。"《荷兰民法典》第五编第 79 条又进一步规定："如果地役权已经不能行使或需役地的所有权人对不动产役权的行使已经不再具有合理的利益，并且地役权的行使或合理利益的享有不可能恢复，则法官可以根据供役地所有权人的请求废止地役权。"我国台湾地区"民法"第 859 条也规定："不动产役权之全部或一部分无存续之必要时，法院因供役不动产所有人之请求，得就其无存续必要之部分，宣告不

---

〔1〕 参见 [日] 三潴信三：《物权法提要》（上、下卷），孙芳译，中国政法大学出版社 2005 年版，第 149 页。

动产役权消灭。"

（八）依法解除不动产役权合同

我国《民法典》第 384 条规定："地役权人有下列情形之一的，供役地权利人有权解除地役权合同，地役权消灭：①违反法律规定或者合同约定，滥用地役权；②有偿利用供役地，约定的付款期限届满后在合理期限内经两次催告未支付费用。"

二、不动产役权消灭的法律效果

我国《民法典》对不动产役权消灭的效果未作明确规定，我国台湾地区"民法"第 859 条则对不动产役权的消灭后果作了规定。一般而言，不动产役权消灭的应当注销不动产役权登记，不动产役权人在供役不动产上设置的工作物等应当移除以恢复供役不动产的原状。

第八章

不动产役权的类型化

第一节　不动产役权类型化的价值

一、类型化是一种思考不动产役权的方式

美国著名法学家博登海默认为："概念乃是解决法律问题所必须的和必不可少的工具。没有限定严格的专门概念，我们便不能清楚地和理性地思考法律问题。没有概念，我们便无法将我们对法律的思考转变为语言，也无法以一种可理解的方式把这些思考传达给别人。"[1]然而，当人们形成和界定法律概念之时，他们通常考虑的是那些能够说明某些特征概念的最为典型的情形，而不会严肃考虑那些难以确定的两可性情形。[2]并且，进行社会科学研究的主体不可避免地有着不同的动机，同时研究对象本身又具有无限多样性，所以，社会科学中的概念必然无法完全重现全部的具体现实。[3]因此，当抽象——一般概念及其逻辑体系不足以掌握某生活现象或意义脉络的多样表现形态时，大家首先会想到的补充思考形式是"类型"。[4]学说上依不同的标准构成各种不同的类型以作为思考上的工具或方式。阿图尔·考夫曼强调："事物的本质

---

[1]　参见［美］E.博登海默：《法理学——法律哲学与法律方法》，邓正来译，中国政法大学出版社 1999 年版，第 486 页。

[2]　参见［美］E.博登海默：《法理学——法律哲学与法律方法》，邓正来译，中国政法大学出版社 1999 年版，第 501~508 页。

[3]　参见吴晓：《论类型化方法对宪法学研究的意义》，载《政法学刊》2006 年第 1 期。

[4]　参见［德］卡尔·拉伦茨：《法学方法论》，陈爱娥译，商务印书馆 2003 年版，第 337 页。

的思考是一种类型学的思考。"[1]因此，类型化的研究和分析问题的方法日益受到人们的重视。甚至有学者认为，在当下的人文社会科学中，绝没有任何一个范畴，像"类型"一样受到人们的青睐。[2]不动产役权是凡具有"依附于需役地而在供役地上的负担"的特征的所有物权的集合，其本身隐含的制度信息具有广泛性与不确定性，例如，不动产役权的具体内容为何，哪些不动产役权能够以时效取得，哪些不动产役权能够以善意取得等，都具有不确定性，这模糊了对不动产役权本身的认识，继而影响了对不动产役权法律制度的适用。而借助类型化的思考方式，各种不动产役权的不同特征就如"雨后春笋"般凸显出来，这对我们观察不动产役权、认识不动产役权与研究不动产役权，乃至对不动产役权法律制度的适用都起到指导作用。因此，借助类型化的思考方式，我们可以更加清晰地认识不动产役权。

二、不动产役权体系的建构要求不动产役权类型化

(一) 不动产役权体系化的价值

法律概念通常被认为是组成法律规范的基本单位。法律是一个体系化的东西，是在概念的基础上堆积而成的一个具有生命的系统。而法律概念之位阶性，是体系化的基础。[3]法律概念的位阶性来自法律概念的类型化，因此法律体系的构架也是在类型化的基础之上的，没有法律的类型化，法律体系无从构建。例如，没有公法与私法的划分，没有民法与刑法的区分，法律体系将是一团粥。在法律体系之下包含的民法体系也是一个自我完善的体系，这一体系的构建是在将各种法律规范按照其调整对象进行类型化的基础上实现的。构成民法体系的物权法，也有自己的次级层次的类型化，而这一类型化是在物权法定原则之下实现的。那么，作为构成物权体系的一分子的不动产役权，有没有更为详细地加以类型化的价值呢？答案是肯定的。因为，不动产役权虽然是一个非常基本的概念，但本身绝对不是事物的终点，不是事物的基本细胞，它有自己的生命体系。如果将不动产役权看作是一个体系，

---

〔1〕　转引自［德］卡尔·拉伦茨：《法学方法论》，陈爱娥译，商务印书馆 2003 年版，第 347 页。

〔2〕　参见杜宇：《再论刑法上之"类型化"思维——一种基于"方法论"的扩展性思考》，载《法制与社会发展》2005 年第 6 期。

〔3〕　参见黄茂荣：《法学方法与现代民法》（第 5 版），法律出版社 2007 年版，第 125 页。

在体系的构建上，从外部结构观察，有垂直的上下位阶关系，有水平的类型关系。上下的位阶性之存在基础为概念之逻辑的抽象程度或价值的根本性；水平的类型关系之存在基础为概念所含特征之交集及差异。[1]因此，不动产役权之上下位阶关系体现为：不动产役权按照不同的标准进行类型化，例如，按照不动产役权是否具有外在的表现形式，不动产役权分为表见不动产役权与非表见不动产役权。表见不动产役权、非表见不动产役权之下又包含各种更下位的不动产役权。而水平的类型关系表现为采光不动产役权、通风不动产役权、通行不动产役权、取土地役权等在同一位阶上的不动产役权的交集及差异。

一个只着重于个别问题的科学，不可能由发现存在于问题间之更大更广的关联，进一步发现蕴藏其间的原理原则。它也不能在法的比较中，认识存在于不同立法例之制度和规定间之"功能上的类似性"。[2]不动产役权体系化不仅对不动产役权法律资料的鸟瞰和实务有帮助，也是重新认识既存之关联，进一步发展不动产役权的基础。因此，我们应当继续致力于不动产役权体系化的工作。著名历史法学家梅因指出："社会的需要和社会的意见常常或多或少地走在'法律'的前面，我们可以非常接近地达到它们之间缺口的接合处，但永远存在的趋势是要把这个缺口重新打开来，因为法律是稳定的，而我们所谈到的社会是进步的。"[3]因此，不动产役权作为一个体系，并非封闭性的，它不过是对已经产生的各种类型的不动产役权进行一个暂时的总结，它不能解决所有的问题。利用各阶段对不动产役权体系的反省，重新检讨，探寻新的不动产役权类型。不动产役权体系必须保持开放的状态，在法律发展过程中，不断完善。所以，黄茂荣先生正确地指出："体系化之总结过去，演进新知的功能，不但说明了新知之产生的过程（归纳），而且也指出法律发展之演进性。"[4]

（二）不动产役权体系化的方法

法律体系的形成以概念为基础，以价值为导向，其间以归纳或具体化

---

〔1〕　参见黄茂荣：《法学方法与现代民法》（第5版），法律出版社2007年版，第130页。

〔2〕　参见黄茂荣：《法学方法与现代民法》（第5版），法律出版社2007年版，第572页。

〔3〕　参见［英］梅因：《古代法》，沈景一译，商务印书馆1995年版，第15页。

〔4〕　参见黄茂荣：《法学方法与现代民法》（第5版），法律出版社2007年版，第573页。

而得之类型或原则为其联结上的纽带。所以，类型化为体系形成上使抽象者接近于具体，使具体者接近于抽象的方法。利用此种（类型化）方法，使价值与生活容易相接。因此，利用类型模块，可以实现体系化。[1]所以，不动产役权体系的构建也必须以不动产役权的类型化为前提。从不动产役权类型化的角度观察，不动产役权就是一个自我完善的体系。因此，对不动产役权进行类型化，构建不动产役权的体系，能够促进不动产役权制度自身的完善，实现不动产役权制度自身发展，对理解不动产役权制度意义重大。

三、物权法定原则的弥补要求不动产役权类型化

物权法定原则要求物权的类型确定，但是，正如前文所探讨的，不动产役权的类型化并不彻底。如果不动产役权采纳绝对的类型化，其修正物权法定原则的功能将大打折扣，如此一来，物权法定原则的僵化性将难以通过不动产役权加以弥补。因此，从物权法定原则的视角观察，不动产役权应当类型化。但是，德国著名学者维甘德正确地指出："物权的封闭系统是有问题的，因为它很难维持地满足交易的需求。"[2]所以，不动产役权的类型化并非意味着不动产役权的类型体系是一个封闭性的独立体，而是随社会的发展而不断完善的一个体系，否则，难以满足交易的需求。因此，不动产役权所作的类型化和债法上的各种有名契约一样，只是所谓的任意规定，对人们设定不动产役权起指导性作用，而非不动产役权类型化的自我满足与封闭。因此，不动产役权的类型化并非满足物权法定原则的刚性需求，而是为了抵销物权法定原则的绝对而不得不采纳的一种手段。

四、不动产役权类型化有助于减少交易成本

不动产役权是一个内容并不确定的法律概念，当事人虽然可以自由约定不动产役权的内容，但是，过度的意思自治至少会产生以下消极后果：①意

---

〔1〕　参见黄茂荣：《法学方法与现代民法》（第5版），法律出版社2007年版，第575页。

〔2〕　参见［德］沃尔夫冈·维甘德：《物权类型法定原则——关于一个重要民法原理的产生及其意义》，迟颖译，载张双根、田士永、王洪亮主编：《中德私法研究》（2006年第2卷），北京大学出版社2007年版，第102页。

思自治是在民事主体地位平等的条件下实现的，但在现代社会，民事主体抽象平等的不现实性、契约自由理论所假定的契约自由原则赖以生存的客观条件的丧失、政治价值观念的变化以及法律对交易结果的积极干预四个方面导致了契约自由原则的没落。[1]在现代社会，对契约自由的绝对放任，会使契约自由背离其内核——契约正义，甚至对契约正义造成侵害；而对契约自由的过分干预，就可能缩小私法自治的空间，侵害私人权利，私法公正将会被另一种意义上的公正所替代。[2]②过度意思自治将增加交易成本。契约的签订是一个磋商谈判的过程，在这个过程中，需要大量的成本作为先期投入，如果没有不动产役权类型化的指引，全凭当事人自由约定，势必增加磋商谈判成本。③过度的契约自由并不利于不动产役权关系的明确。签订契约的双方当事人可能对法律毫无了解，或者是对法律一知半解，他们在签订合同时，往往有考虑并不周密之处，因此，我国《民法典》特别规定了第 511 条作为候补性条款以弥补当事人的考虑不周。作为一项新引进的民事权利，当事人签订不动产役权合同时，考虑不周之处在所难免，因此过度的契约自由对不动产役权法律关系的明确并不是"福音"。所以，不动产役权合同固然要体现契约自由，但也要体现契约正义。公法对不动产役权合同的干预对实现契约自由固然重要，但通过不动产役权制度自身的完善、通过私法对不动产役权合同自由的干预来实现契约正义可能更具价值，"仅由国家订立一定数量的任意性质的物权，而让民间法去承担部分标准化的功能，才是最有效率的制度设计。"[3]因此，不动产役权的类型化能够进一步明晰不动产役权法律关系，对当事人签订不动产役权合同具有指导性价值，这对明确不动产役权法律关系、降低磋商与解决争议的成本具有重要价值。在不动产役权类型化的基础上，这种可使土地及建筑物发挥高度资源效益的不动产役权，将会很快受到民众的青睐。

---

〔1〕 参见李永军：《合同法》，法律出版社 2004 年版，第 62~68 页。
〔2〕 参见李永军：《合同法》，法律出版社 2004 年版，第 69 页。
〔3〕 参见苏永钦：《物权法定主义下的民事财产权体系》，载苏永钦：《民事立法与公私法的接轨》，北京大学出版社 2005 年版，第 222 页。

五、类型化有利于不动产役权的保护

（一）罗马法上的地役权之物权保护方式

罗马法学家乌尔比安认为："就役权而言，我们有权（比照适用于用益权的诉讼）提起对物之诉——排除妨碍之诉与确认役权之诉。确认役权之诉由主张役权归其享有的人提起，排除妨碍之诉由否认役权存在的所有人提起。""该诉讼只能由需役房屋的所有人提起，且只能对供役房屋的所有人提出。"[1] 据此，罗马法发展出了役权保护的两种方式：役权确认诉与准役权确认诉，[2] 也即罗马法上确立了不动产役权人的役权确认请求权、妨害除去请求权以及妨害防止请求权。

（二）德国法上的地役权之物权保护方式

《德国民法典》第 1027 条明确规定："地役权被侵害的，地役权人享有第1004 条所规定的权利。"而第 1004 条规定："所有权被以侵夺或扣留占有以外的方式侵害的，所有人可以向妨害人请求除去侵害。有继续受侵害之虞的，所有人可以提起不作为之诉。"因此，按照《德国民法典》的规定，需役人享有妨害除去请求权以及不作为之诉。妨害除去请求权中的"妨害"是由供役人所为，还是由其他第三人所实施，均不影响需役人上述权利的行使。在妨害人有过错时，还可以成立损害赔偿请求权。如果供役人的行为损害了需役人的利益，需役人可以提出不作为之诉。例如，需役人在供役人之土地上享有排他性的采取砾石的地役权，供役人偷偷运走砾石，此时，需役人即可提起不作为之诉与损害赔偿之诉。[3] 而如果地役权人根据役权例外地有权占有土地，也享有《德国民法典》第 985 条规定的占有返还请求权。另外，按照《德国民法典》第 1029 条的规定，地役权人还可能受到权利占有人的占有保护请求权的保护。

日本学术界认为，地役权在性质上只能产生妨害排除请求权，返还请求

---

〔1〕 参见乌尔比安：《论告示》D. 8,5,2,Pr. & D. 8,5,6,3。转引自 [意] 桑德罗·斯奇巴尼选编：《物与物权》，范怀俊译，中国政法大学出版社 1999 年版，第 159 页。

〔2〕 参见周枏：《罗马法原论》，商务印书馆 1994 年版，第 410 页。

〔3〕 参见 [德] 鲍尔、施蒂尔纳：《德国物权法》（上册），张双根译，法律出版社 2004 年版，第 727 页。

权无适用余地。[1]例如，日本学者我妻荣先生认为："由于地役权是于一定范围内影响供役地直接支配之物权，所以，当其受到妨碍时，就产生了排除妨碍之物上请求权。可是——由于并不伴有应占有供役地之权利——没有相当于所有物返还之权利，仅是妨害除去请求权和妨害预防请求权。"[2]可见，日本民法与德国民法的规定一致，否认地役权可以受到返还请求权的保护。

（三）我国台湾地区不动产役权的物权保护方式

我国台湾地区"民法"明确规定，需役人享有以下几种物权救济方式：①返还原物请求权；②妨害除去请求权；③妨害防止请求权。[3]我国台湾地区民法学界基于"民法"的规定，多认为需役人享有原物返还请求权。有的学者认为："准用并非完全适用，仅是就其性质相近者，依其权利之性质而为适用，是以不动产役权之内容如需占有供役不动产，而其供役不动产又被他人无权占有，致不动产役权人全然丧失供役不动产之占有，无从使用不动产役权时，需役人应有请求该他人将供役不动产交还需役人占有或管领之必要，此固非将供役不动产交还需役人，与占有为单纯之事实，需役人则有占有之权能，概念上亦属有异，且供役不动产既在需役人手中，被他人侵夺以去，则不单诉请其迁出（排除侵害），而请求将之交还需役人，于理论上亦无不可，故承认需役人之返还请求权应有采取之价值。"[4]因此，我国台湾地区与《德国民法典》关于需役人之物权救济方式的最大差别在于是否承认其享有返还请求权。

（四）我国法上的不动产役权之物权保护方式

在我国，有学者指出："地役权的具体种类非常复杂，有的地役权含有占有权能，有的地役权不含有占有权能；含有占有权能的地役权，有的占有权能具有独占性，有的不具有独占性，含有独占性占有权能的地役权，地役权人享有返还占有请求权。"[5]这种观点认为，在区分不同的不动产役权的基础

---

[1] 参见史尚宽：《物权法论》，中国政法大学出版社 2000 年版，第 240 页。

[2] 参见 [日] 我妻荣：《日本物权法》，[日] 有泉亨修订，李宜芬校订，五南图书出版公司 1999 年版，第 388~389 页。

[3] 参见我国台湾地区"民法"第 858 条与第 767 条。

[4] 参见谢在全：《民法物权论》，中国政法大学出版社 2000 年版，第 442 页。

[5] 参见房绍坤：《物权法·用益物权编》，中国人民大学出版社 2007 年版，第 286 页。

上，来决定哪种不动产役权适用原物返还请求权。我们认为，不动产役权有的以占有供役不动产为权利的行使要件，如开辟通道之通行权；也有的不以占有供役不动产为权利的行使要件，如眺望不动产役权。在后者，如果第三人侵占供役地而损害其不动产役权时，因需役人不以占有供役不动产为权利行使要件，自然不受占有制度的保护，也不能适用返还请求权。此时，需役人可以通过排除妨害请求权、损害赔偿请求权得到救济。在前者，不动产役权具有从属性与不可分性，它并不随供役不动产的分割或移转而当然移转，当然也就不会因第三人侵占供役不动产而当然受到侵害，此时可分两种情形讨论：其一，如果第三人将供役不动产侵占，可能并未妨害不动产役权的行使，并非当然侵害了不动产役权。此时，若允许需役人行使返还请求权，有越俎代庖之嫌。其二，需役人之不动产役权可能存在于供役不动产的全部，也可能存在于供役不动产的一部分。如果需役人以对全部供役不动产的占有为役权的行使要件，此时第三人侵占供役不动产，势必损害不动产役权，需役人可提起占有返还之诉。如果需役人以对供役不动产的部分占有为役权的行使要件，此时第三人仅侵占了供役不动产的其他部分而没有侵害供役部分，需役人对第三人无权提起请求；若第三人侵占了供役部分，此时需役人享有占有返还请求权。但是，需役人并不是所有权人而是合法的占有人，所以，他没有权利提出所有物返还请求权。因此，我们认为，需役人可以受到占有制度的保护而不能受到所有物返还请求权的保护。

有学者认为，我国《民法典》可能认为不动产役权应受同于所有权的保护，对不动产役权制度的保护未作准用性规定，而专门规定了"物权的保护"一章。我们认为，这是不准确的。其实，就所有的用益物权人而言，他们享有返还请求权，但是"请求返还的是什么"？是所有权（所有物）吗？用益物权人没有取得不动产的所有权，又何来所有物返还请求权？是用益物权本身吗？用益物权不能被他人以有形的形式侵占，何来返还之说？《德国地上权法》第11条规定，基于所有权而生的请求权准用于地上权。而《德国民法典》第985条规定的返还请求权是占有返还请求权，但是人们还是使用所有物返还请求权这个概念，这是因为所有权人的返还请求权来自所有权。[1]既

---

〔1〕 参见［德］M. 沃尔夫：《物权法》，吴越、李大雪译，法律出版社2004年版，第92页。

然是"准用"就不是所有物返还请求权，只能是按照所有物返还请求权的保护方式保护地上权人，也即地上权人享有的是占有返还请求权而不是所有物返还请求权。因此，他们请求返还的是占有，通过占有返还之诉而达到占有不动产的目的，从而保障其用益物权的实现。但是我国台湾地区"民法"规定的是所有物返还请求权而不是占有返还请求权，与德国民法的规定相去甚远。德国法是对占有返还请求权的准用；我国台湾地区则是对所有物返还请求权的准用。所以，二者都规定地上权可准用相关规定，但是"准用"却有天渊之别。因此，用益物权人占有返还请求权的行使应按照占有部分的规定而不是按照所有权部分的规定。具体到我国《民法典》，应当规定用益物权人按照《民法典》第462条规定的占有返还请求权保护权利而不能按照《民法典》第235条的规定行使所有物返还请求权。

因此，不动产役权人享有占有返还请求权、除去妨害请求权、妨害预防请求权及损害赔偿请求权。如果不动产役权人为行使不动产役权而在供役不动产上建造了建筑物，这些建筑物若被侵占，需役人当然享有所有物返还请求权。所以，不动产役权的类型化有助于不动产役权保护方式的选择与适用。

六、类型化有利于防止不动产役权过度抽象化带来的不利后果

所谓过度抽象化，系指在概念化上将所描述之对象的特征作了过多的舍弃。[1]在概念的构建上，其抽象化是否过度，本身属于价值判断的问题。过度抽象化的情形可能发生在法律规定之构成要件或法律效力上。当其发生在构成要件，必须依据其规范意旨，将其类型化后，利用区别待遇予以补救；当其发生于法律效力，则主要根据其规范意旨，将其类型化后，利用衡平原则加以具体化或调整。[2]不动产役权就是一个过度抽象化的概念，且过度抽象化发生在法律构成要件以及法律效力两个方面：其一，不动产役权在构成要件上过度抽象化。就规范目的论之，不动产役权构成要件如果过度抽象化，其外延到底多大，极难确定，例如按照我国《民法典》第383条的规定，地役权是"在供役地"上的负担，建设用地使用权、宅基地使用权、土地承包经营权也是在土地上的负担，唯一差别在于"地役权是依附于需役地"的，

---

〔1〕 参见黄茂荣：《法学方法与现代民法》（第5版），法律出版社2007年版，第81页。

〔2〕 参见黄茂荣：《法学方法与现代民法》（第5版），法律出版社2007年版，第81页。

此时地役权的范围到底多大，实难判断。其二，不动产役权在法律效果上的过度抽象化。在法律效果上的过度抽象化的最为明显的例子是：不动产役权可否适用返还请求权，只能在类型化的基础上加以回答，而不能一概而论。因此，不动产役权类型化对防止不动产役权过度抽象带来的不利后果具有积极意义。

第二节　不动产役权类型化的难点

一、类型化自身的复杂性决定了类型化的困难

类型分为经验的类型、逻辑类型和规范类型。经验的类型包括两类：其一，因长期一再重复出现而依其频率或不断出现之平均特征构成类型；其二，以某一种类之物或事物之特征为基础所构成之类型。逻辑类型虽然来自经验的类型，但逻辑类型属于思考方式上的一种想象的存在，学说上可以利用它，经由类型特征之增减建立各种可能只在思想界存在的模式。当逻辑类型经由评价被赋予规范上的意义，就成为规范类型。一个类型可以属于上述类型的其一，或者同属于上述类型。例如，以不动产役权的客体为标准，不动产役权可以类型化为土地与土地之间、房屋与土地之间、房屋与房屋之间等不动产之间的役权，这种类型即属于经验的类型，又属于逻辑的类型与规范类型。在立法上，除了以经验为基础，单纯接受现实上存在之类型，以建立频率性或平均性类型，取舍现实上之特征以建立整体的或形态的类型外，还可超出现实特征之取舍，经由"特征之赋加"建立类型，卡尔·拉伦茨先生将其称为"法的结构类型"。[1]它实际上是一种特殊的规范类型。此种类型有些是法学的产物，如主观权利的类型，但大部分是在法律交易中产生的，全部的债权契约的类型均属于此。可见，类型本身就是一个非常复杂的事物，这导致了进行类型化的困难。

二、类型化标准的选择是不动产役权类型化的直接困难

经验的类型基本上都以"共同特征"作为类型的划分标准。因此，对某

---

〔1〕　参见［德］卡尔·拉伦茨：《法学方法论》，陈爱娥译，商务印书馆2003年版，第342页。

一事物进行经验意义上的类型化，必须掌握事物的全部，然后按照事物的共同特征进行类型化。但是，掌握现实生活中某一事物的全部是非常困难的，这是因为，某一事物的典型代表我们很容易发现，也很容易理解，但对一些处于边缘地带的事物往往难以作出一个"非此即彼"的判断。人们因价值判断的不同必然对这些非"非此即彼"的事物在归类上产生不同的影响，所以，类型化的对象因观察者身份的不同而各异。例如，正常的人都是人，这很容易加以判断，但植物人、胎儿等"边缘人"的存在模糊了人的范围。基于不同价值判断的考虑，有的观察者在考虑"人"时排除了胎儿、植物人，有的观察者则将其包括在内。具体到不动产役权而言，在罗马法中，采矿权被归属于地役权，但在今天，学术界对采矿权是否仍属于地役权就有很大争议，更何况不动产役权的内容由当事人自由约定，因此，不动产役权的范围究竟有多大，多在当事人的"一念之间"，用"非此即彼"的类型化思考方式思考不动产役权的直接困难就根源于此。即使我们有幸能够掌握不动产役权范围的全部，但寻找类型化的标准——"共同特征"又非常困难。根本原因在于，组成事物的个体存在的差异性决定了找到"共同特征"的难度。并且事物的特征有些是外现的，有些是内存的，对外现的特征我们极易把握，对内存的特征我们只能通过长期观察、科学实验等得出。类型最初发生在生活中，类型来自生活，离开了生活，规范意义上的类型就不再存在。

因此，法的结构类型来自经验的类型。然而，观察者不同，"共同特征"的选取就会存在一定的差异，但我们必须找到一种最为确切的标准以供观察事物。哪种标准是最为确切的标准呢？卡尔·拉伦茨教授认为："掌握法的构造类型应以法律或该当契约（假使所涉及的是法律外的契约类型）对此类型的整体规整为出发点。"[1]因此，类型化的标准应从事物的整体进行把握，唯其如此，各种类型之间，在某种程度上，其彼此互为条件，或者其彼此至少可以共存不悖。[2]所以，在寻找不动产役权类型的标准时，必须从整体上把握不动产役权制度，而不能就具体不动产役权而论。

---

〔1〕 参见 ［德］卡尔·拉伦茨：《法学方法论》，陈爱娥译，商务印书馆 2003 年版，第 342 页。

〔2〕 参见 ［德］卡尔·拉伦茨：《法学方法论》，陈爱娥译，商务印书馆 2003 年版，第 342 页。

三、混合类型不动产役权的存在增加了类型化的难度

在经济及商业交易作缜密区分的阶段，"混合类型"殆属不可避免的现象。[1]此种无所不在之"类型混合"，其特色在于：不同基本类型的要素，以特定方式结合成一种有意义的、彼此关联的规整。[2]混合类型的存在是一种客观事实，"非此即彼"的概念式的区分终将归于失败，而类型化思考方式却以概念为基础，这似乎是一个"解不开的结"。其实，概念是为了简便问题的思考而进行的暂时总结，概念式思考方式认为可以脱离生活而通过理性思维解决现实生活中的所有问题，法律能够在概念之中实现自我满足与发展，历史证明这是不可能的"任务"。而类型化是对主要类型的类型化，"混合类型"是作为一种例外加以解决的。因此，混合类型的存在增加了类型化的困难。"混合类型"虽然不是一种典型类型，但它又是无处不在的，因此如何掌握"混合类型"就非常困难。卡尔·拉伦茨认为，体系（类型系列）可以使过度及混合类型的掌握成为可能。借着指定某类型在类型系列中的适当位置，标明该类型特色之特征，以及使其与毗邻类型相连的特征更可以清楚显示出来。[3]因此，以类型化的思考方式建立起来的体系对理解"混合类型"具有重要价值。

当某一具体的契约结合复数契约类型因素时，无论它是偶然为之或经常出现，都是"混合类型"，不动产役权合同是设定不动产役权的最为常见的方式，当事人可以单独约定取水不动产役权，也可以单独设定通行不动产役权，甚至可以同时设定。因此，不动产役权并不缺乏"混合类型"。混合类型的不动产役权之存在增加了不动产役权类型化的难度，但另一方面，类型化又为思考"混合类型"不动产役权提供了一种思路。

不动产役权的类型化是对历史上曾出现过的各种不动产役权进行梳理，但随着社会之发展，新型不动产役权将不断出现。因此，不动产役权之类型化不仅是对过去的总结，更是以后类型化的新起点。

---

〔1〕　参见［德］卡尔·拉伦茨：《法学方法论》，陈爱娥译，商务印书馆2003年版，第341页。

〔2〕　参见［德］卡尔·拉伦茨：《法学方法论》，陈爱娥译，商务印书馆2003年版，第341页。

〔3〕　参见［德］卡尔·拉伦茨：《法学方法论》，陈爱娥译，商务印书馆2003年版，第246页。

四、不动产役权类型化的程度和亚类型的选择具有难度

类型是介于抽象与具体之间的中间物，其较抽象概念具体，较具体概念抽象。类型化是普遍与具体、一般与个别之间的中间点，因此，类型化方法中的"假说"是相对具体的，同时其抽象性是有限度的。从具体到抽象，是一个不断抽象化的过程，因此，对于一些复杂的现象或概念，类型也往往会有"亚类型"或"次类型"，甚至第三类型、第四类型。不动产役权就是一个有亚类型的复杂概念。例如，《法国民法典》按照地役权设立的原因对地役权进行类型化，由此形成了自然地役权、法定地役权与约定地役权的基本分类，并在此基础上对地役权进行进一步的类型化。其中，因场所的自然位置产生的地役权，是自然地役权；自然地役权又可分为水流类地役权、通行类地役权等；水流类地役权又可进一步分为排水地役权、雨水排放地役权、水源类地役权、界碑、围栏设定的地役权。

从对权利的本质和类型的认识，再到法律的规定，除了要考虑权利概念的明确性、可操作性，还需要考虑制度化的成本、可能性问题。因此，法律往往需要以最为简洁明确的表达方式来界定概念内涵，而不能如同学术论文般的详细论述，概括式界定加上列举往往成为最佳选择。列举中对于类型化的程度和具体的亚类型也需要有所选择和取舍。

同时，物权法定原则要求物权的类型确定，要求不动产役权加以类型化，同时，为了缓和物权法定原则带来的僵化、抵销物权法定原则的绝对，不动产役权需要保持一定的抽象和空间。换言之，在物权法定原则下，不动产役权的类型化，应当类型化到什么程度，法定化到哪一个层级，将哪些亚类型纳入法律规定，并没有一条清晰划定的界限。

第三节　典型国家不动产役权的类型化标准及主要类型

一、罗马法地役权的类型化标准及地役权的主要类型

乡村地役权与城市地役权的分类是罗马法关于地役权的最基本的分类，也是其立法分类。在此基础上，罗马法将地役权予以类型化，将地役权进行了次类型与第三类型、第四类型的细化。

（一）乡村地役权与城市地役权的类型化标准

乡村地役权与城市地役权的划分标准是存在争议的。在罗马法中，是通过明示的方式确定哪些是乡村地役权，哪些是城市地役权，以便用名称将它们区别开来并使役权保持它的明确性和典型性。例如，罗马法明确承认个人通行权、引水权属于乡村地役权，而支撑地役权属于城市地役权。但是，随着社会的发展，约定地役权大量产生，地役权的类型不再典型，当事人可以将任何一种同地役权的一般品质相关的使用权确定为地役权。在这种情况下，地役权的特性则取决于土地的性质，即主要取决于需役不动产，而供役不动产只产生次要影响。如果需役不动产是一座建筑物，则为城市地役权；如果需役不动产不是建筑物但供役不动产是建筑物，仍为城市地役权；其他情形则为乡村地役权。[1]有的学者认为，罗马法按需役不动产是否为土地或房屋为标准，将地役权分为乡村地役权与城市地役权。[2]这种观点没有看到需役地不是建筑物而供役地是建筑物的特殊情形，并不全面，也不符合罗马法的传统。另有学者认为，乡村地役权与城市地役权的区分，要以供役地是否为田野或城市为准。折中说认为，乡村地役权与城市地役权之区别，应以地役权的内容而定。若地役权人之行使役权须为积极作为的，是乡村地役权，反之，如对于供役地所有人为禁止或不作为的，是城市地役权。[3]

但是，乡村地役权既有作为地役权又有不作为地役权，城市地役权既有不作为地役权又有作为地役权，因此，认为乡村地役权是作为地役权，城市地役权是不作为地役权并不符合罗马法的传统。客观地讲，最初，罗马法上的哪些权利属于乡村地役权，哪些权利属于城市地役权是明确的、给定的，但当事人约定的非传统型地役权是属于乡村地役权还是城市地役权确实难以判断，罗马法也没有给出一个统一的判断标准，上文列举的观点不过是后世学者的注释，并不能代表罗马法对此问题的真实态度。并且，乡村地役权与城市地役权虽然被《法国民法典》继受，但是，这种划分的合理性值得探讨，且这种划分在乡村与城市同化的现代社会里并没有太多意义。所以，不必纠

---

[1] 参见［意］彼德罗·彭梵得：《罗马法教科书》，黄风译，中国政法大学出版社1992年版，第253页。

[2] 参见周枬：《罗马法原论》，商务印书馆1994年版，第393页。

[3] 参见丘汉平：《罗马法》，中国方正出版社2004年版，第227页。

缠于乡村地役权与城市地役权之划分标准的徒劳争论。

乡村地役权是以耕作为目的，城市地役权是以建筑物为目的。以需役地的耕作为目的而存在的地役权是乡村地役权，以建筑物为目的而存在的地役权是城市地役权。乡村地役权多发生在乡村田野，城市地役权发生在城镇。因此，乡村地役权也被称为田野地役权。但是，随着经济的发展，乡村也有毗邻而居的，城镇空地也有被利用于耕地的，于是旧有分界被打乱，乡村也出现了城市地役权，城市也出现了乡村地役权；并且，建筑物可成为以土地为供役地的需役地，也可成为以土地为需役地的供役地。城市地役权和乡村地役权不再是确定的，而变成相互混合的。[1]所以，城市地役权与乡村地役权的分类是以客体为标准的，如果需役地或供役地之一为建筑物的，即为城市地役权；反之，则为乡村地役权。因此，罗马法首先是按照客体对地役权进行初步类型化，然后将地役权类型化为乡村地役权与城市地役权。

(二) 城市地役权的主要类型

在罗马社会早期，住宅具有独立性，城市地役权存在的意义较小。城市地役权在早期住宅的独立性消失之后，逐渐变得较为常见。[2]按照古代罗马法学家的经典论述以及优士丁尼的有关立法，城市地役权主要包括以下几种类型：

1. 通水权

通水权包括排水役权和流水役权，它们都是在他人土地上直接排放雨水或者通过渠道引放雨水的权利。排水役权还包括阴沟役权及滴水役权，后者是将滴水排向邻居房顶或者地上的役权。

2. 立墙权

立墙权具体包括如下几种：①搭梁役权，即把大梁伸进邻居墙中的权利；②支柱役权，即将支柱插于邻居墙上的役权；③伸出役权，即建造伸出物、遮盖物以及与此类似的其他物而探入邻居土地的自由空间的权利（比如凉台探入邻居家的院子上空）。

---

〔1〕 参见［意］彼德罗·彭梵得：《罗马法教科书》，黄风译，中国政法大学出版社1992年版，第253页。

〔2〕 参见［意］彼德罗·彭梵得：《罗马法教科书》，黄风译，中国政法大学出版社1992年版，第255页。

3. 禁止性役权

禁止性役权包括一切旨在保障获得空气、光线和视野等的役权，主要包括：①禁止建筑物加高役权，即要求邻居不得加高迎面而建的建筑物的权利；②禁止妨害邻居采光役权，即要求邻居不得通过施工减少光线的权利；③禁止妨碍眺望役权，即要求邻居不得通过施工妨碍眺望的权利。

4. 其他役权

其他役权包括：①建筑物加高役权，是指与邻居约定，加高自己建筑物的权利。②采光役权，即在共有墙或邻居墙上开窗的权利。

上述城市地役权在很多情况下是法定的，或者是强制性的。但是，在罗马法上，也有些城市地役权是上述役权的反面，至少优士丁尼的法典承认当事人约定排除法定役权，当然，只要所违反的法律限制与公共秩序无关，就可设定特殊的城市地役权限制上述法定地役权。例如"禁止妨碍通水或流水役权"，它是接取从邻居土地排出的水以便灌满蓄水池或实现其他目的的权利；"加高役权"和"挡光役权"，即不顾法律限制加高自己的建筑物，遮挡邻居家的光线的权利。

（三）乡村地役权的主要类型

乡村地役权是最古老的地役权并且属于"要式物"[1]之列，乡村地役权指通行（iter）、驱驾（actus）、过道（via）和导水（aquae ductus）等。[2]依此对应的乡村地役权是个人通行权、运输通行权、道路通行权和引水权。但是，随着经济的发展，乡村地役权的类型进一步扩大，它主要包括以下几种类型：

1. 通行权

通行权的利用目的对供役地的负担有很大影响，因此，按照通行的目的，通行权又分为个人通行权（iter）、运输通行权（actus）、道路通行权（via）

---

〔1〕　要式物是属于公民所有的（因而位于意大利的）土地、房屋、领地、奴隶、马、牛、骡子和驴，即所有用来牵引或负重的牲畜，除这些有形物之外，还有乡村地役权，至少最早期的乡村地役权，即通行权的三种形式和用水役权。除此之外的一切其他物均为略式物。要式物的移转形式是要式买卖或拟诉弃权。略式物的移转形式表现为占有的转移或让渡。

〔2〕　参见［古罗马］查士丁尼：《法学总论——法学阶梯》，张企泰译，商务印书馆1989年版，第60页。

及水路通行权。

（1）个人通行权。个人通行权是某人享有通过或步行经过他人土地的权利，而非驱赶驮兽经过他人土地的权利。个人通行权包括表见性通行权与非表见性通行权。表见性通行权需要一条通行道路才能行使权利的，那么应当允许他通过挖掘和建筑修一条道路；非表见性通行权的权利人无需修筑一条道路。

（2）运输通行权。运输通行权是驾驭驮兽、车辆经过他人土地的权利。因此，从权利的权能来看，享有个人通行权的人无运输通行权，享有运输通行权的人却享有个人通行权。

（3）道路通行权。道路通行权是行走、运输及散步经过他人土地的权利，因此它包含个人通行权和运输通行权。它不但允许通行，而且允许通过固定的成形小路经他人土地运输石头、建筑材料等物。

（4）水路通行权。水路通行权，是指通过他人河道到达自己田地的权利。

2. 用水权

用水权是指为了需役地，经供役地导水或从供役地汲水的权利。用水权主要包括导水权、汲水权。

（1）导水权。导水权是指为了需役地的便利，用管道将供役地的水导入或从他处经过供役地将水导入需役地的权利。使用水渠导水的，导水权人享有下列潜在的附随性权利：其一，维修通行权，即为了维修水渠，权利人和他的工匠们有权按照最近路线通行；其二，供役地人要在水渠两边给需役地人留出一块能进入水渠的空地，需役地人有权将土、淤泥、石头、石灰和泥沙置于其上。

（2）汲水权。汲水权是指需役地所有人进入供役地取水的权利。

（3）饮畜权。饮畜权是指与需役地有关而非与人有关的役权人的牲畜有在供役地饮水的权利。有的人认为，饮畜权包括在通行权内。[1]有的人认为饮畜权属于其他用水权。[2]但是，凡行使运输通行权的，饮畜权自然包括在内；反之，如果没有运输通行权的，饮畜权即为用水权。牧畜权涉及的是劳

---

〔1〕 参见周枏：《罗马法原论》，商务印书馆1994年版，第395页。

〔2〕 参见〔意〕桑德罗·斯奇巴尼选编：《物与物权》，范怀俊译，中国政法大学出版社1999年版，第254页。

作用畜，是土地所必需的，否则它就成了人役权。

3. 牧畜权

牧畜权也称放牧权，即将耕地之牛放牧于邻地的役权。

4. 采掘权

采掘权的种类很多，主要是指为了需役地的需要，于供役地采掘砂、石、黏土、矿产等的权利，它主要包括烧制石灰权、采砂权、木材采伐权。烧制石灰权是指役权人得于供役地上烧制石灰的权利，它包括就地掘取所必需的原料的权利。采砂权是指为了需役地的需要，在供役地上采砂的权利。例如，为了在需役地上建造房屋而在供役地上采砂的权利。林木采伐权是指为了需役地的需要，在供役地上采伐林木的权利。例如，为了在需役地上建造房屋而采伐树木的权利。烧制石灰权、采砂权、挖砂权、采矿权等役权是允许他人（以类似于用益权的方式）为了另一块土地的需要，把一块土地的产物作为自己的，供需役地便利之用，超过需役地的需要而多采之砂、土、矿产，加重了供役地的负担，役权人应承担责任。如果不是为了土地的需要，而是为了其他用途采砂、采矿、烧制石灰就成了人役权。

5. 贮存地役权

贮存地役权是指将农产品集中贮存于邻居农场内的权利。

6. 取物地役权

取物地役权是指为了使用土地而向邻地取物的权利，例如，若我的葡萄需要杆子，我便可以去邻地取的役权。

7. 置物地役权

置物地役权是指使用他人土地搁置物品的权利。例如，你可以授予采石场在与你的土地邻接的邻居，将土、碎石、石块抛弃到你的土地上或让石头滚到你的土地上并将它们留在那里而以后运走的役权。

（四）罗马法上禁止设定的役权类型

在罗马法中，上述类型都是一些指导性的，当事人完全可以设定上述地役权类型之外的一些其他地役权，即按照意思自治的要求，上述役权的类型是可以突破的。但是，当事人设定地役权时不是任意的，他们不能设定下列类型的地役权：其一，地役权的本质不是要求供役地所有人应当做某事，而是要求他承受某一行为或不实施某一行为。因此，当事人不能设定以供役地人积极作为为内容的役权，当事人也不得创设以供役地人积极作为这一类型的地役权。其二，不能为了允许我们在他人土地上采摘水果、散步或野餐而创设地役权。从以上对罗马法上的地役权的类型的介绍来看，罗马法首先按照地役权的客体对地役权进行初步类型化，在此基础上，再按照地役权的内容对地役权进行更为细致的类型化。可见，罗马法对地役权类型化的标准是多重的。

二、法国民法关于地役权类型化的标准及主要类型

（一）法定地役权与约定地役权的划分是法国地役权类型化的前提

《法国民法典》按照地役权设立的原因对地役权进行勾画式的类型化，由此形成了法定地役权与约定地役权的基本分类，并在此基础上对地役权进行类型化。《法国民法典》按照地役权的产生原因将地役权区分为三类：①因场所的自然位置产生的地役权；②因法律的强制性规定而产生的地役权；③由诸所有人之间的约定而产生的地役权。在因场所的自然位置产生的地役权中，《法国民法典》赋予设定于水的地役权以特别重要的地位，其中尤其是水流类地役权。水流类地役权主要包括：①排水地役权；②雨水排放地役权；③水源类地役权；④界碑、围栏设定的地役权。流水类地役权存在需役地，也存在供役地。例如，按照《法国民法典》第 640 条第 1 款的规定，处于低位置的土地应当接受从高位置土地不假人工疏导的自然排水。此时，高位置土地是需役地，低位置土地是供役地。但是，按照《法国民法典》第 647 条的规定，所有人均可对其不动产设立围栏。此时，就难以确定需役地与供役地，更不存在土地负担。因此，界碑、围栏的设定更类似于相邻关系而不是役于他人之不动产的权利。因法律规定设立的地役权按照设立的目的是为了公共利益还是私人利益，地役权分为公共地役权与私人地役权。法律规定设立的地役权主要包括共有分界墙与分界沟、某些建筑应当留有的距离与中间设施、眺望地役权、檐滴、通行权。尹田先生认为，法定地役权具有混合性质，"因不存在需役地，故其非真正的地役权。但某些法定地役权却同样适用了地役权法律制度中的某些规则。"[1]我们认为，其中的眺望地役权、通行权具有地役权的属性，分界墙、分界沟、檐滴主要是相邻关系问题，并不存在需役地

---

〔1〕 参见尹田：《法国物权法》，法律出版社 1998 年版，第 413 页。

与供役地。

（二）约定地役权的类型化标准

人的行为设定的地役权与德国法上的地役权基本一致。法国地役权的类型化主要探讨的也就是这部分内容。

1. 按照客体对地役权的类型化

在法国，约定地役权的类型化标准是按照地役权的客体进行的。役权，或者为使用建筑物，或者为使用地产而设定。不论对其设定役权的建筑物位于城市，还是乡村，第一种地役权均称为"城市地役权"，第二种地役权称为"乡村地役权"。但是，《法国民法典》在城市地役权、乡村地役权之下未再进行细化性的类型化。

2. 按照权利的行使方式进行的类型化

按照地役权是否具有持续性，《法国民法典》第688条将地役权类型化为持续性地役权与非持续性地役权，在此基础上将地役权又加以更为详细的类型化：持续性地役权主要包括水管铺设地役权、下水道地役权、采光地役权或其他类似地役权；非持续性（间断）地役权主要包括通行权、汲水权、放牧权或其他类似的役权。《法国民法典》关于地役权类型化的规定并不是强制性的，而是引导性的；不是绝对性的，而是相对性的，当事人可以约定其他类型的持续性地役权或间断性地役权。

3. 按照地役权的表现形式进行的类型化

按照地役权是否需要通过一定的设施表现出来，《法国民法典》第689条将地役权类型化为表见性地役权与非表见性地役权，并举例说明何为表见性地役权，何为非表见性地役权。

可见，《法国民法典》对地役权类型化的标准是多样的，如此一来，某种具体的地役权既可能是此类地役权，也可能是彼类地役权。因此，法国民法关于地役权类型化的标准杂乱无章，与其说是类型化，倒不如说是对地役权的分类，从中也可以看出，《法国民法典》关于地役权的规定类似于教科书式立法，并不是较为理想的地役权类型化标准。一般来说，在法国民法上，地役权均有其命名（如通行地役权、汲水地役权、放牧地役权、取水地役权、废水排放地役权等）。而这些地役权的命名都因能够反映出地役权的内容而显得特别精准。因此，在司法实践中，从地役权的内容出发，法国形成了以下几种较为重要的地役权：通行权、汲水权、取水权、狩猎权、捕捞权、获得供应类地役权（如具有役权性质的采矿权）、不竞争义务。并且，较之法律命名的地役权，合同所命名的地役权只能算是例外。[1]

三、荷兰民法关于地役权类型化的标准及主要类型

按照《荷兰民法典》第五编第 71 条对供役地的负担所作的界定，地役权是加于供役地上的负担，包括在供役地或需役地的地上、上空或地下容忍某些作为义务或不作为义务。因此，按照《荷兰民法典》的规定，地役权类型化的方式包括两种：其一，以地役权的客体为标准，地役权分为普通地役权与空间地役权。空间地役权存在于供役地或需役地的上空或地下。其二，以地役权的内容为标准，地役权简单地类型化为作为地役权与不作为地役权，而在其之下再无更为细致的地役权类型。

四、德国民法关于地役权类型化的标准及主要类型

《德国民法典》通过对地役权内容的原则性规定对地役权进行了大致的类型划分。按照《德国民法典》第 1018 条对"供役地负担"的界定，在德国，地役权分为三种：①以使用供役地为内容的地役权；②以排除供役地人行使权利为内容的地役权；③以限制供役地人以一定的行为使用土地为内容的地役权。可见，德国是以地役权的内容为标准对地役权进行类型化的。但应当指出，《德国民法典》虽然按照内容对地役权进行了类型化，但这种类型化具有较高的抽象性，仅起到指引当事人可以设定何种内容的地役权的效果，但仍然没有明确规定各种具体地役权的内容。但是，在实践中，通行权、伐木权、放牧权、越界汲水权、电线杆或输油管的设置权，以及限制建筑物的专款契约等，都是十分常见的地役权。[2]

五、瑞士民法关于地役权类型化的标准及主要类型

按照《瑞士民法典》第 730 条的规定，在瑞士，地役权可以分为两种类型：

---

〔1〕 参见尹田：《法国物权法》，法律出版社 1998 年版，第 404 页。
〔2〕 参见［德］罗伯特·霍恩、海因·科茨：《德国民商法导论》，楚建译，中国大百科全书出版社 1996 年版，第 200 页。

①以"需役人对供役地进行某种特定方式的侵害"为内容的地役权；②以"在特定范围内，供役人不行使自己的所有权"为内容的地役权。可以说，从《瑞士民法典》第730条的规定来看，其与德国民法关于地役权的类型化标准并无区别，也是采纳较为抽象的类型化方式。但是，《瑞士民法典》还列举了通行权、牧场权、伐木权、牲畜饮水权、灌溉权等具体类型的地役权。[1]因此，《瑞士民法典》系采纳抽象与具体相结合的类型化方式。

六、意大利民法关于地役权类型化的标准及主要类型

《意大利民法典》虽然没有对"供役地的负担"进行界定，但是按照该法典第1027条的规定，地役权是为了需役地的便利而在另一土地上附加负担。而第1028条对"便利"进行了解释，按照对"便利"的解释，以及地役权设立的目的，地役权可以分为：①以供役地本身具有较多的方便条件为目的的地役权；②以供役地本身具有较多的良好环境为目的的地役权；③以满足需役地工业用途为目的的地役权。同时，《意大利民法典》还对强制地役权的具体类型进行了详细规定，《意大利民法典》中的强制地役权主要有：①水道和强制排水类地役权；②水闸设置产生的地役权；③对建筑物和土地的强制供水地役权；④强制通行地役权；⑤强制送电和电缆的通行地役权。

七、奥地利民法关于地役权类型化的标准及主要类型

以地役权的客体为标准，《奥地利民法典》将地役权类型化为房屋地役权与土地地役权。以地役权的内容为标准，又对房屋地役权与土地地役权进行了更为细致的类型化。房屋地役权进一步类型化为：①紧接属于他人房屋兴建房屋之权；②于他人墙上建梁栋；③为采光或者观景在他人墙上开窗；④在邻地上空建楼顶或露台；⑤经由邻居烟囱散发烟气；⑥将屋檐延伸至他人土地上空；⑦将水排入、导入或通过邻地；⑧不加高房屋；⑨不降低房屋；⑩不影响邻居采光与通气；⑪不影响视野；⑫不移去延伸至邻地而有灌溉邻地花园、灌充水槽等功能之屋檐。土地地役权则进一步类型化为：①在他人土地上保留人行、牲畜或车辆通行；②引取牲畜用水与排除或导引此项用水；

---

[1] 参见《瑞士民法典》第749条。

③牲畜之看守与放牧；④伐木，收集干枝、残材、橡实，及扫集树叶；⑤狩猎与捕捉鸟类；⑥碎石、挖沙与烧石灰。

八、日本民法关于地役权类型化的标准及主要类型

从日本民法关于地役权的定义性规定来看，地役权的内容由当事人以契约约定。可见，日本民法未对地役权的类型化进行或抽象或具体的规定，换言之，在日本民法上并无关于地役权类型化的规定。但是，有学者认为，《日本民法典》特别规定了"用水地役权"和"工作物的共同使用权"。[1]我们认为，基于用水的顺序的特殊性，日本民法特别规定了用水地役权。而"工作物的共同使用权"是指供役地的所有人，在不妨碍地役权行使的范围内，可以使用为行使地役权而于供役地上设置的工作物。因此，"工作物的共同使用权"并非地役权的一种类型，而是供役地人的权利。在"地役权"一章，日本民法还用一个条文规定了无共有性质的入会权的法律适用。入会权是一种村落共同体或者准村落共同体对土地，主要是山林原野进行总括性支配的习惯法上的物权。[2]入会权包括两种类型，即"具有共有性质的入会权"和"不具有共有性质的入会权"。按照《日本民法典》第294条的规定，无共有性质的入会权，除从各地方的习惯外，准用地役权的规定。因此，在日本民法上，"无共有性质的入会权"被视为一种特殊的地役权。

从上述关于地役权的类型化来看，罗马法、奥地利民法对地役权的类型化规定最为详细，我国台湾地区对地役权没有进行任何类型化的规定，德国法、荷兰民法对地役权作了相对抽象的类型化，瑞士民法既采纳抽象的方法对地役权进行类型化，又对多种习惯法上的地役权进行了确认。我们认为，我国台湾地区没有对地役权进行类型化的立法模式，完全起不到引导当事人设定地役权的功能，限制了地役权制度价值的发挥。德国法、荷兰民法虽然对地役权进行了较为抽象的类型化，为当事人设定何种类型的地役权提供了一定程度的引导功能，但无法更为细致地引导当事人设定何种类型的地役权，因此也不是较为科学的立法模式。唯罗马法、奥地利民法对地役权的类型进

---

〔1〕 参见刘乃忠：《地役权法律制度研究》，中国法制出版社2007年版，第21页。

〔2〕 参见［日］我妻荣：《日本物权法》，［日］有泉亨修订，李宜芬校订，五南图书出版公司1999年版，第336页。

行细化。苏永钦先生对此有一个非常经典的评论："这样详尽的规定，毫无疑问对地役权的交易可以发挥高度引导和安全的作用。另一方面，如果严格限制类型，新兴地役需求的满足也将受到限制。故奥地利民法规定的性质仍属例示，在解释上保留了相当大的弹性，容许创设新类型的土地或房屋地役权。"〔1〕

第四节　不动产役权类型化的标准

盖类型化都有一定之目的，并为该目的而选取一定之类型化的标准。是故，按照不同的方法区分，其区分的结果就有不同的功能，这些不同功能的设定本身便具有目的性，它是带有意志的价值判断。〔2〕区分标准的选取，会决定类型化的结果是否能适当达到所要达到之目的。因此，不动产役权类型化标准的选取对达到不动产役权类型化的目的具有非常重要的意义。一个恰当的类型化的标准对不动产役权法律制度的适用具有指导性价值。一个法学比较落后的地方，其法律的适用之所以不能适当地达到规范目的，主要肇因于在设计制度时，拟负荷上去的功能没有处理好。〔3〕例如，不动产役权能否适用时效取得，必须是在区分表见不动产役权与非表见不动产役权、继续不动产役权与非继续不动产役权的基础上作出的价值判断。通过我们对上述不同国家和地区关于不动产役权类型化标准的考查，我们至少可以得出，不动产役权类型化的标准主要包括两个方面：其一，根据不动产役权的客体进行类型化；其二，根据不动产役权的内容进行类型化。

一、不动产役权的类型化标准——客体视角的观察

不动产役权的客体是不动产役权所指向的对象。不动产役权之客体变化经历了一个漫长的演变过程，甚至因不同国家和地区关于建筑物与土地之间关系的认识不同，对不动产役权客体的认识也存在不同。我们在前文对不动产役权的客体进行了详细分析，认为不动产役权的客体包括土地、建筑物、

---

〔1〕　参见苏永钦：《重建役权制度——以地役权的重构为中心》，载苏永钦：《走入新世纪的私法自治》，中国政法大学出版社 2002 年版，第 253 页。
〔2〕　参见黄茂荣：《法学方法与现代民法》（第 5 版），法律出版社 2007 年版，第 69~70 页。
〔3〕　参见黄茂荣：《法学方法与现代民法》（第 5 版），法律出版社 2007 年版，第 71 页。

空间以及海域，因空间属于土地的范畴，因此，土地、建筑物以及海域三种不动产之间的互役是一个现实需求。在不动产役权之下可以创设土地与建筑物之间的不动产役权、土地之间的不动产役权、土地与海域之间的不动产役权、建筑物与海域之间的不动产役权、建筑物之间的不动产役权、海域之间的互役等类型的不动产役权。

二、不动产役权的实质性类型化标准——内容视角的观察

按照物权法定原则的基本要求，物权的内容应当法定，且内容法定是类型法定的前奏。不动产役权的内容可自由约定，这为不动产役权的类型化造成了极大的苦难与不便。但是，如果不能根据内容对不动产役权进行类型化，不动产役权的类型化问题将会成为空谈。而不动产役权的内容直接决定了不动产役权的功能，因此，不动产役权类型化的实质性标准就是：从不动产役权的内容或功能的角度对不动产役权进行类型化。从不动产役权的内容出发，不动产役权可以分为关于水的不动产役权、通行类不动产役权、取益类不动产役权[1]、景观不动产役权、立墙不动产役权、营业禁止不动产役权等。

（一）关于水的不动产役权

关于水的不动产役权是指为了需役地的便利而从他人土地取水或者排水的权利。水的利用和排放与不动产的自然位置密切相关，因此，取水、水的排放，尤其是雨水的排放受相邻关系的调整。但正如前文所论，当事人可以通过约定排除关于水的排放的相邻关系的法律适用而在当事人之间形成排水不动产役权或者禁止排水不动产役权。故此，关于水的不动产役权主要包括取水不动产役权、通水不动产役权、禁止取水不动产役权与禁止通水不动产役权四种。

1. 取水不动产役权与禁止取水不动产役权

取水不动产役权是为了需役地利益的需要而从他人土地取水的权利。取水不动产役权是一种较为常见的不动产役权。虽然在他人土地取水，但取水的目的不在于为需役地的利益而是为了特定人的利益，例如取水的目的在于

---

[1] 水并非土地的出产物，也不属于土地所有人所有，因此，从他人土地上取水并非取益地役权，英美法将其作为通行地役权对待。在大陆法系国家，取水与排水一样，作为一种独立的地役权。

饮用而不是灌溉土地，此时并非不动产役权，它可能是一项准物权——取水权，也可能是一项人役权，甚至是一项债权利用权。取水不动产役权的行使需要经由他人土地，因此，取水不动产役权含有在他人土地通行的通行不动产役权的权能。取水不动产役权主要包括：①导水不动产役权，即不动产役权人用管道将供役地的水导入或从他处经供役地将水导入需役地的权利，包括在供役地上设置水管和修缮需役地的权利，但不包括开掘沟渠；②汲水不动产役权，即不动产役权人于供役地上取水的权利；③饮畜不动产役权，即不动产役权人的牲畜在供役地饮水的权利；④平水不动产役权，即供役地的所有人负有蓄水和排水的义务，以保持供役地的自然流水与需役地的通常水位相平衡；⑤接水不动产役权，即接取邻居土地排出的水以便灌满蓄水池或实现其他目的的权利。不动产权利人可基于相邻关系而取得自他人土地取水的权利，此为相邻取水权。相邻取水权的取水量可能不能满足需役地的需要，此时，当事人可以约定大于相邻取水权的不动产役权。当然，在例外情形下，相邻取水权人也可与另一方相约设定禁止取水不动产役权。

2. 通水不动产役权与禁止通水不动产役权

通水不动产役权是指利用供役地通水的权利，它主要包括：①排水不动产役权，又称承流不动产役权、流水不动产役权，即不动产役权人有在供役地上直接排放或通过管道排放雨水的权利；②阴沟不动产役权，即不动产役权人在供役地或供役房屋下设置阴沟以排放生活污水或作坊废水的权利。当然，人们也可以设定禁止通水不动产役权。

（二）通行类不动产役权

通行类不动产役权是指为行使自己的不动产权利的便利而在他人土地上享有的通行、架设线缆、铺设管道等权利。因此，通行类不动产役权包括通行不动产役权、线缆架设不动产役权、管道铺设不动产役权等。

1. 通行不动产役权

通行不动产役权主要包括：①步行不动产役权，即允许不动产役权人享有步行、乘坐轿、骑马等通过的权利；②牲畜通行不动产役权，即允许不动产役权人之羊群以及牛马通过的权利，通常包括小车的通行；③货车通行不动产役权，即允许载装木材、石材的载重货车通过的不动产役权；④水上通行不动产役权，即不动产役权人经由邻地的池塘、湖泊等水面通过的权利。

2. 线缆架设不动产役权

线缆架设不动产役权主要包括：①电话线架设不动产役权；②宽带线缆架设不动产役权；③有线电视线缆架设不动产役权；④电线架设不动产役权。

3. 管线铺设不动产役权

管道铺设不动产役权主要包括：①暖气管道铺设不动产役权；②燃气（煤气）管道铺设不动产役权；③供水或排水管道铺设不动产役权。

（三）取益类不动产役权

取益类不动产役权是指为了需役地的利益而进入他人土地，获取他人土地上之土壤以及土地出产物的权利。取益类不动产役权主要包括取土地役权、取砂不动产役权、取沙不动产役权、石料采掘不动产役权、石灰烧制不动产役权、采矿不动产役权、狩猎不动产役权、林木采伐不动产役权以及其他取物不动产役权。在罗马法上，取益类不动产役权种类繁多，在现代西方国家，取益类不动产役权也不少见。但在我国，取益类不动产役权却被形形色色的单行法例如《森林法》《矿产资源法》中规定的林木采伐权、采矿权等取代，这些单行法多将它们界定为准物权，而不是将其作为不动产役权的一种。我们认为，在现代社会，采矿权、狩猎权、林木采伐权的性质已经发生了变化而成为一项独立的物权，其他取益类不动产役权在本质上并没有发生改变。

1. 采矿权

在罗马法上，如果当事人约定采矿的目的在于某一特定的土地，采矿权无疑属于采矿地役权。当然，开采他人土地上之矿藏的权利也可能是人役权——采矿如果是为了特定人的利益时就如此。但在现代社会，基于矿产资源的稀缺性、重要性，矿藏已经与土地所有权分离而成为国家所有，这几乎是各国的通例。例如，德国 1980 年 8 月 12 日生效的《德国联邦采矿法》对采矿与不动产的关系进行了规定。所谓具有采掘自由的矿藏，例如煤、原油和铀已经从不动产所有权中分离出来，因此不属于不动产所有权人。《德国联邦采矿法》对上述矿藏规定了开采许可程序，即除一般批准外，还包括矿业所有权的授予。[1]我国也制定了专门的《矿产资源开采登记管理办法》，矿产资源的开采权从地役权中独立出来而成为准物权。出于战略意义上的考虑，

---

〔1〕 参见 ［德］M. 沃尔夫:《物权法》，吴越、李大雪译，法律出版社 2004 年版，第 153 页。

其他国家也制定了专门的矿产开采法。因此，作为体现私法自治与意志自由的地役权制度，不再适宜调整具有重要战略意义的矿藏的开采，而应当由独立的采矿权加以规范。所以，在现代社会，采矿权不再是地役权的范围。当然，如果采矿之目的在于某一特定的需役地之利益，采矿权仍然具有地役权的性质。

2. 狩猎权

在罗马法上，狩猎权是一种典型的役权，要么是人役权，要么是地役权。但在现代社会，出于保护生态平衡的考虑，狩猎行为要取得有关部门的许可，通过约定产生的狩猎权很少产生，即使有一些狩猎山庄或狩猎公园，但这些狩猎主要在于取悦于人，而非为需役地的利益，换言之，现代社会的狩猎权因与需役地脱离而难以归入地役权行列。因此，现代社会的狩猎权已经不再是地役权。当然，如果狩猎之目的在于需役地的利益，此时，仍不妨碍狩猎权成为地役权，但这种狩猎权在工业高度发达的今天几乎失去了价值。

3. 林木采伐权

在罗马法上，林木采伐权也属役权的一种，要么是人役权，要么是地役权。但在现代社会，为了保护环境，维持生态平衡，林木采伐需要取得有关部门的许可。因此，私人之间设定林木采伐权的可能性越来越小。同时，现代社会采伐林木的目的多为工业用途，如制造木制品、纸制品等，为某一特定需役地的利益采伐林木的现象几乎消失。因此，林木采伐权原则上也不是地役权，而成为一项独立的准物权。

4. 取沙权、取土权、取砂权以及采石权

砂、沙、土、石等并没有像矿产一样从土地中分离出来，仍然属于土地的组成部分，因此，土地所有人可以设定取砂、取土、取沙以及采石权等。这些权利之所以仍然可以划归不动产役权的行列，是因为不论是取沙权，还是取土权，它们并没有脱离需役地，因为所取之砂、沙、土、石并不具有矿产资源意义，总要和其他土地（需役地）结合，从而提高需役地的价值。例如，为了改良土地，不动产役权人可以在供役地上取沙。但是，在现代社会，砂、沙、土、石等又因是非常重要的建筑材料而成为买卖的客体。例如，甲承包了一片河床采砂卖砂，此时，甲取得之采砂权是不是不动产役权？我们认为，此时甲取得之采砂权并非不动产役权，原因在于：甲取砂的目的并非为了某一需役地的利益而是为了自己的利益——出卖，甲之取砂权是一种准物权。因此，取砂权、取沙权、取土权以及采石权之目的在于某一特定的需役地之利益时，仍然属于不动产役权，反之，不是不动产役权，而是一种新型的准物权。

(四) 景观不动产役权

景观不动产役权是指为了需役不动产的通风、采光以及眺望等保证需役不动产人生活得更为舒适的不动产役权。景观不动产役权主要包括：①通风不动产役权，即为了保障需役不动产的通风、获得新鲜空气而限制供役不动产的使用的权利。②采光不动产役权，即为了保障需役不动产的良好光线而设定的不动产役权。最为常见的是禁止妨害采光役权，即要求邻居不得通过施工减少光线的权利。③眺望不动产役权，即为了保障需役不动产的视野开阔设定的不动产役权。最为常见的是禁止妨碍眺望役权，即要求邻居不得通过施工妨碍眺望的权利。为了保障通风、采光以及眺望，相邻方可以设定限制建筑物加高不动产役权，即需役不动产人有要求供役地人建筑之房屋不得超过一定高度，以免影响其采光、通风或眺望的权利。

当然，相邻双方可以约定建筑物加高役权，这是指与邻居约定，加高自己建筑物的权利，这可能损害另一方基于相邻关系而享有的采光权、通风权，此时，不动产役权人应当给予供役地人合理的对价。

(五) 建筑类不动产役权

建筑类不动产役权是指为了房屋以及地上设施的建设而形成的不动产役权。建筑类不动产役权主要包括：①架梁不动产役权，即不动产役权人建筑房屋时可以将栋梁架于邻居墙壁上的权利；②共用墙面不动产役权，即不动产役权人利用邻居墙壁顺接搭建毗邻房屋的不动产役权；③建筑物突出不动产役权，即不动产役权人建筑阳台、屋檐等伸入供役地上空的权利。

(六) 营业禁止不动产役权

虽然《德国民法典》没有对地役权的具体类型作出规定，但是《德国民法典》第1018条的抽象性的规定为发展新型地役权预留了空间。更何况，"总的来说，即使《德国民法典》的条款一字未变的情况下，今天我们对它的理解以及它在实践中的适用，已大大不同于它施行之时人们对它的理解和适用了。"〔1〕因此，德国民法制定之初的地役权类型显然不能满足社会发展的需要，新型的地役权随之产生自在情理之中。德国通过判例发展出两种典型的新型地役权：一是营业竞争限制地役权；二是担保地役权。

20世纪以来，地役权产生了新的功能，主要体现在地役权具有限制营业竞争的作用，我国学者将其称为"地役权的第二春"。〔2〕它成为一类越来越重要的地役权。例如，百货商店的所有权人与其所有的邻居，约定一项地役权，其内容为"在受负担之土地上，任何时候均不得建造百货商店"。再如，相邻两块土地的所有人可以约定"一方不得在其土地上从事某种营业、贩卖某种商品"的地役权。当然，德国对是否允许设定这种地役权，尤其存在疑问。其原因在于：法律以强制法形式，规定有地役权成立之条件，即地役权之设定，须为需役地自身之利益，而不是为需役地各时特定的且具有不同需求的所有权人之利益。〔3〕并且，虽然德国有些司法判例承认了这种竞业上的地役权，但学者们对其本质是地役权还是限制的人役权，仍存在争议。〔4〕

营业竞争限制之地役权是为了土地所有人的利益而设定，它既脱离了需役地，又脱离了供役地，与传统地役权的权利内容及功能存在巨大差别，它本身是否为地役权确实应受到质疑。但是，应当看到，德国的司法实践已经承认了营业竞争禁止地役权的效力，我国学者也认为，"在台湾地区实务上，尚未见此类营业竞争限制的地役权，如若有之，原则上应肯定其效力。"〔5〕我们认为，营业竞争限制之规范功能在于限制相邻土地的使用，以保护另一方土地为某种专门的使用，只有相邻土地负担不作为的义务才可达成此种目的，这与地役权为使用自己土地的便利而限制他人土地在本质上是一致的。因此，理论上讲，将营业竞争限制作为不动产役权的一种新类型是合适的。

营业竞争限制之不动产役权的主要类型包括：①竞业禁止不动产役权，

---

〔1〕 参见［德］卡尔·拉伦茨：《德国民法通论》（上），王晓晔等译，法律出版社2003年版，第69页。

〔2〕 参见王泽鉴：《民法物权》（2），中国政法大学出版社2001年版，第77页。

〔3〕 参见［德］鲍尔、施蒂尔纳：《德国物权法》（上册），张双根译，法律出版社2004年版，第711页。

〔4〕 参见［德］鲍尔、施蒂尔纳：《德国物权法》（上册），张双根译，法律出版社2004年版，第715~716页。

〔5〕 参见王泽鉴：《民法物权》（2），中国政法大学出版社2001年版，第78页。

即相邻土地之所有人约定，不动产役权人有权要求邻地之所有人不得在其土地上从事某种营业的不动产役权。例如，甲、乙两地相邻，甲、乙两地的所有人各自在自己的土地上经营诊所。此时，甲地之所有人可与乙地之所有人约定一项竞业禁止不动产役权，其内容为：乙地之所有人不得在乙地上再开诊所，甲地之所有人给乙地所有人支付合理的对价。②销售约束不动产役权，即不动产役权人有要求供役地之所有人不得在供役地上销售某种商品的不动产役权。例如，不动产相邻方可以设定禁止销售某种商品（如啤酒等）的不动产役权。③销售商品不动产役权，即需役地人有要求供役地人在供役地上仅销售某种商品的不动产役权。例如，不动产役权人可要求供役地人在供役地上仅销售其出产的啤酒，从而为自己的产品销售寻求到物权性保护。④独家经营不动产役权，即不动产役权人享有在供役地上经营一家餐馆或加油站的独断性权利。⑤远距离供暖不动产役权，即禁止供役地人建造产暖设施的不动产役权。

基于"作为之上不能设定地役权"的原则，营业禁止不动产役权为物权性的完全禁止或物权性的完全要求，而不允许将受负担人的行为，物权性地选择并确定在唯一的可能性上。[1]但是，为了使债权行为具有物权效力而借助不动产役权，从而在例外的情况下，允许设立以供役地人作为内容之不动产役权，此种不动产役权为担保不动产役权，即通过不动产役权，供役地人担保在其供役地上仅销售不动产役权人提供的商品。[2]例如，供货商可以与供役地人约定，供役地人保证在其土地上仅在售其生产的啤酒，此时，供货商可以取得担保不动产役权。

第五节　不动产役权的分类

依据不动产役权的客体、行使态样或方便与利益的内容，不动产役权可以分为下列不同类型：

---

〔1〕　参见［德］鲍尔、施蒂尔纳：《德国物权法》（上册），张双根译，法律出版社 2004 年版，第 716 页。

〔2〕　参见［德］鲍尔、施蒂尔纳：《德国物权法》（上册），张双根译，法律出版社 2004 年版，第 717 页。

一、依不动产役权客体的不同

依不动产役权客体的不同，可以分为土地不动产役权与建筑物不动产役权。土地不动产役权系以土地为客体。建筑物不动产役权系以建筑物为客体。此种分类沿袭了罗马法的乡村（田野）地役权与城市（建筑物）地役权的分类。

二、依不动产役权行使态样的不同

（一）积极不动产役权与消极不动产役权

以供役不动产所有人所负义务的不同，可分为积极不动产役权与消极不动产役权。积极不动产役权系指以不动产役权人得于供役不动产上为一定行为为其内容，因不动产役权人得为一定之行为，又称为作为不动产役权，因供役不动产所有人负有容忍该一定行为之义务，故又称为容忍不动产役权。消极不动产役权系指以供役不动产所有人在供役不动产上不得为一定行为为内容，因供役不动产所有人负有一定不作为之义务，而非单纯之容忍义务，故又称为不作为不动产役权。

（二）继续不动产役权与非继续不动产役权

以权利行使或内容实现的时间是否有继续性为标准，可分为继续不动产役权与非继续不动产役权。前者系指权利内容的实现，不必每次有不动产役权人的行为，而在时间上能继续无间的不动产役权。例如，筑有道路的通行不动产役权，装设水管之汲水不动产役权。后者系指权利内容的实现，每次均以有不动产役权人的行为为必要，此种不动产役权大多无固定设施。例如，未开设道路的通行不动产役权。[1]

（三）表见不动产役权与非表见不动产役权

以权利存在是否表现于外为标准，可分为表见不动产役权与非表见不动产役权。前者系指不动产役权的存在，有外形事实为表现，能自外部认识；后者系指不动产役权的存在，无外形事实为表现，不能自外部认识。

---

[1] 参见陈华彬：《从地役权到不动产役权——以我国不动产役权的构建为视角》，载《法学评论》2016 年第 3 期。

三、依便宜型类型不同

不动产役权的内容较为抽象，依具体便宜的类型，可具体化之。社会常见之类型有如下几种：①通行不动产役权；②取水、排水不动产役权；③通风、采光、眺望不动产役权；④通过不动产役权，即不动产役权人将管线设施通过供役不动产的权利，如管道通过权、架线通过权；⑤电信不动产役权，即不动产役权人为保持需役不动产上的电信终端设备的良好使用，在供役不动产上设置设备或禁止供役不动产之上兴建干扰讯息传输工作物的权利。此外，欧陆若干国家，还出现了⑥营业竞争限制不动产役权，即对自由营业竞争予以限制的不动产役权。在英美法中，还出现了⑦各类型的保护地役权，如农地保护地役权、历史文化遗产保护地役权、生态环境保护地役权等。

自诞生以来，不动产役权便宜之用的型态就一直在不断丰富和发展。传统不动产役权的内容多为通行、取水、采光等。因工业革命和现代科学技术的发展，管道通过权、架线通过权、电信不动产役权等不动产役权的现代运用形式兴起。如随着电信传输技术的发展和完善，电信设备和管线铺设成为现代社会必要的基础设施，这些基础设施的设置均涉及土地或建筑物的使用，故电信不动产役权日益重要。一些古老的役权，如采光役权、眺望役权、通风役权，因现代社会环境保护观念的兴起及对居住品质的追求，也有了新的价值功用。

第六节　自己不动产役权

一、自己不动产役权的基本内涵

自己不动产役权是以自己不动产供自己其他不动产的便宜之用为目的的权利。[1]与地役权制度相比，自己不动产役权在内涵和权利构造上最大的特点即为需役不动产与供役不动产属于同一人。地役权强调利用他人的土地以提高自己的土地的效益，需役地与供役地必归属于不同的人所有。而自己不动产役权，需役不动产与供役不动产均属于同一人所有。不动产权利主体从两个人变为同一个人，这是自己不动产役权对地役权最大的突破。

---

〔1〕　参见谢在全：《民法物权论》（中册），中国政法大学出版社 2011 年版，第 544 页。

由于法律规定地役权的目的并不在于调节土地的所有关系而在于调节土地的利用关系，[1]"不动产归于同一人"，既包括所有人，也包括有权设立不动产役权的使用权人，归于同一人所有的不动产，并不限于对该不动产有完整所有权的情形，既包括单独所有人，也包括共有人。具体而言，自己不动产役权可以包括以下情形：①所有人在一人所有的数笔不动产之间设定自己不动产役权，又可以分为三种情况：所有人在数笔单独所有的不动产之间设定自己不动产役权；所有人在数笔共有不动产之间设定自己不动产役权；同时，一笔不动产为单方所有，一笔不动产为共有，也可设定自己不动产役权。作为一种特殊的复合性的不动产所有权，[2]建筑物区分所有权也可以设立自己不动产役权。②同一用益物权人在数笔不动产之间，设立自己不动产役权。用益物权人在其可以使用收益期间，非超过其权限范围内，可以在归其使用的不动产之间设定自己不动产役权，这不会对不动产所有人权利造成影响。当然，基于私法自治原则，用益物权人可以和所有人约定由谁行使设定自己不动产役权的权利。在我国台湾地区，因租赁关系而使用需役不动产的，在有利用需要时也可设立自己不动产役权。另外，在现实生活中，不动产之间的利用，常常是互为需役不动产与供役不动产的复杂关系，存在可以选择由用益物权人设立一般的不动产役权还是由所有人设立自己不动产役权的空间。[3]

在法律特性上，自己不动产役权作为由地役权发展而来的特殊类型之一，与地役权同样是以不动产利用调和为规范的主要目的，具有一些相同点，如都是物权，具有从属性、不可分性、共同利用性。然而除此之外，自己不动产役权仍有其独有的法律特性：在一人单独所有的数笔不动产设定自己不动产役权时，为单方法律行为。在共有不动产或区分共有物上设定自己不动产役权，会涉及共有物利用同意的内部关系以及数笔不动产间的外部关系，则非单方法律行为。在区分所有建筑物所有权转移前，开发商可以设定自己不动产役权，预先为社区规划设计，此时，不论是在专有部分之间，还是专有部分与共有部分之间，设定行为都属于单方法律行为。若建筑物所有权转移

---

[1] 参见陈华彬：《民法物权论》，中国法制出版社 2010 年版，第 375 页。

[2] 参见陈华彬：《建筑物区分所有权》，中国法制出版社 2011 年版，第 83 页。

[3] 例如，甲有 A 和 B 两块土地，A 地设定建设用地使用权于乙后，如为 A 地的方便和利益，就 B 地设定通行不动产役权时，是由甲设定自己不动产役权，还是由乙设定用益权人的不动产役权，可由甲乙自行商议决定。参见谢在全：《民法物权论》（中册），中国政法大学出版社 2011 年版，第 544 页。

后，区分所有人就自己所有的专有部分的不动产间设定自己不动产役权，仍为单方法律行为；而专有部分与共有部分之间的互为利用，会涉及区分所有建筑物共有部分利用的合意，此时非单方法律行为。

总之，自己不动产役权是以不动产相互利用为基础加上不动产权利归属同一人为要件，与一般的不动产役权的不同之处主要在于供、需役不动产均属于自己。[1]如此，只要存在两项独立的不动产，即可设立不动产役权，发挥不动产役权调和物之利用的本质作用。[2]土地和建筑物等不动产的一物性，完全是通过法技术的运用，而借不动产登记簿上所登记的笔数、个数所表现出来的。[3]一笔不动产的所有人可以对不动产加以分割登记而成为数笔不动产，从而设定不动产役权，从这个角度来说，甚至可以在同一处不动产上设定自己不动产役权。

二、自己不动产役权的法理基础及其突破

罗马法中，有"役权不适用于自己的物"之原则，即地役权的客体必须是他人不动产，于自己不动产上不能设定役权。[4]此一原则，在罗马法中主要有三个方面的体现：所有权人不能以役权的名义保留对自己不动产的特别使用权；当地役权人和供役地权利人变为同一个人时，地役权归于消灭；未经其他共有人的同意，共有人不能对共有物设定役权。[5]优士丁尼《学说汇

---

〔1〕 参见谢在全：《民法物权论》（中册），中国政法大学出版社 2011 年版，第 544 页。

〔2〕 参见于凤瑞：《自己地役权的构造及其适用》，载《中国土地科学》2014 年第 8 期。

〔3〕 参见陈华彬：《民法物权论》，中国法制出版社 2010 年版，第 207 页。

〔4〕 在保罗《萨宾评注》第 15 卷中 "nulli enim res sua servit（没有人能对自己的财产享有役权）" 的说法。参见《学说汇纂·地役权》（第 8 卷），陈汉译，中国政法大学出版社 2009 年版；〔意〕彼德罗·彭梵得：《罗马法教科书》，黄风译，中国政法大学出版社 1992 年版，第 251 页。

〔5〕 例如，在《萨宾评注》第 10 卷中认为 "出售人对于他想以自己为受益人的役权的名义保留下来的应当明示保留，因为概括性的保留，例如这样的表述'享有役权的人，将之保留'，所涉及的是其他人，并不能给出售人保留任何权利：因为他原本没有役权，理由是没有人会向自己负担一项役权"；"相反，即使最初我对某物拥有一项役权，随后又取得了所有权，一般认为这将导致役权的消灭。" 第 15 卷中认为，"任何一个共有人不得以行使役权为由，未经其他共有人同意而在共有物上施工或禁止其他共有人施工，因为没有一个人能对自己的财产享有役权。由于经常发生大的争议，多数情况下导致共有物被分割。但通过共有物分割之诉共有人得到的结果可能是：不施工；或拆除施工物，只要拆除有益于共有物整体。" 参见曾健龙：《地役权制度中的意思自治与不动产利用效率》，厦门大学 2012 年博士学位论文，第 22 页；《学说汇纂·地役权》（第 8 卷），陈汉译，中国政法大学出版社 2009 年版，第 121 页。

编》中也有言："正因为所有权是对物的最广泛和最高的权利，因为不可想象所有主对受他人权利影响的物享有从属的权利。"[1]

在罗马法和近代各国民法典中，虽然存在"家父指定役权"[2]这种地役权取得方式，但是其并不构成"役权不适用于自己的物"原则的例外。家父指定役权是指，如果同属于一个所有权人之下的复数不动产在利用上存在互相利用的事实，那么，在这些复数不动产分属于不同所有权人时，若无相反的明确约定，则应承认在这些不动产之间存在一项役权。[3]家父指定役权设立时，不动产所有人已由单方变为双方，因此，该制度并未违反罗马法中"役权不适用于自己的物"原则，也不构成此原则的例外。家父指定役权和自己不动产役权的共同之处在于，需役不动产和供役不动产开始时为同一个人所有，后来分属不同人所有时，法律承认在它们之间存在地役权关系；不同之处在于，家父指定役权"承前"的意味更浓，旨在维持已有不动产间相互利用的状态，自己不动产役权"启后"的意味更浓，旨在预为确定将来的不动产相互利用状态。[4]

可见，自己不动产役权制度，实对传统民法学理和制度、对罗马法的"役权不适用于自己的物"原则构成了根本性的突破和变化，意义重大。苏永钦教授指出，自己不动产役权制度的创设，"不仅打破了德国概念法学的僵硬——认为在自己所有权上设定限制物权为'概念上不可能'——而且证明所有人确可藉此对大笔土地事前作好整体规划，而大大提高其交易价值，简化了大量的交易成本和登记成本，绝非'全无实益'"[5]。

在我国土地公有制下，个人对土地的利用以用益物权为基本形式，大多数不动产役权的主体为不动产的使用权人。不动产役权人占有使用的土地与其所利用的他人土地，绝大多数情况下为同一个所有者（国家或集体）的土

---

〔1〕　参见［意］彼德罗·彭梵得：《罗马法教科书》，黄风译，中国政法大学出版社2005年版，第190页。

〔2〕　参见《学说汇纂·地役权》（第8卷），陈汉译，中国政法大学出版社2009年版，第63页；参见《法国民法典》第692、693条，《智利民法典》第881条，《阿根廷民法典》第2978、2994、2995、2996、2997条，《意大利民法典》第1061、1062条，《埃及民法典》第1017条，《葡萄牙民法典》第1549条等规定。

〔3〕　参见曾健龙：《地役权制度中的意思自治与不动产利用效率》，厦门大学2012年博士学位论文。

〔4〕　参见曾健龙：《地役权制度中的意思自治与不动产利用效率》，厦门大学2012年博士学位论文。

〔5〕　参见苏永钦：《重建役权制度——以地役权的重建为中心》，载《月旦法学》2000年第65期。

地。然而，这并不意味着我国已经存在现代自己不动产役权制度。在我国，建立自己不动产役权制度，使得所有权人、土地承包经营权人、建设用地使用权人、宅基地使用权人可在自己所有的土地之间设立不动产役权，为不动产间的相互利用，实有必要。

三、自己不动产役权的流变与功用

在法制史上，地役权制度萌芽甚早，法律意义上的地役权制度在古罗马法上即已成形。[1]而自己不动产役权制度，则为现代民法典的开创者——《瑞士民法典》所创立，产生较晚。罗马法中，有"役权不适用于自己的物"原则，即地役权的客体必须是他人不动产，于自己不动产上不能设定役权。[2]而且传统民法观念认为，不动产所有人本身即有完整的物权权能，可自由处分，设定自己不动产役权并无益处，且所有人的所有权和不动产役权可能因效力范围相重叠而发生混同，使得设立自己不动产役权并无可能。在大陆法系中，《瑞士民法典》第 733 条率先突破了罗马法的传统，明文规定所有人可以在自己两块土地之间设立地役权。[3]

《德国民法典》最初借鉴了罗马法的经验，不承认自己不动产役权，但随着地役权制度的发展，德国联邦最高法院通过判例的方式逐渐地承认了所有权人地役权，实务中类推适用《德国民法典》第 1196 条之 a 有关土地债务的规定，学界通说也支持此一做法。[4]德国承认所有权人地役权，是由于垦荒企业等将土地划分成小块时，可事先一劳永逸地为各个土地设定负担与利益，确定建筑物高度、样式、屋顶倾斜度、篱笆等事项。[5]此种方式可创造不动产整体之利益，如同土地重划一般，等于是以民法之法律效果去创造公法上

---

〔1〕 参见陈华彬：《民法物权论》，中国法制出版社 2010 年版，第 377~378 页。

〔2〕 参见［意］彼德罗·彭梵得：《罗马法教科书》，黄风译，中国政法大学出版社 1992 年版，第 251 页。

〔3〕《瑞士民法典》第 733 条规定："所有人可在自己的土地上，为属于自己的另一块土地的利益，设定地役权。"参见殷生根译：《瑞士民法典》，法律出版社 1987 年版，第 205 页。

〔4〕 参见［德］鲍尔、施蒂尔纳：《德国物权法》（上册），张双根译，法律出版社 2004 年版，第 723 页。

〔5〕 参见［德］鲍尔、施蒂尔纳：《德国物权法》（上册），张双根译，法律出版社 2004 年版，第 723 页。

的土地重划功能。[1]

　　我国台湾地区 2010 年修正"民法"物权编时，改"地役权"为"不动产役权"，并作若干修正，将供役、需役的客体扩大为不动产，增加用益权人的不动产役权与自己不动产役权。"民法"之所以转变态度肯认自己不动产役权，其"民法"第 859 条之四立法理由说明中指出："随社会进步，不动产资源有效运用之型态，日新月异，为提高不动产之价值，就大范围土地之利用，对各宗不动产，以设定自己不动产役权方式，预为规划，即可节省嗣后不动产交易之成本，并维持不动产利用关系稳定。例如建筑商开发小区时，通常日后对不动产相互利用必涉及多数人，为建立小区之特殊风貌，预先设计建筑之风格，并完整规划各项公共设施，此际，以设定自己不动产役权方式呈现，遂有重大实益。对于自己地役权，德国学说及实务见解亦予以承认。为符合社会脉动，使物尽其用，并活络不动产役权之运用，爰增订自己不动产役权之规定，以利适用。"[2]

　　当一人拥有数笔单独所有的不动产，为以后的不动产运用预先规划，而设立自己不动产役权，仅需所有人一人的单方法律行为即可，此种设定行为可以节省交易成本，日后交易涉及的人数越多，节省成本的效果会越明显。在土地开发、小区开发等将来必然会涉及大规模、大范围交易的情形，预先设定自己不动产役权将大幅降低交易成本，经济效果显著。此时，自己不动产役权的存在具有节约交易成本的实际功用价值，可以构成突破混同规则的例外。若设定共有不动产上的自己不动产役权时，因为共有人使用共有不动产仍受其他共有人的干涉，原则上共有人对特定部分的使用收益需征得其他共有人同意，此时即非单方行为，所有人并不能完全支配共有不动产，亦不生混同的问题。虽然在共有不动产上所发生的自己不动产役权设定行为，无节省交易成本的经济效果，但此时允许共有人为自己不动产役权的设定，相较于仅能以分管契约或管理规约方式利用不动产，更能满足不动产之间利用的多元弹性需求。

　　在自己不动产役权中，不动产之间的相互利用的需求，既可以是一种潜

---

　　〔1〕 参见郑冠宇：《不动产役权之修正与适用》，载《月旦民商法》2010 年第 28 期。
　　〔2〕 参见吴光明：《不动产役权之变革与发展》，载《月旦法学》2013 年第 218 期；王泽鉴：《民法物权》（第 2 版），北京大学出版社 2010 年版，第 333~334 页。

在的利用需求，也可以是现实存在的利用需求。潜在的利用需求，或者是为了预为规划节省交易成本、保持社区风格，或者是为了自己不动产的未来发展利用，这种潜在的需求会在不动产所有人将其不动产一部分或分别转让给他人时实现，此时自己不动产役权会转化成为一般的不动产役权。例如，甲有 AB 两块土地，想出卖 B，但又担心 B 的买主在土地上建高楼阻挡 A 地的采光，于是事先以 B 为供役地、A 为需役地，设立自己不动产役权以维持 A 地的采光。当数笔不动产中一笔或数笔为共有不动产时，由于物权并不只归于同一人，不生混同问题，即可为现实的利用，满足所有人现实存在的利用需求。例如区分所有建筑物中，顶层业主 A 为了使夏日自己房屋温度不过高，与全体业主之间约定，在共有的屋顶平台上设置遮挡物。不动产役权中的"役"的内容十分丰富，既可以是物质的，也可以是精神的，自己不动产役权中也是如此。设立自己不动产役权，可使负担不动产役权的不动产之间的利用关系不受将来不动产物权变动的影响，对继受人产生拘束，不动产所有人可以借此长期贯彻自己的意思。

在美国，地役权为一种利用他人土地的权利，当两笔土地均归于同一人时则为自己地役权，自己地役权只是一种"准"地役权，并非真正的地役权，因为被混同的物权会消灭，当不动产所有人将不动产的一部分转让给他人时，这种在先的使用事实才能转化为真正的地役权。[1]美国的自己地役权制度，也主要运用于开发商销售房屋之前的社区规划或为自己不动产未来发展利用，为自己不动产未来发展利用的内容和地役权的范围一致，能否以维持采光为内容具有争议。[2]同时，美国还出现了能否将自己不动产役权运用于知识产权中的讨论。[3]

在英国，虽然目前并未承认自己不动产役权，但是英国法律委员会在 2008 年发布的《地役权、不动产契据权与获益权》（Easements，Covenants and Profits à Prendre）中认为，目前法律对需役地和供役地分属于不同主体的要求显得过于僵化，为了给不动产权利人提供更多财产利用的私法工具，对此要求应

---

〔1〕 See Bryan A. Garner, *Black's Law Dictionary*, St. Paul Minn：West Group, 2009, pp. 585−587.

〔2〕 See M. P. Thompson, "The Acquisition of Easements", *Conveyancer and Property Lawyer*, 1997, Nov/Dec.

〔3〕 See John N. Adams, "The Passing of the Burden of Royalty Payments", *Intellectual Property Quarterly*, 2007；Molly Shaffer Van Houweling, "The New Servitudes", 96 *Geo. L. J.*, 2008.

予放松，即不再要求供役地和需役地权利人分属不同主体，只要供役地产权与需役地产权是被分别登记的即可，换言之，同一所有权人可以在自己所有的不同不动产上预先设定地役权，这与自己不动产役权可谓殊途同归。[1]

四、自己不动产役权与区分所有建筑物管理规约

区分所有建筑物的管理规约是全体区分所有人就建筑物、基地的管理使用及所有关系，以书面形式所为的自治规则。[2]管理规约的设立、变更及废止，通常通过区分所有权人全体集会的决议为之，或由区分所有建筑物的建筑公司、出售公司预先订定一定型化的管理规约，于分批让售房屋时，分别与单个受让人达成同意该项管理规约的协议。[3]由于不动产役权的客体扩大到建筑物等定着物，自己不动产役权在功能上与区分所有建筑物管理规约发生重叠，立法上有无必要性也有疑问。

在区分所有建筑物转移受让之前，建筑公司、出售公司可以预先订定临时管理规约，此时，临时管理规约与自己不动产役权，都可以对小区日后的不动产相互间的利用、公共设施利用等作出预先规划和规定，会在内容上具有一定的重叠，都能节约一定的交易成本。但临时管理规约只有等到房屋受让时受让人同意或业主召开业主大会达成约定才能生效，对未来管理规约的形成仅具有指导作用。而自己不动产役权，在房屋出售之前开发商单方设定即可生效，能完全节省召开业主大会的成本，不受相关的召开人数、程序、决议方法等的限制。

在区分所有建筑物转移受让之后，管理规约面向整个区分所有权人团体，需全体业主共同达成，共同遵守。而自己不动产役权还可用于区分所有权人就自己的数笔不动产之间作出调和利用，如归于同一区分所有权人的专有部分与专有部分，也可设立自己不动产役权。与管理规约相比，不动产役权不具有团体性，不仅可以为大范围的不动产间调和利用，也可以为个别区分所有权人的不动产之间调和利用，更具有弹性。同时，相较于管理规约，自己

〔1〕 参见 2008 年英国法律委员会发布的《地役权、不动产契据权与获益权》第三部分第 66 段；参见耿卓：《英美法上的役权研究》，载《中国不动产法研究》2012 年第 7 卷。
〔2〕 参见陈华彬：《建筑物区分所有权》，中国法制出版社 2011 年版，第 196 页。
〔3〕 参见陈华彬：《建筑物区分所有权》，中国法制出版社 2011 年版，第 198 页。

不动产役权作为物权，更具有明确性、公示效力。就共有部分约定专用或者专有部分约定共用等情形可以考虑以设定自己不动产役权的方式代替管理规约的约定。[1]当然，自己不动产役权并不能完全代替管理规约，管理规约还可以就一些与不动产间的利用无关的事项作出约定，如管理团体的组织机构、人数、权限及社区的生活秩序等。

在私法中，限制权利以实现公共利益的方式主要有三种，分别为法律的直接规定、当事人之间的约定和合意、第三人权利的限制。例如，相邻关系即是由法律直接规定的；管理规约是全体业主就区分所有建筑物的管理达成的合意；不动产役权是限制所有人权利的他物权。相邻关系、管理规约、不动产役权，三者都可以调整不动产之间的利用关系，正好构成了区分建筑物公益实现的私法方式的私法体系。通过私法方式实现自治，可以减少公法上的管制成本，而通过自己不动产役权，预先为区域规划、社区规划，更加可以减少社区公益实现的成本。自己不动产役权制度有实现和补充区分所有建筑物管理规约的功能，对公寓大厦的管理自治具有积极正面的效益，[2]成为构建共同利益社区的重要民事机制。[3]

五、自己不动产役权中的第三人利益保护

设定了自己不动产役权的不动产，嗣后发生所有权转让、用益物权人变更时，会产生受让所有权、用益物权的第三人。当一人拥有数笔不动产，为以后的不动产运用预先为规划，而设立自己不动产役权，虽然在经济效用上可以节省交易成本，但仅需所有人一人的单方法律行为即可设立此种物权，此种单方行为难保不会损害继受人的权利。还有观点指出，设定自己不动产役权后，不动产须长期依照不动产所有人的意思为使用，强制受让人长期受此拘束，在社会快速发展的今天，未必有利于不动产未来的活用。[4]

不动产不能轻易移动，其位置和用途都具有一定的稳定性，其利益具有

---

〔1〕 参见吴光明：《公寓大厦规约之探讨——兼论其与自己地役权之比较》，载《财产法暨经济法》2005年创刊号。

〔2〕 参见吴光明：《公寓大厦规约之探讨——兼论其与自己地役权之比较》，载《财产法暨经济法》2005年创刊号。

〔3〕 参见于凤瑞：《自己地役权的构造及其适用》，载《中国土地科学》2014年第8期。

〔4〕 参见郑冠宇：《地役权的现代化》，载《烟台大学学报（哲学社会科学版）》2009年第1期。

一定的客观性，所有人之所以有动力设立自己不动产役权，主要是通过调节自己不动产之间互相利用的关系，供需役地的便宜之用，或在整体上提升不动产的利用效率和价值。当自己不动产役权的设立，是预先为不动产利用规划、节省嗣后的交易成本时，有利于提升不动产的整体利益，通常会有利于继受人。当自己不动产役权的设立，主要有利于需役地而对供役地的利用有所限制时，此时才会出现此种单方行为是否会损害供役地受让人权利的疑问。是否设定自己不动产役权，虽为所有人自己单独决定，但供役不动产受让人在受让时也可以为谈判条件，如果所有人在不动产上设置了不合理的役权，供役地受让人可以要求降低不动产价格或者涂销自己不动产役权后再为受让。作为物权性质的权利，自己不动产役权需要登记方能产生公示公信力，第三人可以从登记公示中得知权利内容与负担情况，进而调整自己的交易行为。受让人在受让前明知或可得而知前手所设定的不动产役权，自然会反映在买卖价格上，因而并无受损之虞。[1]在契约自由原则和物权登记公示制度之下，不动产权利人和受让人可以自己斟酌，充分发挥不动产的价值。另外，在区分所有建筑物中，在不违反法律规定与规划的情况下业主大会可以通过制定和修改业主公约变更开发商在先设定的自己不动产役权。[2]但由于此时涉及社区中众多业主，达成合意的高昂成本使得自己不动产役权很难以这种方式被取消。如果事后因情势变更当事人间的权利义务发生显失公平的情形，也可以适用情势变更原则变更双方之间的权利义务关系，给予救济。

可见，通过市场调节机制、登记制度、法律救济等方式，可以在充分发挥自己不动产役权增加不动产价值功用的同时，平衡不动产所有人和第三人之间的利益，保障第三人的权利，降低政策上的负面影响。只有在适用中进行好利益平衡，才能让自己不动产役权制度具有最大限度的可接受性。

六、我国自己不动产役权的立法与适用

根据我国《民法典》第372条第1款的规定，地役权是地役权人按照合同约定，利用他人的不动产，以提高自己的不动产的效益的权利。[3]本条款

---

〔1〕　参见谢哲胜：《自己不动产役权》，载《月旦法学教室》2010年第94期。

〔2〕　参见于凤瑞：《自己地役权的构造及其适用》，载《中国土地科学》2014年第8期。

〔3〕　参见我国《民法典》第372条。

规定虽然使用了"不动产"的概念，但此处"不动产"实际上指的是"土地"。[1]因此，我国现行地役权制度，指的是利用他人土地以提高自己土地效益的权利。我国《民法典》中并无自己不动产役权制度。

在今天，商业和生活都需要依赖大量的高楼大厦来提供空间，而且建筑物与土地、建筑物之间，互相影响、互相利用的情形也越来越多，将地役权的客体扩展至不动产，可以促进不动产更为充分的利用。实际上，建筑物役权、房地互役并非现代社会才产生的，在罗马法上，地役权又可分为乡村地役权与城市物役权，[2]虽然当时地役权制度是以土地为中心，但不限于土地，房屋等建筑物之上也可设立地役权。在采"土地吸附地上物"原则的欧陆国家，土地概念涵盖了建筑物等定着物，地役权的客体范围当然包括土地之上的建筑物等定着物。而在采房地分离模式的国家，地役权概念中的"地"只能是指"土地"，不能涵盖建筑物等定着物。我国虽然采取了房地分离模式，但为了保持与其他国家法律概念的一致，使用了地役权的概念，而非不动产役权的概念，在高楼大厦成群的城市，这种地役权概念显然严重脱离实际需要。[3]应以不动产役权代替，作为更上位的概念，其下可分为土地对土地的役权、建筑物对建筑物的役权、土地对建筑物的役权、建筑物对土地的役权等次类型。[4]

自己不动产役权可以降低交易成本、节省程序开支、补充管理规约的不足，为当事人利用不动产提供更多的制度选择，从制度创设上增加人民选择之自由。[5]在自己不动产役权发挥上述价值的同时，并不会对他人的利益产生妨碍，造成政策上的负面影响。随着不动产财产价值的日益增大，为使不动产能发挥其最大的经济价值，鼓励不动产的多元利用方式，有必要承认自己不动产役权。在我国土地利用习惯中，也存在与自己不动产役权相类似的民间习惯。在我国肇东市，买卖田地时，如果土地上有坟地，应注明除其坟地若干响亩准原业主葬埋的字样，部分地方进一步形成习惯，坟地的周围，

---

〔1〕 虽然我国《民法典》第 372 条第 1 款将地役权的客体界定为"不动产"，但该条第 2 款又使用了"供役地"和"需役地"的概念。

〔2〕 参见谢在全：《民法物权论》（中册），中国政法大学出版社 2011 年版，第 504 页。

〔3〕 参见朱广新：《地役权概念的体系性解读》，载《法学研究》2007 年第 4 期。

〔4〕 参见苏永钦：《重建役权制度——以地役权的重建为中心》，载《月旦法学》2000 年第 65 期。

〔5〕 参见陈致薇：《自己不动产役权之研究》，台湾中正大学法学系暨研究所 2010 年硕士学位论文。

应各留空地一岔，以防买主耕种时损坏坟茔。[1]

另外，我们认为，在我国实行土地国有和集体所有的法律制度下，自己不动产役权有其特殊价值，作为土地所有人的国家和集体可以利用自己不动产役权事先对土地的使用方式进行规划，通过私法机制实现对城市建筑物和土地的灵活利用。有疑问的是，国家是否能成为自己不动产役权的主体？若国家作为自己不动产役权的主体，自己不动产役权是否还属于民法上的权利？我们认为，即使国家或地方政府作为不动产役权的主体，也并非当然属于公法调整范畴。在有关公法和私法的划分标准中，"主体说"以法律关系的主体为区别标准，认为凡规定国家之间或国家与私人之间关系的为公法，规定私人之间关系的则为私法。[2]但此一学说的不足在于，国家或其他公权力机关有时也不免立于私人地位进行活动，如与私人订立买卖合同，私人有时也不免于特殊的地位进行活动，如采取刑法上的正当防卫。[3]日本学者美浓部达吉认为，公法与私法的区分标准在于主体中是否涉及公权力机关，公法所规范的主体至少有一方是国家，私法所规范的主体都是个人或者"非国家公权力主体"的社会团体，但是当国家参与私人法律关系时，与私人的法律地位平等，同样属于私主体，由私法规范所调整。[4]因此，国家可以成为民事法律关系的主体，并不能认为只要有国家参与的法律关系都是公法关系，都由公法调整，关键是看当事人之间的法律地位是否平等、国家是否在行使公权力。[5]因此，国家可以私主体的身份参与自己不动产役权的设定。

从解释论角度来讲，可将该条"不动产"理解为包括土地及其上的建筑物等定着物，但依然无法将我国现行地役权制度扩张解释至包括自己不动产役权，因此，自己不动产役权制度的设立终需立法解决。另外，在我国采房地分离所有原则的情况下，从保持法律概念体系的一致性角度来讲，未来地役权概念改为不动产役权概念更为合适。我国应重塑地役权制度，修正

---

〔1〕　参见前南京国民政府司法行政部编：《民事习惯调查报告录》（上），中国政法大学出版社2000年版，第141~144页。

〔2〕　参见郑玉波：《民法总则》，三民书局1979年版，第2页。

〔3〕　参见龙卫球：《民法总论》（第2版），中国法制出版社2002年版，第8页。

〔4〕　参见［日］美浓部达吉：《公法与私法》，黄冯明译，中国政法大学出版社2003年版，第36~41页。

〔5〕　参见唐孝辉：《我国自然资源保护地役权制度构建》，吉林大学2014年博士学位论文。

为不动产役权制度，并增加自己不动产役权。自己不动产役权，有学者称之为"所有人地役权""自己地役权""所有人不动产役权"，由于权利客体扩大为不动产，所有权人、使用人均可作为权利主体设定，在我国采房地分离原则和土地公有制的背景下，称之为"自己不动产役权"更为合适。

就自己不动产役权与不动产役权法律特征的相同之处，可以准用不动产役权的规定。例如应采书面形式、期限、登记的效力、所有权人与用益物权人设定的关系处理等规定，自己不动产役权都可以准用。就自己不动产役权与不动产役权法律特征的不相同之处，则需要根据其特有性质提出解决方法，另设法律规则。

当设定了不动产役权的两笔不动产，归于同一人所有时，可基于混同规则的例外，不动产役权不消失，成立自己不动产役权。而设定了自己不动产役权的不动产，嗣后不动产一部分或分别转让给他人，供、需役地不再归属于同一权利主体时，自己不动产役权消失，成为不动产役权。在不动产的交易中，不动产役权与自己不动产役权的转换时有发生。例外情形是，在区分所有建筑物中，共有部分具有从属性、不可分性，专有部分与共有部分"在物理性质上具有整体不可分的完整结构体关系"[1]，区分所有权转移时共用部分的持份权随之转移，因此，在专有部分与共有部分之间设立自己不动产役权时，专有不动产转让后，继受人可同时取得专有部分的专有权与共有部分的持份权，依然构成自己不动产役权，只是权利主体变化了。根据《民法典》第385条，已经登记的地役权变更、转让或者消灭的，应当及时办理变更登记或者注销登记。但在上述情况下，不动产役权在不动产间为调和利用的目的和作用仍然存在，需役地与供役地也未发生变化，免去变更登记，不但可以免去不动产所有权人或用益物权人重复设定的困扰，还可以长久提升不动产利用的经济效用。[2]在开发商预先为社区规划设计，设立自己不动产役权，后将区分所有建筑物售让给各业主的情形下，免去变更登记，才更能发挥自己不动产役权节约交易成本的作用。同时，由于不动产役权的从属性

---

〔1〕 参见陈华彬：《建筑物区分所有权》，中国法制出版社2011年版，第125~126页。
〔2〕 参见陈致薇：《自己不动产役权之研究》，台湾中正大学法学系暨研究所2010年硕士学位论文。

和构造上的客观性，仅是权利主体发生变化而权利内容未发生变化时，不动产所有权或用益物权的变更登记，即已可以达到保护交易安全的效果。继受人未为注销登记，则默认为接受了该不动产役权。

在其他国家，也有相近的制度。如在美国，由自己地役权默示设立的地役权（easement implied from quasi-easement），常被简称为默示地役权（implied easement or easement by implication）。[1] 它是一种依法律创设的地役权，土地所有人以自己的一笔土地供自己的另一笔土地而为便宜之用，当需役地转让时，受让人有理由期望这种便宜之用随买卖而转移给自己，为默示授权（implied grant）；当供役地转让时，土地所有人可主张一项地役权被默示保留（implied reservation），此种主张获得法院支持较为困难。[2] 此时需要满足以下条件：原来为一人所有的不动产已属于不同的权利人，土地之间的利用是持续的、明显的，土地之间的利用有继续存在的必要。[3] 又如《法国民法典》第 694 条[4] 和《意大利民法典》第 1062 条[5] 规定的家父指定役权。美国的由自己地役权默示设立的地役权与家父指定役权，都是在先事实状态的延续，是基于法律的直接规定而非基于法律行为设定的役权，只要当事人之间没有相反的意思表示，就推定维持原有的役权的默示意思。为了维护交易安全，只有在先的土地利用是"持续的、明显的"或"有役权的标志存在"或"能够证明役权的存在"时，才能适用默示推定。在我国，维护不动产的交易安全采取的是登记公示制度，因此只有已经登记了的自己不动产役权，在需役不动产或供役不动产转让时，才可不为变更登记，此时若当事人

---

〔1〕　See John W. Fisher, "A Survey of the Law of Easements in West Virginia", 112 *W. Va. L. Rev.*, 2010. 在美国，可默示设立地役权的情况不止一种情形，由自己地役权默示设立的地役权是其中一种。

〔2〕　See Bryan A. Garner, *Black's Law Dictionary*, 9th ed., Thomson/West Group, 2009, p. 587; Simon Douglas, "Reforming Implied Easements", *Law Quarterly Review*, 2015, 131 (Apr.).

〔3〕　See John W. Fisher, "A Survey of the Law of Easements in West Virginia", 112 *W. Va. L. Rev.*, 2010; E. J. Slessenger, "Precedent Editor's Notes", *Conveyancer and Property Lawyer*, 2005, Nov/Dec.

〔4〕　《法国民法典》第 694 条规定：所有人有两个不动产，其间有役权的标志存在，所有人处分其中之一而未于契约中记载有关役权的约款时，役权仍消极地或积极地存在于出让的土地上或继续为出让土地的利益而存在。

〔5〕　《意大利民法典》第 1062 条规定：当能够以任一方式证明现在分开的两块土地曾经属于同一个所有权人所有并且更具该所有权人放置或者留下物品的状态能够证明役权的存在时，即为家父指定的役权。当两块土地不再为同一个所有权人所有时，如果未进行任何有关役权的约定，则应当理解为分开的两块土地互为供役地和需役地。

之间没有相反的意思表示，则推定土地利用的役权继续存在。此时，自己不动产役权经由默示推定而成为不动产役权继续存在不动产之间。

当不动产役权消灭后，由设置设施的需役人取回、恢复原状。自己不动产役权消灭后，在所有权人、权利人未发生变动时，仍可由设置人取回、恢复原状。但当所有权人或权利人发生变动时，而且有可能均发生变动，此时设施归属于谁，不无疑问。此时，应由负维持义务的人取得该设施的归属，而非附合于供役不动产。因为不动产役权中的设施，通常是有利于需役不动产的，并非供役不动产不可或缺的重要成分。对整个社区特色形成所不可或缺的设施，常以社区管理经费维护，有利于维持整个社区的风貌和特色，此时可由社区取得该设施，并继续使用维护。[1]

第七节　公共不动产役权

一、公共不动产役权的基本内涵及其本质

所谓公共不动产役权，是指为了公共利益或公众利益的需要，使不动产所有权人或使用权人忍受某种不利益或负担，从而使国家或者公众取得一种要求不动产所有权人或使用权人承受某种负担的权利。公共不动产役权涉及的主要是供电、通信、无线电和电视台、公安、消防、市政、航空、保护文化遗产等涉及公共利益的行业。例如，为了某一村庄的需要，在某块土地上架设电力设备、有线电视设备等。目前，我国学者多将之称为"公共地役权"，也有学者称之为"行政地役权""公用地役关系""公用地役权"[2]，相较于上述称谓，"公共不动产役权"更能体现其概念内涵中供役、需役对象为不动产的特点。

关于公共不动产役权的法律本质，可以借鉴学界有关公共地役权的讨论。对于公共地役权的法律本质，我国学界已有以下几种不同的观点：

---

〔1〕　参见陈致薇：《自己不动产役权之研究》，台湾中正大学法学系暨研究所 2010 年硕士学位论文。但作者认为，此种情形可将工作物看成不动产的重要部分，以立法方式为例外规定。

〔2〕　虽然公用地役权的产生是基于历史，公共地役权的产生是基于协议或者法律规定，但二者在权利的目的与内容上是一致的，即都是为了不特定公众之利益而在他人土地上设定负担，因此我国学界并不区分公用地役权与公共地役权。

第一，行政法律关系说。有的学者认为，公共地役权并不是私法上的权利，而是基于公共利益的需要而由公法强制产生的地役权，属于一种行政法律关系。我国台湾地区学者多持此种观点。例如，王泽鉴教授认为，公共不动产役权，乃私有土地具有公共用物性质的法律关系。公用地役权的对象是不特定之公众，且亦不以有供役地与需役地之存在为必要，其本质乃属于公法关系，与私法上地役权之性质不同。公用地役权既为公法上的关系，且不以登记为成立要件。[1]再如，蔡志方先生认为，公共不动产役权不是私法关系而是公法关系。在适用法律时不应以民法规则为准据法。[2]有学者进而认为，这种行政地役权应为一种类似于征用私人财产的准征用行为。[3]我国台湾地区司法实务界也持此种观点。[4]

第二，相邻法律关系说。此种观点认为，为了公共利益的需要而利用他人土地的权利属于相邻关系调整的范围，并非地役权。例如，王利明教授认为："为了公共利益而从事架设管线等公共设施，需要利用他人的土地。例如，市政公司需要铺设煤气和供水管道，需要通过他人的地下，由于这种设施关系到公共利益，即使对土地的利用将会给他人造成极大的负担，土地所有权人和土地使用权人也不得拒绝。此种关系应由相邻关系来调整。如果不涉及公共利益的需要，需要利用他人土地，而利用他人的土地，将会给他人的土地造成极大的负担，他人并没有义务必须提供这种便利。如果要提供这种便利，则需要当事人双方通过设立地役权或者合同权利的方法来解决。"[5]

第三，地役权说。有的学者认为，公共地役权是一种权利，公共地役权是指为公共利益需要而使不动产所有权人或使用权人容忍某种非利益或负担，因而使国家、公众或公共事业部门取得一种要求相关不动产所有权人或使用权人承担某种负担的权利。公共地役权调整国家、不特定公众或公共利益部门与不动产权利人之间，因公共利益需要而役使不动产或要求不动产权利人忍受某种非利益或负担产生的权利义务关系。公共地役权涉及的主要是供电、通信、无线电和电视台、公安、消防、市政、航空等涉及公共利益的行业。

---

〔1〕　参见王泽鉴：《民法物权》(2)，中国政法大学出版社2001年版，第75页。

〔2〕　参见蔡志方：《行政救济与行政法学》(2)，三民书局1993年版，第314页。

〔3〕　参见谢哲胜：《财产法专题研究》，三民书局1995年版，第240页。

〔4〕　参见王泽鉴：《民法物权》(2)，中国政法大学出版社2001年版，第74~76页。

〔5〕　参见王利明：《物权法论》，中国政法大学出版社2003年版，第502页。

公共地役权虽然与地役权存在差别，但在《民法典》中确定公共地役权具有现实意义。[1]

第四，基地使用权说。有的学者认为，对于远距离利用他人土地的工程设施，例如需通过他人土地的公路铁路系统、电力运输系统、供排水系统等，可以通过建立债的关系以确定当事人之间的权利义务，如需为此建立独立排他的用益物权，法律上或实务上可界定为基地使用权或空间基地使用权。[2]

在英美国家，关于公共不动产役权的性质，也有不同的观点。持公权利说的学者认为，公共不动产役权是全体公民为了拥有良好的生态环境或生存环境等而利用他人财产的共享权利，其最为明显的例证是美国农业保护不动产役权购买计划，即通过行政合同的方式取得不动产役权，体现了权利流转的思想。持公权力说的学者认为，公共不动产役权是个抽象的权力，是由政府作为公众代表，为了维护公共利益，以公权力的形式限制供役地人忍受某种负担。[3]例如，美国佩恩中心运输公司诉纽约市一案（Penn Cent. Transp. Co. v. New York City）中，纽约市政府将佩恩公司的火车站大楼列为"纪念建筑物"而禁止其改建。[4]持私权说的学者认为，公共不动产役权的价值在于引入私法上的役权机制来实现公共利益的目的。例如，在美国，《役权法重述》认为，包括保护地役权在内的役权，是一种产生随地而走的利益的私法手段，属于私权。[5]

实际上，在公共地役权的设立中，依据需役方为国家、公用企业还是民间团体，其设立方式、补偿、救济程序都宜有所区别，其法律性质和地位也会随之而有所不同。国家为公共利益依照法律规定和法定程序强制设立公共地役权，具有明显的公权属性，实与征收具有相同法律地位。公用企业为了提供公共服务，以企业名义依照法律规定和法定程序设立公共地役权，实际

---

〔1〕 参见汤长极：《对公共地役权立法的建议》，载《中国土地》2006年第12期。

〔2〕 参见梁慧星主编：《中国物权法研究》（下），法律出版社1998年版，第759页。

〔3〕 See Andrew Dana and Michael Ramsey, "Conversation Easements and the Common Law", 8 *Stan. Envtl. L. J.* 2 (1989).

〔4〕 See Penn Cent. Transp. Co. v. New York City, 438 U. S. 104 (1978).

〔5〕 See The American Law Institute, Restatement of the Law, Third, Property (Servitudes), 2000, § 1, Introduction.

上是采用此种"准征收"方式来获得一定的用地权利。民间团体为了实现社会公益，以自身名义依照法律规定和法定程序与他人合意设立公共地役权，更多的是需要遵照意思自治的原则进行，地役权属性更强。在公共不动产役权中，虽然不强调以需役地的存在为其条件，但是联结两块不动产的目的还是非常清晰可见的，因此，其并非相邻关系或基地使用权。总之，作为实现私人不动产公用的一种法律工具，公共地役权是具有结构层次的，不宜一刀切地定位为某一权利属性。

二、公共不动产役权的价值功能

在我国现阶段，为了公共利益而利用私人的不动产，或者对私人不动产的使用进行限制或施加负担，通常采用征收、征用的方式或依靠相邻关系的途径来实现。相较于这三种方式，公共不动产役权有其独特的功能。

（一）征收方式的局限性

征收是为了公共利益的需要，依照法律规定的权限和程序，取得集体所有的土地和单位、个人的房屋及其他不动产的法定方式，是一种具有强制性的公权力。征收也是当前我国公益用地的唯一法定方式。从法律效力上来说，征收作为一种特殊的物权变动形式，会导致征收对象的物权变动，集体所有的土地和单位、个人所有的房屋及其他不动产，会由私人所有变为国家所有。因此，征收是一种剥夺他人财产所有权的最为严厉的措施。为了限制征收的适用范围，我国要求征收需要"以公共利益为目的"和进行"足额补偿"，以保护私人的财产权利。但是，对于公共利益的内涵外延的界定并非易事，我国现行法律并未对此作出具体的规定，学界对此也争议纷呈，对于足额补偿的标准也较难统一。面对复杂而模糊的征收标准、程序及补偿标准，征收过程中难免出现对私人财产权利保护不足的现象，从而引发社会矛盾。另外，在很多情况下，通过征收私人不动产实现公用的目的，并不经济，例如铺设管道设施、架设高架线，仅需要从地下或上空通过，并不会影响土地地表的正常使用，因此而征收不动产，容易造成土地资源的浪费。[1]

---

〔1〕　参见李遐桢：《我国地役权法律制度研究》，中国政法大学出版社 2014 年版，第 41～42、240 页。

（二）征用的适用范围限制

征用是因抢险、救灾等紧急需要，依照法律规定的权限和程序，取得单位、个人的不动产或动产。被征用的不动产或动产在使用后，应当返还征用人。由于征用的适用范围仅限于"因抢险、救灾等紧急需要"，所以并不能在生活中广泛运用。

（三）相邻关系的适用局限

我国还有学者提出，采用相邻关系的方式可以解决私有土地公用之目的。[1]在实务中，各种公共基础设施所形成的保护区内的土地使用限制也通常被定性为相邻关系。例如，《石油天然气管道保护条例》第 15 条中规定的石油天然气管道中心线两侧保护范围内的土地、《电力设施保护条例》及其实施细则规定的电力线路保护区域内的土地，在使用上均需负担一定的限制，这些使用限制目前在实务中普遍定性为相邻关系。但是，相邻关系的调整范围主要在于相邻不动产之间的利用关系，而且以最低必要限度为限，在实践中，这些保护区内的土地使用限制往往已经超出了相邻关系的定位。

一项权利或制度均会有其自身的适用范围和限制，而具有一定弹性的公共不动产役权，恰好可以缓和征收、征用和相邻关系在适用范围上的法定性和僵硬性：一方面，通过引入合同机制来调节公共利益与私人的利益保护，注重私人意思自治在其中的表达，不以法定的征收、征用条件为前提，也不以最低必要限度为限。另一方面，相较于上述几种方式，公共不动产役权并非单一的公共利益维度的表达，其引入了役权机制，有助于在实现公共利益的同时，尊重个人私益的表达，有利于实现公共利益保护与受负担权利人的利益保护之间的平衡。

有学者认为："在公法层面，类似于公共地役权的需要，例如自然资源与环境保护、古建筑形式的保护、油气管道的铺设、公共道路的修建等，事实通过行政命令或者法律设定相应的土地负担，例如设定保护区，或者通过土地征收再出让、划拨等方式予以满足，似乎并不存在必须以地役权的方式取

---

〔1〕 参见王利明：《物权法论》，中国政法大学出版社 2003 年版，第 502 页。

而代之的迫切必要性。"[1]"公共限制或者负担，并非地役权这一私法工具所能承载，它最终都必须经由政府公权力行使才能实现。"[2]我们认为，公共不动产役权作为一种兼具公私法色彩的权利，具有"公共"与"不动产役权"双重内涵，具有以不动产役权此类权利来实现公共利益的特殊优势。公共不动产役权可以发挥不动产役权可与他人共同利用、以较低成本获得不动产之间的利用的权利特点，而不用完全转移不动产所有权的优势。公共不动产役权作为一种非独占性、从属性的他物权，可与供役不动产的权利人共同使用供役不动产，不会改变供役不动产的归属状况；而且当公共不动产役权消灭时，原权利自动恢复圆满状态，有利于对不动产的保护和利用，避免出现公共利益达成后的荒废和管理问题。

三、公共不动产役权的具体运用场景

当前，公共不动产役权在我国至少可在历史文化古迹保护、公共基础设施建设、自然资源保护、生态环境保护等方面发挥作用。

（一）保护历史文化建筑，塑造城市特色风貌

历史文化建筑作为城市中具有特殊文化内涵和建筑特色的文化遗产，对塑造城市特色风貌有重要作用。较之普通的不动产而言，历史文化建筑不仅可以满足个人居住生活的需要，而且有着历史文化艺术价值、美学价值、旅游价值等多重价值。[3]当前我国历史文化建筑面临着开发和保护的双重任务：一是开发历史文化建筑的价值，发展城市观光旅游；二是维护和保持历史文化建筑的本来造型、结构和风貌，防止过度商业化和拆迁、重建改建等对建筑物的破坏，维系其价值。这既要求对私有历史文化建筑所有者的重建改建等行为进行一定的约束，也要求对政府的开发行为进行一定的限制。可借鉴美国将保存地役权用于历史文化建筑遗产保护的经验，[4]通过役权的方式平

---

〔1〕　参见雷秋玉：《地役权的功能泛化与本质复归》，载《中南大学学报（社会科学版）》2015年第2期。

〔2〕　参见雷秋玉：《地役权的功能泛化与本质复归》，载《中南大学学报（社会科学版）》2015年第2期。

〔3〕　参见张珵：《私有不动产上公共利益的实现方式研究》，华东政法大学2014年博士学位论文。

〔4〕　See Elizabeth Byers, Karin Marchetti Ponte, *The Conservation Easement Handbook*, 2nd edition, Land Trust Alliance, 2005.

衡历史文化建筑保护和建筑所有人的利益。

（二）丰富土地公用方式，完善城市公共服务

在城市地下空间开发建设中，会涉及负重承载、换气通风和地上的出口联通等，会对与之相毗连或相近的地表或地下土地及其他不动产的使用造成限制。[1]封闭小区的开放，会导致业主共有的道路、绿地、其他公共场所、公用设施等可由社会公众使用。[2]各类管线的铺设，也会涉及与地表不动产权利人之间的利益协调问题。大城市地面一般高楼大厦林立，采用征收的方式利用他人的不动产有较高难度，且提供公共服务建设的主体中的公用企业在法律地位上难以等同于国家。此种情形下，将役权运用于城市规划和各种市政基础设施建设中，如法国的行政地役权和俄罗斯的公共地役权，可节约用地成本，减少土地资源的闲置浪费，同时实现私人利益与公共利益之间的平衡。[3]

（三）保护自然生态，营造城市宜居环境

伴随着对城市的开发与利用，我国城市环境破坏和污染日益严重，急需进行生态恢复与自然资源保护，营造宜居的环境。例如，建设垃圾处理设施、保护城市森林、修复城市湿地。公法性环境保护规范具有非常重大的作用，但多为针对全国环境保护的一般性规定，非针对具体区域。而诸如美国的保存地役权和英国的限制性约据等特殊类型的役权，可以根据具体地块上不动产的情况，协调保护方式和补偿，并让愿意参与到环境保护中的个体、民间公益团体和其他组织参与其中。[4]

---

〔1〕 参见郭庆珠、杨福忠：《城市地下开发中的公共地役权与市场化补偿》，载《理论导刊》2014 年第 1 期。

〔2〕 参见高圣平：《开放小区的现行法径路》，载《武汉大学学报（人文科学版）》2016 年第 3 期。

〔3〕 参见张力、庞伟伟：《住宅小区推进"街区制"改革的法律路径研究——以"公共地役权"为视角》，载《河北法学》2016 年第 8 期。

〔4〕 参见马新彦：《美国衡平法上的地役权研究》，载《吉林大学社会科学学报》2000 年第 2 期。

四、公共不动产役权的立法

(一) 比较法上公共不动产役权的立法

1. 法国关于公共不动产役权的立法

《法国民法典》第 649 条规定："由法律规定设立的地役权，以公共利益、市镇行政区利益，或者个人利益为目的。"第 650 条规定："为公益利用设立的地役权，其标的是沿可通航或可漂流的河流开辟人行道路，建设或修整通道以及实施其他公共工程或市镇行政区的工程。一切与此种役权相关的事项，由法律或特别规章确定之。"有学者指出，以地役权产生的原因为标准，这两个条文规定的此种地役权常被称为"行政地役权"，因其设立是基于公共利益而非对需役地的利用，由法律规定设定的役权，不以"存在供役地和需役地"为其存在之主要条件，尽管在某些情形中，其具有利用土地的特点，但系以间接的和从属的名义，故其非真正的私法上的地役权。[1]有学者指出，按照设立目的，《法国民法典》中的地役权制度，可分为私益地役权和公益地役权两类。[2]总之，对于此种权利，法国通过民法典给予概括性的、一般性的条文规范，然后通过其他法律、特别规章进行具体规定。

2. 美国关于公共不动产役权的立法

在英美法上，也存在公共不动产役权。在美国，一些州通过立法的方式直接规定了公共不动产役权。例如，美国俄勒冈州法律明确规定："立法机关认识到多年以来公众对于与公共高速公路和州休闲区域相邻的土地的经常和不间断的使用，并进一步认识到这种使用已经通过捐献、时效取得、授权或其他方式取得了公众对土地的不动产役权，将这些地役权作为俄勒冈州休闲资源的永久部分予以保护，符合公众利益。"[3]还有一些州法院通过习惯理论支持了公共不动产役权的存在。例如，在俄勒冈州诉海（Oregon v. Sea）一案中，州法院还通过习惯理论支持了公众享有将俄勒冈州海岸的干沙区用作休闲

---

〔1〕　参见尹田：《法国物权法》，法律出版社 1998 年版，第 401 页。

〔2〕　参见罗结珍译：《法国民法典》（上），法律出版社 2005 年版，第 509 页。

〔3〕　参见〔美〕约翰·E. 克里贝特等：《财产法：案例与材料》，齐东祥、陈刚译，中国政法大学出版社 2003 年版，第 492 页。

目的的权利。[1]通过习惯设立公共不动产役权，需要满足以下条件：其一，它必须是年代久远，且被长期反复使用，以至于"人们已经记不起相反的例子"；其二，这种权利的行使从来没有中断过；其三，这种习惯性使用应该是平静且没有争议的；其四，这种习惯性使用具有合理性；其五，为公众提供便宜之土地必须是明确界定的；其六，这种习惯具有强制性，即土地所有人无权否认公众为某种目的而使用某土地；其七，这种习惯不能令人反感，也不能与其他法律或习惯相冲突。[2]

此外，《俄罗斯联邦民法典》、我国澳门特别行政区由澳门特区政府印刷署印刷的第 12/92/M 号第十号法令，均在立法上规定了此种权利。虽然我国台湾地区在立法上没有明确规定公共不动产役权，但是学术界和实务界普遍认可这一权利。[3]公共不动产役权制度具有独立的规范价值，已有众多国家（地区）于法律中规定公共不动产役权。

（二）我国公共不动产役权的立法

1. 我国公共不动产役权的立法模式

公共地役权对于传统公私法的划分构成了挑战，但依然需要作出立法抉择。对于公共地役权纳入我国法律体系的立法模式，学者提出了不同的方案：第一种方案认为，可于《宪法》《土地管理法》《民法典》中作一般性规定，并设立"公共地役权条例"作专门的规定。[4]第二种方案认为，于《民法典》地役权中设一节作概括性规定，然后于草原法、森林法、电力法、能源法等单行法中作具体规定。[5]这两种方案，均采取了一般法与特别法相结合的构建形式，但第一种方案，在将公共地役权作为公法关系的前提下，将其安排在了《民法典》"一般规定"中，与征收、征用相并列，并采用专门的行政条例来进行特别法规范；第二种方案，在将公共地役权作为私权的前提下，将其安排在了《民法典》地役权篇章中，作为一种特殊的地役权类型，

---

[1] 参见 [美] 约翰·E. 克里贝特等：《财产法：案例与材料》，齐东祥、陈刚译，中国政法大学出版社 2003 年版，第 494~495 页。

[2] See John E. Cribbet, Corwin W. Johnson, Roger W. Findley, Ernest E. Smith, *Cases and Materials*, Foudatioon Press, Inc., 1996, p. 573.

[3] 参见王泽鉴：《民法物权》(2)，中国政法大学出版社 2001 年版，第 74 页。

[4] 参见罗建：《公共地役权制度研究》，载《中国不动产法研究》2014 年第 1 期。

[5] 参见唐孝辉：《我国自然资源保护地役权制度构建》，2014 年吉林大学博士学位论文。

于我国各种具体领域的单行法中作出针对性的具体规定。

我们认为,如前所述,作为实现私人不动产公用的一种法律工具,公共不动产役权具有结构层次,不宜一刀切地定位为某一权利属性,因此,无需也难以在《民法典》中对公共地役权的地位作出单一的、片面的规定。此外,公共地役权可资运用的领域非常广泛,如将其分散地规定在各个领域的相关法律中,从立法上来说难度较大,且重复较多。综上,宜专项立法集中规定公共不动产役权制度。

2. 我国公共不动产役权规范之重点

为使其能在森林保护、历史文化建筑保护、公共基础设施建设中发挥作用,且与不动产役权之概念保持协同,公共地役权的供役、需役对象(客体)亦需定位为不动产,由此需创设公共不动产役权之概念。相较于私人地役权,公共不动产役权的设立具有一定的强制性色彩,因此,在公共不动产役权的具体制度安排上,应对公共不动产役权的适用范围、设立方式、合同内容、补偿措施及救济途径进行妥适安排。

(1)公共不动产役权的设立条件。公共不动产役权的设立,需要满足三个条件:公共利益目的、比例原则和法定程序。[1]首先,公共不动产役权的制度目的在于维护公共设施的建设、使用以及生态环境的保护等公共利益,须为不特定之公众的利益所必要,而非仅为特定个人之便利或省时。其次,公共不动产役权在对供役不动产施加限制时,需要符合妥当性、必要性和法益相称性的原则,以使公益的追求不至于造成人民的过度损失。再次,公共不动产役权的设立,需要符合一定的程序,如进行审查、听证,使具有利害关系的主体能够参与其中,享有相应的知情权。最后,由于公共不动产役权的期限较长,涉及的利益主体较多,需要进行一定的后续管理才能发挥效果。与不动产役权的设立条件不同的是,公共不动产役权不以需役不动产的存在为条件。

(2)公共不动产役权的设立方式。从世界范围来看,公共不动产役权的设立模式经历了由法律强制设立到强制设立、协议设立与捐助设立并行的过程。三种设立方式的经验都值得学习。

---

〔1〕　参见罗建:《公共地役权制度研究》,载《中国不动产法研究》2014年第1期。

第一，公共不动产役权的强制设立。为了公共利益的需要，公共不动产役权多由法律规定产生，即通过法律的强制性规定而在私人不动产上设定公共不动产役权。在20世纪中期，大部分国家的多数公共不动产役权采纳了强制设立的模式。现在，尽管有些国家仍然采纳公共不动产役权的强制设立模式，但这已经不再是公共不动产役权的主要设立方式了。

第二，行政合同设立公共不动产役权。为了公共利益的需要，国家通过与私人之间进行协商，通过合同的方式确定国家与私人之间的关系，私人不动产设定公共不动产役权负担之后，可以基于行政合同获得一定的补偿。通过行政合同的方式设立公共不动产役权，体现了公平自愿的协议精神，最大限度地降低了不动产权利人的抵触情绪。在美国，以协商代替命令、以奖励代替强制而设立公共不动产役权的合同模式，逐渐取代了传统的强制设立模式。

第三，捐助方式设立公共不动产役权。为了公共利益的需要，不动产权利人可以通过捐助公共不动产役权的方式设立公共不动产役权。例如，美国政府为了鼓励私人捐助公共不动产役权，采取了一系列的奖励办法，"联邦慈善捐助税收减让"（Federal Charitable Contribution Deduction）[1]就是其中之一种。

（3）公共不动产役权的设立内容。设立公共不动产役权时，需要对权利的主体、供役不动产的位置、利用方法和目的、变更和终止的情形、补偿费用及支付方法、权利期限、争议解决的方法进行约定，合同需要采用书面形式，并进行登记。由于公共不动产役权是为公众利益而存在，公众之所需多为长久，因此，宜允许设立无期限限制的公共不动产役权。

---

〔1〕 联邦慈善捐助税收减让，是指政府以法律的方式规定，如果私人申请向政府捐赠公共地役权，政府在批准后将对地役权价值进行评估，并将评估作为税减的基础值，对捐赠土地的所有权人或使用权人给予税收优惠，将捐赠土地者的应纳财产税按比例逐年抵扣，从而以税收补偿的方式鼓励土地所有权人或使用权人踊跃捐赠其财产上的保护或保存地役权。参见沈海虹：《美国文化遗产保护领域中的地役权制度》，载《中外建筑》2006年第2期。

第九章

我国不动产役权登记制度

　　不动产物权通过登记方式予以公示，但因不动产役权内容的自由约定性导致了不动产役权并不似建设用地使用权、土地承包经营权与宅基地使用权那样是一种内容、规范目的非常明确的物权，而是一种内容并不确定，而具体类型又非常复杂的一类物权的总称——它是从属于"需役不动产"一类物权的总称。这些导致了不动产役权的登记制度与其他用益物权的登记制度存在极大差别。我国《物权法》虽然采专节规定了不动产物权的登记，但对不动产役权登记制度的特殊性没有作出明确规定。而我国原《物权法》第 10 条第 2 款规定："国家对不动产实行统一登记制度。统一登记的范围、登记机构和登记办法，由法律、行政法规规定。"在《物权法》通过后，2007 年 11 月28 日，《土地登记办法》经国土资源部第五次部务会议审议通过，自 2008 年2 月 1 日起施行。该办法第 37 条分三款对地役权设立登记作了规定，另外第46 条对地役权的变更登记、第 53 条对地役权的注销登记也作了规定。为了配合《物权法》的实施，国务院于 2014 年 11 月制定了《不动产登记暂行条例》，该条例于 2015 年 3 月 1 日起实施。为将《不动产登记暂行条例》之规定落到实处，2015 年 6 月 29 日，国土资源部第三次部务会议通过了《不动产登记暂行条例实施细则》。2020 年制定的《民法典》沿袭《物权法》关于不动产登记的规定。这些法律、行政法规和部门规章的实施，对规范我国不动产役权登记具有重要意义。但不动产役权之从属性等特性，决定了其登记制度具有一定的特殊性。因此，《不动产登记暂行条例实施细则》在第四章"不动产权利登记"部分的第八节"地役权登记"用了五个条文对不动产役权登记进行了规范。

第一节　不动产役权的登记能力

一、物权法定要求不动产役权应当登记

物权法定原则的价值很多，但最为重要的价值在于确定物权的种类，且物权的种类不能过多，以便于公示物权，借此保障交易安全。不动产物权自登记时发生变动，就成了贯彻物权法定原则的有效途径。因此，不论《德国民法典》采纳物权形式主义的物权变动模式，还是《奥地利民法典》采纳债权形式主义的物权变动模式，都主张"不动产物权自登记时发生变动"。但非常有意思的是，《日本民法典》虽然明确规定物权法定原则，但并不要求不动产物权的变动采纳登记生效主义，而是采纳了登记对抗主义。日本的立法虽然存在理论上难以自圆其说的缺陷，但日本不动产物权登记制度却是非常发达的，日本拥有相对比较成熟且全面的不动产登记法，因此，为了能够对抗第三人，基于利益的考虑，多数不动产变动都进行了登记，否则，能够公示而不公示者只能承受不利益。[1]所以，从实践来看，在不动产登记方面，日本仍然贯彻了物权法定主义。因此，不动产役权作为一项非常重要的不动产物权，其登记制度的建立、发展与完善，不仅符合不动产役权制度自身的要求，也符合物权法定原则的要求。所以，采纳登记对抗主义的日本，因其登记制度的成熟性，实践中的不动产役权基本都进行登记，不动产役权多因登记而具有对抗效力，这能够弥补登记效力在理论上的缺陷。

很多学者认为，我国《民法典》关于不动产物权变动原则上采纳了登记生效主义，即"不动产物权自登记时发生变动"，例外采纳了意思主义。具体到不动产役权而言，我国《民法典》采纳了登记对抗主义，即不动产役权不经登记不能对抗善意第三人。因此，我国《民法典》也存在与《日本民法典》相同的矛盾：既明确规定"物权法定"，但又采纳不动产役权登记对抗主义。且因我国不动产登记制度的不完整性，例如土地承包经营权、宅基地使用权的登记制度并不完善，而不动产役权之登记要以这些权利的登记为前提，因此在我国，不动产役权进行登记的可能性是很低的。所以，我国《民法典》

---

[1]　参见［日］近江幸治：《民法讲义Ⅱ物权法》，王茵译，北京大学出版社2006年版，第50页。

规定不动产役权采纳登记对抗主义，虽然符合我国的现实，但当事人欲进行不动产役权登记的愿望则难以得到满足。当然，物权法定原则是为了便于公示物权，公示不动产物权要采纳登记，只能说明物权法定原则是采纳登记生效主义的一个重要原因。一个国家的不动产物权变动采纳什么样的物权变动模式是与这个国家的文化传统、经济发展模式与状况，甚至地理环境等都有很大的关系。例如，在人口众多且以农业为生的人口大国，土地之于农民乃衣食父母，此时，土地必须被分割为一块块的，采纳登记生效主义的难度较大，而意思主义则更为合适。[1]

二、不动产役权具有登记能力

一方面，地役权类型化的困难为地役权登记设置了障碍，地役权是否具有登记能力就很值得探讨；另一方面，地役权毕竟是一种物权，物权的对抗效力来自登记，未经登记的地役权是不能对抗善意第三人的，从这个角度而言，法律应当赋予地役权登记能力。登记能力是指能够在登记簿上进行登记并加以公示的资格。地役权具有登记能力是地役权能够登记的前提，从现有的各国立法资料来看，各国都规定地役权具有登记能力，是可以登记的不动产物权。但是，关于地役权登记能力的取得，主要有两种立法模式：其一，直接规定模式。此以《瑞士民法典》《日本不动产登记法》为代表。例如，《日本不动产登记法》第 1 条明确规定，不动产所有权以及其他不动产权利，如地上权、永佃权、地役权等具有登记能力，可以在登记簿上予以登记公示。《瑞士民法典》第 958 条规定，下列权利具有登记能力，应当在不动产登记簿上登记：①所有权；②地役权以及土地负担；③担保物权。其二，间接规定模式，以德国立法为代表。《德国民法典》与《德国土地登记条例》均未直接规定哪些权利与法律关系具有登记能力。但是，按照《德国民法典》物权编的有关规定来看，并非土地上所有的法律关系都是需要登记的，如使用承租权与用益承租权等，其对外公示对权利交易并无重大法律意义，倘若也将它们纳入土地登记，不仅会使登记制度丧失其目的，而且会加重登记工作负担。因此，"什么可以予以登记，其标准必须自《德国民法典》第 892 条之规

---

[1]　参见李遐桢：《我国地役权法律制度研究》，中国政法大学出版社 2014 年版，第 254 页。

定中进行推导，据此，具有登记能力的权利主要包括土地物权与视同土地的权利、在可移转的土地物权上所成立的役权与担保物权。"[1]我们认为，《德国民法典》之所以没有明确规定哪些权利具有登记能力，是因为德国不存在"不动产登记法"，而且在《德国民法典》中，哪些权利应当登记都作了明确规定，因此，无需用其他条文专门规定哪些权利具有登记能力。我国《民法典》对哪些权利需要登记作了非常详细的规定。《不动产登记暂行条例》第5条规定，下列不动产权利，依照本条例的规定办理登记：①集体土地所有权；②房屋等建筑物、构筑物所有权；③森林、林木所有权；④耕地、林地、草地等土地承包经营权；⑤建设用地使用权；⑥宅基地使用权；⑦海域使用权；⑧地役权；⑨抵押权；⑩法律规定需要登记的其他不动产权利。可见，不动产役权具有登记能力。当然，按照《民法典》第374条的规定，地役权的设立虽然采纳意思主义，但是登记具有对抗善意第三人的效力。因此，我国法上的地役权作为一种重要的不动产物权，也具有登记能力。可见，地役权类型化的困难并不能阻止地役权的登记能力，它仅仅对地役权登记技术产生影响。因此，在地役权未进行类型化的前提下，一个国家地役权登记技术的完善与否对地役权的适用状况将产生非常重要的影响，设计良好的地役权登记技术能够有效促进地役权在实践中发挥作用，相反，设计相对拙劣的地役权登记技术将有碍地役权作用的发挥。例如，我国学者苏永钦先生就将我国台湾地区地役权的衰落归责于地役权登记制度的不完善。[2]

第二节　不动产役权登记的类型

一、不动产役权的初始登记

不动产役权的初始登记，即指在土地总登记或房屋总登记之外，对设立的不动产役权进行的登记。因此，不动产役权的初始登记也称为不动产役权的设立登记。按照合同设立的不动产役权，当事人持需役不动产和供役不动

---

〔1〕　参见［德］鲍尔、施蒂尔纳：《德国物权法》（上册），张双根译，法律出版社2004年版，第289~290页。

〔2〕　参见苏永钦：《重建役权制度——以地役权的重建为中心》，载苏永钦：《走入新世纪的私法自治》，中国政法大学出版社2002年版。

产的权属证书、不动产役权合同以及其他必要文件，申请不动产役权首次登记。[1]善意取得之不动产役权的登记，其登记需要提交的文件同于按照约定设立的不动产役权。具体而言，首次登记需提交以下材料：①需役不动产的不动产权属证书复印件（核对原件）；②供役不动产的不动产权属证书原件；③不动产役权合同（原件）。[2]

二、不动产役权的变更登记

《民法典》第385条规定："已经登记的地役权变更、转让或者消灭的，应当及时办理变更登记或者注销登记。"不动产役权的变更登记包括变更登记、移转登记。移转登记是指不动产役权发生移转时导致不动产役权之权利主体的变更。《不动产登记暂行条例实施细则》第61条规定，依法登记的地役权当事人的姓名或者名称等发生变化，当事人应当申请地役权的变更登记。这里有必要讨论的是，供役不动产之权利主体发生变更的，是否属于不动产役权的移转登记呢？我们认为，从权利移转的角度观察，供役不动产移转的，不属于不动产役权移转，这时不属于移转登记，应属于变更登记，即变更不动产役权的义务主体。已经登记的不动产役权因土地承包经营权、建设用地使用权转让发生转移的，当事人应当持不动产登记证明、不动产役权转移合同等必要材料，申请不动产役权转移登记。申请不动产役地转移登记的，或者需役不动产分割转让，转让部分涉及已登记的不动产役权的，当事人应当一并申请不动产役权转移登记，但当事人另有约定的除外。当事人拒绝一并申请不动产役权转移登记的，应当出具书面材料。不动产登记机构办理转移登记时，应当同时办理不动产役权注销登记。[3]申请转移登记的，需提交以下材料：①原地役权登记的不动产权属证书（原件）；②地役权转移合同（原件）。

当出现了需役不动产或者供役不动产之共有性质变更、需役不动产或者供役不动产自然状况发生变化、不动产役权内容变更等情形时，当事人可以

---

〔1〕　参见《不动产登记暂行条例实施细则》第60条。

〔2〕　参见张祥宁：《地役权登记理论及实务初探——以南京市为例》，载《中国管理信息化》2018年第2期。

〔3〕　参见《不动产登记暂行条例实施细则》第62条。

申请变更登记。当供役不动产分割转让办理登记，转让部分涉及不动产役权的，应当由受让人与不动产役权人一并申请不动产役权变更登记。当事人应当持不动产役权合同、不动产登记证明和证实变更的文件等必要材料，申请不动产役权变更登记。申请变更登记的，需提交以下材料：①原不动产役权登记的不动产权属证书（原件）；②权利人姓名或者名称、身份证明类型或者身份证明号码发生变化的，要提交能够证实其身份变更的材料（原件）；③需役不动产或者供役不动产的面积发生变化的，要提交有批准权的人民政府或其主管部门的批准文件（原件）；④共有性质变更的，提交共有性质变更协议（原件）；⑤不动产役权内容发生变化的，要提交不动产役权内容变更的协议（原件）。[1]

《民法典》第 385 条规定："已经登记的地役权变更、转让或者消灭的，应当及时办理变更登记或者注销登记。"本条关于不动产役权变更登记的效力如何，无明确规定。一种流行的观点认为，《民法典》第 385 条对于已登记不动产役权的变动，并未采取登记对抗主义，而是采纳了登记生效主义。[2]这种观点的依据在于：《民法典》对于不动产役权的登记问题的规定，采登记对抗主义，即只有进行登记，才能对抗善意第三人。虽然登记不是不动产役权生效必须具备的要件，当事人可以根据自己的意愿，自主选择登记或者不登记。但是，一旦设立不动产役权的当事人选择进行登记，则不动产役权变更、转让或者消灭的，就应当及时到登记机关办理变更登记或者注销登记，这是其法定义务。[3]与这种观点不同，有学者主张，在已登记不动产役权基于法律行为而发生内容变更或者权利移转的情况下，应将《民法典》第 385 条关于"应当及时办理变更登记"的规定解释为实行登记对抗主义，而非登记生效主义。戴孟勇教授认为我国原《物权法》第 169 条（现《民法典》第 385 条）实际上采纳的是登记对抗主义而非登记生效主义。[4]

有学者认为，在不动产役权办理初始登记后如果不动产役权发生变动的，

---

〔1〕 参见张祥宁：《地役权登记理论及实务初探——以南京市为例》，载《中国管理信息化》2018 年第 2 期。

〔2〕 参见胡康生主编：《中华人民共和国物权法释义》，法律出版社 2007 年版，第 359 页。

〔3〕 参见最高人民法院物权法研究小组编著：《〈中华人民共和国物权法〉条文理解与适用》，人民法院出版社 2007 年版，第 492 页。

〔4〕 参见戴孟勇：《论地役权登记对地役权变动的影响》，载《当代法学》2010 年第 2 期。

应当及时办理登记，如果不办理登记，不动产役权仍然发生变动，只不过这种变动不能对抗善意第三人而已。[1]我们认为，一旦当事人选择了对不动产役权进行登记，登记就具有了公信力，当不动产役权发生变动时，"应当及时"办理不动产役权变更登记，该变更登记应解释为登记生效主义。没有办理变更登记的，不发生不动产役权变动的效力，应从解释论上认为不动产役权因脱离需役不动产或者供役不动产而消灭。

三、不动产役权的注销登记

不动产役权的相对消灭实际上是不动产役权的移转，即不动产役权从一个主体移转至另一个主体。此时，需要办理不动产役权变更登记。我国《民法典》第385条规定，不动产役权消灭的，应当及时办理注销登记。不动产役权的绝对消灭或终止，即不动产役权本身在客观上不复存在。不动产役权终止的事由包括：①不动产役权期限届满；②供役不动产、需役不动产归于同一人；③供役不动产或者需役不动产灭失；④人民法院、仲裁委员会的生效法律文书导致不动产役权消灭；⑤依法解除不动产役权合同；⑥其他导致不动产役权消灭的事由。[2]不动产役权没有办理登记的，无需办理不动产役权消灭登记。不动产役权办理登记的，不动产役权消灭时，应当及时办理注销登记。当事人申请不动产役权注销登记的，应持不动产登记证明、证实不动产役权发生消灭的材料等必要材料。

注销登记的，需提交以下材料：①原不动产役权登记的不动产权属证书（原件）；②不动产役权期限届满的，提交不动产役权期限届满的材料；③供役不动产、需役不动产归于同一人的，提交供役不动产、需役不动产归于同一人的材料；④供役不动产或者需役不动产灭失的，提交供役不动产或者需役不动产灭失的材料；⑤人民法院、仲裁委员会生效法律文书等导致不动产役权消灭的，提交人民法院、仲裁委员会的生效法律文书等材料；⑥依法解除不动产役权合同的，提交当事人解除不动产役权合同的协议。[3]

---

〔1〕　参见李遐桢：《我国地役权法律制度研究》，中国政法大学出版社2014年版，第258页。

〔2〕　参见《不动产登记暂行条例实施细则》第63条。

〔3〕　参见张祥宁：《地役权登记理论及实务初探——以南京市为例》，载《中国管理信息化》2018年第2期。

《民法典》第 385 条关于注销登记的效力如何，学术界形成了不同的看法：其中一种观点认为系采纳了登记生效主义，当事人未办理注销登记的，不动产役权仍然存在。[1]有学者正确地指出："这种观点既忽视了不动产役权的消灭与不动产役权的变更、转让之间的差异性，也没有注意到登记对抗主义规则下不动产役权所具有的特殊性，值得商榷。"[2]

不动产物权消灭是否需要办理注销登记，需要区分引起不动产物权消灭的原因。如果不动产物权消灭的原因是基于当事人的意思表示而提前消灭，例如供役不动产权利人依法解除不动产役权合同、不动产役权人抛弃不动产役权或者当事人合意消灭不动产役权时，应适用基于法律行为而引起的不动产役权设立和变更的规则，也即实行登记对抗主义：当事人不办理注销登记的，不动产役权仍然归于消灭，但不得以其消灭对抗善意受让不动产役权的第三人。换言之，对于善意受让不动产役权的第三人来说，不动产役权视为继续存在。[3]《民法典》第 229 条规定："因人民法院、仲裁机构的法律文书或者人民政府的征收决定等，导致物权设立、变更、转让或者消灭的，自法律文书或者征收决定等生效时发生效力。"据此可知，因供役不动产被征收导致不动产役权消灭的，应当自人民政府的征收决定生效时，而非自完成注销登记时发生效力。《民法典》第 231 条规定："因合法建造、拆除房屋等事实行为设立或者消灭物权的，自事实行为成就时发生效力。"据此可知，因拆除房屋等事实行为消灭房屋上的已登记不动产役权的，应自拆除房屋等事实行为成就时，而非自完成注销登记时发生效力。显然，在以上两种情况下，注销登记都不是已登记不动产役权消灭的要件，只不过是对不动产役权消灭的事实进行确认和宣示而已。[4]所以，应当根据不动产役权消灭的原因，分别讨论不动产役权注销登记的效力。

---

[1] 参见胡康生主编：《中华人民共和国物权法释义》，法律出版社 2007 年版，第 359 页；江平主编：《中华人民共和国物权法精解》，中国政法大学出版社 2007 年版，第 217 页。

[2] 参见戴孟勇：《论地役权登记对地役权变动的影响》，载《当代法学》2010 年第 2 期。

[3] 参见戴孟勇：《论地役权登记对地役权变动的影响》，载《当代法学》2010 年第 2 期。

[4] 参见戴孟勇：《论地役权登记对地役权变动的影响》，载《当代法学》2010 年第 2 期。

第三节 不动产役权登记的难点及克服

一、不动产役权内容的自由约定性对登记的影响及克服

（一）不动产役权登记内容的难点所在

正如本书的开篇所提到的，不动产役权的内容具有相当程度的自由约定性，这与功能单一的地上权、永佃权等存在极大的差别，因此，不动产役权登记制度绝对不能仅仅简单记载不动产役权即可，必须有另外的要求。所以，不动产役权内容的自由约定性是不动产役权登记制度特殊性的根源。

有些学者对不动产役权与其他用益物权进行了区分，认为其他功能性特定的物权，如地上权、永佃权，固然无需进一步特定，即可为交易标的，并为登记，纵使功能广泛的物权，如典权，当然可为交易标的，并得就典权整体做成登记。唯独不动产役权，因其非属功能性的类型概念，尚非可为交易的标的，更无法借登记达到公示的目的，必须等各土地所有人就其具体功能约定以后，才可设定，并应为"具体内容"的登记。目前在台湾地区实务上，多仅简单登记"地役权"而别无具体内容，可以说完全无法达到登记的公示目的，十分不合理。[1]不动产役权登记流于形式，不动产役权登记之数量相当少，因此，我国台湾地区出现了不动产役权日趋式微的局面。

建设用地使用权的权利内容是法定的，在进行建设用地使用权登记时，仅在登记簿上记载建设用地使用权即可标明权利内容。而不动产役权不似建设用地使用权等其他用益物权，其内容可以由当事人自由约定，这就决定了在登记内容方面不动产役权与建设用地使用权存在很大差异。许多国家的立法对此有所反映，例如《日本不动产登记法》第114条第1款规定："进行地役权设定登记时，于需役地不动产登记用纸中相应部事项栏内，应记载供役地不动产的标示、该不动产为地役权标的的意旨、地役权设定目的及范围。"此外，不动产役权设定的范围为供役不动产的一部分时，于申请书中应附具标明其范围的图式。《德国民法典》虽然对不动产役权的登记内容没有作出任

---

〔1〕 参见苏永钦：《重建役权制度——以地役权的重建为中心》，载苏永钦：《走入新世纪的私法自治》，中国政法大学出版社2002年版，第252页。

何规定，但德国学者认为，在登记中，须简短但又充分确定不动产标明不动产役权的内容；此外，就不动产役权的内容，可援引登记同意书中的记载，在设定不动产役权负担之土地部分，还未作为独立的土地而登记于土地登记簿时，可援引附于登记同意书中的不动产形图。[1]因此，不动产役权的登记内容必须体现不动产役权的设定目的及范围。

（二）不动产役权登记内容难点的克服

我们认为，法律对不动产役权的类型没有作出规定是产生这种现状的罪魁祸首。从我国《民法典》的规定来看，显然受到我国台湾地区"民法"的影响，也没有对不动产役权作类型划分，这为不动产役权登记流于形式提供了便利条件。《法国民法典》虽然对不动产役权的类型作了立法分类，确立了法定不动产役权与协议不动产役权，在此基础上，又将协议不动产役权作了进一步细化，但是应当注意，《法国民法典》对不动产役权的分类并非以不动产役权的功能为依据，原因在于各种不动产役权的功能并不相同。例如，排水不动产役权的功能在于调整需役不动产与供役不动产之间的排水关系；通行不动产役权的规范功能在于调整需役不动产与供役不动产之间的通行关系，等等。所以，各种不动产役权的规范功能并不相同，法律对其权利内容作出明确规定是不现实的。确实，不动产役权具体内容的不确定性导致了不动产役权类型化的困难，无法类型化的权利还能够登记吗？如果能够登记，其特殊性体现在何处？我国未来的不动产登记法应当如何规定不动产役权登记制度？

不论何种形式的不动产役权，都存在供役不动产与需役不动产，因此，不动产役权的类型化与否对不动产役权是在供役不动产登记簿上进行记载还是在需役不动产登记簿上进行登记，意义不是太大。但是，不动产役权类型化却对不动产役权登记的内容产生影响。上文对不动产役权类型化问题进行了论证，不动产役权的类型化是可行的。不动产役权一旦类型化，法定的不动产役权类型进行登记时无需"简短且明确不动产标明不动产役权的内容"，因为在类型之中已经包含了相关内容。例如，通行不动产役权在登记中记载

---

〔1〕 参见 ［德］ 鲍尔、施蒂尔纳：《德国物权法》（上册），张双根译，法律出版社 2004 年版，第 725 页。

"通行不动产役权"即可，而无需作出不动产役权登记之后，再对不动产役权的内容进行描述。如此一来，不动产役权的登记与抵押权等其他物权的登记就具有了极大的相似性。同时，为了保持不动产役权的生命力，为新型不动产役权的创设预留空间，对尚未类型化之不动产役权内容采纳传统民法之规定，在进行登记时，仍需在登记簿上"简短且明确不动产标明不动产役权的目的及范围"。

二、不动产役权的从属性对不动产役权登记制度的影响

（一）不动产役权的从属性是不动产役权登记具有特殊性的重要原因

传统民法理论认为，所谓不动产役权的从属性，是指不动产役权不能独立存在，必须依附于需役不动产而存在，与需役不动产所有权共命运。换言之，不动产役权的存在以需役不动产的存在为前提，不动产役权与需役不动产所有权共命运。[1]不动产役权从属于需役不动产，存在于需役不动产与供役不动产两块土地之上，这与地上权仅存在一块土地不同，因此，不动产役权登记应在需役不动产登记簿还是供役不动产登记簿上进行，也就具有了特殊性。

（二）不动产役权登记制度的立法模式

不动产役权具有登记能力，并非说明不动产役权像土地所有权一样具有独立的登记簿册，它只能依附于其他登记簿进行登记。但是，不动产役权的存在需要两块不动产，一为"需役不动产"，一为"供役不动产"。因此，不动产役权应在需役不动产登记簿上进行登记还是在供役不动产登记簿上进行登记，实成问题。综观各国立法，此形成了三种立法例，详细介绍如下：

第一种立法例认为，不动产役权是附属于需役不动产的权利，不动产役权应在需役不动产登记簿上登记，这以《日本不动产登记法》为代表。《日本不动产登记法》第 112 条之二规定："就需役地无所有权登记时，不得进行地役权设定登记。"同法第 114 条又规定："进行地役权设定登记时，于需役地不动产登记用纸中相应事项栏内，应记载供役地不动产的标示、该不动产为

---

[1] 参见王泽鉴:《民法物权》(2)，中国政法大学出版社 2001 年版，第 81 页。

地役权标的的意旨、地役权设定目的及范围。"因此，在日本，不动产役权登记应在需役不动产登记簿上进行登记记载。又因不动产役权的权利主体随需役不动产主体的变动而变动，不动产役权的权利主体就是需役不动产权利主体。因此，进行不动产役权设定登记时，无需于登记用纸的相应事项栏内记载登记不动产役权权利人的姓名、住所。我们认为，不动产役权作为一种用益物权，应当从权利的角度积极进行不动产宣示，以防第三人侵害不动产役权，且对需役不动产的受让人而言，他能够通过查看登记簿册即可确知不动产役权的存在，非常利于不动产役权的移转。因此，该立法例是从权利的公示角度加以规范。但是，在这种立法例下，因为不动产役权没有在供役不动产上进行登记，供役人将供役不动产转让给第三人时，第三人从供役不动产的登记权利状态来看，完全无法察觉他人不动产役权的存在。此时，已经登记的不动产役权可能就要面临来自善意第三人的威胁。然而，不动产役权却进行了登记，如此一来，善意第三人的保护与不动产役权登记制度之间就存在矛盾和冲突。因此，第一种立法例虽然能够公示不动产役权，但无法公示供役不动产上的权利负担，不利于保护交易安全，并非一种理想的立法模式。

第二种立法例认为，不动产役权是供役不动产的负担，这种供役不动产上所附加的负担必须为外人知晓，在供役不动产登记簿上进行不动产役权登记记载能有效保护供役不动产的受让人，保障供役不动产的交易安全。因此，不动产役权登记公示的应当是供役不动产上的权利状态，也就是供役不动产上的负担，而不是需役不动产上的权利状态，此种立法例以德国为代表。《德国土地登记条例》第9条规定："在需役地之登记簿中，可为地役权之登记。"但该登记非为不动产役权之成立所需要，且对不动产役权的公信力也不生意义。德国著名民法学家鲍尔、施蒂尔纳认为："地役权的成立，通过物权合意与登记于供役地之登记簿簿页；在需役地之登记簿中，可为地役权之登记，但该登记非为地役权之成立所必需，且对地役权的成立没有意义。"[1]我们认为，该立法例通过在供役不动产上进行登记公示供役不动产的负担，最大限度地排除供役不动产上第三人善意状态的存在，排除了第三人因不知供役不动产上存在不动产役权而发生争议的可能性，同时，也可以防止第三人的误

---

[1] 参见［德］鲍尔、施蒂尔纳：《德国物权法》（上册），张双根译，法律出版社2004年版，第722页。

信，侧重于对第三人利益的保护，有利于交易安全。但是，随不动产役权的成立，不动产役权就从属于需役不动产，并随需役不动产而一同移转于权利继受人；至于不动产役权是否已在需役不动产登记簿中附注，对该移转不生影响。因此，这种立法模式的缺陷在于，因不动产役权没有在需役不动产登记簿上进行登记记载，需役不动产的受让人可能不知不动产役权的存在，不利于从正面公示不动产役权，也不利于需役不动产受让人对不动产役权的行使。

第三种立法例认为，不动产役权存在于需役不动产与供役不动产之间，不存在缺少供役不动产或需役不动产的不动产役权，因此，不动产役权应当在需役不动产和供役不动产登记簿中作出，否则，不动产役权不能设立，此种立法例以瑞士为代表。《瑞士民法典》第 968 条规定："地役权的登记及涂销，须在不动产登记簿的需役不动产及供役不动产登记用纸上进行。"我们认为，一方面，不动产役权属于从属于需役不动产的一种物权，作为一种不动产物权，应当通过登记予以公示，且不动产役权应与需役不动产共同让与之，如果不在需役不动产登记簿册中进行登记，对不动产役权的移转将非常不利，因此，不动产役权应在需役不动产登记簿册中进行登记记载。另一方面，不动产役权是在供役不动产上的负担，登记能够明示供役不动产上的权利状态，保障供役不动产法律关系的明晰，对保障交易安全意义甚巨。因此，不动产役权也应在供役不动产登记簿册中进行登记记载。

在我国，有学者认为，由于不动产役权系存在于供役不动产之上的权利，其客体是供役不动产而非需役不动产，故不动产役权的设定登记理应是指在供役不动产登记簿进行的登记，并不包括在需役不动产登记簿所作的登记。[1]也有学者认为，不动产役权的设定应于需役不动产和供役不动产的登记簿中共同进行登记，其理由在于：其一，不动产役权登记是一项附加在供役不动产权利上的负担，应自供役不动产权利人同意方可为之；其二，不动产役权为需役不动产权利的一项从属性物权，两者不可分，登记主要在于对需役不动产权利人的保护，权利人自应参与登记；其三，只有在供役不动产和需役不动产登记簿上均为登记，才能全面实现不动产役权的效力。[2]有学

---

〔1〕　参见戴孟勇：《论地役权登记对地役权变动的影响》，载《当代法学》2010 年第 2 期。

〔2〕　参见耿卓：《传承与革新：我国地役权的现代发展》，北京大学出版社 2017 年版，第 52~53 页。

者认为，不动产役权的客体是供役不动产，应在供役不动产登记簿上进行不动产役权的登记，但不动产役权的产生原因在于为需役不动产提供便利，如果不动产役权没有在需役不动产登记簿上登记，可能会影响供役不动产权利人和不动产役权受让人之间的权利义务关系。[1]

《不动产登记暂行条例实施细则》第 64 条规定："地役权登记，不动产登记机构应当将登记事项分别记载于需役地和供役地登记簿。供役地、需役地分属不同不动产登记机构管辖的，当事人应当向供役地所在地的不动产登记机构申请地役权登记。供役地所在地不动产登记机构完成登记后，应当将相关事项通知需役地所在地不动产登记机构，并由其记载于需役地登记簿。地役权设立后，办理首次登记前发生变更、转移的，当事人应当提交相关材料，就已经变更或者转移的地役权，直接申请首次登记。"

根据上述规定可知，在我国，不动产役权的初始登记应当在供役不动产的登记簿和需役不动产的登记簿一并为之。在我国没有建立起统一的不动产登记制度时，在供役不动产与需役不动产分属不同登记机关管辖的场合，须在供役不动产的登记机关完成登记后，再由其通知需役不动产的登记机关在需役不动产的登记簿办理登记。按照我国《民法典》的规定，我国应建立统一的不动产登记制度，在供役不动产与需役不动产属于同一登记机关管辖的情况下，由登记机关分别在供役不动产和需役不动产的登记簿中进行登记。一般来说，因不动产役权的初始登记应在供役不动产和需役不动产的登记簿中一并进行，故通常不会发生仅在需役不动产的登记簿予以登记，而没有在供役不动产的登记簿进行登记的情况。[2]因此，我国在不动产役权登记实务上显然采取了第三种做法，即不动产役权需要在供役不动产和需役不动产登记簿上一并作出登记。但在供役不动产登记簿上的登记是不动产役权设立的必要条件，而在需役不动产上之登记仅为需役不动产上存在不动产役权的宣示。

三、我国不动产役权的登记方式

《瑞士民法典》规定，不动产役权应当在不动产登记簿的主簿上予以登记

---

[1]　参见房绍坤、严聪：《民法典物权编应如何规定地役权》，载《河南社会科学》2018 年第 8 期。

[2]　参见戴孟勇：《论地役权登记对地役权变动的影响》，载《当代法学》2010 年第 2 期。

记载，即在主簿的登记用纸相应栏目进行不动产役权登记。《日本不动产登记法》规定，登记簿分为土地登记簿以及建筑物登记簿两种，在土地登记簿中，每一用纸分为标示部、甲部及乙部。甲部事项栏记载有关所有权的事项，乙部事项栏记载所有权以外权利的事项。并且在日本，不动产役权的客体仅限于土地而不包括建筑物，所以，不动产役权应当在土地登记簿中的乙部事项栏内予以登记记载。《德国民法典》也规定，不动产役权应在供役不动产登记簿中进行登记。因此，从上述国家的有关立法可以看出，不动产役权虽然具有登记能力，但不动产役权是没有登记簿的，具体到我国而言，不动产役权也不能有独立的登记簿，不动产役权登记只能在其他不动产登记簿中作出。

按照我国《民法典》第 372 条的规定，地役权的客体是不动产，而不动产包括房屋、土地以及海域等，原则上讲，它们都可以成为不动产役权的客体。然而在我国，土地所有权具有专属性，要么属于国家，要么属于集体组织。如果在土地上设定不动产役权的，直接在土地登记簿上记载。在我国，建设用地使用权承担起土地所有权的功能，他具有自己独立的登记簿册，且建设用地使用权人可以设定不动产役权。因此，不动产役权登记也可以在建设用地使用权登记簿册上进行登记记载。为了解决房屋所有权与建设用地使用权的关系，《民法典》第 356 条特别规定："建设用地使用权转让、互换、出资或者赠与的，附着于该土地上的建筑物、构筑物及其附属设施一并处分。"而第 357 条规定："建筑物、构筑物及其附属设施转让、互换、出资或者赠与的，该建筑物、构筑物及其附属设施占用范围内的建设用地使用权一并处分。"因此，在我国房屋所有权与建设用地使用权虽然有区分，但在处分上是合一的。并且，在我国，私有房屋所有权也具有自己独立的登记簿册。因此，当不动产役权的客体是房屋时，不动产役权可以在房屋所有权登记簿上予以登记记载。

按照《海域使用管理法》的相关规定，海域所有权属于国家，海域使用权承担起海域走入市场的使命，海域使用权不经登记不能设立，因此，海域使用权具有登记能力。同时，按照《海域使用权登记办法》的有关规定，海域使用权也具有自己独立的登记簿册。因此，不动产役权也可能存在于海域之上。此时，不动产役权应在海域所有权或使用权登记簿册中予以登记记载。

第四节　不动产役权初始登记的效力研究

不动产役权具有登记能力，但不动产役权登记的效力如何，各国立法之规定并不相同。有的国家规定，不动产役权之登记是不动产役权的生效要件，不经登记，不动产役权不能设立，如德国。有的国家规定，不动产役权之登记是不动产役权的对抗要件，不经登记，不动产役权虽然能够设立，但不具有对世效力，如日本。缘于我国社会现实以及保持物权法内部协调的考虑，我国《民法典》第374条规定："地役权自地役权合同生效时设立。当事人要求登记的，可以向登记机构申请地役权登记；未经登记，不得对抗善意第三人。"该条是我国《民法典》关于不动产役权登记效力的规定，但有以下几个问题需要加以说明：

一、不动产役权与其他物权之间效力的说明

第一，在同一不动产上存在一个已经登记的不动产役权与其他已经登记的他物权，甚至是已经登记的不动产役权，物权之间的优先效力原则上按照其设定时间先后来确定。

第二，在同一不动产上存在一个没有登记公示的不动产役权与其他已经登记公示的他物权，已登记的他物权的效力优于未登记的不动产役权。

第三，在同一不动产上存在一个已经登记的不动产役权与一个未登记的他物权，甚至是一个未登记的不动产役权时，已经登记的不动产役权的效力优于未登记的他物权或不动产役权。但是，已经登记的不动产役权人知道或应当知道未登记的不动产役权或他物权设定在先的，则不能以其不动产役权已经登记为由，对抗未登记的不动产役权人或他物权人。

二、未登记不动产役权移转中的对抗效力

不动产役权以需役不动产与供役不动产之存在为要件。因此，需役不动产或供役不动产的移转对未经登记之不动产役权都会产生一定程度的影响。

（一）需役不动产转让时，不动产役权的归属

按照《民法典》第382条的规定，不动产役权从属于需役不动产，需役

不动产或者需役不动产上的土地承包经营权、建设用地使用权移转的，不动产役权随之移转，需役不动产或者需役不动产上的建设用地使用权、土地承包经营权部分移转的，转让部分涉及不动产役权的，受让人同时享有不动产役权。因此，从我国《民法典》的相关规定来看，不动产役权随需役不动产移转而为移转，而不问不动产役权是否登记。

（二）供役不动产转让时，不动产役权的对抗力问题

按照我国《民法典》第 383 条的规定，甲在乙的建设用地使用权上享有一项不动产役权。但是，该项不动产役权因没有办理登记而不具有对抗善意第三人的效力。不动产役权人将需役不动产转让给第三人的，基于不动产役权的从属性，不动产役权随之转让，即使该不动产役权没有进行登记。但此时，系由原不动产役权人还是需役不动产之受让人承受不动产役权设定合同中约定的对价？例如，甲为了在房屋中眺望远处的海景，与相邻的乙约定，乙不得在自己的建设用地使用权上建设高层建筑，作为补偿，甲每年需向乙支付 4000 元。甲将房屋转让给丙，每年向乙支付 4000 元的负担由谁来承受？按照债的相对性原理，应由甲来承受。但实践中，丙为了保障自己的不动产役权，丙多代为清偿。在甲拒绝清偿，丙拒绝代为清偿的情况下，乙可以根据《民法典》第 384 条之规定，解除不动产役权合同，消灭不动产役权。在上述假设的基础上，乙将自己的建设用地使用权转让给了丁。此时，丙之不动产役权是否可以对抗丁？我们认为，日本民法是采纳登记对抗主义的典型，因此，考察日本民法学界关于登记对抗主义的理解，对把握我国《民法典》上的登记对抗主义具有重要价值。

1. 日本民法关于登记对抗主义的理解

《日本民法典》第 177 条规定："不动产物权的取得、丧失及变更，非依登记法规定进行登记，不得以之对抗第三人。"在日本学术界，关于登记的效力，主要存在以下观点：[1]

（1）债权效果说。此说来源于德国的物权形式主义，主张不登记不发生物权变动的效果，仅发生债权性效果。这种解释违背了《日本民法典》第

---

[1] 参见［日］近江幸治：《民法讲义Ⅱ物权法》，王茵译，北京大学出版社 2006 年版，第 51~52 页。

176、177 条的根本宗旨,现在仅有学说史上的意义。[1]

(2) 否认权说。该说认为,即使没有登记,物权变动在当事人之间以及第三人之间也会发生效力,但是,如果第三人积极主张登记欠缺或行使否认权时,仅对第三人不发生物权变动的效力,此说曾是风靡一时的学说。

(3) 相对无效说。该说认为,即使没有登记,当事人之间仍然发生物权变动的效果,而对第三人则不发生效力(效力相对),但第三人可以承认当事人之间的物权变动,以回答否认权说的问题。对此说的批评是,此说违反物权的绝对性,并且本来对第三人无效的物权变动又因其承认而有效,实属滑稽,此说的问题在于将对抗和无效混为一谈。

(4) 相反事实主张说。此说认为,即使没有登记,物权变动在当事人之间及互为第三人之间完全生效,但第三人反对该物权变动或主张不能同时存在的事实时,则当事人之间未发生物权变动。

(5) 不完全物权说。此说认为,没有登记时,当事人之间、互为第三人之间发生的物权变动是不完全的,依登记之具备而成为完全的物权变动。

(6) 法定证据说。此说主张物权变动原则上以意思主义而成立,且按时间先后决定权利之取得人,而登记作为一种法定证据,在法院认定事实之际要受约束。

(7) 公信力说。该说认为,从无权利人处获得权利的制度有即时取得制度,因此可以运用该制度构建对抗理论。

2. 日本学术界关于不动产役权登记对抗效力的理解

日本学术界对未经登记的不动产役权,供役不动产被转让,是否可以该不动产役权对抗新所有人,有学者指出:"所谓对抗,是于彼此利害相反时才发生的事项,处于这种关系中的人,只限于就主张不动产役权登记欠缺有正当利益的第三人,对于并无这种利益的第三人,无登记亦可对抗。此处的第三人,是指除不动产役权设立、转让、消灭的当事人以外的人,但应有限制:不得对抗的第三人,包括就同一不动产最终拥有互不相容权利的人,包括有关合同权利(如租赁权)的人,善意或恶意,在所不问。"[2]日本有判例对

---

[1] 参见 [日] 近江幸治:《民法讲义Ⅱ物权法》,王茵译,北京大学出版社 2006 年版,第 51 页。

[2] 参见 [日] 我妻荣:《日本物权法》,[日] 有泉亨修订,李宜芬校订,五南图书出版公司 1999 年版,第 142、147 页。

"未登记的通行不动产役权，如供役不动产被转让，是否可以该不动产役权对抗新所有人"这一问题有一个明确的解释，判决认为："通行不动产役权的供役不动产被转让时，①如该供役不动产由需役不动产所有人持续作为道路使用之位置、形状、构造等物理状况是客观明确的，且②受让人认识或得以认识时，受让人即使不知该通行不动产役权的设定，只要无特别情势，不为拥有主张不动产役权设定登记欠缺正当利益之第三人。"[1] 因此，在日本，因通行不动产役权具有外在可以识别的标志，即使没有进行登记，从现实出发，应认为要承认不动产役权虽无登记亦有对抗效力。[2] 我们认为，在日本，物权的公示方式不限于登记，在物上刻字、将出卖的树木剥皮等都能够起到公示的效果。因此，道路通行不动产役权即使没有登记，因其具有外在的表现形式，也能起到类似于登记的效果。

不动产役权未为登记，也可对抗的第三人，或者说不得否认不动产役权效力的人，包括以下几类：①以不公正的手段妨碍不动产役权人获得登记的人，或负有协助登记义务而不履行的人，以及主张欠缺登记为理由明显违背诚实信用的人，均属无登记的不动产役权人能够对抗的人。②虽然从外形上看好像拥有与主张拥有不动产役权的人不相容的权利，而实体上却没有任何真实权利的人，一般被称为实质上无权利之人。无登记的不动产役权人能够对抗他。③侵权行为人，是指侵害不动产的人，而且不具有交易当事人的身份。他也属于无登记的真实权利人能够对抗的人。[3]

3. 对我国《民法典》第 374 条的对抗效力的理解

我国《民法典》第 374 条规定，未经登记的地役权不得对抗善意第三人。此处的"善意第三人"是指不知或不应知道供役不动产上存在不动产役权的供役不动产受让人，供役不动产的受让人是否为善意，应从不动产役权是否登记、不动产役权是否能够从外部感知等客观角度加以认定。在不动产役权未经登记的情况下，一旦不动产役权人以善意第三人受让的土地使用权负担

---

〔1〕　日本最高法院平成 10 年（1998 年）2 月 13 日判决，载《民事判例集》52 卷 1 号，第 65 页。转引自 ［日］近江幸治：《民法讲义Ⅱ物权法》，王茵译，北京大学出版社 2006 年版，第 211 页。

〔2〕　参见 ［日］近江幸治：《民法讲义Ⅱ物权法》，王茵译，北京大学出版社 2006 年版，第 212 页。

〔3〕　参见 ［日］我妻荣：《日本物权法》，［日］有泉亨修订，李宜芬校订，五南图书出版公司 1999 年版，第 150~160 页。

有不动产役权而要求善意第三人承担供役义务时，善意第三人可以依法进行抗辩，拒绝负担不动产役权义务。[1]在供役不动产受让人为善意时，不动产役权是否还存在，在理论上存在争议。

有的人认为，未登记的不动产役权之供役不动产转让的，不动产役权仍然存在，但因没有登记不能对抗善意第三人。因此，在供役不动产转让给善意第三人时，不动产役权仅是不能行使，但不影响其存在。因此，一旦供役不动产再次流转给原供役不动产人时，不动产役权自行恢复。有的人认为，供役不动产已经转让给善意第三人的，供役不动产上的负担已经不再存在，失去了供役不动产，不动产役权还有何意义？因此，在解释上，应当认定不动产役权消灭，即不动产役权随供役不动产的转让而消灭。

我们认为，不动产役权登记对抗主义，实际上是指不动产役权没有登记，不能对抗善意第三人，因此，不动产役权并不因此而消灭，不动产役权还存在，只是不动产役权不具有对抗效力而已。因此，上述第一种观点是准确的。

在我国，登记是不动产唯一的公示方式，因此，不动产役权不经登记，即使该不动产役权具有外在可以识别的标志，仍不具有对抗效力。但是，我国《民法典》规定，地役权不经登记不得对抗善意第三人。因此，如果一项不动产役权具有外在识别的标志且为第三人知晓时，可以作为否认该第三人为"善意"的证据。因此，道路通行不动产役权等能够以外在形式表现的不动产役权，即使没有登记，但因其具有外在可观性，往往可以对抗恶意之第三人。

三、我国不动产役权登记应该采取生效主义吗?

对于我国《民法典》在不动产役权设定上所采取的登记模式，理论上支持者有之。[2]按照我国立法机关的解释，《民法典》在不动产役权设定上之所以采取登记对抗主义，主要是考虑到我国农村，80%~90%的不动产役权都是不登记的。因此，根据我国的实际情况，为了方便群众，减少成本，不动

---

〔1〕　参见最高人民法院物权法研究小组编著：《〈中华人民共和国物权法〉条文理解与适用》，人民法院出版社 2007 年版，第 474 页。

〔2〕　参见王利明：《物权法研究》（下卷），中国人民大学出版社 2016 年版，第 999 页。

产役权设定采取登记对抗主义。[1]反对我国《民法典》第 374 条的主要理由在于，第 374 条采登记对抗主义模式，会产生以下问题：其一，不动产役权作为物权，其效力完全系于当事人的约定，必将使得以物权构造实现权利人稳定有保障地利用他人不动产增进自己不动产利用效率的立法目的落空。这是因为不动产役权模式除了上述作用外，与债权性利用模式无异。其二，虽然我国《民法典》没有以法律的形式规定不动产役权的分类，但不同类型的不动产役权表现形式不一，如非表见的不动产役权，如果又没有在登记簿中记载，对第三人的侵害行为甚至是供役不动产人的违约行为都会无能为力。其三，威胁交易安全。供役不动产权利人转让其不动产时，对方当事人极易受到隐瞒；而不动产役权的从属性也将荡然无存。此外，如果采登记对抗主义，在不动产役权未登记时，在法律效果上与债权性质的不动产利用关系在实践中难以区分，从而徒增困扰。[2]有学者认为，我国原《物权法》第 158 条应改为："不动产役权自登记时成立。不动产役权未登记的，准用合同法的规定。"[3]但是，我国《民法典》继续保留了《物权法》关于不动产役权登记对抗效力的规定。

有学者认为，"在我国，土地承包经营权人、宅基地使用权人可以设定不动产役权。然而，土地承包经营权、宅基地使用权不似建设用地使用权、海域使用权那样，采纳登记生效主义。因此，土地承包经营权、宅基地使用权未必都进行了登记，这样一来，不动产役权则可能因它们没有登记而无法进行登记。所以，以没有登记的土地承包经营权、宅基地使用权为客体的不动产役权是无法登记的。因此，土地承包经营权的设立应采意思主义；以土地承包经营权为基础的不动产役权的设定也只能采纳登记对抗主义，这是一脉相承的。"[4]因此，完善我国土地承包经营权、宅基地使用权登记制度对不动产役权登记具有基础性作用。从 2014 年 11 月出台《不动产登记暂行条例》以来，国家积极推进不动产统一登记制度，我国不动产登记制度在不断发展和完善：首先，全国农村集体土地所有权确权登记发证工作于 2013 年就已基

---

〔1〕　参见胡康生主编：《中华人民共和国物权法释义》，法律出版社 2007 年版，第 348 页。
〔2〕　参见耿卓：《比较法视野下的我国乡村地役权及其立法》，载《当代法学》2011 年第 5 期。
〔3〕　参见耿卓：《比较法视野下的我国乡村地役权及其立法》，载《当代法学》2011 年第 5 期。
〔4〕　参见李遐桢：《我国地役权法律制度研究》，中国政法大学出版社 2014 年版，第 275 页。

本完成，截至 2013 年 5 月底，全国农村集体土地所有权登记发证率为 97%，其中有 24 个省份的发证率在 95% 以上，6 个省份在 90%~95% 之间。其次，全国土地承包经营权、宅基地使用权和集体建设使用权的确权登记发证工作目前正在加快推进当中，并已接近尾声。在此情况下，再加上已相对完备和普及的国有建设用地使用权以及房屋所有权登记、海域使用权登记，不动产役权登记会有稳固的基础，从发展的眼光来看，不妨以登记为不动产役权的设立要件，让其产生设权效力。[1]因此，为保持不动产物权变动模式的统一性，适应不动产役权适用范围不断扩大的需要，确保交易安全，不动产役权的设定宜改采登记生效主义模式。[2]我们认为，不动产役权采取登记生效主义，能够在理论上一以贯之，也符合我国登记制度发展的趋势。

---

〔1〕 参见常鹏翱：《回归传统：我国地役权规范的完善之道》，载《清华法学》2018 年第 5 期。

〔2〕 参见房绍坤、严聪：《民法典物权编应如何规定地役权》，载《河南社会科学》2018 年第 8 期。

参考文献

一、中文著作

1. 谢在全:《民法物权论》,中国政法大学出版社 1999 年版。

2. 梁慧星主编:《中国物权法研究》,法律出版社 1998 年版。

3. 刘乃忠:《地役权法律制度研究》,中国法制出版社 2007 年版。

4. 王泽鉴:《民法物权》(2),中国政法大学出版社 2001 年版。

5. 史浩明、张鹏:《地役权》,中国法制出版社 2007 年版。

6. 曹杰:《中国民法物权论》,中国方正出版社 2004 年版。

7. 黄风:《罗马法私法导论》,中国政法大学出版社 2003 年版。

8. 江平、米健:《罗马法基础》,中国政法大学出版社 1987 年版。

9. 关涛:《我国不动产法律问题专论》,人民法院出版社 1999 年版。

10. 尹田:《法国物权法》,法律出版社 1998 年版、2009 年版。

11. 陈朝璧:《罗马法原理》,法律出版社 2006 年版。

12. 史尚宽:《物权法论》,中国政法大学出版社 2000 年版。

13. 王卫国:《中国土地权利研究》,中国政法大学出版社 1997 年版。

14. 周枏:《罗马法原论》,商务印书馆 1994 年版。

15. 屈茂辉:《用益物权制度研究》,中国方正出版社 2005 年版。

16. 王利明:《物权法论》,中国政法大学出版社 2003 年版。

17. 崔建远主编:《我国物权立法难点问题研究》,清华大学出版社 2005 年版。

18. 孙宪忠:《德国当代物权法》,法律出版社 1997 年版。

19. 黄茂荣:《法学方法与现代民法》(第 5 版),法律出版社 2007 年版。

20. 李永军:《合同法》,法律出版社 2004 年版。

21. 房绍坤:《物权法·用益物权编》,中国人民大学出版社 2007 年版。

22. 丘汉平：《罗马法》，中国方正出版社 2004 年版。

23. 郑玉波：《民法物权》，三民书局 1992 年版。

24. 刘志敭：《民法物权编》，中国政法大学出版社 2006 年版。

25. 陈华彬：《现代建筑物区分所有权制度研究》，法律出版社 1995 年版。

26. 刘保玉：《物权体系论——中国物权法上的物权类型设计》，人民法院出版社 2004 年版。

27. 李永军主编：《海域使用权研究》，中国政法大学出版社 2006 年版。

28. 蔡志方：《行政救济与行政法学》（2），三民书局 1993 年版。

29. 谢哲胜：《财产法专题研究》，三民书局 1995 年版。

30. 王名扬：《法国行政法》，中国政法大学出版社 1999 年版。

31. 翁岳生主编：《行政法》（下），中国法制出版社 2002 年版。

32. 上海社会科学所法学所编译：《民法》，知识产权出版社 1981 年版。

33. 吕忠梅：《环境法》，法律出版社 1997 年版。

34. 最高人民法院物权法研究小组编著：《〈中华人民共和国物权法〉条文理解与适用》，人民法院出版社 2007 年版。

35. 陈华彬：《物权法原理》，国家行政学院出版社 1998 年版。

36. 崔建远：《准物权研究》，法律出版社 2003 年版。

37. 崔建远：《土地上的权利群研究》，法律出版社 2004 年版。

38. 房绍坤等：《中国民事立法专论》，青岛海洋大学出版社 1995 年版。

39. 房绍坤等：《民商法原理》，中国人民大学出版社 1999 年版。

40. 高富平：《物权法原论——中国物权立法基本问题研究》，中国法制出版社 2001 年版。

41. 高富平：《土地使用权和用益物权——我国不动产物权体系研究》，法律出版社 2001 年版。

42. 江平主编：《中国土地立法研究》，中国政法大学出版社 1999 年版。

43. 孔庆明等编著：《中国民法史》，吉林人民出版社 1996 年版。

44. 梁慧星：《民法总论》，法律出版社 1996 年版。

45. 梁慧星编著：《中国物权法草案建议稿》，社会科学文献出版社 2000 年版。

46. 马俊驹、余延满：《民法原论》，法律出版社 1998 年版。

47. 马新彦：《美国财产法与判例研究》，法律出版社 2001 年版。

48. 钱明星：《物权法原理》，北京大学出版社 1994 年版。

49. 王利明主编：《中国物权法建议稿及说明》，中国法制出版社 2001 年版。

50. 王轶：《物权变动论》，中国人民大学出版社 2001 年版。

51. 温世扬：《物权法要论》，武汉大学出版社 1997 年版。

52. 孙宪忠：《中国物权法总论》，法律出版社 2003 年版。

53. 周林彬：《物权法新论——一种法律经济分析的观点》，北京大学出版社 2002 年版。

54. 林诚二：《民法理论与问题研究》，中国政法大学出版社 2000 年版。

55. 刘得宽：《民法诸问题与新展望》，中国政法大学出版社 2002 年版。

56. 潘维大、刘文琦编著：《英美法导读》，法律出版社 2000 年版。

57. 苏永钦：《私法自治中的经济理性》，中国人民大学出版社 2004 年版。

58. 王泽鉴：《民法总则》，中国政法大学出版社 2001 年版。

59. 王文宇：《民法理论与经济分析》，中国政法大学出版社 2002 年版。

60. 杨仁寿：《法学方法论》，中国政法大学出版社 1999 年版。

61. 杨与龄编著：《民法物权》，五南图书出版公司 1981 年版。

62. 郑玉波主编：《民法物权论文选辑》，五南图书出版公司 1984 年版。

63. 杨振山、〔意〕桑德罗·斯奇巴尼主编：《罗马法·中国法与民法法典化——物权和债权之研究》，中国政法大学出版社 2001 年版。

64. 全国人民代表大会常务委员会法制工作委员会民法室编著：《物权法立法背景与观点全集》，法律出版社 2007 年版。

65. 李永军：《民法总论》，法律出版社 2006 年版。

66. 梁治平编：《国家、市场、社会：当代中国的法律与发展》，中国政法大学出版社 2006 年版。

67. 陈华彬：《外国物权法》，法律出版社 2004 年版。

68. 刘俊：《中国土地法理论研究》，法律出版社 2006 年版。

69. 何勤华：《西方法学史》，中国政法大学出版社 1996 年版。

70. 房绍坤：《用益物权基本问题研究》，北京大学出版社 2007 年版。

71. 谢在全：《民法物权论》，中国政法大学出版社 2011 年版。

72. 崔建远：《物权：规范与学说——以中国物权法的解释论为中心》，清华大学出版社 2011 年版。

73. 江平主编：《物权法》，法律出版社 2009 年版。

74. 胡康生主编：《中华人民共和国物权法释义》，法律出版社 2007 年版。

75. 江平主编：《中华人民共和国物权法精解》，中国政法大学出版社 2007 年版。

76. 王利明、尹飞、程啸：《中国物权法教程》，人民法院出版社 2007 年版。

77. 龙卫球：《民法总论》（第 2 版），中国法制出版社 2002 年版。

78. 梅夏英：《财产权构造的基础分析》，人民法院出版社 2002 年版。

79. 李进之等：《美国财产法》，法律出版社 1999 年版。

80. 马新彦：《美国财产法与判例研究》，法律出版社 2001 年版。

81. 陈华彬：《民法物权论》，中国法制出版社 2010 年版。

82. 张鹤：《地役权研究：在法定与意定之间》，中国政法大学出版社 2014 年版。

83. 李遐桢：《我国地役权法律制度研究》，中国政法大学出版社 2014 年版。

84. 张中秋：《中西法律文化比较研究》，南京大学出版社 1991 年版。

85. 张晋藩主编：《中国法律史》，法律出版社 1995 年版。

86. 杨立新点校：《大清民律草案·民国民律草案》，吉林人民出版社 2002 年版。

87. 梁慧星：《中国民事立法评说：民法典、物权法、侵权责任法》，法律出版社 2010
    年版。

88. 全国人大常委会法制工作委员会民法室编著：《中华人民共和国物权法解读》，中国法
    制出版社 2007 年版。

89. 梁慧星、陈华彬：《物权法》，法律出版社 2016 年版。

90. 尹田：《物权法》，北京大学出版社 2013 年版。

91. 刘家安：《物权法论》，中国政法大学出版社 2009 年版。

92. 王利明：《物权法研究》，中国人民大学出版社 2013 年版。

93. 施沛生编：《中国民事习惯大全》，上海书店出版社 2002 年版。

94. 前南京国民政府司法行政部编：《民事习惯调查录》（上册），胡旭晟等点校，中国政
    法大学出版社 2000 年版。

95. 王俊主编：《相邻关系纠纷案件审判要旨》，人民法院出版社 2005 年版。

96. 魏振瀛主编：《民法》，北京大学出版社、高等教育出版社 2010 年版。

97. 耿卓：《传承与革新：我国地役权的现代发展》，北京大学出版社 2017 年版。

98. 黄薇主编：《中华人民共和国民法典物权编释义》，法律出版社 2020 年版。

二、中文译著

1. ［德］K. 茨威格特、H. 科茨：《比较法总论》，潘汉典等译，法律出版社 2003 年版。

2. ［德］迪特尔·梅迪库斯：《德国民法总论》，邵建东译，法律出版社 2000 年版。

3. ［德］G. 拉德布鲁赫：《法学导论》，米健、朱林译，中国大百科全书出版社 1997 年版。

4. ［德］弗里德里希·卡尔·冯·萨维尼：《论立法与法学的当代使命》，许章润译，中国
   法制出版社 2001 年版。

5. ［德］弗朗茨·维亚科尔：《近代私法史：以德意志的发展为观察重点》，陈爱娥、黄建
   辉译，上海三联书店 2006 年版。

6. ［德］罗尔夫·克尼佩尔：《法律与历史——论〈德国民法典〉的形成与变迁》，朱岩
   译，法律出版社 2003 年版。

7. ［美］阿瑟·库恩：《英美法原理》，陈朝璧译注，法律出版社 2002 年版。

8. ［美］理查德·A. 波斯纳:《法律的经济分析》, 蒋兆康译, 中国大百科全书出版社 1997 年版。

9. ［日］北川善太郎:《日本民法体系》, 李毅多、仇京春译, 科学出版社 1995 年版。

10. ［日］我妻荣:《债权在近代法中的优越地位》, 王书江、张雷译, 中国大百科全书出版社 1999 年版。

11. ［德］罗伯特·霍恩、［德］海因·科茨:《德国民商法导论》, 楚建译, 中国大百科全书出版社 1996 年版。

12. ［日］近江幸治:《民法讲义 II 物权法》, 王茵译, 北京大学出版社 2006 年版。

13. ［日］三潴信三:《物权法提要》（上、下卷）, 孙芳译, 中国政法大学出版社 2005 年版。

14. ［德］鲍尔、施蒂尔纳:《德国物权法》（上册）, 张双根译, 法律出版社 2004 年版。

15. ［日］我妻荣:《日本物权法》, ［日］有泉亨修订, 李宜芬校订, 五南图书出版公司 1999 年版。

16. ［英］F. H. 劳森、B. 拉登:《财产法》, 施天涛等译, 中国大百科全书出版社 1998 年版。

17. ［美］E. 博登海默:《法理学——法律哲学与法律方法》, 邓正来译, 中国政法大学出版社 1999 年版。

18. ［英］巴里·尼古拉斯:《罗马法概论》, 黄风译, 法律出版社 2000 年版。

19. ［日］田山辉明:《物权法》, 陆庆胜译, 法律出版社 2001 年版。

20. ［意］桑德罗·斯奇巴尼选编:《物与物权》, 范怀俊译, 中国政法大学出版社 1999 年版。

21. ［德］迪特尔·梅迪库斯:《德国债法总论》, 杜景林、卢谌译, 法律出版社 2004 年版。

22. ［古罗马］优士丁尼:《法学阶梯》, 徐国栋译, 中国政法大学出版社 1999 年版。

23. ［德］霍尔斯特·海因里希·雅科布斯:《十九世纪德国民法科学与立法》, 王娜译, 法律出版社 2003 年版。

24. ［意］彼德罗·彭梵得:《罗马法教科书》, 黄风译, 中国政法大学出版社 1992 年版。

25. ［古罗马］查士丁尼:《法学总论——法学阶梯》, 张企泰译, 商务印书馆 1989 年版。

26. ［法］雅克·盖斯旦、吉勒·古博:《法国民法总论》, 陈鹏等译, 法律出版社 2004 年版。

27. ［德］G. 拉德布鲁赫:《法哲学》, 王朴译, 法律出版社 2005 年版。

28. ［德］M. 沃尔夫:《物权法》, 吴越、李大雪译, 法律出版社 2004 年版。

29. ［德］卡尔·拉伦茨:《法学方法论》, 陈爱娥译, 商务印书馆 2003 年版。

30. ［德］波恩哈德·格罗斯菲尔德：《比较法的力量与弱点》，孙世彦、姚建宗译，清华大学出版社 2002 年版。

31. ［英］梅因：《古代法》，沈景一译，商务印书馆 1995 年版。

32. ［德］卡尔·拉伦茨：《德国民法通论》（上），王晓晔等译，法律出版社 2003 年版。

33. ［日］星野英一：《民法劝学》，张立艳译，北京大学出版社 2006 年版。

34. ［美］约翰·E. 克里贝特等：《财产法：案例与材料》，齐东祥、陈刚译，中国政法大学出版社 2003 年版。

35. ［日］原田尚彦：《环境法》，于敏译，法律出版社 1999 年版。

36. ［奥］凯尔森：《法与国家的一般理论》，沈宗灵译，中国大百科全书出版社 1996 年版。

37. ［美］艾伦·沃森：《民法法系的演变及形成》，李静冰、姚新华译，中国政法大学出版社 1992 年版。

38. ［美］约翰·G. 斯普兰克林：《美国财产法精解》，钟书峰译，北京大学出版社 2009 年版。

39. 《学说汇纂·地役权》（第 8 卷），陈汉译，中国政法大学出版社 2009 年版。

40. ［意］朱塞佩·格罗索：《罗马法史》，黄风译，中国政法大学出版社 2009 年版。

41. ［法］弗朗索瓦·泰雷、菲利普·森勒尔：《法国财产法》，罗结珍译，中国法制出版社 2008 年版。

42. ［日］我妻荣：《民法讲义Ⅱ：新订物权法》，［日］有泉亨补订，罗丽译，中国法制出版社 2008 年版。

43. ［美］罗杰·H. 伯恩哈特、安·M. 伯克哈特：《不动产》，钟书峰译，法律出版社 2005 年版。

44. ［日］秋山靖浩：《ドイツにおける都市計画と併存する地役権——都市空間の制御における地役権の意義を探るために》，载《早稲田法学》2005 年第 1 期。

45. ［英］亨利·萨姆奈·梅因：《古代法》，高敏、瞿慧虹译，九州出版社 2007 年版。

46. ［日］四宫和夫：《日本民法总则》，唐晖、钱孟姗译，五南图书出版有限公司 1995 年版。

47. ［日］美浓部达吉：《公法与私法》，黄冯明译，中国政法大学出版社 2003 年版。

三、中文论文

1. ［德］沃尔夫冈·维甘德：《物权类型法定原则——关于一个重要民法原理的产生及其意义》，迟颖译，载张双根、田士永、王洪亮主编：《中德私法研究》（2006 年第 2 卷），北京大学出版社 2007 年版。

2. 彭诚信：《我国土地公有制度对相邻权的影响》，载《法商研究》2000 年第 1 期。

3. 苏永钦：《民事财产法在新世纪面临的挑战》，载《人大法律评论》2001 年第 1 期。

4. 于宏伟：《地役权法律制度研究》，中国人民大学 2007 年博士学位论文。

5. 苏永钦：《物权法定主义松动下的民事财产权体系》，载苏永钦：《民事立法与公私法的接轨》，北京大学出版社 2005 年版。

6. 申卫星：《地役权制度的立法价值与模式选择》，载《现代法学》2004 年第 5 期。

7. 汤长极：《对公共地役权立法的建议》，载《中国土地》2006 年第 12 期。

8. 马新彦：《地役权的借鉴与重构》，载王利明主编：《物权法专题研究》，吉林人民出版社 2002 年版。

9. 吴晓：《论类型化方法对宪法学研究的意义》，载《政法学刊》2006 年第 1 期。

10. 马新彦：《美国不动产法上的地役权研究》，载梁慧星主编：《梁慧星先生主编之域外法律制度研究集》（第 2 辑），国家行政学院出版社 2000 年版。

11. 苏永钦：《重建役权制度——以地役权的重建为中心》，载苏永钦：《走入新世纪的私法自治》，中国政法大学出版社 2002 年版。

12. 李永军：《我国民法上真的不存在物权行为吗?》，载《法律科学》1998 年第 4 期。

13. 彭诚信：《现代意义相邻权的理解》，载《法制与社会发展》1999 年第 1 期。

14. 张鹏：《役权的历史渊源与现代价值定位》，载梁慧星主编：《民商法论丛》（第 18 卷），金桥文化出版（香港）有限公司 2001 年版。

15. 崔建远：《海域使用权制度及其反思》，载《政法论坛》2004 年第 6 期。

16. 房绍坤、吴兆祥：《论物权法定原则》，载《法律科学》1996 年第 6 期。

17. 彭诚信：《相邻权与地役权的物权立法选择》，载《私法研究》2002 年第 1 期。

18. 苏永钦：《法定相邻权可否预先排除?》，载苏永钦主编：《民法物权争议问题研究》，清华大学出版社 2004 年版。

19. 杜宇：《再论刑法上之"类型化"思维———一种基于"方法论"的扩展性思考》，载《法制与社会发展》2005 年第 6 期。

20. 沈海虹：《美国文化遗产保护领域中的地役权制度》，载《中外建筑》2006 年第 2 期。

21. 钱水苗、巩固：《我国湿地保护立法初探》，载《环境保护》2004 年第 10 期。

22. 戴孟勇：《论地役权登记对地役权变动的影响》，载《当代法学》2010 年第 2 期。

23. 耿卓：《比较法视野下的我国乡村地役权及其立法》，载《当代法学》2011 年第 5 期。

24. 陈耀东、赵秀清：《地役权本质与存在原则的法律与经济分析——兼评〈物权法（草案）〉关于地役权的规定》，载《政法论丛》2006 年第 2 期。

25. 崔建远：《地役权的解释论》，载《法学杂志》2009 年第 2 期。

26. 张鹏：《究竟什么是地役权?》，载《中国不动产法研究》2006 年第 12 期。

27. 马俊驹、梅夏英：《罗马法财产权构造的形成机制及近代的演变》，载杨振山主编：《罗马法·中国法与民法法典化》，中国政法大学出版社 2001 年版。

28. 刘乃忠：《地役权法律问题研究》，武汉大学 2000 年博士学位论文。

29. 赵俊劳：《论用益物权的客体及其立法政策选择——兼评我国〈物权法〉第 117 条的规定》，载《法律科学》2012 年第 2 期。

30. 刘乃忠：《论地役权对物权法定原则漏洞的补充》，载《武汉大学学报（社会科学版）》2001 年第 3 期。

31. 耿卓：《英美法上的役权研究》，载《中国不动产法研究》2012 年第 7 卷。

32. 马新彦：《美国衡平法上的地役权研究》，载《吉林大学社会科学学报》2000 年第 2 期。

33. 唐孝辉：《我国自然资源保护地役权制度构建》，吉林大学 2014 年博士学位论文。

34. 曾健龙：《地役权制度中的意思自治与不动产利用效率》，厦门大学 2012 年博士学位论文。

35. 蔡明诚：《民法物权编的发展与展望》，载谢在全等：《民法七十年之回顾与展望纪念论文集——物权·亲属编》，中国政法大学出版社 2002 年版。

36. 陈华彬：《从地役权到不动产役权——以我国不动产役权的构建为视角》，载《法学评论》2016 年第 3 期。

37. 房绍坤：《役权的立法选择》，载《辽宁大学学报（哲学社会科学版）》2005 年第 4 期。

38. 于宏伟、李军辉：《论地役权若干法律问题》，载《法学杂志》2007 年第 2 期。

39. 房绍坤、严聪：《民法典物权编应如何规定地役权》，载《河南社会科学》2018 年第 8 期。

40. 耿卓：《论我国地役权的现代发展》，中南财经政法大学 2011 年博士学位论文。

41. 朱广新：《我国〈物权法〉中地役权制度探究》，载《法学》2009 年第 7 期。

42. 陈国军：《论我国役权制度的完善——以民法典编纂为视角》，载《政治与法律》2016 年第 12 期。

43. ［日］藤井俊二：《土地与建筑物的法律关系——两者是一个物还是两个独立的物》，申政武译，载渠涛主编：《中日民商法研究》（第 4 卷），法律出版社 2006 年版。

44. 郑冠宇：《地役权的现代化》，载《烟台大学学报（哲学社会科学版）》2009 年第 1 期。

45. 张阳：《建房围墙封死小路 百户居民要求听证》，载《今日早报》2004 年 8 月 20 日，第 A8 版。

46. 徐行：《翰林花园道路之争》，载《都市快报》2003 年 11 月 14 日，第 A8 版。

47. 汪闻锋：《关于农村相邻关系纠纷案件的调研报告》，载《当代学术论坛》2007 年第

10 期。

48. 尹田：《论物权法定原则的解释及其根据》，载《河南省政法管理干部学院学报》2002
   年第 4 期。

49. 陈华彬：《空间建设用地使用权探微》，载《法学》2015 年第 7 期。

50. 田野等：《不动产役权构造论——以地役权意涵为基础》，载《天津大学学报（社会科
   学版）》2018 年第 3 期。

51. 彭诚信：《我国土地公有制度对相邻权的影响》，载《法商研究》2000 年第 1 期。

52. 常鹏翱：《回归传统：我国地役权规范的完善之道》，载《清华法学》2018 年第 5 期。

53. 陈华彬：《从地役权到不动产役权——以我国不动产役权的构建为视角》，载《法学评
   论》2016 年第 3 期。

54. 耿卓：《地役权基本范畴重述》，载《西部法学评论》2014 年第 4 期。

55. 张辉：《民法中法定义务再约定研究》，北京化工大学 2012 年硕士学位论文。

56. 黄忠：《地票交易的地役权属性论》，载《法学》2013 年第 6 期。

57. 张先贵：《容积率指标交易的法律性质及规制》，载《法商研究》2016 年第 1 期。

58. 孙鹏、徐银波：《社会变迁与地役权的现代化》，载《现代法学》2013 年第 3 期。

59. 陈勇：《地役权在城市规划中的影响与作用》，浙江大学 2016 年博士学位论文。

60. 李文静：《相邻关系——在法定和约定之间》，载《黑龙江省政法管理干部学院学报》
   2010 年第 8 期。

61. 余泽波：《地役权善意取得问题探讨》，载《人口·社会·法制研究》2013 年第 1 期。

62. 崔艳峰：《物权公示与善意取得之辩证》，载《法学杂志》2016 年第 6 期。

63. 孟勤国、蒋光辉：《论不动产善意取得的善意标准及善意认定》，载《河南财经政法大
   学学报》2013 年第 3 期。

64. 倪桂芳：《不动产善意取得制度若干问题研究》，载《中国不动产研究》2015 年第 11 期。

65. 李遐桢：《地役权从属性与我国不动产役权法律制度的修正》，载陈小君主编：《私法研
   究》（第 17 卷），法律出版社 2015 年版。

66. 程新文、司伟：《善意取得的构成要件与适用排除解释》，载《人民法院报》2016 年 5
   月 4 日，第 7 版。

67. 曹士兵：《物权法关于物权善意取得的规定与检讨——以抵押权的善意取得为核心》，
   载《法律适用》2014 年第 8 期。

68. 李先波、杨志仁：《善意取得中转让合同效力问题研究》，载《湖南师范大学社会科学
   学报》2007 年第 6 期。

69. 刘家安：《善意取得情形下转让行为的效力》，载《法学》2009 年第 5 期。

70. 王利明：《不动产善意取得的构成要件研究》，载《政治与法律》2008 年第 10 期。

71. 李遐桢：《无权处分他人之物转让合同效力的展开》，载《甘肃政法学院学报》2015 年第 1 期。

72. 徐万鑫、郑智杨：《未经登记的农村房产的有效转让和善意取得》，载《人民司法（案例）》2010 年第 12 期。

73. 甄增水：《双轨制：我国善意取得制度设计的应然路径——兼析〈中华人民共和国物权法〉第 106 条》，载《法商研究》2014 年第 4 期。

74. 程啸：《论不动产善意取得之构成要件——〈中华人民共和国物权法〉第 106 条释义》，载《法商研究》2010 年第 5 期。

75. 薛军：《地役权与居住权问题——评〈物权法草案〉第十四、十五章》，载《中外法学》2006 年第 1 期。

76. 张鹤：《澳门地役权取得方式的思考及借鉴》，载《政法论丛》2013 年第 10 期。

77. 杨翔宇：《面向不动产役权的地役权变革》，载《中国不动产法研究》2017 年第 2 期。

78. 郑冠宇：《不动产役权之修正与适用》，载《月旦民商法》2010 年第 28 期。

79. 吴光明：《不动产役权之变革与发展》，载《月旦法学》2013 年第 218 期。

80. 吴光明：《公寓大厦规约之探讨——兼论其与自己地役权之比较》，载《财产法暨经济法》2005 年创刊号。

81. 谢哲胜：《自己不动产役权》，载《月旦法学教室》2010 年第 94 期。

82. 于凤瑞：《自己地役权的构造及其适用》，载《中国土地科学》2014 年第 8 期。

83. 陈致薇：《自己不动产役权之研究》，台湾中正大学法学系暨研究所 2010 年硕士学位论文。

84. 雷秋玉：《地役权的功能泛化与本质复归》，载《中南大学学报（社会科学版）》2015 年第 2 期。

85. 张珺：《私有不动产上公共利益的实现方式研究》，华东政法大学 2014 年博士学位论文。

86. 郭庆珠、杨福忠：《城市地下开发中的公共地役权与市场化补偿》，载《理论导刊》2014 年第 1 期。

87. 高圣平：《开放小区的现行法径路》，载《武汉大学学报（人文科学版）》2016 年第 3 期。

88. 张力、庞伟伟：《住宅小区推进"街区制"改革的法律路径研究——以"公共地役权"为视角》，载《河北法学》2016 年第 8 期。

89. 罗建：《公共地役权制度研究》，载《中国不动产法研究》2014 年第 1 期。

90. 张祥宁：《地役权登记理论及实务初探——以南京市为例》，载《中国管理信息化》2018 年第 2 期。

四、法典译著

1. 罗结珍译：《法国民法典》，法律出版社 2005 年版。

2. 王卫国主译：《荷兰民法典》，中国政法大学出版社 2006 年版。

3. 费安玲等译：《意大利民法典》，中国政法大学出版社 2004 年版。

4. 王书江译：《日本民法典》，中国法制出版社 2000 年版。

5. 陈卫佐译注：《德国民法典》，法律出版社 2004 年版。

6. 殷生根、王燕译：《瑞士民法典》，中国政法大学出版社 1999 年版。

7. 黄道秀、李永军、鄢一美译：《俄罗斯联邦民法典》，中国大百科全书出版社 1999 年版。

8. 潘灯、马琴译：《西班牙民法典》，中国政法大学出版社 2013 年版。

9. 唐晓晴等译：《葡萄牙民法典》，北京大学出版社 2009 年版。

五、英文著作和论文

1. J. David Reitzel, Robert B. Bennett, Jr. Michael J. Garrison, "American Law Real Estate", *South-Western of Thomson Learning*, 2002.

2. Diane Chappelle：*Land Law*, Longman UK Ltd., 1992.

3. Andrew Dana and Michael Ramsey, "Coversation Easements and the Common Law", 8 *Stan. Envtl. L. J.* 2, 1989.

4. Penn Cent. Transp. Co. v. New York City, 438U. S. 104 (1978).

5. John E. Cribbet, Corwin W. Johnson/Roger W. Findley/Ernest E. Smith：*Property*：*Cases and Materials*, Foundation Press, Inc., 1996.

6. Nancy A. Mclaughlin, "Increasing the Tax Incentives for Conservation Easement Donation—A Responsible Approach", 31 *Ecology. L. Q.* 1, 2004.

7. Jesse Dukeminier, James E. Krier, *Property*, Third Edition, Little, Brown and Company, 1993.

8. The American Law Institute, *Restatement (Third) of Property*：*Servitudes*, St. Paul, Minn. : American Law Institute Publishers, 2000.

9. Elizabeth Byers, Karin Marchetti Ponte, *The Conservation Easement Handbook (Second Edition)*, Land Trust Alliance, 2005.

10. Morrisette P. M., "Conservation Easements and the Public Good：Preserving the Environment on Private Lands", *Nat. Resources J.*, 2005.

11. James D. Timmons, "Conservation Easements：Windfall or Straitjacket?", *Law and Land*, 2007, Fall.

12. Bryan A. Garner, *Black's Law Dictionary*, St. Paul Minn：West Group, 2009.

13. M. P. Thompson, "The Acquisition of Easements", *Conveyancer and Property Lawyer*, 1997, Nov./Dec.

14. John N. Adams, "The Passing of the Burden of Royalty Payments", *Intellectual Property Quarterly*, 2007.

15. Molly Shaffer Van Houweling, "The New Servitudes", 96 *Geo. L. J.*, 2008.

16. Bryan A. Garner, *Black's Law Dictionary*, 9th ed., Thomson/West Group, 2009.

17. Simon Douglas, "Reforming Implied Easements", *Law Quarterly Review*, 2015, 131 (Apr.).

18. John W. Fisher, "A Survey of the Law of Easements in West Virginia", 112 *W. Va. L. Rev.*, 2010.

19. E. J. Slessenger, "Precedent Editor's Notes", *Conveyancer and Property Lawyer*, 2005, Nov./Dec.